Begriffliche Wissensverarbeitung

Begriffliche Wissensverarbeitung

Grundfragen und Aufgaben

Herausgegeben von:
Prof. Dr. Rudolf Wille und
Dr. Monika Zickwolff,
Technische Hochschule Darmstadt

B·I·

Wissenschaftsverlag

Mannheim · Leipzig · Wien · Zürich

Die Deutsche Bibliothek – CIP-Einheitsaufnahme

Begriffliche Wissensverarbeitung: Grundlagen und Aufgaben/
hrsg. von Rudolf Wille und Monika Zickwolff. –
Mannheim; Leipzig; Wien; Zürich:
BI-Wiss.-Verl., 1994
   ISBN 3-411-17241-X
NE: Wille, Rudolf [Hrsg.]

Gedruckt auf säurefreiem Papier
mit neutralem pH-Wert (bibliotheksfest)

Das vorliegende Werk wurde sorgfältig erarbeitet. Dennoch
übernehmen Autoren und Verlag für die Richtigkeit von Angaben,
Hinweisen und Ratschlägen sowie für eventuelle Druckfehler
keine Haftung.

© Bibliographisches Institut & F.A. Brockhaus AG, Mannheim 1994
Druck: Progressdruck GmbH, Speyer
Bindearbeit: Progressdruck GmbH, Speyer
Printed in Germany
ISBN 3-411-17241-X

Inhaltsverzeichnis

Vorwort

Dieser Band soll den aktuellen Stand der Diskussion über Grundfragen und Aufgaben der Begrifflichen Wissensverarbeitung dokumentieren, wie er auf der Darmstädter Tagung zum Thema *"Begriffliche Wissensverarbeitung"* von Vortragenden dargestellt worden ist; diese Tagung fand vom 23. bis 26. Februar 1994 an der Technischen Hochschule Darmstadt statt. Den Anstoß für die Tagung und das Tagungsthema gab die Gründung des *"Ernst Schröder Zentrums für Begriffliche Wissensverarbeitung e.V."*, in dem sich Human- und Sozialwissenschaftler, Mathematiker, Informatiker und Informationswissenschaftler zusammengeschlossen haben, um sich für einen menschengerechten Umgang mit Medien und Werkzeugen der Verarbeitung und Vermittlung von Daten und Wissen einzusetzen. Insbesondere wollen sie einem drohenden Abbau kognitiver Autonomie durch Daten-, Wissens- und Informationssysteme, die vom Menschen nicht angemessen kontrolliert werden können, entgegenwirken. Sie befürworten deshalb Methoden und Instrumente Begrifflicher Wissensverarbeitung, die Menschen im rationalen Denken, Urteilen und Handeln unterstützen und den kritischen Diskurs fördern. Die Darmstädter *Forschungsgruppe Begriffsanalyse*, aus der die Initiative zur Gründung des Ernst Schröder Zentrums hervorgegangen ist, hat seit 1986 regelmäßig wissenschaftliche Tagungen zu Theorie und Anwendungen der Begriffsanalyse veranstaltet. Schon die '86er Tagung ist durch einen Sammelband, der ebenfalls im B.I.-Wissenschaftsverlag erschienen ist, unter dem Titel *"Beiträge zur Begriffsanalyse"* dokumentiert worden. Die Forschungsgruppe Begriffsanalyse hat auch die diesjährige Tagung zum Thema "Begriffliche Wissensverarbeitung" organisiert und durchgeführt, wobei sie mit dem Ernst Schröder Zentrum und der *International Society for Knowledge Organization (ISKO)* zusammengearbeitet hat.

Anliegen dieses Bandes ist, den weiteren Diskurs über Grundfragen und Aufgaben der Begrifflichen Wissensverarbeitung anzuregen und damit zu einem bewußteren Umgang mit Instrumenten und Systemen der Wissensverarbeitung in der Praxis beizutragen. Hierfür ist vor allem eine breite philosophische Reflexion dringlich, da sie in der bisherigen Entwicklung der Wissensverarbeitung zu kurz gekommen ist. So plädiert *R. Wille* (Darmstadt) im ersten Beitrag für eine philosophische Grundlegung der Begrifflichen Wissensverarbeitung, indem er aus Sicht der pragmatischen Philosophie für eine erste Orientierung zu klären versucht, was mit "Begrifflicher Wissensverarbeitung" gemeint ist. *N. Meder* (Bielefeld) diskutiert ausführlich den philosophischen Begriff von Wissen und sieht dabei in Anlehnung an R. Königswald im Lernen und Lehren den wichtigsten Ort des Wissens. Für eine sehr breite Auffassung von Wissen tritt *F.-J. Radermacher* (Ulm) ein, wobei er unterschiedliche Ebenen des Wissens herausstellt: von der molekularen über die neuronale und symbolische Ebene bis hin zur Ebene der gesamten

Menschheit. Für *A.L. Luft* (Forchheim) geht es in seinem Beitrag um Wissen, das im Sinne des Erlanger Konstruktivismus sprachlich gefaßt und argumentativ begründet sein muß; daran knüpft er auch die Bestimmung des Informations- und Datenbegriffs. *J. Schäfer* (Frankfurt) sieht für die Begriffliche Wissensverarbeitung und ihre Begründung Gefahren im nicht einlösbaren diskursiven Anspruch und bietet ein Programm einer möglicherweise begleitenden Experimentellen Philosophie an.

In engem Zusammenhang mit dem Bemühen um eine philosophische Orientierung für die Begriffliche Wissensverarbeitung steht die Auseinandersetzung über das einzubringende Verständnis von Begriffen und Begriffssystemen. *T.B. Seiler* (Darmstadt) setzt sich in seinem Beitrag kritisch mit dem neuen Diskursansatz zur Begriffstheorie auseinander und stellt diesem Ansatz die von ihm vertretene strukturgenetische Begriffstheorie gegenüber. Begriffe aus Sicht des Sprachbenutzers behandelt *K. Mudersbach* (Speyer), der dazu eine eigenständige "Kommunikantensemantik" entwickelt. *U. Andelfinger* (Darmstadt) beschreibt aus pragmatisch-semiotischer Sicht Begriffe und Begriffliche Wissenssysteme, wie sie die Formale Begriffsanalyse modelliert; dabei arbeitet er besonders den Handlungs- und Lebensweltbezug heraus. Was die Formale Begriffsanalyse zu den Problembereichen der Wissensakquisition beitragen kann, wird von *M. Zickwolff* (Darmstadt) mit Bezug auf aktuelle Methoden der Künstlichen Intelligenz ausführlich diskutiert. *R. Kuhlen* (Konstanz) reflektiert in großer Breite Zukunftsentwürfe für die Wissensarbeit und Informatisierung und beschreibt in diesem Zusammenhang die Rolle offener Hypertextsysteme, in denen er ein vielversprechendes Werkzeug für die Gestaltung einer informierten Gesellschaft sieht. Begriffstheorie und Wissenssysteme gehören für *I. Dahlberg* (Frankfurt) zum Gebiet der "Wissensorganisation", für dessen Anerkennung als eigenständige Wissenschaftsdisziplin sie in ihrem Beitrag eintritt.

Zentrale Aufgabe der Begrifflichen Wissensverarbeitung ist die Erkundung und Analyse von Wissen, das in der Regel in Daten kodiert vorliegt. Eine qualitative Methode zur Analyse und Auswertung sprachlicher Äußerungen beschreibt *J. Zelger* (Innsbruck) in seinem Beitrag; für diese Methode ist ein unterstützendes Computerprogramm entwickelt worden. Analyse und Erkundung von Daten mit dem begriffsanalytischen Werkzeug TOSCANA, das implementiert zur Verfügung steht, wird von *W. Kollewe, M. Skorsky, F. Vogt* und *R. Wille* (Darmstadt) an Anwendungsbeispielen demonstriert und konzeptionell erläutert. Wie computermediierte Kommunikation in bezug auf Entscheidungsfindungen zu beurteilen ist, wird in einer von *B. Rüttinger, B. Letter* und *S. Schramme* (Darmstadt) vorgestellten psychologischen Studie untersucht. Schließlich nimmt *H.J. Henning* (Bremen) kritisch zur methodologischen Entwicklung in der psychologischen Datenanalyse Stellung und tritt für eine kontextualistische Sichtweise ein, wobei er den stimmigen Zusammenhang von Erkenntnistheorie, inhaltlicher Theorie,

Erhebungs- und Auswertungsmethode sowie Ergebnissprache als methodisch unverzichtbar hervorhebt.

Allen denen, die am Zustandekommen diese Bandes beteiligt waren, gilt unser herzlicher Dank; insbesondere Herrn Tammo Rock für sein sorgfältiges Korrekturlesen, Frau Karin Schäfer für Ihre Unterstützung im Rahmen des Sekretariats, der geduldigen Familie Senta und Marcus Zickwolff sowie auch allen Helferinnen und Helfern, die bei der Vorbereitung und Durchführung der Tagung "Begriffliche Wissensverarbeitung" mitgewirkt haben. Für finanzielle Unterstützung ist dem Fachbereich Mathematik der Technischen Hochschule Darmstadt sowie dem Ernst Schröder Zentrum zu danken. Ebenfalls Dank gilt dem B.I.-Wissenschaftsverlag für die vorbildliche Zusammenarbeit und rasche Drucklegung.

Darmstadt, im Mai 1994   Rudolf Wille   Monika Zickwolff

Plädoyer für eine philosophische Grundlegung der Begrifflichen Wissensverarbeitung

Rudolf Wille

Inhalt

1 Versuch einer Standortbestimmung

"Begriffliche Wissensverarbeitung" benennt eine Leitvorstellung, unter der sich Human- und Sozialwissenschaftler, Mathematiker, Informatiker und Informationswissenschaftler zusammengefunden haben, um sich für einen menschengerechten Umgang mit Medien und Werkzeugen der Verarbeitung und Vermittlung von Daten und Wissen einzusetzen. Insbesondere wollen sie einem drohenden Abbau kognitiver Autonomie durch Daten-, Wissens- und Informationssysteme, die vom Menschen nicht angemessen kontrolliert werden können, entgegenwirken. Sie befürworten Methoden und Instrumente der Daten- und Wissensverarbeitung, die Menschen im rationalen Denken, Urteilen und Handeln unterstützen und den kritischen Diskurs fördern. Den organisatorischen Rahmen für ihr Anliegen bildet das *Ernst Schröder Zentrum für Begriffliche Wissensverarbeitung e.V.*, das 1993 in Darmstadt gegründet wurde.

Sich Einsetzen, Entgegenwirken, Befürworten sind Aktivitäten die letztendlich auf öffentliche Bewußtseinsbildung zielen und deshalb ein Gemeinverständnis des Anliegens erfordern, das erst noch zu erarbeiten und auszuhandeln ist. Da das Anliegen allgemein den Menschen bzw. die menschliche Kommunikationsgemeinschaft betrifft, ist eine Auseinandersetzung auf philosophischer Ebene unerläßlich. Auf dieser grundlegenden Ebene ist vor allem zu klären, was mit *"Begrifflicher Wissensverarbeitung"* gemeint ist. Der vorliegende Beitrag bietet für den notwendigen Diskurs den Versuch einer ersten Orientierung, was als Plädoyer für eine philosophische Grundlegung der *Begrifflichen Wissensverarbeitung* verstanden werden soll.

Wissensverarbeitung ist ein Begriff, der erst im Rahmen der Künstlichen Intelligenz, insbesondere der Entwicklung wissensbasierter Systeme spezifische Bedeutung erlangt hat. So taucht "Wissensverarbeitung" erst in jüngster Zeit als

Stichwort in Lexika auf wie etwa in [Krückeberg, Spaniol 1990], wo Wissensverarbeitung als *"Informationsverarbeitung in wissensbasierten Systemen der Künstlichen Intelligenz"* beschrieben wird. Wissensverarbeitung wird dabei als Erweiterung der Datenverarbeitung gesehen, bei der u. a. geeignete Wissensbasen und standardisierte Inferenztechniken verwendet werden. Zum Bereich der Wissensverarbeitung muß somit konsequenterweise auch die Datenverarbeitung gezählt werden, womit insbesondere die Verfahren und Methoden der Erhebung und Auswertung von Daten einbezogen werden (s. etwa [Friedrichs 1973, Kap. 5]). In jüngster Zeit greift die Künstliche Intelligenz bei der Wissensverarbeitung verstärkt auf Verfahren und Methoden der symbolischen und statistischen Datenanalyse zurück. Einen weiteren Bereich, der mindestens teilweise unter die Wissensverarbeitung einzuordnen ist, bilden die Informationssysteme, in denen in unterschiedlichem Umfang Daten und Wissen verarbeitet wird. Allgemein soll für ein breiteres Verständnis von Wissensverarbeitung plädiert werden, das nicht auf das Konzept wissensbasierter Systeme eingeengt wird.

Die philosophische Auseinandersetzung zur Daten- und Wissensverarbeitung, die im Bereich von Empirie und Datenanalyse immer mehr in den Hintergrund getreten ist, hat im Informatikbereich (provoziert durch die z.T. schockierenden Vorstellungen der Künstlichen Intelligenz) zunehmend an Substanz gewonnen. Als frühe Kritiker sind vor allem zu nennen: J. Weizenbaum (*"Computer Power and Human Reason"* [Weizenbaum 1976]) sowie H. L. Dreyfus und St. E. Dreyfus (*"Mind over Machine"* [Dreyfus, Dreyfus 1986]). Im Deutschsprachigen gibt es eine ganze Reihe neuerer Publikationen, in denen philosophische Aspekte der Informatik und Künstlichen Intelligenz behandelt werden (siehe [Luft 1988, Coy, Bonsiepen 1989, Irrgang, Klawitter 1990, Becker, Steven, 1991, Cremers et.al. 1992, Coy et.al. 1992, Unseld 1992, Schefe et.al. 1993], und [Cyranek, Coy 1994]). Zentral in der Diskussion ist die Auseinandersetzung mit der zunehmenden Mechanisierung und Maschinisierung menschlichen Denkens. Wieweit dieser Prozeß die Qualität menschlichen Lebens steigert, wieweit er sich negativ auf das Menschsein auswirkt, wird unterschiedlich bewertet. Bei allen Unterschieden der Beurteilung wird jedoch überwiegend die Gefahr einer schleichenden Entmündigung des Menschen gesehen, was vor allem die von Verarbeitungssystemen getroffenen Entscheidungen betrifft, die vom Menschen nicht mehr kontrolliert und inhaltlich nachvollzogen werden können. Der drohende Verlust menschlicher Autonomie wird auch in der allgemeinen Auseinandersetzung mit der Maschinisierung unserer Welt nachhaltig thematisiert, wofür hier stellvertretend ein Zitat von L. Mumford aus seinem Buch *"Mythos der Maschine"* angeführt werden soll: *"Während unsere Techniker den von ihnen konstruierten Maschinen und automatisierten Systemen mehr Eigenschaften lebender Organismen verleihen, entdeckt der moderne Mensch, daß er, um in dieses Schema hineinzupassen, die Gesetze der Maschine akzeptieren muß und nicht nach jenen qualitativen, subjektiven Attributen streben darf, die das mechanische Weltbild von vornherein negierte und die keine Maschine besitzen kann."* [Mumford 1977, S. 546]

Um die konstitutive Rolle des denkenden und argumentierenden Menschen für die Wissensverarbeitung als notwendig herauszustellen, ist für das *Ernst Schröder Zentrum* die spezifischere Benennung *"Begriffliche Wissensverarbeitung"* gewählt worden. Damit wird insbesondere ein Verständnis des Zusammenwirkens von formalem und inhaltlichem Denken aufgenommen, das sich in den letzten fünfzehn Jahren im Bereich der *Formalen Begriffsanalyse* entwickelt hat und das in vielen Anwendungsprojekten wirksam geworden ist (s. [Wille 1982, Wille 1987, Wille 1991, Wille 1992, Kollewe, Wolff 1994]). Mit der Formalen Begriffsanalyse wird zudem ein wissenschaftsphilosophisches Anliegen eingebracht, das für eine stärkere Auseinandersetzung über Sinn, Bedeutung und Zusammenhang in der Wissenschaft eintritt. Seine besondere Ausprägung hat dieses Anliegen in der Konzeption einer *"Allgemeinen Wissenschaft"* gefunden (s. [Wille 1988]), in derem Sinne eine *"Allgemeine Informatik"* gekennzeichnet ist durch

- die *Einstellung*, Informatik für die Allgemeinheit zu öffnen, sie prinzipiell lernbar und kritisierbar zu machen,

- die *Darstellung* informatischer Entwicklungen in ihren Sinngebungen, Bedeutungen und Bedingungen,

- die *Vermittlung* der Informatik in ihrem lebensweltlichen Zusammenhang über die Fachgrenze hinaus,

- die *Auseinandersetzung* über Ziele, Verfahren, Wertvorstellungen und Geltungsansprüche der Informatik.

Sieht man die Begriffliche Wissensverarbeitung in den aufgezeigten Zusammenhängen, dann hat eine philosophische Grundlegung die Verbindung von Formalem und Inhaltlichem, von Denken und Handeln, von Theorie und Praxis, von System und Lebenswelt zu thematisieren. Ein Zweig der Philosophie, der sich diesem Themenkreis vordringlich annimmt, ist die von Ch. S. Peirce begründete *pragmatische Philosophie* (s. [Peirce 1931]), die ihre aktuelle Fortführung in der *Diskursphilosophie* von K.-O. Apel und J. Habermas findet (s. [Apel 1976, Habermas 1981]). Zu nennen ist hier auch die von W. Kamlah und P. Lorenzen begründete *Erlanger Schule* (s. [Kamlah, Lorenzen 1967, Lorenzen 1987]), die in ihren Grundauffassungen und Zielen viel mit der pragmatischen Philosophie gemein hat. Daß die pragmatische Philosophie sich zur philosophischen Grundlegung der Begrifflichen Wissensverarbeitung besonders eignet, liegt an ihrem triadischen Paradigma, nach dem für das menschliche Denken und Handeln nicht nur das Subjektive und das Objektive, sondern auch das Intersubjektive im transzendentalphilosophischen Sinne konstitutiv ist. Damit bekommt die zwischenmenschliche

Kommunikation und Verständigung das ihr zustehende Gewicht, was insbesondere im Bereich der Begrifflichen Wissensverarbeitung herauszuarbeiten ist. Es geht dabei nicht nur um intersubjektive Gewißheit, sondern auch um eine interpersonale Ethik, mit der, wie K.-O.Apel in seiner Arbeit *"Das Apriori der Kommunikationsgemeinschaft und die Grundlagen der Ethik"* [Apel 1976] ausführt, Mechanismen und Gefahren in Systemen unserer wissenschaftlich-technischen Zivilisation bewußt gemacht und ethisch bewertet werden können.

2 Wissen

Für eine philosophische Grundlegung der Begrifflichen Wissensverarbeitung gilt es als erstes zu klären, was unter *"Wissen"* zu verstehen ist. In der Philosophie wird der Wissensbegriff allerdings so vielfältig diskutiert, daß eine eindeutige Antwort auf die Frage, was "Wissen" meint, unmöglich erscheint (s. etwa [Bochenski 1954, Brüggen 1974, Musgrave 1989]). Trotzdem kann man als eine erste Annäherung an das Gemeinsame in der Vielfalt der Begriffsbestimmungen folgendes Zitat aus [Schmidt 1974] heranziehen: *"Wissen heißt Erfahrungen und Einsichten besitzen, die subjektiv und objektiv gewiß sind und aus denen Urteile und Schlüsse gebildet werden können, die ebenfalls sicher genug erscheinen, um als Wissen gelten zu können."* In diesem Zitat werden mit *"Gewißheit"* und *"sicherem Schließen"* grundlegende Begriffe angesprochen, deren unterschiedliches Verständnis ein Hauptgrund für Differenzen bei den Bestimmungen des Wissensbegriffs ist. Man ist sich einig, daß Wissen begründbar sein muß, nur was dabei *"begründen"* heißt, wird unterschiedlich bestimmt. Für die pragmatische Philosophie hat K.-O. Apel in [Apel 1989] erläutert, was unter Begründung zu verstehen ist. Angesichts der durchaus ernstzunehmenden Skepsis gegenüber allen Entwürfen rationaler Begründung tritt K.-O. Apel dafür ein, *"nicht das Begründungsdenken überhaupt, sondern den am Muster des logisch-mathematischen Beweises orientierten engen Begründungsbegriff aufzugeben und, im Sinne einer Neubegründung auch des Kritischen Rationalismus, die von Kant aufgeworfene transzendentale Begründungsfrage [...] als Frage nach den normativen Bedingungen der Möglichkeit von diskursiver Verständigung (und damit auch von diskursiver Kritik) wiederaufzunehmen. Begründung erscheint dann primär nicht als Ableitung von Sätzen aus Sätzen in einem objektivierbaren Satz-System, in der von der aktuellen pragmatischen Dimension des Argumentierens immer schon abstrahiert wird, sondern [...] als Beantworten von Warum-Fragen aller Art im Rahmen des argumentativen Diskurses."* [Apel 1989, S.19]

Nach dieser pragmatisch-philosophischen Auffassung findet Wissen den es konstituierenden Begründungszusammenhang letztendlich durch die diskursive Verständigung und Konsensbildung in der intersubjektiven Kommunikations- und Argumentationsgemeinschaft. Das schließt logisch-mathematische Beweise nicht aus, doch ist immer auch das nicht formalisierte (Vor-)Verständnis des thematisierten Weltausschnittes von den Argumentierenden zu berücksichtigen, wobei insbesondere Zwecke und Wirkungen der mit dem Wissen zusammenhängenden Handlungen zu bedenken sind. Im Sinne der Erlanger Schule hat A. L. Luft ein derartiges Wissensverständnis in [Luft 1992] beschrieben, daß nämlich *"ein (anspruchsvolles) Wissen*

- *mit Gewißheitsansprüchen sowie (empirisch belegten oder logischen) Geltungsansprüchen verbunden ist,*

- *die damit verknüpften Geltungsansprüche gegenüber 'vernünftig argumentierenden' Gesprächspartnern eingelöst werden können,*

- *in Form von Aussagen (für theoretische Behauptungen) und Aufforderungen (für praktische Orientierungen, einschließlich Methoden und diesbezüglich relevanten Einstellungen, Haltungen, Werten/Normen) zum Ausdruck gebracht werden kann,*

- *sich auf Handlungen oder die damit verknüpften Ziele, Zwecke und Probleme bezieht."*

Zum Aufzeigen des Bedeutungsfeldes von Wissen gehören auch Antworten zur Sinnfrage. Es mag selbstverständlich klingen, daß Wissen den Menschen als *Verfügungswissen* für ihr Denken und Handeln wichtig ist und als *Orientierungswissen* sich auf ihre Einstellungen und Haltungen auswirkt (vgl. [Luft 1988, 3.3.8]). Doch was das für das ganze Spektrum der aufgezeigten Zusammenhänge bedeutet, wäre erst noch sorfältig auszuführen. Ch. S. Peirce hat den Sinn, Gewißheit zu erlangen, darin gesehen, menschliches Denken zur Ruhe zu bringen. In seiner richtungsweisenden Arbeit *"How to make our ideas clear"* schreibt er über das Wesen des Fürwahrhaltens: *"Erstens ist es etwas, dessen wir uns bewußt sind, zweitens bringt es die Erregung des Zweifels zur Ruhe, und drittens schließt es die Einrichtung einer Regel des Handelns in unserer Natur ein, oder kürzer: eine Gewohnheit"* (zitiert nach [Peirce 1968]). Im Sinne dieser Auffassung sieht J. Habermas im Wissen die Bedeutung, die im Handeln problematisch gewordenen Geltungsansprüche und Einverständnisse zu entproblematisieren und so zu einem Mehr an lebensweltlichem Selbstverständnis beizutragen (s. [Habermas 1973]).

Die Klärung von Sinn, Bedeutung und Zusammenhang für den Wissensbegriff beinhaltet auch Antworten auf Fragen nach der *Struktur von Wissen*. Wie aktuell diese Fragen sind, zeigen die vielfältigen, meist simplifizierenden Versuche, Wissen im Rahmen der Künstlichen Intelligenz technisch verfügbar zu machen (vgl. [Schefe 1991]). In der Philosophie wird seit alters her die Grundlage für die Strukturierung von Wissen in der Ontologie und Logik gelegt. Besondere Bedeutung kommt dabei seit Aristoteles der Kategorienlehre zu. In Auseinandersetzung

mit Kants *Transzendentaler Analytik* [Kant 1787], insbesondere der darin abgeleiteten Kategorientafel, hat Ch. S. Peirce seine drei, für die pragmatische Philosophie grundlegenden Kategorien entwickelt. In seiner 3. Pragmatismus-Vorlesung
von 1903 gibt er folgende kurze Beschreibung seiner Kategorien (zitiert nach
[Peirce 1991]):

1. *Die Kategorie "Das Erste" ("The First") ist die Idee dessen, was so ist,
   wie es ist, ungeachtet alles anderen. D.h. es ist eine Gefühls**qualität**.*

2. *Die Kategorie "Das Zweite" ("The Second") ist die Idee dessen, was so ist,
   wie es ist, als das Zweite im Hinblick auf ein Erstes, ungeachtet alles anderen, und insbesondere ungeachtet jeden Gesetzes, obwohl es einem Gesetz
   entsprechen mag. D.h. es ist **Reaktion** als ein Element des Phänomens.*

3. *Die Kategorie "Das Dritte" ("The Third") ist die Idee dessen, was so ist wie
   es ist, als ein Drittes oder ein Medium zwischen einem Zweiten und dessen
   Erstem. D.h. es ist **Repräsentation** als ein Element des Phänomens.*

Bezogen auf Wissen beinhaltet die Kategorie der *Erstheit* das lebensweltliche Vorverständnis, das Gegenwärtig-Gegebene, den thematisierten Gegenstand. Unter
die Kategorie der *Zweitheit* fällt dagegen, was mit einer derartigen Erstheit in Beziehung tritt: seien es Prädikate, Eigenschaften, Objekte usw. Die Kategorie der
Drittheit umfaßt schließlich alle Interpretationen, Deutungen und Zwecke solcher
Beziehungen zwischen Erstheit und Zweitheit. Weitergeführt wird diese Strukturierung des Wissens in der ebenfalls von Ch. S. Peirce begründeten Semiotik, in
der als Zeichentheorie auch die Logik behandelt wird (s. [Peirce 1993, Eco 1972]).

3 Wissensverarbeitung

"Verarbeiten" bedeutet nach dem Duden [Duden 1985] *"in einem Herstellungs-
prozeß (einen Rohstoff, ein Material) zu etwas Bestimmten gestalten, machen"*. In
diesem Sinne ist *"Wissensverarbeitung"* als ein Prozeß zu verstehen, bei dem aus
Wissen etwas hergestellt wird, das häufig selbst wieder Wissen ist, aber auch etwas anderes sein kann wie Vermutung, Vorhersage, Urteil, Begründung, Weisung
u.v.m. Da Wissen seine Bestimmung durch die intersubjektive Kommunikationsgemeinschaft erhält, was allein schon die benutzten Zeichen- und Sprachkonven-
tionen deutlich machen, kann auch die Wissensverarbeitung in Sinn, Bedeutung
und Zusammenhang nur vom Intersubjektiven her voll erschlossen werden. Sie
steht vor allem in engem Zusammenhang mit der zwischenmenschlichen *Wissenskommunikation*, die nach pragmatischer Auffassung besonders für das Aushan-
deln gemeinsamer Situationsdeutungen notwendig ist als Voraussetzung für kommunikatives Handeln, das J. Habermas in [Habermas 1981] als den grundlegenden Reproduktionsmechanismus aller Gesellschaften ausweist. *"Kommunikatives*

Handeln" liegt vor, *"wenn sich die Aktoren darauf einlassen, ihre Handlungspläne aufeinander abzustimmen und ihre jeweiligen Ziele nur unter der Bedingung eines sei es bestehenden oder auszuhandelnden Einverständnisses über Situation und erwartete Konsequenzen zu verfolgen."* [Habermas 1983, S. 144] Allgemein sind die Wissensverarbeitung und die mit ihr verbundene Wissensvermittlung danach zu bewerten, wieweit sie kommunikative Rationalität aktivieren und die Menschen im rationalen Denken, Urteilen und Handeln unterstützen.

Wissensverarbeitung ist in großem Umfang davon geprägt, daß sie *formale* Sprachmittel und Verfahren benutzt. Dabei wird in der Regel formal repräsentiertes Wissen in Form von Daten verarbeitet, wozu in großer Vielfalt mathematische, statistische und algorithmische Methoden, Verfahren und Prozeduren herangezogen werden. In ihrem Buch *"Symbolische Maschinen – Die Idee der Formalisierung im geschichtlichen Abriß"* [Krämer 1988] kennzeichnet S. Krämer formale Beschreibungen von Vorgängen durch den *schriftlichen Symbolgebrauch*, den *schematischen Symbolgebrauch* und den *interpretationsfreien Symbolgebrauch*. Die hier deutlich werdende Lösung der ontologischen Bindung, die eine durchaus anregende Freiheit auf der mathematisch-logischen Seite bringen mag, wirft die Frage auf, wieweit Formalisierungen in der Wissensverarbeitung kommunikative Rationalität fördern oder gar negativ beeinträchtigen können. Daß dieses Problem sehr ernst zu nehmen ist, zeigen langjährige Erfahrungen in der Datenanalyse. Erwähnt sei hier nur das Beispiel der *Faktorenanalyse*, über die der renomierte Statistiker L. Guttman in [Guttman 1977] schreibt, daß nach 70 Jahren Forschung in den Büchern über Faktorenanalyse noch keine einzige etablierte empirische Erkenntnis aufgeführt wird. Trotz solcher vernichtenden Urteile, denen in der Regel argumentativ kaum etwas entgegengesetzt wird, werden formale Verfahren wie die Faktorenanalyse in großem Umfang weiter angewandt. Das macht die Gefahr der Verselbständigung von Formalisierungen deutlich, die selbst durch rationale Auseinandersetzung über ihre Unzulänglichkeiten kaum angreifbar sind.

Die philosophische Frage ist, welche Bedeutung den formalen Elementen im menschlichen Denken zukommt. Überraschenderweise ist die philosophische Diskussion um das *Formale*, das bei der Formalisierung gemeint ist, wenig ausgeprägt. Zwar werden Ausdrücke wie "formale Sprache", "formale Logik", "formale Interpretation" usw. wie selbstverständlich benutzt, doch wird dadurch das Bedeutungsfeld des Formalen nur wenig klarer. Meist wird es verwandt, um den Gegensatz zum *Inhaltlichen* auszudrücken. Doch kann mit "formal" auch anderes gemeint sein wie allgemein, abstrakt, konventionell u.v.m. (als Beispiel sei der Begriff des *"Formalpragmatischen"* in [Habermas 1981] angeführt). Das Formale in Formalisierung, wie es etwa in [Schnelle 1973] für Konstrukt- und Standardsprachen charakteristisch ist, hat auf jeden Fall etwas mit *Zeichen* und deren konventionalisiertem Gebrauch zu tun, was wiederum auf den Bereich des Intersubjektiven verweist. Fruchtbarer Ansatz einer philosophischen Grundlegung könnte deshalb die Zeichentheorie von Ch. S. Peirce sein, in der ein Zeichen entsprechend seiner drei Kategorien als Ikon, Index und Symbol verstanden wird (s. [Peirce 1993]). Da Gedanken für Peirce Zeichencharakter haben, kann seine Philosophie die Grundlage dafür bieten, die formalen Elemente im Denken herauszuarbeiten. Durch Peirce pragmatische Philosophie mit ihrer Verbindung von Logik und Ontologie, die auch zwischen den gegensätzlichen philosophischen Auffassungen von Idealismus und Realismus vermittelt (vgl. [Oehler 1993, S. 60ff.], kann der für die Wissensverarbeitung wichtige Zusammenhang zwischen Formalem und Inhaltlichem intensiver herausgearbeitet werden. Dies betrifft insbesondere das gegenwärtig vorherrschende Verständnis von Logik, das seit der Fregeschen Wende zur formalen Prädikatenlogik die Verbindung zum Inhaltlichen weitgehend aus den Augen verloren hat.

Wie S. Krämer in [Krämer 1988] argumentiert, *"kann jeder Vorgang, der formal beschreibbar ist, als Operation einer symbolischen Maschine dargestellt und – im Prinzip – von einer wirklichen Maschine ausgeführt werden."* Deshalb ist folgerichtig, daß zur Wissensverarbeitung in großem Umfang Maschinen herangezogen werden. F. Nake vertritt in [Nake 1992] sogar die Behauptung, es gehe der Informatik insgesamt *"ganz wesentlich um die Maschinisierung der Kopfarbeit oder, anders ausgedrückt, um die Übertragung geistiger Momente der Arbeit auf Computer."* Da im Laufe der Geschichte die menschliche Arbeit immer weitgehender eine Vergegenständlichung in Arbeitsmitteln (Werkzeugen, Maschinen, Anlagen) und eine Verfestigung in Organisationsformen gefunden hat, scheint es selbstverständlich, daß auch Teile der Kopfarbeit maschinisiert werden. Allerdings ist philosophisch diese Vergegenständlichung und Verfestigung geistiger Arbeit alles andere als unproblematisch, worauf Kritiker wie L. Mumford [Mumford 1977], G. Unseld [Unseld 1992] u. a. nachdrücklich aufmerksam gemacht haben. Wird nicht durch eine derartige Entwicklung ein Menschenbild gefährdet, das im Sinne des Grundgesetzes, Artikel 1, Selbstbestimmung, Argumentationsbereitschaft und verständnisorientiertes Handeln als existentiell für den Menschen und die menschliche Gemeinschaft sieht? Vom beschriebenen Wissensbegriff her ist auf jeden Fall der maschinelle Anteil an der Wissensverarbeitung so zu kontrollieren, daß er die intersubjektive Konsensbildung der Gewißheits- und Geltungsansprüche sowie die Diskussion der Zwecke und Wirkungen, die mit der Wissensverarbeitung zusammenhängen, nicht verstellt.

4   Begriffliche Wissensverarbeitung

"Begrifflich" soll Wissensverarbeitung heißen, wenn das es konstituierende Denken und Argumentieren begrifflich orientiert ist. Entsprechend dem beschriebenen Wissensverständnis geht es dabei primär um intersubjektive Begriffe, die zur rationalen Kommunikation und Verständigung beitragen können. In der philoso-

phischen Begriffslehre (s. etwa [Wagner 1973]) kommt der intersubjektive Aspekt bisher zu kurz, wie überhaupt das Prozeßhafte der Begriffsbildung im Gegensatz zum Logischen und Ontologischen wenig thematisiert wird. Für ein philosophisches Verständnis der Bildung intersubjektiver Begriffe kann man derzeit am meisten von der genetischen Erkenntnistheorie lernen (s. [Piaget 1973]), wo allerdings das Hauptgewicht der Untersuchungen auf der subjektiven Begriffsentwicklung liegt. Die genetische Kognitionstheorie versteht Begriffe *"als eigenständige Konstruktionen des je einzelnen Subjektes, von denen jede eine lange Geschichte hat. Diese Konstruktion ist nicht willkürlich, sondern stellt eine mühsame und stets unfertige Rekonstruktion der mittels vorhandener Begriffe erfahrenen Wirklichkeit und der damit aufgenommenen und verarbeiteten sozialen und sprachlichen Einflüsse und Vorbilder dar."* [Seiler 1987, S. 112] An diesem Verständnis wird deutlich, daß die Sicherung intersubjektiver Begriffe niemals abgeschlossen ist, sondern immer wieder in Prozessen kommunikativen Handelns hergestellt werden muß.

Für die *Begriffliche Wissensverarbeitung* wird damit die Verankerung im menschlichen Kommunikations- und Argumentationsprozeß in noch stärkerem Maße deutlich. Auch von der pragmatischen Philosophie wird das unterstrichen, denn für sie formt sich das begriffliche Denken in einem prinzipiell unbegrenzten Prozeß zwischenmenschlicher Interaktion und Verständigung. Die darin mitgedachten Zwecke und Wirkungen hat Ch. S. Peirce schon bei der Entstehung seines Pragmatismus angesprochen und zwar in der sogenannten *pragmatischen Maxime*, die lautet: *"überlege, welche Wirkungen, die denkbarerweise praktische Bezüge haben könnten, wir dem Gegenstand unseres Begriffs in Gedanken zukommen lassen. Dann ist unser Begriff dieser Wirkungen das Ganze unseres Begriffs des Gegenstandes."* [Peirce 1968, S. 63] Peirce hat dieses zweck- und wirkungsorientierte Begriffsverständnis mit der Erfassung begrifflichen Denkens durch triadische Relationen entsprechend seiner drei Kategorien theoretisch überzeugend untermauert; dabei fallen Zwecke, Wirkungen und Bedeutungen unter die Kategorie der Drittheit, zu der auch das Intersubjektive gehört.

Wie die bisherigen Erfahrungen mit der Begrifflichen Wissensverarbeitung gezeigt haben, sind es nicht nur die gedachten Zwecke und Wirkungen, die Vorstellungen und Auffassungen weiterbringen, sondern auch die praktische Umsetzung in einem breiten Spektrum konkreter Projekte. Für eine derartige *Praxis* ist es notwendig, theoretische und methodische Instrumente bereitzustellen, was im Rahmen der Darmstädter *Forschungsgruppe Begriffsanalyse* mit der Entwicklung der *Formalen Begriffsanalyse* geschehen ist. Dabei wird dem intersubjektiven Anliegen durch den Bezug auf die Normen [DIN 2330] *"Begriffe und Benennungen"* und [DIN 2331] *"Begriffssysteme und ihre Darstellung"* Rechnung getragen. In diese Normen ist das traditionelle Begriffsverständnis der Philosophie (vgl. [Hartmann 1939, Wille 1994]) eingegangen, nach dem ein *Begriff* eine

Denkeinheit ist bestehend aus einem *Begriffsumfang (Extension)* und einem *Begriffsinhalt (Intension)*; der Begriffsumfang umfaßt alle *Gegenstände (Objekte)*, die unter den Begriff fallen, der Begriffsinhalt alle *Merkmale (Attribute)*, die auf alle Gegenstände des Begriffsumfangs zutreffen. Durch Festlegung einer Gegenstandsmenge, einer Merkmalsmenge und einer verbindenden Relation kann ein einfaches mengensprachliches Modell für das traditionelle Begriffsverständnis angegeben werden (s. [Wille 1982, Wille 1984]), das sich sogar durch Hinzunahme einer Menge von *Bedeutungselementen* zu einer triadischen Struktur im Sinne der Peirceschen Philosophie erweitern läßt.

Formale Hilfsmittel für die Begriffliche Wissensverarbeitung sind auf *Formalisierung* von dem angewiesen, was unter Begriff verstanden wird. Da Datenanalyse und Wissensverarbeitung letztendlich auf begriffliche Interpretation zielen, treten in den benutzten formalen Verfahren stets Abstraktionen von Begriff auf wie Menge, Klasse, Cluster, Zeichen, Symbol, Term, Ausdruck, Prädikat usw. Die meisten von ihnen geben dabei ein sehr begrenztes Begriffsverständnis wieder, wobei am kritischsten der unklar bleibende Zusammenhang zwischen Formalem und Inhaltlichem ist. Gerade wegen der prinzipiellen Begrenztheit der Formalisierungen für die intersubjektive Argumentation und Interpretation ist eine transparente Modellierung der Schnittstelle zwischen Inhaltlichem und Formalem unerläßlich. Dazu müssen in möglichst großem Umfang Übergänge zwischen beiden Bereichen ausgewiesen sein, die auch bei den angewandten formalen Verfahren der Verarbeitung noch aktiviert werden können. Wie und in welchem Ausmaß das machbar ist, ist eine wichtige Frage für die philosophische Grundlegung der Begrifflichen Wissensverarbeitung. Für die Formale Begriffsanalyse wird die Frage des aktivierbaren Zusammenhangs zwischen Inhaltlichem und Formalem in [Wille 1992] und [Seiler, Wille 1994] diskutiert.

Bei der *Mechanisierung* und *Maschinisierung* der Begrifflichen Wissensverarbeitung gilt es verstärkt darauf zu achten, daß dem Primat der inhaltlichen Interpretation und intersubjektiven Auseinandersetzung Rechnung getragen wird. Eine philosophische Grundlegung hat hier vor allem die Logik zu überdenken, die sich im Zuge ihrer Formalisierung immer stärker vom Inhaltlichen entfernt hat. Vielleicht sollte man das alte Logik-Paradigma von *Begriff – Urteil – Schluß* (s. etwa [Grau 1918]) wieder reaktivieren und eine Urteilslogik entwickeln, in der am Anfang der Begriff in seiner elementaren Verbindung von Inhaltlichem und Formalem steht. Auf jeden Fall muß gelingen, die Verarbeitung des nicht formalisierten Inhalts in logischen Manipulationen besser verfolgen und bewerten zu können. Hier ist auch die kommunikative Seite zu thematisieren, insbesondere die Frage, wie das bei der Mechanisierung und Maschinisierung notwendigerweise Formale der Verarbeitung in die menschliche Kommunikation und Argumentation integriert werden kann. Für die Formale Begriffsanalyse ist die Thematik der begrifflichen Wissenskommunikation schon vielfältig diskutiert worden

(s. [Wille 1989, Wille 1990, Scheich et.al. 1992, Wille 1992]), womit für die allgemeinere Diskussion der Wissenskommunikation in der Begrifflichen Wissensverarbeitung wichtige Vorarbeit geleistet ist.

5 Ausblick

In dem vorliegenden Versuch einer Orientierung konnten Grundfragen der *Begrifflichen Wissensverarbeitung* nur andiskutiert werden; dabei dürfte jedoch deutlich geworden sein, daß eine breitere Auseinandersetzung über Bedingungen, Bedeutungen und Auswirkungen der Begrifflichen Wissensverarbeitung dringlich ist. Für diese Auseinandersetzung ist es unerläßlich, sich um eine philosophische Grundlegung der Begrifflichen Wissensverarbeitung zu bemühen, die insbesondere die Verständigung über Zwecke und Aufgaben sowie die Beurteilung von Methoden und Verfahren unterstützt. Die Verankerung der Begrifflichen Wissensverarbeitung in der *menschlichen Kommunikations- und Argumentationsgemeinschaft* weist daraufhin, daß der notwendige Diskurs nicht auf eine Disziplin wie die der Informatik und auch nicht auf die Wissenschaft beschränkt bleiben darf, sondern in möglichst großem Umfang die Öffentlichkeit erreichen muß. Das begründet K.-O. Apel in seinem Entwurf einer intersubjektiven Ethik der demokratischen Willensbildung in der Kommunikationsgemeinschaft, wo die menschlichen Bedürfnisse als interpersonal kommunizierbare Ansprüche anzuerkennen und zu verhandeln sind (s. [Apel 1976, Bd. 2, S. 424ff.]).

Um die häufig entmutigenden Schwierigkeiten bei der wissenschaftsübergreifenden Verständigung abzubauen, ist im Hinblick auf eine menschengerechte Wissensverarbeitung mittel- und langfristig auf öffentliche Bewußtseinsbildung hinzuwirken. Beitragen kann dazu ein erweitertes Verständnis der *pragmatischen Maxime*, nach dem nicht nur Zwecke und Wirkungen bewußt zu machen sind, sondern in möglichst großer Breite authentische Praxis herzustellen und die kritische Auseinandersetzung mit ihr anzustreben ist. Erst im Konkreten erhält Gedachtes die Überzeugungskraft, die menschliches Denken und Handeln nachhaltig bewegt. Um eine öffentliche Bewußtseinsbildung erfolgreich leisten zu können, bedarf es entsprechender Institutionen, die den organisatorischen und finanziellen Rahmen für die notwendige Aufarbeitung und kritische Auseinandersetzung liefern. Das anfangs genannte *Ernst Schröder Zentrum für Begriffliche Wissensverarbeitung* ist als eine solche Institution anzusehen.

Literatur

[Apel 1976] K.-O. Apel: *Transformation der Philosophie. Band 1: Sprachanalytik, Semiotik, Hermeneutik. Band 2: Das Apriori der Kommunikationsgemeinschaft.* Suhrkamp-Taschenbuch Wissenschaft 164/165, Frankfurt 1976.

[Apel 1989] K.-O. Apel: Begründung. In: H. Seiffert, G. Radnitzky (Hrsg.), *Handlexikon der Wissenschaftstheorie.* Ehrenwirth, München 1989, 14–19.

[Becker, Steven, 1991] B. Becker, E. Steven, S. Strohbach: *Epistomologische und wissenssoziologische Aspekte maschineller Wissensverarbeitung.* GMD–Arbeitspapiere 501, Sankt Augustin 1991.

[Bochenski 1954] I. M. Bochenski: *Die zeitgenössischen Denkmethoden.* Francke, Tübingen 1954.

[Brüggen 1974] M. Brüggen: Wissen. In: *Handbuch philosophischer Grundbegriffe.* Band 1. Kösel, München 1974, 1723–1739.

[Coy, Bonsiepen 1989] W. Coy, L. Bonsiepen: *Erfahrung und Berechnung. Kritik der Expertensystemtechnik.* Springer, Berlin-Heidelberg 1989.

[Coy et.al. 1992] W. Coy, F. Nake, J.-M. Pflüger, A. Rolf, J. Seetzen, D. Siefkes, R. Stransfeld (Hrsg.): *Sichtweisen der Informatik.* Vieweg, Braunschweig-Wiesbaden 1992.

[Cremers et.al. 1992] A. B. Cremers, R. Haberbeck, J. Seetzen, I. Wachsmuth (Hrsg.): *Künstliche Intelligenz. Leitvorstellungen und Verantwortbarkeit.* VDI, Düsseldorf 1992.

[Cyranek, Coy 1994] G. Cyranek, W. Coy (Hrsg.): *Die maschinelle Kunst des Denkens. Perspektiven und Grenzen der Künstlichen Intelligenz.* Vieweg, Braunschweig-Wiesbaden 1994.

[DIN 2330] Deutsches Institut für Normung: DIN 2330; *Begriffe und Benennungen: Allgemeine Grundsätze.* Beuth, Berlin-Köln 1979.

[DIN 2331] Deutsches Institut für Normung: DIN 2331; *Begriffssysteme und ihre Darstellung.* Beuth, Berlin-Köln 1980.

[Dreyfus, Dreyfus 1986] H. L. Dreyfus, St. E. Dreyfus: *Mind over machine.* The Free Press, New York 1986; deutsche Übersetzung: *Künstliche Intelligenz. Von den Grenzen der Denkmaschine und dem Wert der Intuition.* Rowohlt Taschenbuch Verlag, Reinbek 1987.

[Duden 1985] *Duden "Bedeutungswörterbuch"* (Der Duden; Bd. 10). 2. Aufl. Bibliographisches Institut, Mannheim 1985.

[Eco 1972] U. Eco: *Einführung in die Semiotik.* W. Fink Verlag, München 1972.

[Frege 1969] G. Frege: *Funktion, Begriff, Bedeutung. Fünf logische Studien.* 3. Aufl. Vandenhoeck & Ruprecht, Göttingen 1969.

[Friedrichs 1973] J. Friedrichs: *Methoden empirischer Sozialforschung.* Rowohlt, Reinbek 1973.

[Grau 1918] J. Grau: *Grundriß der Logik.* Teubner, Leipzig-Berlin 1918.

[Guttman 1977] L. Guttman: What is not what in statistics. *The Statistician* **26**, 1977, 81–107.

[Habermas 1973] J. Habermas: Wahrheitstheorien. In: H. Fahrenbach (Hrsg.), *Wirklichkeit und Reflexion.* Neske, Pfullingen 1973, 211–266.

[Habermas 1981] J. Habermas: *Theorie kommunikativen Handelns.* 2 Bände. Suhrkamp, Frankfurt am Main 1981.

[Habermas 1983] J. Habermas: *Moralbewußtsein und kommunikatives Handeln.* Suhrkamp-Taschenbuch Wissenschaft 422, Frankfurt am Main 1983.

[Hartmann 1939] N. Hartmann: *Aristoteles und das Problem des Begriffs.* Aus Abh. Preuß.Akad. Wiss. Jg.1939. Phil.-hist. Kl. Nr.5. Verlag Akad.Wiss., Berlin 1939.

[Irrgang, Klawitter 1990] B. Irrgang, J. Klawitter (Hrsg.): *Künstliche Intelligenz.* S. Hirzel, Stuttgart 1990.

[Kamlah, Lorenzen 1967] W. Kamlah, P. Lorenzen: *Logische Propädeutik. Vorschule vernünftigen Redens.* B.I.-HTB 227. B.I.-Wissenschaftsverlag, Mannheim 1967.

[Kant 1787] I. Kant: *Kritik der reinen Vernunft.* 2. Auflage. 1787.

[Kollewe, Wolff 1994] W. Kollewe, K.E. Wolff (Hrsg.): *Fallstudien Begriffsanalyse.* B.I.-Wissenschaftsverlag, Mannheim (in Vorbereitung).

[Krämer 1988] S. Krämer: *Symbolische Maschinen. Die Idee der Formalisierung im geschichtlichen Abriß.* Wiss. Buchgesellschaft, Darmstadt 1988.

[Krückeberg, Spaniol 1990] F. Krückeberg, O. Spaniol (Hrsg.): *Lexikon Informatik und Kommunikationstechnik.* VDI Verlag, Düsseldorf 1990.

[Lorenzen 1987] P. Lorenzen: *Lehrbuch der konstruktiven Wissenschaftstheorie.* B.I.-Wissenschaftsverlag, Mannheim 1987.

[Luft 1988] A. L. Luft: *Informatik als Technikwissenschaft. Eine Orientierungshilfe für das Informatik-Studium.* B.I.-Wissenschaftsverlag, Mannheim 1988.

[Luft 1992] A. L. Luft: "Wissen" und "Information" bei einer Sichtweise der Informatik als Wissenstechnik. In: W. Coy et al. (Hrsg.), *Sichtweisen der Informatik.* Vieweg, Braunschweig-Wiesbaden 1992, 49–70.

[Mumford 1977] L. Mumford: *Mythos der Maschine – Kultur, Technik und Macht*. Fischer Taschenbuch 2480, Frankfurt am Main 1977.

[Musgrave 1989] A. Musgrave: Wissen. In: H. Seiffert, G. Radnitzky (Hrsg.), *Handlexikon der Wissenschaftstheorie*. Ehrenwirth, München 1989, 387–391.

[Nake 1992] F. Nake: Informatik und die Maschinisierung der Kopfarbeit. In: W. Coy et al. (Hrsg.), *Sichtweisen der Informatik*. Vieweg, Braunschweig-Wiesbaden 1992, 181–201.

[Oehler 1993] K. Oehler: *Charles Sanders Peirce*. Beck, München 1993.

[Peirce 1931] Ch.S. Peirce: *Collected Papers*. Harvard Univ. Press, Cambridge 1931-35.

[Peirce 1968] Ch.S. Peirce: *Über die Klarheit unserer Gedanken (How to Make Our Ideas Clear)*. Einleitung, Übersetzung, Kommentar von Klaus Oehler. Klostermann, Frankfurt am Main 1968.

[Peirce 1991] Ch.S. Peirce: *Schriften zum Pragmatismus und Pragmatizismus*. Herausgegeben von K.-O. Apel. Suhrkamp-Taschenbuch Wissenschaft 945, Frankfurt am Main 1991.

[Peirce 1993] Ch.S. Peirce: *Phänomen und Logik der Zeichen*. Herausgegeben und übersetzt von H. Pape. 2. Aufl. Suhrkamp-Taschenbuch Wissenschaft, Frankfurt am Main 1993.

[Piaget 1973] J. Piaget: *Einführung in die genetische Erkenntnistheorie*. Suhrkamp-Taschenbuch Wissenschaft 6, Frankfurt 1973.

[Schefe 1991] P. Schefe: *Künstliche Intelligenz – Überblick und Grundlagen*. 2. Auflage. B.I.-Wissenschaftsverlag, Mannheim 1991.

[Schefe et.al. 1993] P. Schefe, H. Hastedt, Y. Dittrich, G. Keil (Hrsg.), *Informatik und Philosophie*. B.I.-Wissenschaftsverlag, Mannheim 1993.

[Scheich et.al. 1992] P. Scheich, M. Skorsky, F. Vogt, C. Wachter, R. Wille: Conceptual data systems. In: O. Opitz, B. Lausen, R. Klar (eds.), *Information and classification. Concepts, methods, and applications*. Springer, Berlin-Heidelberg 1992, 72–84.

[Schmidt 1974] H. Schmidt: *Philosophisches Wörterbuch*. 19. Aufl. neu bearbeitet von G. Schischkoff. Kröner, Stuttgart 1974.

[Schnelle 1973] H. Schnelle: *Sprachphilosophie und Linguistik*. Rowohlt Taschenbuch 780, Reinbek 1973.

[Seiler 1987] Th. B. Seiler: Begriffe von Begriff: Analysen und Konzeptionen von Begriffen in der psychologischen Forschung. In: B. Ganter, R. Wille, K.E. Wolff (Hrsg.), *Beiträge zur Begriffsanalyse*. B.I.-Wissenschaftsverlag, Mannheim 1987, 95–116.

[Seiler, Wille 1994] Th. B. Seiler, R. Wille: *Formal concepts and cognition.* (in Vorbereitung).

[Unseld 1992] G. Unseld: *Maschinenintelligenz oder Menschenphantasie? Ein Plädoyer für den Ausstieg aus unserer technisch-wissenschaftlichen Kultur.* Suhrkamp-Taschenbuch Wissenschaft 987, Frankfurt am Main 1992.

[Wagner 1973] H. Wagner: Begriff. In: *Handbuch philosophischer Grundbegriffe.* Band 1. Kösel, München 1973, 191–209.

[Weizenbaum 1976] J. Weizenbaum: *Computer power and human reason. From judgement to calculation.* Freeman 1976; deutsche Übersetzung: *Die Macht der Computer und die Ohnmacht der Vernunft.* Suhrkamp-Taschenbuch Wissenschaft 274, Frankfurt am Main 1978.

[Wille 1982] R. Wille: Restructuring lattice theory: an approach based on hierarchies of concepts. In: I. Rival (ed.), *Ordered sets.* Reidel, Dordrecht, Boston 1982, 445–470.

[Wille 1984] R. Wille: Liniendiagramme hierarchischer Begriffssysteme. In: H.H. Bock (Hrsg.), *Anwendungen der Klassifikation: Datenanalyse und numerische Klassifikation.* Indeks-Verlag, Frankfurt am Main 1984, 32–51.

[Wille 1987] R. Wille: Bedeutungen von Begriffsverbänden. In: B. Ganter et al. (Hrsg.), *Beiträge zur Begriffsanalyse.* B.I.-Wissenschaftsverlag, Mannheim 1987, 161–211.

[Wille 1988] R. Wille: Allgemeine Wissenschaft als Wissenschaft für die Allgemeinheit. In: H. Böhme, H.-J. Gamm (Hrsg.), *Verantwortung in der Wissenschaft.* TH Darmstadt 1988, S 159–176. Nachdruck in: *Conceptus-Zeitschrift für Philosophie* **60**, 1989, S 117–128.

[Wille 1989] R. Wille: Lattices in data analysis: how to draw them with a computer. In: I. Rival (ed.), *Algorithms and order.* Kluwer, Dordrecht-Boston 1989, 33–58.

[Wille 1990] R. Wille: Knowledge acquisition by methods of formal concept analysis. In: E. Diday (ed.), *Data analysis, learning symbolic and numeric knowledge.* Nova Science Publ., New York-Budapest 1989, 365–380.

[Wille 1991] R. Wille: Concept lattices and conceptual knowledge systems. *Computers and Mathematics with Applications* **23**, 1992, 493–515.

[Wille 1992] R. Wille: Begriffliche Datensysteme als Werkzeug der Wissenskommunikation. In: H.H. Zimmermann, H.-D. Luckhardt, A. Schulz (Hrsg.), *Mensch und Maschine – Informationelle Schnittstellen der Kommunikation.* Universitätsverlag Konstanz, Konstanz 1992, 63–73.

[Wille 1994] R. Wille: *Begriffliches Denken: Von der griechischen Philosophie bis zur Künstlichen Intelligenz heute.* (in Vorbereitung)

Der philosophische Begriff des Wissens und seine "Verarbeitung"

Norbert Meder

Inhalt

Sieht man sich den Status des Wortes 'Wissen' an, so ist es erstaunlich, daß die Philosophie diesem Terminus ein vergleichbar geringes Gewicht gibt. Manche Wörterbücher führen Wissen überhaupt nicht als Schlagwort, andere handeln es nur sehr knapp ab. Philosophisch scheint Wissen als ein selbständiges Moment der Betrachtung von nebengeordneter Bedeutung. Dennoch – und dies ist so verwunderlich – hat man bei der Lektüre philosophischer Texte fortwährend das Gefühl, alles handele sich um das Wissen.

Bei Max Müller und Alois Halder heißt es im 'Kleinen Philosophischen Wörterbuch' Herder Verlag 1971, das in der Tradition der katholischen Philosophie steht, auf S. 308:

> "Wissen (griech. *episteme*, lat. *scientia*), gegenüber dem bloßen Meinen oder Vermuten (griech. doxa, lat. sententia) die aus der offenbaren Selbstgegenwart eines Gegenstands oder Sachverhalts im weitesten Sinn stammende Einsicht, die je ihren eigenen Gewißheits- u. Evidenzcharakter hat. Im engeren Sinn meint W. seit Aristoteles die nicht nur auf der Feststellung der Tatsächlichkeit eines Etwas, sondern in der Vergegenwärtigung der Gründe seines Da- u. Soseins beruhende Erkenntnis. Da jedes Seiende in seinem So- u. Dasein mehrfach begründet ist, ist W. als Erkenntnis des Grundes immer zugleich auch ein Erkennen von Begründungszusammenhängen. Ein völlig isoliertes W. eines einzelnen widerspricht dem Wesen des W. u. ist unmöglich. Zu den Begründungszusammenhängen dringt die Wissenschaft ($\nearrow$) methodisch vor."[1]

---

[1] [Müller, Halder 1971, S. 308]. Es ist meine Absicht, in den hier vorgelegten Überlegungen vom lexikalischen Stand des Wissens zum Begriff des 'Wissens' auszugehen, um dann die Bezüge systematischer – und natürlich aus meiner Position – zu klären. Nur im letzten Abschnitt gehe ich über das Lexikalische hinaus, um für den Gedanken zu werben, daß die Pädagogik in Sachen Wissen am meisten zu bieten hat, sofern man jenen Gedanken einer zeitbezogenen pragmatischen Transzendentalphilosophie akzeptieren kann, der kurz gesagt – das Lernen und das Lehren als die genetischen Apriori des Wissens formuliert.

Ich will diese knappe Worterklärung zum Leitfaden meiner Überlegungen machen und sie deshalb hier vorab auch als ein semantisches Beziehungsnetz darstellen. In ihm stellen die Knoten die Definitionskomponenten dar, und die Kanten werden mit den Betrachtungsaspekten bezeichnet.

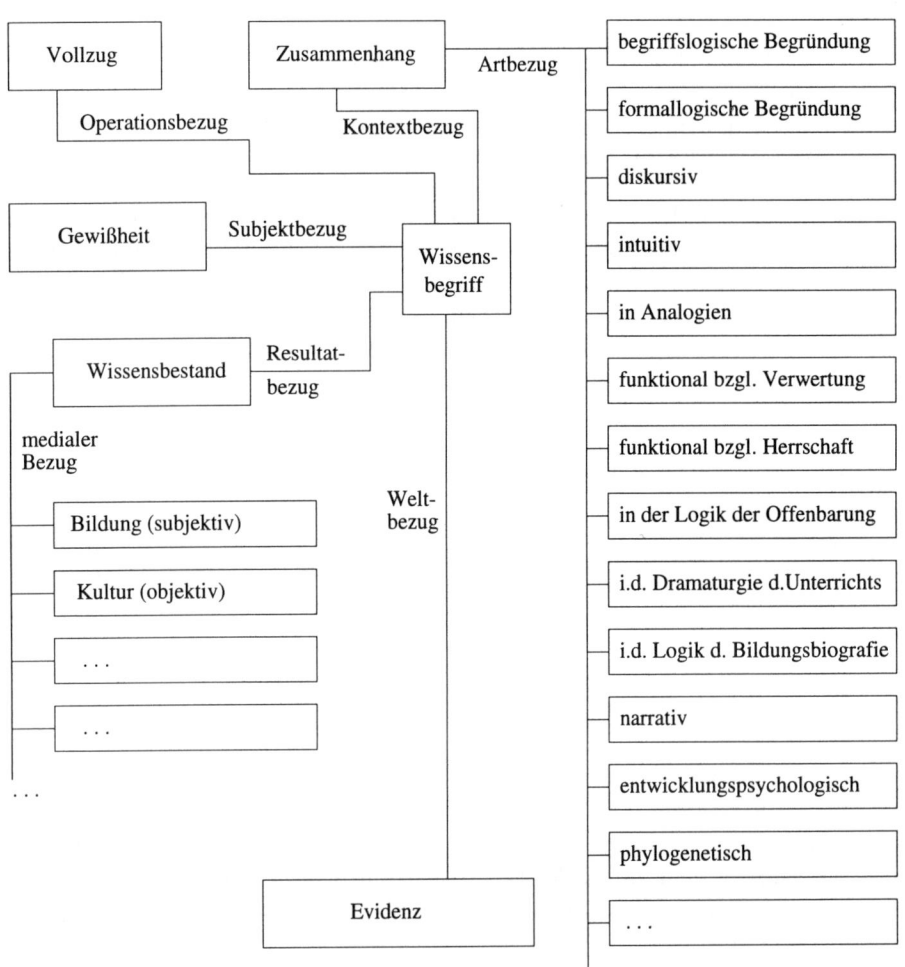

Abbildung 1: Wissenslandkarte: Schlagwort Wissen

1 Das Motiv der Gewißheit

Im Beitrag [Wille 1994] dieses Bandes ist die enge Verbindung des philosophischen Wissensbegriffes zum Begriff der Gewißheit erwähnt. Über das Verhältnis von Wissen und Gewißheit gibt es einen umfangreichen Streit in der Philosophie dieses Jahrhunderts – insbesondere im Umfeld der analytischen Philosophie. Man streitet sich darum, ob Wissen und Gewißheit dasselbe meinen oder ob nicht vielmehr Gewißheit bloß die subjektive Seite des gewußten Sachverhaltes ausmacht, während Wissen auf die objektive Seite des Gewußten zielt – auf seinen Weltbezug und damit auf sein Wahrsein. Die erste These, die Gleichheitsthese, scheint schon KANT vertreten zu haben, wenn er in der Kritik der reinen Vernunft (KrV) ausführt:

> "Wissen" ist "das sowohl subjektiv als objektiv zureichende Fürwahrhalten", KrV tr. Meth. 2. H. 3. Abs. (I 679-Rc 832). Das Wissen ist "ein apodiktisches Urteilen". Was ich weiß, das halte ich "für apodiktisch gewiß, d. i. für allgemein und objektiv notwendig (für alle geltend)". Das Wissen ist ein "Fürwahrhalten aus einem Erkenntnisgrunde, der sowohl objektiv als subjektiv zureichend ist", Log. Einl. IX (IV 72f.).[2]

Und zu Gewißheit:

> "Man ist gewiß, insofern man erkennt, daß es unmöglich sei, daß eine Erkenntnis falsch sei. Der Grad dieser G., wenn er objektive genommen wird, kommt auf das Zureichende in den Merkmalen von der Notwendigkeit einer Wahrheit an; insofern er aber subjektive betrachtet wird, so ist er insofern größer, als die Erkenntnis dieser Notwendigkeit mehr Anschauung hat."[3]

Die subjektiv zureichende Zulänglichkeit des Fürwahrhaltens heißt "Überzeugung", die objektive "Gewißheit" (KrV tr. Meth. 2. H. 3. Abs.).

---

[2]Ich zitiere hier Kant nach [Eisler 1972]; vgl. auch ebenda S. 609: "Wissen s. Erkenntnis. 'W.' ist 'das sowohl subjektiv als objektiv zureichende Fürwahrhalten', KrV tr. Meth. 2. H. 3. Abs. (I 679-Rc 832). Das W. ist 'ein apodiktisches Urteilen'. Was ich weiß, das halte ich 'für apodiktisch gewiß, d.i. für allgemein und objektiv notwendig (für alle geltend)'. Das W. ist ein 'Fürwahrhalten aus einem Erkenntnisgrunde, der sowohl objektiv als subjektiv zureichend ist', Log. Einl. IX (IV 72f.), S. Gewißheit. Die Kritik (s.d.) hebt das (vermeintliche, dogmatisch-metaphysische) 'W.' auf, um dem Glauben (s.d.) Platz zu machen. Vgl. Religion, Meinen, A priori, Erkenntnis."

[3][Eisler 1972, S. 204]: "Gewißheit. 'Man ist gewiß, insofern man erkennt, daß es unmöglich sei, daß eine Erkenntnis falsch sei. Der Grad dieser G., wenn er objektive genommen wird, kommt auf das Zureichende in den Merkmalen von der Notwendigkeit einer Wahrheit an; insofern er aber subjektive betrachtet wird, so ist er insofern größer, als die Erkenntnis dieser Notwendigkeit mehr Anschauung hat. In beider Betrachtung ist die mathematische G. von anderer Art als die philosophische.' Die Mathematik (s.d.), welche zu ihren Begriffen synthetisch gelangt, weiß sicher: 'was sie sich in ihrem Objekte durch die Definition nicht hat vorstellen wollen, das ist darin auch nicht enthalten'. Die Metaphysik (s.d.) hingegen ist in ihren Erklärungen weit unsicherer, denn die Begriffe sind hier 'gegeben'."

Die Ungleichheitsthese geht vermutlich auf WITTGENSTEIN zurück und ist später dann vor allem von AUSTIN und STEGMÜLLER vertreten worden:

> "Die Gewißheit ist gleichsam ein Ton, in dem man den Tatbestand feststellt, aber man schließt nicht aus dem Ton darauf, daß er berechtigt (wahr d. Verf.) ist."[4]

AUSTIN gibt ein sprachanalytisches Argument. Hinterfragt man Wissen etwa mit 'woher nimmst du dein Wissen?' dann bezweifelt man das Wissen des anderen; wenn man hinterfragt, 'warum bist du dir so gewiß?', dann bezweifelt man nicht die Gewißheit, sondern eher den Zusammenhang von Anlässen, die zur Gewißheit geführt haben.

Gerade dieser Sondern-Satz scheint mir die Positionen vermitteln zu lassen. Wenn KANT und andere darauf verweisen, daß Gewißheit auf Führwahrhalten beruht, das sich auf objektive Gründe beruft, dann kann Gewißheit dennoch die subjektive Seite des komplexen Strukturzusammenhanges vom Wissen ausmachen (siehe oben die Wissenslandkarte). Das Objektive liegt in den Gründen, die in subjektiver Deutung zu Anlässen der Gewißheit werden. Dies könnte sicherlich auch WITTGENSTEIN bejahen, und sein Argument, daß man aus der Gewißheit nicht auf die Wahrheit schließen kann, bliebe bestehen. Aus der Gewißheit in der Betonung ihrer Objektivität kann man nur auf die subjektive Gründlichkeit der Wahrheitsprüfung und auf die Ehrenwertigkeit der Person schließen, also auf etwas im weitesten Sinne Ethisches. Ich selbst neige auch gerade deshalb zur Differenzthese, weil sie die Dimension des Ethischen im Diskurs um die Wahrheit und um das Wissen eröffnet – und weil sie die Dimension der Bildung[5] ins Spiel bringt.

---

[4][Wittgenstein 1970, 30]

[5]Diese auf Scheler zurückgehenden Hinsichten, Wissen einzuteilen, können allesamt funktionale Hinsichten genannt werden. Sie sind nicht mit den eher strukturellen Hinsichten zu verwechseln, die meine Wissenslandkarte wiedergibt. Vgl. [Schmidt 1969, S. 665]: "Wissen heißt Erfahrungen und Einsichten haben, die subjektiv und objektiv gewiß sind und aus denen Urteile und Schlüsse gebildet werden können, die ebenfalls sicher genug erscheinen, um als W. gelten zu können. Nach M. Scheler ist W. die Teilhabe am Sosein eines Seienden, deren Voraussetzung die das eigene Sein transzendierende Teilnahme ist; diese Teilnahme wird im formalsten Sinn ↗ Liebe genannt (↗ Hingabe). Nach Scheler kann und soll das W. dienen: 'Erstens dem Werden und der Entfaltung der Person, die weiß – das ist das Bildungswissen. Zweitens dem Werden der Welt und (vielleicht) dem zeitfreien Werden ihres obersten Soseins- und Daseinsgrundes selbst (↗ Urseiendes), die in unserem menschl. W. u. jedem möglichen W. um die Welt zu ihrer eigenen Wesensbestimmung gelangen, oder doch zu etwas, ohne das sie ihre Wesensbestimmung nicht erreichen können. Dieses W. um der Gottheit willen heiße Erlösungswissen. Und es gibt drittens das Werdensziel der praktischen Beherrschung u. Umbildung d. Welt für unsere menschl. Ziele u. Zwecke... Das ist das W. der positiven W.schaft, das Herrschafts- oder Leistungswissen' (Erkenntnis u. Arbeit, in 'Die W.sformen u. d. Gesellschaft', 1926); (↗) Wissenssoziologie".

2 Das Motiv der Evidenz

In dem Lexikon-Artikel, von dem ich ausgegangen bin, wird die Verbindung über die Gewißheit hinaus sogar zu einem weiter-gespannten semantischen Feld geschlagen: gegen Meinen und Vermuten wird die Einsicht mit je eigenen Graden der Gewißheit und Evidenz in den Diskurs um das Wissen eingebracht. Gerade wegen des letzteren Motives der Evidenz ist für Wissen auch die offenbare Selbstgegenwart des gewußten Gegenstandes oder Sachverhaltes gefordert. Das kann wegen des theologischen Bezuges mißverstanden werden als eine Theorie des Wissens im Sinne der Offenbarung á la Augustinus, sieht man aber genauer hin, dann formuliert Evidenz das Programm des Ernst Schröder Zentrums von der Transparenz des Gewußten bis hin zum offenbaren – oder moderner ausgedrückt – zum demonstrierbaren Gegenstand oder Sachverhalt. Da darf kein diffuses Vermittelt-sein – sei es über Lehr-Autoritäten oder sei es über Computer und Programme – zwischengeschaltet sein. Bindet man Wissen an Evidenz, dann ist auch die postmoderne Errungenschaft der Simulation kein Ersatz für die Validität des Wissens, denn Simulation kann bestenfalls die Evidenz eines Modells vermitteln, aber niemals Wissen ersetzen, weil es im Wissen um die Evidenz des originären Gegenstandes geht. Im Wissen geht es um Welt und nicht nur um Information, im Wissen geht es nur um **die** Information, für die offenbare Selbstgegenwart des Gegenstandes oder Sachverhaltes hergestellt werden kann, d.h. deren Gegenstand oder Sachverhalt evident demonstriert werden kann.[6]

3 Das Motiv des (Begründungs-)Zusammenhanges

Es ist aber noch ein weiteres drittes Moment in der Begriffsbestimmung von Wissen dieses Lexikon-Artikels: Mit dem Verweis auf Aristoteles geht es nicht nur um

---

[6]Es wäre ein eigener Aufsatz geworden, wenn ich CRAMERs Theorie des Wissens hätte darlegen wollen. Cramer führt die Philosophie von HÖNIGSWALD, dessen treuester Schüler er war, in Richtung auf eine transzendentale Ontologie fort. Auch wenn ich die Schlüsse, die zur Ontologie geführt haben, nicht teile, halte ich dennoch seine Konzeption von der transzendentalen Differenz, die das Absehen von den subjektiven Bestimmungen des Wissens ermöglicht und damit dem Psychologismus entgeht, als die elaborierteste, die in diesem Jahrhundert geliefert wurde. Vgl. u.a. [Cramer 1957, S. 63]: "Denken ist Wissen. – Wissen ist Bestimmung des Gehabten durch allgemeine Bestimmung und dadurch Einbeziehung eines einzelnen in Schonbekanntes. Dieser Begriff von Wissen fundiert seinerseits wissenschaftliches Wissen. Die gemeine Erfahrung begnügt sich mit der Bekanntheit der Gegenstände. Wissenschaft fragt, was die Realität ist ohne Rücksicht auf Erleben, sie eliminiert methodisch das Erleben. Die Frage der Wissenschaft ist jedoch im Transzendenzbewußtsein fundiert."
und weiter unten, S. 63: "So ist auch das Wissen, eine perzipierende Monade sein zu müssen, nicht aus Perzeptionen zu abstrahieren und noch weniger perzipierbar. Eine Perzeption tätigen, den Sinneseindruck 'rot' tätigen einerseits, das Wissen, daß das Erlebte eine Perzeption ist, daß das Perzipierte die Farbe 'Rot' ist, andererseits, bezeichnet eine fundamentale Differenz. Es ist die Differenz von Haben und Wissen, Erleben und Denken."

die Feststellung der Tatsächlichkeit eines Etwas, sondern auch um die in der Vergegenwärtigung der Gründe seines Da- u. Soseins beruhende Erkenntnis. Mit der Erweiterung des semantischen Feldes um den Begriff der Erkenntnis kommt jenes schillernde Motiv unserer philosophischen Tradition ins Spiel, was allen Anfängern so große Probleme bereitet: Ein und dasselbe Wort wird für zwei verschiedene, wenngleich zusammenhängende Dinge verwendet: Wissen bezeichnet nicht nur den Bestand des Gewußten oder Wißbaren, sondern auch den Akt des Wissenserwerbes, der Wissenserweiterung und eben auch den Akt der Vergewisserung des Wissens.

Dieser Wahnsinn unserer deutschen Sprache, so viele Termini zu besitzen, die sowohl den Akt als auch das Resultat des Aktes bezeichnen, stiftet auf der einen Seite so viel Verwirrung und generiert auf der anderen Seite spekulative Systeme wie die Dialektik des deutschen Idealismus oder wie die tiefgründigen Reflexionen des späten WITTGENSTEINs 'Über Gewißheit'. Kurzum: der philosophische Begriff des Wissens geht immer auf beides – die Operation des Wissens und das Resultat des Wissens. Deshalb ist vielleicht auch 'Wissensverarbeitung' ein viel tieferliegendes Motiv unserer Kultur – auch wenn man kritisch konzidieren muß, daß 'Verarbeitung' nur eine eingeschränkte, vermutlich technisch deformierte Sicht dessen ist, was ich als Operation des Wissens bezeichnet habe. In dem Lexikon-Artikel, von dem ich ausgegangen bin, wird das Motiv des Vollzuges von Wissen unmißverständlicher charakterisiert:

> "Da jedes Seiende in seinem So- u. Dasein mehrfach begründet ist, ist Wissen als Erkenntnis des Grundes immer zugleich auch ein Erkennen von Begründungszusammenhängen. Ein völlig isoliertes Wissen eines einzelnen widerspricht dem Wesen des Wissens und ist unmöglich. Zu den Begründungszusammenhängen dringt die Wissenschaft ($\nearrow$) methodisch vor."

So wie Wissen – über das Motiv der Evidenz – stets Beziehung auf Welt ist, so wie Wissen – über das Motiv der Gewißheit – stets Beziehung auf ein Subjekt ist, und so wie beides – über das Motiv der Demonstrierbarkeit – in die Intersubjektivität einer Gemeinschaft eingebunden ist, so ist Wissen im Motiv des Vollzuges und der Operation stets Beziehung auf anderes und anderes, d.h. Wissen ist stets nur in Zusammenhängen. Der Lexikon-Artikel spricht zwar nur von Begündungszusammenhängen – die sind ja auch sehr wichtig – aber es gibt natürlich noch andere Arten und Formen des Zusammenhanges[7] von etwas zu anderem und anderem im Wissen.

---

[7]Die Wendung 'von etwas auf anderes und anderes' übernehme ich frei von HEGEL, um den nicht abschließbaren Prozeß der Verweisung auszudrücken, der wiederum den holistischen Grundzug des Wissens ausmacht. Vgl. [Albrecht, Asser 1978, S. 539]: "Wissen: ganzheitliche und systematisierte Gesamtheit wissenschaftlicher Begriffe von den Gesetzmäßigkeiten der Natur, der Gesellschaft und des Denkens, die von der Menschheit im Prozeß der aktiven umgestal-

Die Frage nach diesen Zusammenhängen ist – genau besehen – die Frage nach der 'Wissenverarbeitung'. Die Zusammenhänge können begrifflicher Art sein, sie können gemäß der klassischen Begriffs- und Schußlogik gebildet sein oder der formalen Logik der Mathematik folgen, sie können diskursiv oder intuitiv sein[8], sie können aber auch narrativ artikulieren, sie können der totemistischen Logik in Analogien folgen, wie sie LEVI-STRAUSS aus der Beobachtung und Analyse australischer Naturvölker dargestellt hat, die Zusammenhänge können auch entlang der subjektiven – entwicklungspsychologischen oder bildungsgeschichtlichen – Genesis gebildet sein, sie können den funktionalen Logiken der Verwertung oder Herrschaft folgen (Leistungs- und Herrschaftswissen nach *Scheler*), sie können aber auch der Logik der Offenbarung folgen, dann handelt es sich nach *Scheler* um Erlösungswissen und schließlich darf ich meine eigene Domaine nicht auslassen: der Zusammenhang des Wissens kann auch der Dramaturgie und Logik des Unterrichts- und des Bildungsprozesses folgen (dann nennt es *Scheler* das Bildungswissen).[9] Fassen wir als Zwischenergebnis zusammen:

---

teten Produktionstätigkeit angehäuft wurde und auf die weitere Erkenntnis und Veränderung der objektiven Welt gerichtet ist."

[8][Albrecht, Asser 1978, S. 539]: "Wissen, diskursives (discursus lat., Nachdenken): verstandesmäßiges, mittelbares, durch zusammenhängendes Überlegen aufgrund der vorausgehenden Erfahrung gewonnenes Wissen; der Prozeß des zusammenhängenden, streng folgerichtigen, klaren Überlegens, in dem jeder folgende Gedanke aus dem vorhergehenden folgt, von diesem abhängt und den folgenden bedingt. Diskursiv ist z.B. ein Wissen, das durch induktives Schließen erhalten wurde (↗ Induktion), wenn der Forscher von der Kenntnis von Teilfakten Schritt für Schritt zu einem verallgemeinernden Schluß gelangt. D.W. unterscheidet man gewöhnlich von Wissen, das unmittelbar, intuitiv, erhalten wurde, diese Unterscheidung ist aber sehr relativ. Jedes intuitive Wissen (↗ Intuition) stützt sich letztlich auf früher angesammeltes Wissen, deshalb ist die Diskursität auch hier vorhanden, es ist nur oft die Gesetzmäßigkeit des Sprunges schwierig zu erklären, durch den scheinbar 'plötzlich' ein neuer Gedanke auftaucht, der die gesuchte Lösung der Aufgabe bringt. Nach KANT ist diskursive Erkenntnis eine Erkenntnis, die aus dem Überlegen entsteht, im Gegensatz zur intuitiven Erkenntnis, die auf unmittelbarer Betrachtung beruht."

[Albrecht, Asser 1978, S. 539]: "Wissen, unmittelbares: Wissen, das durch direkte Einwirkung eines Gegenstandes der äußeren Welt auf die Sinnesorgane gewonnen wurde. Derartiges Wissen wird im Prozeß der Empfindung und Wahrnehmung erworben. Zu dem Satz, daß ein Begriff nicht etwas Unmittelbares ist, schrieb LENIN in den 'Philosophischen Heften': 'Unmittelbar ist nur die Empfindung des Roten, dies Rote usw.' (L. 38. S. 269)."

[9][Hehlmann 1986, S. 653f]: "Wissen, die Gesamtheit der jederzeit reproduzierbaren Gedächtnisinhalte (Kenntnisse); in anderer Bedeutung auch: das Evidenzerlebnis hinsichtlich bestimmter Sachgegebenheiten oder -zusammenhänge, deutlich unterschieden von Annahme, Vermutung, Meinung; weiter eine Form der gläubigen Verbundenheit mit dem Sein (unio mystica); in einem ganz weiten Sinne alles 'Gewußte' einschließlich wissenschaftlicher, denkerischer, weltanschaulicher und religiöser Ideen und Systeme (so in dem Sozialwissenschaften, inbes. in der Wissenssoziologie). K. Mannheim unterschied hier zwischen Ideologien (die auf Bewahrung des Bestehenden gerichtet sind) und Utopien (die Neues an die Stelle des Alten setzen wollen). Den Ansatz zu einer Phänomenologie des W. lieferte M. Scheler: W. diene 1) technischen, beruflichen, lebenspraktischen Aufgaben (Herrschafts- oder Leistungswissen), 2) der Vertiefung von

Der Inbegriff des Wissens – so will ich das semantische Geflecht des Lexikon-Artikels nennen, von dem ich ausgegangen bin – der Inbegriff des Wissens enthält mindestens 4 Eckpfeiler: 1. das Subjekt und seine Gewißheit, 2. das Objekt und seine Evidenz, 3. den operativen Zusammenhang und seine (instrumentellen) Wahrheitskriterien als den Vollzugscharakter des Wissens im Intersubjektiven und 4. das geronnene Produkt der operativen Vollzüge in den Formen des Gedächtnisses und in den medialen Darstellungen bereichsspezifischer Logiken, die allesamt – im Gegenzug zur zeitlichen Struktur des Wissensvollzuges – als räumlich gedacht werden müssen.

4 Das Motiv der Kultur und Bildung

Der letzte Nachsatz führt uns recht eigentlich zu dem – ich möchte sagen wichtigsten – Moment der Eingebundenheit des Wissens in die Geschichte einer Kulturgemeinschaft. Genau besehen ist es uns schon bei den Begündungszusammenhängen in den von Scheler ins Spiel gebrachten Motiven des Leistungs-, Herrschafts-, Erlösungs- und Bildungswissens begegnet.[10] Es braucht nicht zu verwundern, daß dieses Motiv in kaum einem Artikel der philosophischen Lexika und Handbücher vorkommt. Denn der folgende Gedankengang ist dafür noch zu neu – auch wenn er schon 50 Jahre alt ist (Wittgenstein und Hönigswald).

Zuerst Wittgenstein: Wenn jener Inbegriff des Wissens unsicher geworden ist, weil wir nicht mehr genau wissen, was das Subjekt ist, was die eine Wahrheit ist – insofern sie sich nur in ihren Spezifikationen in Sprachspielen zeigt, die nicht unter einen Hut zu bringen sind – wenn der Inbegriff des Wissens unsicher geworden ist, weil wir in aller medialer Vermitteltheit den Bezug zur offenbaren Selbstgegeben-

---

Persönlichkeit und Bildung (Bildungswissen) und 3) der Verankerung der religiösen Existenz (Erlösungswissen).”

[10][Bernsdorf 1972, S. 933]: “Max Schelers Position kann dabei als gemäßigt bezeichnet werden. Gemäßigt ist sie insofern, als sich der Einfluß der Gesellschaft auf das Denken und Wissen in einer Auswahlfunktion (Selektionsfunktion) erschöpfen soll. Das Verhältnis von Wissen und Gesellschaft wird dahingehend bestimmt, daß die gesellschaftlichen Verhältnisse für die vom Denken zu erfassenden Gegenstände und Inhalte eine auswählende Bedeutung haben. Scheler nennt das die soziologische Bedingtheit für das Realwerden des Geistes. Die geistigen Sachverhalte selbst, der Inhalt oder das Quale des Wissens, stehen dabei aber jenseits jeder soziologischen Relativierung. Das entspricht den Voraussetzungen seiner Philosophie, nach denen Geist und Leben zwei unabhängig voneinander bestehende Seinsbereiche mit eigener Gesetzlichkeit sind, von denen der eine den anderen qualitativ nicht beeinflussen kann. Der Mensch ist der Vermittler zwischen ihnen, denn er ist zugleich Geist und Leben. Die Aufgabe einer Wissenschaft, die das Verhältnis von Geist und Leben analysieren soll, kann es dann immer nur sein, die realen Voraussetzungen, seien sie psychischer, sozialer, biotischer oder sonstiger Art, für das Realwerden des Geistes, für seine Durchsetzung und Anerkennung im gesamtmenschlichen Lebensablauf, aufzudecken. Konkrete historische Analysen, die auf der Grundlage dieser gemäßigten Position durchgeführt sind, haben neben Scheler insbesondere A. v. Martin und P. Honigsheim vorgelegt.”

heit des Gegenstandes oder Sachverhaltes verloren haben, dann können wir nur noch bei dem performanten Moment der operativen "Verarbeitung" von Wissen ansetzen – und dies allerdings breit, d.h. in allen Schattierungen des Operativen oder wie es Wittgenstein ausdrücken würde: Unter Berücksichtigung möglichst aller Sprachspielgrammatiken. Dabei sollte man sich nicht von sogenannten Inkompatibilitäten abschrecken oder hindern lassen.

Und wenn man von den performanten Momenten ausgeht, dann erschließt sich einem vielleicht der gesamte Inbegriff neu. Die performanten Momente sind im wesentlichen Wissens-erst-erwerb (Entdeckungszusammenhang), Wissenserweiterung (logisches Operieren entlang von Grammatiken) und Vergewisserung (Pflege der Disposition und Organisation des Wissens) und sie sind allesamt Hinsichten auf den Inbegriff des Wissens, die als didaktisch bzw. pädagogisch bezeichnet werden können und müssen. Dies führt Wittgenstein in 'Über Gewißheit' dazu, das Lernen und seinen kulturellen Kontext zum transzendentalen Apriori des Wissens zu machen: Die Bedingung der Möglichkeit der Erkenntnis der Gegenstände und Sachverhalte der Welt und damit auch die Bedingung der Möglichkeit der Gegenstände und Sachverhalte selbst ist das operative Lernen der "Verarbeitung" von Wissen[11].

Für Hönigswald, der an den fünf Eckpfeilern des Inbegriffs vom Wissen nicht verzweifelte, sondern höchstens kritisch zweifelte, war der Ausgangspunkt ein anderer: Wie muß ich Wissen und Erkenntnis fassen, damit angesichts der Endlichkeit der konkreten Erkenntnissubjekte und angesichts des damit verbundenen geschichtlichen Wandels der Gemeinschaft der Subjekte das Problem der Wahrheit

---

[11] Der Lexikon-Artikel von H. RUMPF macht am besten deutlich, was ich in Fußnote (1) angemerkt habe: den Beziehungsreichtum, der den Begriff des Wissens in der pädagogischen Tradition ausmacht. Vgl. [Horney et.al. 1970, S. 1419]: "In Pädagogen-Diskussionen besteht die Gefahr, daß W.stereotyp entweder diffamiert oder gerühmt wird. Um solche unscharfen Verallgemeinerungen zu überwinden und um die Problematik von W.sprüfungen deutlich zu machen, bedürfen die als W.umschriebenen Zustände und Verhaltensweisen vielfacher Unterscheidung – zum Beispiel: 1. nach den Graden der Einsicht in die Zusammenhänge und Gründe der gewußten Inhalte wie nach den Graden der bloßen Übernahme wenig oder kaum verstandenen W.s auf die Autorität anderer (etwa der Wissenschaftler) hin; 2. nach den Graden der Bewußtheit und der Souveränität, in denen der Wissende zu den W.sinhalten und ihren Grenzen steht. Je weniger er beispielsweise W.sinhalte aus dem Kontext der ersten Lernerfahrung lösen kann, je starrer er auf eine bestimmte Formulierung dieses W.s festgelegt ist, desto weniger souverän verfügt er über sein W.; 3. nach den Graden und Arten der Organisiertheit und wechselseitigen Bezogenheit der W.selemente, d.h. in der Terminologie angelsächsischer Lerntheoretiker nach multiplexity, interconnectedness, consonance of cognitive systems, wie Krech/Crutchfield/Ballachey einschlägige Theorien resümieren. Die verschiedenartigen kognitiven Systeme, die wir unter dem vieldeutigen Begriff W. fassen, genauer zu beschreiben sowie Möglichkeiten und Bedingungen ihrer Erzeugung, Veränderung und Prüfung zu erforschen, ist eine weithin noch offene Aufgabe der Erziehungswissenschaft; 4. nach den Arten der 'affektiven Besetzung'; 5. nach den Arten, wie dieses W. zustande gekommen ist – durch bloße Übernahme und Nachahmung, durch eigene Anschauung oder durch problemlösendes Denken."

und Geltung performant im Spiele bleibt? Diese Frage brachte ihn dazu, den Erziehungsprozeß von einer Generation auf die übernächste vermittels der nächsten als den entscheidenden Prozeß der Geltungsbewährung zu begreifen. Was im Spiel von Alteingesessenen und Neuen in den Kontroversen von Tradierung und Innovation als wertvoll erhalten bleibt, kann als bis dato nicht-falzifiziertes Wissen, als immer noch nicht widerlegte 'Wahrheit' genommen werden.

Und dieses existenzielle soziale Spiel lebt von der "Wissensverarbeitung" als einer ständigen Reorganisation des Wissens in den vielfältigen Grammatiken bereichspezifischer Kontexte, die als Glieder einer Kette das holistische Bild unseres Wissens abgeben. Bei dieser ständigen Reorganisation des Wissens handelt es sich um ein Spiel, in dem einerseits räumlich strukturiertes Wissen, die Wissensbestände, immer wieder in die Struktur des zeitlichen Vollzuges des Lernens zu projizieren ist und in dem andererseits die zeitlich generierten Innovationen des Lernprozesses in den räumlichen Organisationen des Gedächtnisses und der Medien aufzubewahren sind. Die neuere Kognitionstheorie nennt dieses Spiel der Reorganisation Kompilation von deklarativem und prozeduralem Wissen und versteht gerade diese synthetisierende Kompilation als den umfassenden Begriff des Wissens.

Nach diesen Grundzügen einer pädagogisch-didaktisch fundierten Wissenstheorie will ich mit einem Zitat aus der 'Logik für Juristen' von Egon Schneider die Gedanken zum philosophischen Begriff des Wissens etwas locker ausklingen lassen. Das Zitat charakterisiert sowohl den Kulturzusammenhang als auch das Problem der Ausbildung und Bildung in bezug auf juristisches Wissen : "Die Mehrzahl der Gesetze stellen so wohlabgewogene Konfliktlösungen dar, daß bereits eine technisch fehlerfreie Rechtsanwendung zu gerechten Entscheidungen führt. Solche bewährten Regelungen sind – dessen sollte man sich stets bewußt bleiben – objektiver als die Meinung eines einzelnen Rechtsanwenders. Juristisches Wissen ist deshalb auf weiten Strecken gleichbedeutend mit der Kenntnis von gerechter Ordnung. Der mit Wissen dürftig ausgestattete junge Jurist erkennt das manchmal nicht. Er glaubt, sich hierüber hinwegsetzen zu dürfen. Weil er zuwenig weiß, hält er seinen engen Horizont für den juristischen Kosmos."[12]

---

[12][Schneider 1972, S. 328]

Literatur

[Albrecht, Asser 1978] E. Albrecht und G. Asser: *Wörterbuch der Logik*. deb verlag das deutsche buch, Westberlin 1978.

[Bernsdorf 1972] W. Bernsdorf: *Wörterbuch der Soziologie*. Band 3, Fischer Taschenbuch Verlag, Frankfurt am Main, 1972.

[Cramer 1957] W. Cramer: *Grundlegung einer Theorie des Geistes*. Vittorio Klostermann Verlag, Frankfurt am Main, 1957.

[Eisler 1930] R. Eisler: *Wörterbuch der philosophischen Begriffe*. Band 3, Berlin, 1930.

[Eisler 1972] R. Eisler: *Kant Lexikon*. Georg Olms Verlag, Hildesheim-New York, 1972.

[Hehlmann 1986] W. Hehlmann: *Wörterbuch der Psychologie*. Alfred Kröner Verlag, Stuttgart, 1968.

[Hönigswald 1913] R. Hönigswald: *Studien zur Theorie pädagogischer Grundbegriffe*. W. Spemann, Stuttgart, 1913.

[Hönigswald 1970] R. Hönigswald: *Über die Grundlagen der Pädagogik*. Ernst Reinhardt, München, 1970.

[Horney et.al. 1970] W. Horney, J. P. Ruppert und W. Schultze: *Pädagogisches Lexikon*. Bertelsmann Fachverlag, München, 1970.

[Krings et.al. 1974] H. Krings, H. M. Baumgartner und C. Wild: *Handbuch philosophischer Grundbegriffe*. Kösel-Verlag, München, 1974.

[Müller, Halder 1971] M. Müller und A. Halder: *Kleines Philosophisches Wörterbuch*. Verlag Herder, Freiburg-Basel-Wien, 1971.

[Schmidt 1969] H. Schmidt: *Philosophisches Wörterbuch*. Alfred Körner Verlag, Stuttgart, 1969.

[Schneider 1972] E. Schneider: *Logik für Juristen*. Verlag Franz Vahlen, München, 1972.

[Wittgenstein 1970] L. Wittgenstein: *Über Gewißheit*. Suhrkamp Verlag, Frankfurt am Main, 1970.

Zur Thematik des begrifflichen Wissens – Einordungsfragen in übergeordnete Kontexte

Franz-Josef Radermacher

Inhalt

1 Vorbemerkungen

Begriffliches Wissen ist zentral für das klassische Verständnis dessen, was in der Philosophie unter "Wissen" verstanden wird. Über derartiges Wissen verständigen wir uns in Diskursprozessen in unserer Gesellschaft. Zu diesem Thema gibt es eine reichhaltige Literatur, in neuerer Zeit auch unter Einbeziehung von Beiträgen der Informatik.[1]

Allerdings ist gegenüber einer allzu idealistischen und einseitigen Sicht auf derartige Diskurse anzumerken, daß diese nicht immer auf wechselseitiges Verstehen ausgerichtet sind, sondern teilweise auch auf Zielerreichung. Gegebenenfalls sind Diskurse auch auf Koexistenz verschiedener Interpretationsmöglichkeiten bzw. sogar auf das systematische Ausnutzen möglicher Mißverständnisse hin angelegt.

In Ergänzung zu solchen Diskursprozessen erscheint dann die Beobachtung wichtig zu sein, daß man hinsichtlich der konkreten Bedeutung der Begriffe zu einem definierten Zeitpunkt verschiedene kognitive Ebenen unterscheiden muß, die nicht begrifflicher Natur sind [Bock 1993, Braitenberg 1989, Imdahl, Radermacher 1994, Popper 1972, Prigogine 1980, Radermacher 1991]; solche Ebenen werden – in einer erklärtermaßen persönlichen Sicht – in diesem Text genauer erörtert.

Man betrachte hierzu als Beispiel den Begriff "Gerechtigkeit". Für ein Einzellebewesen definiert sich zu einem bestimmten Zeitpunkt in einer bestimmten Beurteilungssituation Gerechtigkeit dadurch, daß es die zur Diskussion stehende Sache als gerecht empfindet oder nicht. Dieses Empfinden ist subjektiv und individuell. Im Einzelfall mag es stark geprägt sein durch frühere Erlebnisse und diskursive Erfahrungen, aber ebenso ist es geprägt durch die eigene Historie und

---

[1]vgl. unter anderem [Bystrina 1989, Habermas 1981, Luft, Kötter 1994, Luhmann 1986, 89, 90 u. 93, Maturana 1985, Peirce 1991, Strombach 1992, Varela 1990, Wille 1992a u. 92b, Zickwolff 1993]

genauso durch die momentane Stimmungslage, die eigene Betroffenheit, unter Umständen auch die körperliche Situation (Schlafdefizit, Alkohol, Ärger, Angst). All dies fließt dann in einer konkreten Situation in die eigene Verfassung ein und hat einen Einfluß darauf, ob ein Individuum in dieser Situation für sich der Meinung ist, daß etwas gerecht ist oder nicht.

Hinsichtlich der Gesamtgesellschaft ist die Situation ähnlich. Der "Körper" der Gesamtgesellschaft, also das organisatorische bzw. gesellschaftliche Rahmensystem, das heißt, die Mechanismen, mit denen das Gesamtsystem (die Gesellschaft) in einer konkreten Frage zu einer Entscheidung über Recht oder Unrecht kommt (zum Beispiel in Gerichtsverfahren), ist es, der in einer konkreten Situation die Aussage "gerecht" oder "nicht gerecht" trifft und damit wesentliche Festlegungen bewirkt [Luhmann 1993]. Dabei erfolgt in dem Gesamtsystem natürlich in einem gewissen Umfang ein Rekurs auf die Einzelpersonen, so wie bei der Einzelperson im Gehirn ein Rekurs auf einzelne Neuronengruppen stattfindet.

Insbesondere gibt es Fälle, in denen aufgrund starker öffentlicher Betroffenheit die speziell für die gesamtgesellschaftliche Aufgabe eingesetzten Spezialisten (Richter, Anwälte usw.) aufgrund der hohen öffentlichen Aufmerksamkeit einen Fall vielleicht anders behandeln als sie ihn behandeln würden, wenn es in einem stillen Kämmerlein alleine Sache der Fachleute wäre zu entscheiden. Insgesamt wird hier deutlich, daß die letztendliche Entscheidung im Einzelfall pragmatisch entsteht in einer Abhängigkeit von den Umständen auf den jeweils wirksam werdenden Ebenen der Informationsverarbeitung, sei dies nun die gesellschaftliche Ebene, verschiedene Ebenen der Interaktion in Gruppen oder die Ebene des Individuums sowie schließlich in den Individuen der aktuelle Zustand (von Teilen) des Nervensystems. All dies ist natürlich in einem gewissen Umfang rückgekoppelt über alle Ebenen, damit natürlich in einem gewissen Umfang bestimmt durch Diskurse, aber eben teilweise auch bestimmt durch andere Einflußfaktoren.

Derartige andere Einflußfaktoren sind deshalb ein unverzichtbarer Punkt, den man in alle Überlegungen zum Wissensbegriff, die über rein diskursive Fragen hinausgehen, mit einbeziehen sollte. Die Künstliche Intelligenz (KI) und benachbarte Gebiete, die sich allgemein mit dem Bau künstlicher intelligenter Systeme befassen[2], sprechen hier ganz allgemein von dem Problem des *Symbol Grounding*, also von der Frage, worauf man Symbole bzw. Begriffe letztendlich basieren sollte – über den Diskurs hinaus. Wie oben bereits erwähnt, ist zum Beispiel bei einem Begriff wie Gerechtigkeit die Entscheidung darüber, was ein Individuum in einer konkreten Situation als gerecht beurteilt, von vielen Dingen abhängig, unter anderem eben auch von der eigenen körperlichen und seelischen Verfas-

---

[2][Bock 1993, Brook 1986, Dorffner 1991, Dreyfuss 1985, Gensereth, Nilsson 1989, Kodratoll, Miachalski 1990, Kohonen 1990, Nilsson 1982, Palm 1990, Pearl 1988, Radermacher 1990, 91, 92 u. 94, Richter 1989, Rummelhart, McClelland 1986, Waterman 1986, Winston 1992, Zimmermann 1993]

sung. Die Notwendigkeit des *Symbol Grounding* wird noch viel deutlicher, sobald wir über Begriffe reden, die ihrerseits auf den menschlichen Körper referieren, wie zum Beispiel Eifersucht, Hunger, Wut, Freude [Radermacher 1989 u. 92, Winograd 1983, Winograd, Flores 1986]. Diese Begriffe rekurieren auf erfahrene – im wesentlichen über neuronale Klassifikations- und Wirkungsmechanismen realisierte – Körpertatbestände. Die Tatsache, daß wir überhaupt über diese Dinge kommunizieren können, basiert auf der Hypothese, daß wir zumindest im Prinzip ähnliche Körpererfahrungen haben. Andererseits spricht vieles dafür, daß die Evolution uns hinsichtlich dieser Art von Körpererfahrungen mit ganz unterschiedlichen Strategien ausgestattet hat [Lorenz 1973, Sloman 1987], daß also etwa im Hinblick auf Eifersucht Menschen sehr unterschiedlich angelegt sind und die Grade von Wut, Verzweiflung, Enttäuschung und Aggression in diesem Umfeld deshalb inhärent unterschiedlich ausgestaltet sein können; hier sind daher prinzipielle Grenzen des Diskurses erkennbar. Ferner ist hier eine Quelle vieler Mißverständnisse in menschlichen Kommunikationsprozessen identifiziert. Hinsichtlich dieser Art von Körpererfahrungen sind also prinzipielle Grenzen des Diskurses und des Kommunizierbaren gegeben; hier muß es deshalb fast zwangsläufig immer wieder auch zu Mißverständnissen kommen.

Das *Symbol Grounding* auf den unteren Ebenen, also die neuronale Ebene oder die Ebene geometrisch-chemischer Wechselwirkungen, auf die im folgenden eingegangen wird, ist individuell und unerläßlich, wenn man ein weitergehendes Verständnis der Sachverhalte (im Sinne einer Voraussagefähigkeit und damit von Falsifikationsmöglichkeiten [Kuhn 1970, Laszlo 1987, Popper 1972] für zu entwickelnde Theorien der Kognition oder des Wissens) erreichen will.

2 Ein erweiterter Wissensbegriff

2.1 Symbol Grounding

Im folgenden wird ein Versuch unternommen, einen erweiterten Wissensbegriff explizit zu formulieren, und zwar mit einer Orientierung an ganz unterschiedlichen Beiträgen in der Fachliteratur. Dies schließt zum Beispiel die in Darmstadt und andernorts verfolgten Überlegungen zur begrifflichen Wissensverarbeitung ebenso mit ein, wie die Versuche, das Weltwissen hochentwickelter Gesellschaften auf der Basis geeigneter Ontologien in KI-Systemen zu erfassen [Lenat 1977, Lenat, Brown 1984, Lenat, Guha 1989], dies allerdings nur als eine von mehreren Ebenen. Es handelt sich bei dieser Ebene zudem im Sinne eines *Symbol Grounding* um eine Ebene, die nach unten zu verankern ist. Die unterste Ebene, für die im folgenden auf eine weitere Basierung verzichtet wird, ist die Ebene der chemisch-geometrischen Wechselwirkung. Natürlich ist auch hier eine Rückführung, z.B. auf die atomare Ebene, möglich [Hartmann 1964, Klement 1986]. Erwähnt sei, daß

intensive Forschungsanstrengungen zur Integration entsprechender Informations-
verarbeitungsebenen in Rechnerarchitekturen zur Zeit weltweit stattfinden, zum
Beispiel zentral auch im Rahmen des japanischen RWC (real-world computing)
Programms. Hierbei geht es schwerpunktmäßig insbesondere um die Manipulation
von unterschiedlichen Modellen [Jarke, Radermacher 1989, Keeney et al. 1988a
u. 88b, Krishnan et al. 1991] sowie um die Integration von neuronalen Netzen
und Symbolverarbeitung [Bock 1993, Bookman, Sun 1993, Brook 1986, Doffner
1991, Hornik et al. 1989, Jarke, Radermacher 1989, Kämpke, Radermacher 1994,
Knick, Radermacher 1992, Siegelmann, Sontag 1991, Touretzky, Hinton 1985].

Der im folgenden diskutierte Wissensbegriff bezieht sich auf lebende und nicht-
lebende Systeme. In der Regel betrifft das solche Systeme, die in der Lage sind,
wesentliche Invarianten zu tradieren, und die dadurch die Möglichkeit haben,
durch Lernen auf unterschiedlichen Ebenen ihr Wissen anzureichern.

Wissen macht Dinge möglich, die ohne dieses Wissen nicht in dieser Weise verwirklicht werden könnten. Das vorhandene Wissen läßt sich am besten festmachen
an der Lösung konkreter Aufgaben, wobei ein Gütemaß für den Erfolg vorgegeben
sein sollte. Wissen kann dann relativ zu der Aufgabe und dem Gütemaß definiert
werden als die Fähigkeit, durch Nutzung dieses Wissens eine Aufgabe in einer
bestimmten Qualität zu bearbeiten. Dabei besteht das Wissen in der Regel aus
statischen und dynamischen Komponenten, beispielsweise aus der Koppelung von
Daten mit Algorithmen, die auf diesen Daten operieren, von Sensorinformation
mit sensormotorischen Komponenten, die aus eingehenden Sensorströmen moto-
rische Handlungen ableiten, und schließlich aus dreidimensionaler Strukturinfor-
mation und korrespondierenden Operatoren, die mit dieser Information umgehen
usw.

2.2 Wissen und Modelle

*Wissen wird relativ zu einer Aufgabe und einem Gütemaß für die Erfüllung der
Aufgabe definiert, wobei das Erfülltheitsmaß auch relative Performance- oder
Überlebensfähigkeit sein kann. Wissen besteht dann je nach der Ebene, auf der
eine Aufgabe erfüllt wird, aus einer Kombination von Datenstrom/Algorithmus
(symbolische Ebene) oder Sensorinput mit sensormotorischem Operator (neuronale Ebene) oder geometrischem Strukturinput mit einem geometrischen Struk-
turoperator. Wissen besteht in einem Modell, das Input und Operatoranwendun-
gen so organisiert, daß die gestellte Aufgabe in einer bestimmten Qualität, unter
Umständen relativ zu Alternativen, gelöst wird.*

Ganz allgemein kann Wissen in diesem Sinne mit Modellen gleichgesetzt werden [Jarke, Radermacher 1989, Radermacher 1990 u. 91]. Modelle bilden hierbei
ordnende Kontexte, die bestimmte dreidimensionale Strukturen, Sensorinforma-
tionen oder begriffliche Informationen nutzen, um mit bestimmten Operatoren

geometrisch-chemischer Art, neuronaler Art oder symbolisch-mathematischer Art zu Ergebnissen zu kommen, die dann als Lösungen von Aufgaben mit den betreffenden Gütemaßen bewertet werden können. Bei diesem allgemeinen Modellbegriff können Modell und Wissen gleichgesetzt werden.

2.3 Beispiel: Wissen in unterschiedlichen Systemarten

Wenn wir im Zusammenhang von Wissen von Systemen sprechen, die Wissen besitzen, so bezieht sich dies auf die unbelebte Welt (Kristalle, Erdoberfläche, Klimasysteme, Golfstrom usw.) ebensosehr wie auf die belebte Natur. Wissen ist in einem ganzheitlichen Blick auf die Welt und die Evolution zu identifizieren. Dies betrifft einerseits einen Schichtenaufbau der Welt, andererseits die Perspektive des Werdens und Lernens in der Zeit im Sinne der Evolutionstheorie, wobei die Geschwindigkeit des Lernens auf den unterschiedlichen Ebenen immer mehr zunimmt. Maßstab für die Reichweite von Theorien ist ihre Falsifizierbarkeit. Zu all diesen Punkten gibt es eine reichhaltige Literatur bis hin zu der Frage der Rolle des Zufalls, des Aufbaus der Materie, dem Charakter von Entscheidungsproblemen, der Möglichkeit von Freiheit, der Natur des Bewußtseins usw.[3]

Es gibt hier eine ganze Hierarchie von interessanten Systemen, die zum Beispiel mit den Atomen, Molekülen, Makromolekülen als untere Hierarchieebenen beginnt und sich mit Zellen, ganzen Lebewesen oder Staaten als Organisationen von Lebewesen fortsetzt [Hartmann 1964, Klement 1986]. Dabei sind jeweils die höheren Ebenen der beschriebenen Art aus Komponenten der niedrigeren Art aufgebaut. Das heißt zum Beispiel, daß ein Staat eine Vielzahl von Individuen organisiert, die jedes ihrerseits eine Vielzahl von Zellen organisieren, die jede wiederum eine Vielzahl von Makromolekülen organisieren, usw. Beim Übergang von Makromolekülen zu Zellen erfolgt potentiell der Übergang von unbelebten zu belebten Strukturen [Maturana, Varela 1987].

2.4 Unterschiedliche Ebenen des Wissens

Wissen ist – in der hier vertretenen Perspektive – auf ganz verschiedenen Ebenen abgelegt. Es gibt Wissen auf der Ebene der Atome, der Moleküle, der Makromoleküle (hier ist insbesondere der genetische Code angesiedelt), Wissen auf einer chemisch-geometrischen Strukturebene, Wissen im Klassifikationsverhalten neuronaler Netze, Wissen in Form unscharfer Regelkalküle, Wissen in Form von

---

[3][Bystrina 1989, Erbrich 1988, Haken 1979, Hartmann 1964, Hofstadter 1989, Hofstadter, Denett 1982, Husserl 1986, Imdahl, Radermacher 1994, Keeney, Raiffa 1976, Klement 1975 u. 86, Klement, Radermacher 1990, Konrwachs 1991, Kornwachs, Lucadou 1984, Kuhn 1970, Laszlo 1987, Lorenz 1973, Luhmann 1986, 89, 90 u. 93, Maturana 1985, Maturana, Varela 1987, Peirce 1991, Popper 1972, Prigogine 1980, Radermacher 1992, Strombach 1992, Varela 1990, Varela, Berzini 1990, Vollmer 1981, von Weizsäcker 1978, Winograd 1983]

typischen Repräsentationsformen der Künstlichen Intelligenz und Wissen in sehr allgemeinen (symbolischen) Modellierungsformen sprachlicher oder mathematischer Art.

Die Leistungsfähigkeit von Nervensystemen im Sinne der oben beschriebenen Klassifikation von Modellierungsebenen wird durch tiefliegende mathematische Sätze charakterisiert, die zum einen zeigen, daß solche (biologischen) neuronalen Netze auf der subsymbolischen Ebene als universelle Klassifikatoren im Sinne von Approximationsmechanismen für stetige bzw. meßbare Funktionen operieren können [Hornink et al. 1989, Siegelmann, Sontag 1991], zum anderen in ein solches neuronales Netz eine Turing-Maschine (und damit die gesamte Welt des Berechenbaren) emuliert werden kann [Siegelmann, Sontag 1991, Touretzky, Hinton 1985]. Die Möglichkeit eines graduellen Übergangs von subsymbolischen zu symbolischen kognitiven Leistungen ist damit inhärent in (biologischen) neuronalen Netzen angelegt und damit gut nachzuvollziehen [Herrnstein 1984]. Tatsächlich ist die Plastizität, d.h. die vielfach unterschiedliche Nutzbarkeit derartiger biologischer neuronaler Netze noch sehr viel reichhaltiger [Radermacher 1994]. Weitere bekannte Leistungspotentiale solcher Netze sind, über universelle Approximations- und Berechenbarkeitseigenschaften hinaus, hardwarenahe Klassifikation, Feature-Generierung, massive Parallelverarbeitung, Kurz- und Langzeitspeicherung von Informationen, assoziative Speicherung, Sensorfusion und dimensionsloses Lernen, Erzeugung von Aktorsequenzen, Einschleifen von Bewegungsabläufen, Frequenzsynchronisation und Etablierung eines (sequentiellen) Bewußtseinsprozesses [Crick, Koch 1990].

Bei der beschriebenen Ebenenhierarchie ist klar, daß die verschiedenen Wissensarten ihrerseits aufeinander aufbauen, also Wissen mathematischer Art in der symbolischen Sprache der Mathematik beschrieben ist, die ihrerseits eine Verankerung auf neuronaler Ebene bei den mit diesen Sprachen umgehenden Menschen beinhaltet, die ihrerseits auf einer chemisch-geometrischen Strukturebene aufsetzen usw. Hierzu ist zu bemerken, daß die hier vorgenommenen Unterscheidungen nur deshalb vorgenommen werden, um eine höhere Transparenz der Sachverhalte zu schaffen. Natürlich ist es klar, daß auf der atomaren Ebene nur Wissen auf unteren Ebenen verarbeitet wird; spätestens im Bereich der Mehrzeller tritt erstmals das Phänomen der Nervensysteme und damit konkret das Leistungspotential neuronaler Netze auf, das insbesondere beim Menschen durch höhere Ebenen der Symbolverarbeitung und der Sprachfähigkeit komplementiert wird. Hier sind also bestimmte Symbolverarbeitungsfähigkeiten vorhanden. Die gesamte Komplexität der Symbolverarbeitung im mathematischen Sinne wurde erst durch das System Menschheit erarbeitet und kann bis heute auch nur in diesem System tradiert werden (das mag sich mit der weiteren Entwicklung im Bereich intelligenter Softwaresysteme, insbesondere Modellbanken und mathematische Expertensysteme als Formen von Wissensspeichern ändern). Auch begriffliches Wissen im modernen Sinne ist als Ergebnis umfangreicher und ausdifferenzierter gesellschaftlicher Diskurse Teil der kollektiven Leistungen der Menschheit. Begriffliches Wissen war der Schwerpunkt der Tagung in Darmstadt, für die dieser Text entstanden ist.[4]

2.5 Die Welt des Berechenbaren

Mit den abstrakten mathematischen Theorien, insbesondere der Formalisierung der Turing-Maschine und damit des Bereichs des Algorithmischen überhaupt, sind der Menschheit sehr tiefgehende Einsichten gelungen über das, was im Breich der Symbolverarbeitung prinzipiell möglich ist [Brauer 1990, Coy 1993, Gandy 1980]. Es ist an dieser Stelle wichtig festzuhalten, daß das auf diesem Wege Machbare signifikant geringer ist als das Informationsverarbeitungs- und Wissenspotential auf den angesprochenen niedrigeren Ebenen. So ist bekannt, daß es im algorithmischen Bereich keine Möglichkeit gibt, daß Drei-Körper-Problem zu lösen. Natürlich löst die Natur das Drei-Körper-Problem permanent. Daraus folgt etwa, daß die "Welt" in ihrem Ablauf prinzipiell reichhaltiger ist als die Beschreibungs- und Berechnungsfähigkeit von Maschinen, die wir als Menschen im Bereich der Symbolverarbeitung jemals konstruieren können. Analogrechner könnten hier prinzipiell ein größeres Potential beinhalten, aber diese Frage ist bis heute nicht geklärt.

Man weiß zudem (zum Beispiel aufgrund von Beobachtungen der Chaos-Theorie), daß selbst bei berechenbaren Größen in vielen praktisch bedeutsamen Konstellationen feinste Unterschiede in den Eingangsgrößen signifikante Effekte auf der Ausgangsseite haben können. Die Genauigkeit, welche bestimmte Auswertungen angesichts dieser Tatsache erfordern würden, übersteigt häufig die Möglichkeit von Menschen gebauter Maschinen sowohl bei der Datenaufnahme (insbesondere im sensornahen Bereich) als auch bei der Datenverarbeitung, so daß selbst in solchen realen Anwendungen, die im Prinzip in den Bereich des Berechenbaren fallen, das Lösungspotential der vom Menschen gebauten Maschinen oftmals aufgrund der Datenproblematik prinzipiell nicht ausreicht, um die Natur selbst in all den Bereichen "nachzubilden", in denen sie in Übereinstimmung mit dem Berechenbarkeitsparadigma operiert.

Zusammengefaßt spricht vor diesem Hintergrund bis heute nichts gegen die These, daß *die Welt die kürzeste Beschreibung ihrer selbst* ist. Dies limitiert unter Umständen prinzipiell alle Versuche, die Zukunft vorherbestimmen zu wollen, und solche Grenzen gibt es offenbar auch und in massivem Umfang im berechenbaren Bereich.

---

[4][Bystrina 1989, Habermas 1981, Husserl 1986, Luft, Kötter 1994, Luhmann 1986, 89, 90 u. 93, Maturana 1985, Maturana, Varela 1987, Peirce 1991, Strombach 1992, Varela 1990, Wille 1991, 92a u. 92b, Zickwolff 1993]

2.6 Inwieweit ist der genetische Code symbolisch?

Für die in 2.5 diskutierten Fragen ist der genetische Code ein interessantes Beispiel. Der genetische Code und sein Wirken, das auf den ersten Blick wie ein Symbolverarbeitungsmechanismus wirkt, ist in seiner konkreten Wirkungsweise und Wechselwirkung mit der Umgebung – jedenfalls bei dem heutigen Stand des Wissens – nicht auf einer Maschine simulierbar. Die Frage, ob z.B. eine bestimmte Gensequenz zu einer lebensfähigen Form führt und wie diese lebensfähige Form gegebenenfalls aussieht, entscheidet sich vielmehr erst online in Wechselwirkung mit Umgebungsparametern, bis hin – beim Menschen – zur Erziehung der Kinder (falls diese überhaupt lebensfähig sind). Das sich hier online, in Wechselwirkung mit der Umgebung und jeweils erst in der Zukunft erschließende Potential ist wahrscheinlich auch zukünftig nicht in einem ausschließlich symbolischen Kalkül nachbildbar. Es handelt sich möglicherweise um einen analogen Mechanismus, der in einer (nicht "ausrechenbaren" Weise) symbolisch beschriebene Informationen mitverarbeitet, aber teils auf nichtsymbolischem Wege bestimmt, ob eine solche Sequenz zu einer lebendigen Form führt oder nicht. Das heißt, das Wissen darüber konstituiert sich in dem Versuch, diese Sequenz zum Leben zu bringen, und ist nicht im vorhinein in Form von "Berechnungen" erwerbbar.

3 Beispiele für Wissen (organisiert nach den wesentlichen Ablageebenen)

3.1 Unterste (betrachtete) Ebene: Chemisch-geometrische Wechselwirkungen

Beispiel 1:
Ein unbekannter *Virus* attackiert einen Menschen. Als betrachtete *Aufgabe* soll sichergestellt werden, daß der Mensch durch diesen Virus nicht ernstlich in seinem Funktionieren gestört wird.

Die beim Menschen hierfür bestehende *Lösung* beruht auf dem *menschlichen Immunsystem*. Dies ist ein System auf der Strukturebene, das ein Wissen darüber vorhält, wie man mit dieser Art von Eindringlingen fertig wird (nämlich durch "Generierung" und "Produktion" von Antikörpern), wobei dieses Wissen offenbar im wesentlichen nicht gekoppelt ist mit dem Nervensystem, insbesondere nicht mit dem kognitiven Apparat. Über dieses Immunsystem haben wir in den letzten Jahren als Ergebnis intensiver Forschungsarbeiten viel hinzugelernt. Viel mehr noch liegt aber im Verborgenen. Offenbar ist auch ein begriffliches Wissen über das Immunsystem nicht erforderlich, um durch eben dieses System geschützt zu werden.

Beispiel 2:
Ziel ist das *Züchten von Pflanzen* auf einer Insel wie Lanzarote, auf der es praktisch nie regnet und auf der es fast kein Grundwasser gibt.

Diese *Aufgabe* wird durch *Trockenfeldkulturen* gelöst, d.h. durch Aufbringen einer ca. 30 cm dicken Schicht zerkleinerter Lava auf die Felder. Diese Lavaschicht ist in der Lage, aus den regelmäßig nachts über die Insel ziehenden Nebelschwaden Wasser zu kondensieren und dann an den Boden abzugeben. Das Wissen darüber, wie dieses Wasser aus der Luft in den Boden zu bringen ist, liegt bis heute primär in der Lavaasche und weniger bei dem Bauern, der meint, er *wüßte* was zu tun ist, nämlich Lavaasche auf das Feld zu bringen. (Die Forschung ist allerdings im Bereich der Oberflächenchemie dabei, diesen Vorgang im einzelnen zu analysieren.)

Der Mensch besitzt heute das Metawissen, daß er eben diese Lavaasche auf den Boden bringen muß. Dieses Wissen hat ihm seine Umgebung in der Form mitgeteilt, daß er sehr wahrscheinlich wahrgenommen hat, daß sich Pflanzenschößlinge durch Lavaasche den Weg gebahnt haben. [Es scheint so zu sein, daß die Menge des Wissens, die notwendig ist, um das Wasser aus der Luft in den Boden zu bringen, vom Codierungsumfang (vgl. 4.4) her substantiell größer als das Wissen um die Notwendigkeit ist, die Asche auf das Feld zu bringen.]

Beispiel 3:
Die zu bearbeitende *Aufgabe* sei die angenäherte Bestimmung des *Wetters* in den letzten 10.000 Jahren.

Eine mögliche *Lösung* besteht in der Heranziehung eines *Eisbohrkerns aus dem Polarbereich* und in der Korrelation der Packungsdichte des Eises mit den Witterungsverhältnissen.

Der beschriebene Ansatz ist ähnlich zur Verfolgung des Klimas anhand von *Jahresringen von geeigneten Bäumen.*

Zur genauen Ableitung der Witterungsverhältnisse ist also folgendes nötig: Zunächst ein auf der symbolischen Ebene abgelegtes Metawissen darüber, daß man einen solchen Bohrkern besorgen muß und wie man ihn besorgt. Ferner das Wissen über den Zusammenhang zwischen Packungsdichte und Witterung. Zusätzlich sind gewisse Kalibrierungsaufgaben und Konsistenzfragen zwischen verschiedenen Bohrkernen zu lösen. Wenn über das Metawissen dieser Rahmen konstituiert ist und durch Besorgung des Bohrkerns das Wissen auf der geometrisch-chemischen Strukturebene im Sinne einer "Datenbank" in Form der Dichten von Packeisschichten (und gegebenenfalls weiterer benötigter Parameter) vorliegt, ist das eigentliche Auslesen eine vergleichsweise einfache Aufgabe.

3.2 Zweite Modellebene: neuronale Ebene (im Sinne eines neuronalen Klassifikators)

Beispiel 4:
Die betrachtete *Aufgabe* besteht darin, einen in Realzeit mit einer bestimmten Geschwindigkeit auf eine Person zukommenden *Tennisball* mit hoher Präzision in eine bestimmte Ecke des Tennisfeldes *zurückzuschlagen.*

Die in diesem Fall eingehende Information ist im wesentlichen eine Sensorinformation optischer Art, vielleicht ergänzt durch solche Art (unter Umständen hinsichtlich der Windstärke). Die *Antwort* wird erzeugt durch einen *sensormotorischen Apparat*, der im wesentlichen durch "trial and error", d.h. durch Training auf diese Aufgabe, vorbereitet worden ist. Er löst die gestellte Aufgabe in der Regel – oder zumindest des öfteren – mit hoher Qualität; mit guter Präzision wird der Ball an die Stelle gebracht, die anvisiert wird. Das begriffliche Wissen darüber, wie man den Ball zurückschlägt, ist ausgesprochen dürftig und bezieht sich im wesentlichen auf die Klassifikation einiger Schlagarten (Volley, Slice usw.).

Beispiel 5:
Die betrachtete *Aufgabe* besteht darin, beim *Jogging* ohne Umzuknicken von der Straße auf den *Bürgersteig zu wechseln.*

Die *Lösung* dieser Aufgabe wird von einem Jogger üblicherweise problemlos geleistet. In der Regel erfolgt bei Annäherung an den Bordstein, das heißt, in einigen Metern Entfernung, eine geeignete Veränderung der Annäherungskurve an den Bordstein, die dazu führt, daß man sicheren Schritts und ohne eine Unterbrechung des Laufrhythmus oder der Schrittlänge auf das höhere Bodenniveau des Bürgersteigs gelangt. Geleistet wird dies durch den *sensormotorischen Apparat*, der während des Laufens der Bewegung die Folge der Bilder der sich nähernden Bordsteinkante geeignet in Bewegungen und Veränderungen der eigenen Laufrichtung umsetzt. Der normale Läufer ist, wenn man ihm statisch Bilder mit bestimmten Entfernungen zur Bordsteinkante präsentiert, in der Regel nicht in der Lage zu sagen, was dort zu tun wäre, denn das gesamte Training des sensormotorischen Apparates ist in der Regel ausschließlich in der Laufphase erfolgt. Es kommt insofern entscheidend auf die Sensoreindrücke während des Laufes an.

3.3 Dritte Ebene: Symbolverarbeitung

Beispiel 6:
Die betrachtete *Aufgabe* besteht in der Identifikation des durch bestimmte Felder gegebenen *Schlüsselwortes in einem Kreuzworträtsel* (ideales Beispiel zur begrifflichen Wissensverarbeitung im Sinne einer durch Diskurs herbeigeführten Übereinstimmung).

Die *Lösung* besteht auf der kognitiven Ebene in Symbolverarbeitungsprozessen, die wesentlich auf einem Basis-Input in Form eines Wortschatzes mit Relationen der Worte zu anderen Begriffen aufbauen. Es ist dann im wesentlichen die *Identifikation der Begriffe* zu leisten, und dies wird gekoppelt mit *kombinatorischen Methoden*, die insbesondere darauf abzielen, an Kreuzungsfeldern des Rätsels sicherzustellen, daß die Buchstaben übereinstimmen. Das ist ein Problem, das stark auf der Ebene der rein begrifflichen Prozesse mit relativ einfachen Mechanismen des Vergleichens und Auswechselns (unter Umständen unter Nutzung guter Strategien der Konzentration auf besonders wichtige Felder) als Operatoren und vernünftigerweise auch unter Einbeziehen des im Laufe der Bearbeitung des Kreuzworträtsels unter Umständen bereits vermuteten Schlüsselwortes gelöst wird.

Als ergänzender Hinweis sei vermerkt, daß Kreuzworträtsel – als Teil einer Kultur des Lösens solcher Rätsel – für ein kleines Segment des begrifflichen Wissens ein wesentliches Element des kontinuierlichen gesellschaftlichen Diskurses über diese Begriffe bilden.

3.4 Vierte Ebene: Ebene der Menschheit (insbesondere Ergebnis des technisch-wissenschaflichen Prozesses der letzten paar hundert Jahre)

Beispiel 7:
Die betrachtete *Aufgabe* besteht darin, eine *Brücke* über ein relativ breites Gewässer so *auszulegen*, daß auch Panzer mit 50 bis 100 Tonnen Gewicht in Kolonnen die betreffende Brücke befahren können. Maßstab ist die Stabilität dieser Brücke über die nächsten sechzig Jahre.

Die *Lösung* verwendet als Input-Material Daten über den Standort, die Bodenfestigkeit, das verwendete Baumaterial, die Größe der Fundamente usw. Eingesetzte Operatoren sind in der Regel *mathematische Verfahren*, unter Umständen unterstützt durch *Computerprogramme*, zur Berechnung der Statik. Das Ergebnis ist eine Dimensionierung der Brücke bzw. eine Aussage über das Höchstgewicht der entsprechenden Panzerkolonnen. Historisch betrachtet ist die Richtigkeit der so erzeugten Ergebnisse im Rückblick auf die letzten 100 Jahre ausgesprochen hoch. Das heißt, daß auf dieser Wissensebene mit den beschriebenen Mechanismen derartige Aufgaben erfolgreich bewältigt werden. Dies gilt übrigens auch dann, wenn eine Sicherheit über die Korrektheit der eingesetzten Software nicht besteht (was der Normalfall ist). Wie an allen anderen Stellen auch ist die Leistungsabschätzung im Einzelfall ein empirisches Problem, wobei das Gütemaß vernünftigerweise eine Aussage über relative Performance (also über die relative Wahrscheinlichkeit eines Erfolges) sein sollte. Das tatsächliche Zutreffen kann nur im nachhinein empirisch festgestellt werden.

Beispiel 8:
Die gestellte *Aufgabe* sei die *Vermarktung einer politischen Idee.*

Eine *Lösung* kann in einer *Marketing-Kampagne/Marketing-Strategie* eines entsprechenden Unternehmens bestehen, das sich mit derartigen Themen auskennt,
also insbesondere die Psychologie großer Menschengruppen versteht und das Ma-
nipulationspotential von Medien beherrscht. Inputs können Datenanalysen usw.
sein. Aus all dem resultiert eine Strategie. Gemessen wird der Grad der Durchsetzung dieses Konzepts.

4 Einige abschließende Hinweise

4.1 Zunahme des Wissens, d.h. Vergleich zwischen verschiedenen Wissensständen

Hinsichtlich der Einschätzung der Ursachen und der Implikationen von Blitz und
Donner mag ein Schamane an einen zornigen Gott denken, vor dessen Ärger man
sich besser in eine Höhle zurückziehen sollte. Hinsichtlich der Aufgabe, wie man
am besten das Leben der Gruppenmitglieder schützt, wenn es blitzt und donnert,
kann in einer bestimmten entwicklungsgeschichtlichen Situation die Vorstellung,
daß ein zorniger Gott uns mitteilt, wir sollten uns in eine Höhle zurückziehen,
eine vernünftige Sicht auf die Welt sein (also als Wissen angesehen werden).
Denn die Umsetzung dieser Vorstellung führt dazu, daß das Ziel des Schutzes
der Gruppenmitglieder relativ zu anderen Strategien, die zu diesem Zeitpunkt
verfügbar sind, empirisch besser verwirklicht sein kann. Performance ist hier also
eine relative Güte einer Strategie.

Sicher sind die Aufgabenstellungen, in denen man mit dieser Art von Wissen (Vorstellung) erfolgreich sein kann, vom Umfang her begrenzt [Husserl 1986].
Besteht zum Beispiel die Aufgabe darin, ein Gruppenmitglied bei Blitz und Donner über eine offene Ebene zu bringen, dann nützt die obige Art von Wissen
relativ wenig; ja, sie ist vielleicht sogar ausgesprochen gefährlich (und deshalb in
der Umsetzung kaum längerfristig überlebensfähig). Hier würde uns das heutige
Wissen, etwa durch Konstruktion eines Faradayschen Käfigs oder eines Fahrrades
mit Blitzableiter, bessere Möglichkeiten eröffnen. (Aber unser heutiges Wissen ist
wahrscheinlich ebenso nur eine Annäherung an den wirklichen Sachverhalt; hier
ist Bescheidenheit angebracht. Oder noch deutlicher: Fast alles, was wir zu wissen
glauben, ist womöglich gegenüber zukünftigen, noch unbekannten Dimensionen
des Problems nicht korrekt, vgl. hierzu auch 4.3.)

4.2 Vergleich von Wissen

In Fortführung von 4.1 kann man Hierarchien hinsichtlich der Qualität von Wissen formulieren. Ein Wissen ist dann definitiv besser als ein anderes, wenn es in der Lage ist, die erfolgreiche Bearbeitung einer echten Obermenge von Aufgaben zu ermöglichen und bei jeder einzelnen der so bearbeiteten Aufgaben mindestens die Qualität (in dem jeweils definierten Sinne) zu erbringen, die auf der Basis der anderen Wissensstruktur erbracht werden könnte. Dies erlaubt eine Präzisierung der Wissensfortschritte, etwa des Wandels unserer physikalischen Weltbilder, gemäß der Idee der Falsifizierung im Sinne von Popper und anderen [Kuhn 1970, Laszlo 1987, Popper 1972, Prigogine 1980].

4.3 Unser Wissen ist nach wie vor extrem begrenzt – auch wenn wir oft unterstellen, wir wüßten, wie es wirklich ist

Beispiel 9:
Als *Aufgabe* betrachte man hierzu die *Ernährung einer Gruppe* auf einer Südseeinsel durch Bananen.

Die Ernährung einer Gruppe mit Bananen kann auf ganz verschiedene Weise erfolgen, abhängig insbesondere von der Populationsdichte und der Stärke der Bananenpopulation auf der Insel. Eine Möglichkeit besteht zum Beispiel darin, immer wieder rechtzeitig reife *Bananenstauden zu finden*, also zu wissen, wo man zu welcher Zeit suchen muß. Das entsprechende Wissen kann entweder als begrifflich repräsentiertes Wissen in einer Gruppe vorhanden oder aber im Sinne neuronaler Klassifikationsfähigkeiten als Erfahrung in einzelnen Personen verfügbar sein.

Mit der Zeit haben sich die Methoden zur Beschaffung von Bananen verbessert, beispielsweise dahingehend, daß man den *Boden geeignet vorbereitet*, Schößlinge in den Boden setzt, auf einer weiteren Stufe vielleicht beginnt, durch *künstliche Bestäubung bzw. Kreuzung* zu versuchen, die Qualität der zukünftigen Bananen zu beeinflussen.

Mittlerweile greifen wir auf der *Ebene der Gene* ein und verbessern eine solche Banane vielleicht durch eine Abwehrfähigkeit gegen Parasiten.

Ganz wesentlich erscheint aber, daß selbst heute – also trotz all unseres Wissens als Menschheit – die größte Leistung in der Produktion einer Banane letztendlich immer noch von dem jeweiligen Schößling selbst erbracht wird; daß wir zwar von oben (d.h. vom Abstrakten bzw. vom begrifflichen Wissen) her kommend einiges verstehen, also die wirkenden Mechanismen bis zu einer gewissen Tiefe identifiziert und damit auch als begriffliches Wissen verfügbar gemacht haben, aber uns selbst heute die eigentlichen Tiefen nicht erschlossen sind; wir haben über diese Ebenen kein Wissen verfügbar. Nur in Wechselwirkung mit der Pflanze selber, mit dem Samen dieser Pflanze, sind wir in der Lage, dazu beizutragen, daß schließlich ein Bananenbaum wächst. Das Wesentliche hinsichtlich des Wachsens eines Bananenbaums weiß also immer noch und exklusiv der Samen und seine Umgebung.

Unser begrenztes Wissen, das in dem obigen Umfeld in den konkreten Beiträgen genutzt wird, liegt natürlich wieder auf verschiedenen Ebenen. Zum Beispiel gibt es menschliches Metawissen darüber, wo man Bananenbäume findet, wie man Schößlinge setzt, wie man gegebenenfalls Einfluß auf die Art der Schößlinge nimmt, wie man den Boden vorbereitet. Viele Umsetzungsleistungen werden aber bereits auf subsymbolischer Ebene erfolgen, insbesondere dann, wenn beispielsweise der Boden vorzubereiten ist, wenn der genaue Termin für das Setzen der Schößlinge zu bestimmen ist usw. Hier spielen dann die Intuition oder nicht vollständig präzisierbare innere Ahnungen eine große Rolle. Hinzu kommen Wechselwirkungen mit geometrischen Strukturebenen, wenn etwa beim Ziehen einer Furche in der Erde sich die Schollen selber aufgrund der Schwerkraft und der Umgebungsparameter in einer Weise ausbilden, die vorteilhaft für die gute Entwicklung der Schößlinge ist.

4.4 Messen des Wissens

In vielen der oben beschriebenen Fälle kann mit Ansätzen aus dem Umfeld der Kolmogorov-Komplexitätstheorie [Li, Vitanyi 1988, Li, Vitanyi 1990] oder der pragmatischen Informationstheorie [Kornwachs 1991] versucht werden, den Umfang an Wissensbeiträgen auf den unterschiedlichen Ebenen zur Lösung einer bestimmten Aufgabe zu quantifizieren bzw. zumindest abzuschätzen. Beim Klimabeispiel (Beispiel 3) betrifft dies etwa die Beschreibungslängen der Datenbank der Packeisdichteschichten und die Beschreibungslängen für das Metawissen sowie den eingesetzten Korrelationsalgorithmus.

5 Schlußbemerkungen

In dem vorliegenden Text wurde versucht, in Anlehnung an Beiträge unterschiedlicher Autoren in der Literatur den Begriff des Wissens substantiell über das hinaus auszudehnen, was man heutzutage üblicherweise im Bereich der begrifflichen Wissensverarbeitung unter Wissen versteht. Hierbei geht es nun nicht um semantische Spitzfindigkeiten. Natürlich könnte man durch Verwendung unterschiedlicher Worte den Bereich des begrifflichen Wissens sprachlich deutlicher gegenüber den hier beschriebenen anderen Wissensarten abheben bzw. diese anderen Wissensarten eben erst gar nicht als Wissen bezeichnen. Die Frage ist, ob damit viel gewonnen ist bzw. ob man sich damit wirklich dem Kern des Problems nähert. So könnte man sich leicht ein Expertsystem vorstellen, das sprachlich vernünftig über die Tatsache argumentieren kann, wie es aus der Untersuchung von Eisbohrkernen auf die Witterungssituation in den letzten zehntausend Jahren schließen kann. Wahrscheinlich wäre der Bau eines solchen Argumentationssystems (mit einem vernünftigen Grad an Kompetenz) vom Codierungsaufwand her überschaubar und vergleichbar zum Aufwand der Beschreibung der vielfältigen Informationen, die sich in dem Packeis befinden bzw. geeignet ableiten lassen.

Das so gebaute Gesamtsystem wäre dann in der Lage, auch begrifflich argumentierend über sein Wissen zu reflektieren, wobei dieses Wissen primär immer noch aus Ableitungen aus der durch den Bohrkern gegebenen Datenbank bestünde. Wahrscheinlich werden viele, die den Begriff Wissen auf das begriffliche Wissen begrenzen wollen, diesem Gesamtsystem das Vorhandensein von "*wirklichem*" begrifflichen Wissen absprechen. Wenn man hier tiefer in die Diskussion einsteigen würde, würden sich die Fragen letztlich verlagern auf die Frage des Bewußtseins bzw. auf die Frage, was Bewußtsein ist. "Wirkliches Wissen" beim Menschen, gerade auch solches sprachlicher Art, soll dann über die Zusatzdimension des "wirklich bewußten Wissens" abgegrenzt werden gegenüber dem "scheinbaren" begrifflichen Wissen einer "leblosen" Maschine, die nur in maschinell vorgegebener Weise sprachliche Kalküle über Datenbankinhalten durchführt.

Es kann allerdings gut sein, daß, wenn man diese Fragen und auch die Fragen des Bewußtseins genügend tief durchdacht und analysiert hat, sich herausstellt, daß auch in unserem Gehirn die Mechanismen, die auf tieferen Ebenen, wie zum Beispiel auf Klassifikationsebenen, oder gar in strukturnahen Modellierungsebenen ablaufen, von ähnlicher Art sind wie diejenigen, die in dem Beispiel des Eisbohrkerns beschrieben werden. [So erfolgt zum Beispiel beim Riechen auf der untersten Beschreibungsbene eine Identifikation von Düften in der Weise, daß mit Rezeptorgenen das Vorhandensein bestimmter Stoffe in dem Luftstrom abgeleitet wird, indem wir dreidimensionale Passungen bestimmter Moleküle zueinander vornehmen. Derartige Eingangsinformationen werden dann von einem neuronalen Netz klassifiziert und führen dann letztlich zu begrifflich gefaßten Klassifikationen wie z.B. "Veilchenduft".]

Es kann also sein, daß alles, was wir bewußt als unser begriffliches Wissen wahrnehmen, eben doch nichts anderes ist als die für uns wahrnehmbare Oberfläche einer Folge von Mechanismen, die letztlich zurückgehen auf tiefere Ebenen, genauso wie das eben in Verbindung mit Eisbohrkernen und sprachlicher Argumentation über einer derartigen Datenbank für ein etwas mächtigeres künstliches System beschrieben wurde. Wenn dem so ist, dann liegt vielleicht ein größerer Wert darin, durch ein gemeinsames Wort "Wissen" die Abhängigkeit der verschiedenen Ebenen voneinander zu betonen, als durch verschiedene Bezeichnungen die Kluft zu vergrößern, damit aber ein tieferes Verständnis letztlich zu erschweren.

Literatur

[Bock 1993] P. Bock: *The emergence of artificial cognition: an introduction to collective learning*. World Scientific, Singapore, 1993.

[Bookman, Sun 1993] L. A. Bookman und R. Sun (Hrsg.): *Architectures for integrating neural and symbolic processes. Special Issue of "Connection Science"*, Vol. 5, Nos. 3 & 4, Carfax Publishing Company, 1993.

[Braitenberg 1989] V. Braitenberg. Vehicles: *Experiments in Synthetic Psychology*. Cambridge, MIT Press, 1989.

[Brauer 1990] W. Brauer: Grenzen maschineller Berechenbarkeit. *Informatik-Spektrum* **13**, 1990, S. 61–70.

[Brook 1986] R. A. Brooks: A robust layered control system for a mobile robot. In: *IEEE Journal of Robotics and Automation*, RA-2, 1986, S. 14–23.

[Bystrina 1989] I. Bystrina: *Semiotik der Kultur*. Stauffenburg Verlag, Tübingen, 1989.

[Coy 1993] W. Coy: Reduziertes Denken – Informatik in der Tradition des formalistischen Forschungsprogramms. In: Schäfer et al. (Hrsg.), *Informatik und Philosophie*, B.I.-Wissenschaftsverlag, Mannheim, 1993.

[Crick, Koch 1990] F. Crick und C. Koch: Towards a neurobiological theory of consciousness. *Seminars in Neuroscience* **2**, 1990, S. 263–275.

[Dorffner 1991] G. Dorffner: *Konnektionismus*. B.G. Teubner, 1991.

[Dreyfuss 1985] H.L. Dreyfuss: *Die Grenzen Künstlicher Intelligenz*. Athenäum, Königstein, 1985.

[Erbrich 1988] P. Erbrich: *Zufall*. Kohlhammer, 1988.

[Gandy 1980] J. Gandy: Churchs thesis and principles for mechanisms. In: J. Barwise et al. (Hrsg.), *The Kleene Symposium*, Amsterdam North Holland, 1980, S. 123–148.

[Gensereth, Nilsson 1989] M. R. Gensereth und N. J. Nilsson: *Logische Grundlagen der Künstlichen Intelligenz*. Vieweg Verlag, Braunschweig, 1989.

[Habermas 1981] J. Habermas: *Theorie des kommunikativen Handelns*. Suhrkamp, Frankfurt a. M., 1981.

[Haken 1979] H. Haken: *Synergetics – an introduction*. Springer-Verlag, Berlin-Heidelberg-New York, 1979.

[Hartmann 1964] N. Hartmann: *Der Aufbau der realen Welt*. de Gruyter, Berlin, 1964.

[Herrnstein 1984] R. J. Herrnstein: Objects, categories, and discriminative stimuli. In: H. L. Roitblat, T. G. Bever und H. S. Terrace (Hrsg.), *Animal Cognition*, Erlbaum, Hillsdale, N.J., 1984, S 233–261.

[Hofstadter 1989] D. R. Hofstadter: *Goedel, Escher, Bach: An external golden braid.* Random, New York, 1989.

[Hofstadter, Dennett 1982] D. R. Hofstadter und D. C. Dennett: *The mind's I.* Bantam Books, London, 1982.

[Hornink et al. 1989] K. Hornink, M. B. Stinchcombe und H. White: Multilayer feedforward networks are universal approximators. *Neural Networks* **2**, 1989.

[Husserl 1986] E. Husserl: *Phänomenologie der Lebenswelt.* Reclam, Stuttgart, 1986.

[Imdahl, Radermacher 1994] H. Imdahl und F. J. Radermacher (Hrsg.): *Intelligenz und Evolution. Wissensverarbeitung und Gesellschaft*, Band 8, Universitätsverlag Ulm, Sommer 1994.

[Jarke, Radermacher 1989] M. Jarke und F. J. Radermacher: The AI potential of model management and its central role in decision support. *Decision Support Systems* 4, 1989, S. 387–404.

[Kämpke, Radermacher 1994] T. Kämpke und F. J. Radermacher: Informationsverarbeitung als Basis für die Entwicklung von Service-Robotern. In: *Proceedings of IPA-Technologie-Forum: Innovative Technologien für Dienstleistungen, Chancen für Anbieter, Vorteile für Nutzer*, Stuttgart, 1994.

[Keeney et al. 1988a] R. L. Keeney, R. H. Moehring, H. Otway, F. J. Radermacher und M. M. Richter (Hrsg.): Multi-attribute decision-making via O.R.-based expert systems. *Special Issue of Annals of Operations Research* **16**, 1988a.

[Keeney et al. 1988b] R. L. Keeney, R. H. Moehring, H. Otway, F. J. Radermacher und M. M. Richter (Hrsg.): Design aspects of advanced decision support systems. *Special Issue of Decision Support Systems* **4**, (4) 1988b.

[Keeney, Raiffa 1976] R. L. Keeney und H. Raiffa: *Decisions with multiple objectives.* John Wiley, New York, 1976.

[Klement 1975] H.-W. Klement (Hrsg.): *Bewußtsein.* Agis-Verlag, Baden-Baden, 1975.

[Klement 1986] H.-W. Klement: Der Informationsgehalt des Atoms. *Zeitschrift Philosphia Naturalis* **2**, 1986.

[Klement, Radermacher 1990] H.-W. Klement und F. J. Radermacher: Freiheit und Bindung menschlicher Entscheidungen. *Conceptus XXIV*, Nr. 63, 1990, S. 25–62.

[Knick, Radermacher 1992] M. Knick und F. J. Radermacher: Integration of subsymbolic and symbolic information processing in robot control. In: *Proceedings of AIS 92*, IEEE Computer Society Press, 1992.

[Kodratoff, Michalski 1990] Y. Kodratoff und R. S. Michalski (Hrsg.): *Machine learning – an AI approach*. Vol. 3, Morgan Kaufmann, 1990.

[Kohonen 1990] T. Kohonen: The self-organizing map. In: *Proceedings of the IEEE*, Vol. 78, No. 9, 1990.

[Kornwachs 1991] K. Kornwachs: Information und der Begriff der Wirkung. In: D. Krönig und R. Lang (Hrsg.), *Physik und Informatik – Informatik und Physik*. Informatik Fachberichte, Nr. 306, Springer-Verlag, Berlin-Heidelberg-New York, 1991.

[Kornwachs, Lucadou 1984] K. Kornwachs und W. v. Lucadou: Komplexe Systeme. In: K. Kornwachs (Hrsg.), *Öffentlichkeit-Zeitlichkeit-Komplexität*. Campus, Frankfurt am Main, 1984.

[Krishnan et al. 1991] R. Krishnan, P. Piela und A. Westerburg: Reusing mathematical models in ASCEND. In: A. Whinston, C. Holsapple (Hrsg.), *Proceedings of the NATO ASI on Decision Support Systems*, 1991.

[Kuhn 1970] T. S. Kuhn: *The structure of scientific revolutions*. Chicago University Press, 2nd ed., 1970.

[Laszlo 1987] E. Laszlo: *Evolution: the grand synthesis*. Shambhala Publications, 1987.

[Lenat 1977] D. B. Lenat: On automated scientific theory foundation, a case study using the AM program. In: J. E. Hayes, D. Michie und L. I. Mikulich (Hrsg.), *Machine and Intelligence 9*, Halsted Press, New York, 1977.

[Lenat, Brown 1984] D. B. Lenat und J. S. Brown: Why AM and Eurisko appear to work. *Artificial Intelligence* **23**, 1984, S. 269–294.

[Lenat, Guha 1989] D. B. Lenat und R. V. Guha: *Building large knowledge-based systems, representation and inference in the CYC project*. Addison-Wesley Publishing Company, Reading, 1989.

[Li, Vitanyi 1988] M. Li und P. M. B. Vitanyi: Two decades of applied Kolmogorov complexity. In: J. van Leeuwen (Hrsg.), *Proceedings of IEEE and Handbook of Theoretical Computer Science*, North-Holland, 1988.

[Li, Vitanyi 1990] M. Li und P. M. B. Vitanyi: Kolmogorov complexitiy and its applications. In: J. van Leeuwen (Hrsg.), *Handbook of Theoretical Computer Science*, Elsevier Science Publishers B.V., 1990, S. 187–254.

[Lorenz 1973] K. Lorenz: *Die Rückseite des Spiegels*. Piper-Verlag, München, 1973.

[Luft, Kötter 1994] A. L. Luft und R. Kötter: *Informatik – eine moderne Wissenstechnik*. B.I.-Wissenschaftsverlag, Mannheim, 1994.

[Luhmann 1986] N. Luhmann: *Ökologische Kommunikation*. Westdeutscher Verlag, Opladen, 1986.

[Luhmann 1989] N. Luhmann: *Soziale Systeme*. Suhrkamp, Frankfurt am Main, 1989.

[Luhmann 1990] N. Luhmann: *Die Wissenschaft der Gesellschaft*. Suhrkamp, Frankfurt am Main, 1990.

[Luhmann 1993] N. Luhmann: *Das Recht der Gesellschaft*. Suhrkamp, Frankfurt am Main, 1993.

[Maturana 1985] H. R. Maturana. Erkennen: *Die Organisation und Verkörperung von Wirklichkeit*. Vieweg, Braunschweig, 1985.

[Maturana, Varela 1987] H. R. Maturana und F. J. Varela: *Der Baum der Erkenntnis. Die biologischen Wurzeln des menschlichen Erkennens*. Scherz Verlag, Bern-München-Wien, 1987.

[Nilsson 1982] N. J. Nilsson: *Principles of artificial intelligence*. Springer Verlag, 1982.

[Palm 1990] G. Palm: Cell assemblies as a guideline for brain research. In: *Concepts in Neuroscience* **1**, No. 1, 1990, S. 133–147.

[Pearl 1988] J. Pearl: *Probabilistic reasoning in intelligent systems: networks of plausible inference. Morgan Kaufmann Publishers*, Inc., San Mateo, CA, 1988.

[Peirce 1991] C. S. Peirce: *Schriften zum Pragmatismus und Pragmatizismus*. K.-O. Apel (Hrsg.), Suhrkamp, Frankfurt a. M., 1991.

[Popper 1972] K. R. Popper: *Objective knowledge: an evolutionary approach*. Oxford Univ. Pr., Oxford, 1972.

[Prigogine 1980] I. Prigogine: *From being to becoming: time & complexity in the physical sciences*. Freeman, New York, 1980.

[Radermacher 1989] F. J. Radermacher: *Modellierung und Sprachverstehen – eine zukunftsweisende Perspektive*. Thesenpapier zur AnGeRo-Tagung, Bonn, 1989.

[Radermacher 1990] F. J. Radermacher: Model management: the core of intelligent decision support. In: M. Schader und W. Gaul (Hrsg.), *Knowledge, Data and Computer-Assisted Decisions*, NATO ASI Series F, Vol. 61, Springer-Verlag, Berlin-Heidelberg-New York, 1990.

[Radermacher 1991] F. J. Radermacher: Modeling and Artificial Intelligence. In: R. Trappl (Hrsg.), *Applied Artificial Intelligence* **5**, 1991.

[Radermacher 1992] F. J. Radermacher: Von der Artificial Intelligence zu Neuronalen Netzen. *Proceedings zum Europäischen Technologieforum Kärnten, 1991: Der Mensch im Schnittpunkt der Technik*, 1992, S. 35–50.

[Radermacher 1994] F. J. Radermacher: Das Paradigma Neuronale Netze / Konnektionismus: Einige Anmerkungen und Hinweise zu Anwendungen. In: G. Bol, G. Nakhaeizadeh, K.-H. Vollmer (Hrsg.), *Wirtschaftswissenschaftliche Beiträge 93, Finanzmarktanwendungen Neuronaler Netze und Ökonometrischer Verfahren.* Physica-Verlag, 1994.

[Richter 1989] M. M. Richter: *Prinzipien der Künstlichen Intelligenz.* Teubner, 1989.

[Rummelhart, McClelland 1986] D. E. Rummelhart und J. L. McClelland: *Parallel Distributed Processing: Explorations in the Microstructure of Cognition,* Vol. I. The MIT Press, 1986.

[Siegelmann, Sontag 1991] H. T. Siegelmann und E. D. Sontag: *On the computational power of neural nets.* Report SYCON-91-11. Rutgers Center for Systems and Control, November 1991.

[Sloman 1987] A. Sloman: Motives, Mechanisms, and Emotions. *Cognition and Emotion* 1 (3), 1987, S. 217–233.

[Strombach 1992] W. Strombach: *Einführung in die Systematische Philosophie.* Uni-Taschenbücher 1661, Ferdinand Schöningh Verlag, Paderborn, 1992.

[Touretzky, Hinton 1985] D. S. Touretzky und G. E. Hinton: Symbols Among the Neurons: Details of a Connectionist Inference Architecture. In: *Proceedings of IJCAI-85,* Los Angeles, 1985.

[Varela 1990] F. J. Varela: *Kognitionswissenschaft – Kognitionstechnik: Eine Skizze aktueller Perspektiven.* Suhrkamp, Frankfurt, 1990.

[Varela, Berzini 1990] F. J. Varela und H. Berzini: *Hints for Adaptive Problem Solving Leaned from Immune Networks, Ms. Parallel Problem Solving for Nature.* Dortmund, 1990.

[Vollmer 1981] G. Vollmer: *Evolutionäre Erkenntnistheorie.* Hirzel Verlag, Stuttgart, 1981.

[von Weizsäcker 1978] C. F. von Weizsäcker: *Der Garten des Menschlichen.* Hanser Verlag, München, 1978.

[Waterman 1986] D. A. Waterman: *A Guide to Expert Systems.* Addison-Wesley, 1986.

[Wille 1991] R. Wille: Local completeness of conceptual knowledge systems. In: E. Diday und Y. Lechevallier (Hrsg.), *Symbolic-numeric data analysis and learning.* Nova Science Publisher, New York-Budapest, 1991.

[Wille 1992a] R. Wille: *Begriffliche Datensysteme als Werkzeug der Wissenskommunikation.* Preprint-Nr. 1504, TH Darmstadt, 1992.

[Wille 1992b] R. Wille: Concept lattices and conceptual knowledge systems. In: *Computers and Mathematics with Applications* **23**, 1992, S. 493–515.

[Winograd 1983] T. Winograd: *Language as a Cognitive Process*. Academic Press, 1983.

[Winograd, Flores 1986] T. Winograd und F. Flores: *Understanding Computers and Cognition, A New Foundation for Design*. Ablex Publ. Co., Norwood, NJ, 1986.

[Winston 1992] P. H. Winston: *Artificial Intelligence*. Addison-Wesley, 1992.

[Zickwolff 1993] M. Zickwolff: *Begriffliche Wissenssysteme in der Künstlichen Intelligenz*. Preprint-Nr. 1506, TH Darmstadt, 1993.

[Zimmermann 1993] H.-J. Zimmermann (Hrsg.): *Fuzzy Technologien: Prinzipien, Werkzeuge, Potentiale*. VDI-Verlag, Düsseldorf, 1993.

Zur begrifflichen Unterscheidung von "Wissen", "Information" und "Daten"[1]

Alfred Lothar Luft

Inhalt

1 Einleitung

In modernen Industrie- und Dienstleistungsgesellschaften ist eine vernunftgemäße Wissensverarbeitung mittels effizienter Maschinen nahezu überall von fundamentaler Bedeutung geworden[2]. Es ist zwar von Anfang an absehbar gewesen, daß mit Hilfe der Informatik wissenschaftsgestützt nicht nur mathematische Wissensbestände maschinell verarbeitet werden sollen, sondern auch und vor allem Wissensbestände über Waren und Dienstleistungen. Aber die Informatik konzentrierte sich dennoch in Anlehnung an die Computer Science in den USA auf die Erforschung und Entwicklung von "Computern" – und das Bild vom "Rechner" blieb für die Informatik bis heute paradigmatisch. Diese Fehlorientierung hat die Informatik vor dem Hintergrund einer vielerorts fehlenden Bereitschaft zur Auseinandersetzung mit ihren methodologischen Grundlagen davon abgehalten, sich den Problemen der Praxis in einer methodisch tragfähigen Weise zuzuwenden[3]. Wissenschaftliche Bemühungen verlieren jedoch mit der Zeit ihre Reputation, wenn sie sich wie die Informatik in Kernbereichen über viele Jahre hinweg nur im Vorlauf methodologischer Unaufgeklärtheit bewegen: Nach der stürmischen Entwicklung in den letzten 25 Jahren ist die Informatik heute an einer Stelle angelangt, an der eine vertiefte methodologische, perspektivische und begriffliche Reflex-

---

[1]Im wesentlichen handelt es sich im folgenden um eine gekürzte und verbesserte Fassung des Abschnitts 3.7 aus [Luft, Kötter 1994], die in einem Vorspann erweitert wurde um eine Darstellung des Abstraktionsverfahrens der konstruktiven Wissenschaftstheorie sowie um eine darauf aufbauende Präzisierung des begrifflichen "Umfelds" der Begriffsbildung in Anlehnung an diesbezügliche Vorschläge von Christian Thiel in [Seiffert, Radnitzky 1989, S. 11–13].

[2]Vgl. hierzu insbesondere auch [FAW 1993] sowie [Spinner 1994]

[3]Eine diesbezüglich methodologisch orientierte Kritik von Informatikperspektiven ist in [Luft 1988] und [Luft, Kötter 1994] entwickelt worden.

ion dringend notwendig ist – und vielleicht auch unserer von der Vernünftigkeit der Wissensverarbeitung immer abhängiger werdenden Industrie- und Dienstleistungsgesellschaft zu neuen und fruchtbaren Impulsen verhelfen kann.

Vor dem Hintergrund von einschlägigen Ergebnissen der konstruktiven Logik und Wissenschaftstheorie sind am IMMD der Universität Erlangen-Nürnberg unter Leitung von Hartmut Wedekind über mehrere Jahre hinweg die methodologischen und begrifflichen Grundlagen von Datenbanksystemen (unter besonderer Berücksichtigung der Künstlichen Intelligenz) untersucht worden. Ein Ergebnis davon sind die in [Luft 1988] und [Luft, Kötter 1994] ausgearbeiteten Zusammenhänge zwischen Methodologien der Wissensbildung und Perspektiven der Informatik – wobei diese Ausarbeitungen letztendlich dem Ziel dienen sollen, den Weg von den Anforderungen hochentwickelter Industrie- und Dienstleistungsgesellschaften hin zur maschinellen Daten- und Wissensverarbeitung (bzw. zu den hierfür relevanten geistigen Artefakten sowie deren effektiver, korrekter und wiederverwendbarer Nutzung) methodisch und begrifflich nachvollziehbar (rekonstruierbar) zu machen: Auf Grundlage der konstruktiven Logik und Wissenschaftstheorie sollen maschinell verarbeitbare Daten und Programme sowie deren vorgelagerte Wissensbestände methodisch nachvollziehbar (re-)konstruiert werden, wobei der (Re-)Konstruktion von Begriffen eine herausragende Bedeutung zukommt.

Bei den ersten Schritten der von Wedekind initiierten Bemühungen wird der "harte Kern" der Informatik in einer Technikwissenschaft gesehen, in der es "um die Repräsentation von Wissen in Form von Daten und um die Reduktion geistiger Tätigkeiten auf Algorithmen und maschinell simulierbare Prozesse" [Luft 1988, S. 5] geht. Eine in diesem Sinne als *Wissenstechnik* in [Luft 1990, Luft 1992] und [Luft, Kötter 1994] weiter herausgearbeitete Informatik ist eine Technik der "zweiten Generation", die erst in einer durch Wissenschaft und Technik geprägten und überformten Welt Sinn erhält. Diese neuartige Technikwissenschaft vermag weitgehend diejenigen Pfade der modernen technologischen Entwicklung zu integrieren, die unter den Bezeichnungen "Datenbanksysteme", "Softwaretechnik", "Informationssysteme", "Wissensbasierte Systeme" und "Hypermedia" geführt werden – und in denen es im Grunde genommen schon immer darum ging, Wissensbestände maschinell verfügbar zu machen. Eine exklusive Zuordnung der Wissenstechnik zu bestimmten Praxisbereichen ist deshalb nicht möglich, weil diese überall dort eine Rolle spielt, wo es um die Speicherung und Verwaltung umfangreicher und komplexer Wissensbestände geht sowie um deren problembezogene effiziente Aufarbeitung – aber selbstverständlich ist die Wissenstechnik von herausragender Bedeutung derzeit vor allem in allen Ingenieursdisziplinen (insbesondere in der Fertigungstechnik), in den Wirtschaftswissenschaften, der Medizin sowie den Rechts- und Verwaltungswissenschaften.

Im Zentrum der Wissenstechnik steht der technische Umgang mit Wissensbeständen im Rahmen des Bemühens um möglichst effiziente, risikoarme und verantwortbare wissenstechnische Systeme. In ihrem disziplinären Kern beschäftigt sich diese neue Technikwissenschaft mit den Gebieten

- Modellierung, Spezifikation, Formalisierung, Organisation, Wiederverwendbarkeit und Berechenbarkeit von Wissensbeständen,

- Geräte-, Maschinen-, Betriebs-, Datenbank- und Systemprogrammierung,

- Methodologien und Methoden der Wissensbildung,

- Schemata, Organisationsformen und Programmiersprachen für eine maschinell verarbeitbare und wiederverwendbare Darstellung von Wissensbeständen,

- Planung, Entwurf, Modellierung, Entwicklung, Nutzung, Gestaltung und Pflege wissenstechnischer Systeme.

Die Notwendigkeit für eine *interdisziplinäre Zusammenarbeit* zwischen der Wissenstechnik und traditionellen Fächern ergibt sich nicht nur aus dem Anspruch auf eine *solide wissenschaftliche Fundierung*, sondern auch aus den *Anwendungen der Wissenstechnik* in allen herkömmlichen Fachdisziplinen: Der mit Hilfe wissenstechnischer Systeme möglichst effizient zu gestaltenden Wissensverarbeitung kommt in jeder wissenschaftlichen Disziplin und in immer mehr Bereichen des auf Vernunft und Effizienz bedachten Handelns die Rolle eines äußerst nützlichen oder gar unverzichtbaren Hilfsmittels zu.

Eine als Wissenstechnik verstandene Informatik ist also – wie schon lange vorher Frieder Nake in Bremen erkannte[4] – eine Wissenschaft von der Maschinisierung geistiger Arbeit, wobei wir uns in Erlangen/Forchheim allerdings primär auf die methodologischen und begrifflichen Aspekte der Wissensbildung mit ihrer großen technischen und ökonomischen Bedeutung konzentrieren: Korrektheit, Verständlichkeit und Wiederverwendbarkeit maschinell zu verarbeitender geistiger Artefakte sehen wir in Abhängigkeit von der Überprüfbarkeit des Wissens, das diesen ja erst Bedeutung verleiht. Neben der verarbeitungs- und programmiersprachenbezogenen Wissensrepräsentation ist somit auch die Frage nach den wissenschaftstheoretischen Grundlagen der vorgelagerten Wissensbildung vernunftgemäß zu beantworten.

Wissensbestände werden in immer mehr Praxisbereichen für immer komplexere Bereiche wissensgestützten Handelns in Form von Daten und Programmen repräsentiert, organisiert und mit Hilfe wissenstechnischer Systeme zum maschinengestützten Problemlösen und Informieren, zur Rationalisierung und Automation von Arbeit sowie zur Erkenntnisgewinnung durch Simulation genutzt. Die

---

[4]Vgl. z.B. [Nake 1984]

Maschinisierung von Wissensbeständen kann sich hierbei nur auf ein anspruchs-
loses ("subjektives") Wissen von Systementwicklern und Programmierern beziehen, andererseits aber auch auf ein explizit mit Methodologien der Begriffs- und
Wissensbildung, objektiven Geltungsansprüchen und wissenschaftlichen Institutionen verknüpftes ("objektives") Wissen.

2   Vorbemerkungen zum Abstraktionsverfahren und zur Begriffsbildung

Abstraktionen sind bekanntermaßen beim Aufbau wissenschaftlicher Terminologien unverzichtbar. Bei den in sprachlicher und methodischer Hinsicht anspruchsvollen wissenschaftlichen Bemühungen ist jedoch zwischen Abstraktion und ziel-
gerichteten, reduzierenden oder ausgrenzenden Problemlösungsansätzen schlechthin zu unterscheiden: Abstraktion i.e. Sinne ist ein sprachlich-logisches Verfahren,
das eine Rede über abstrakte Gegenstände (Abstrakta) methodisch nachvollziehbar einführt[5]. Der Gebrauch von Ausdrücken wie z.B. "die Zahl 7", "der Begriff Mensch" oder "das Symbol 'while' ", die an der Subjektstelle elementarer
Aussagen wie z.B. "Die Zahl 7 ist ungerade", vorkommen, aber nicht Eigennamen aufweisbarer Gegenstände sind, ist danach im Rahmen eines auf G. Frege zurückführenden Abstraktionsschemas explizit (und damit auch überprüfbar)
einzuführen: Wörter wie z.B. "natürliche Zahl", "Begriff" und "Symbol" werden
als Abstraktoren bezeichnet und zeigen eine invariante Rede an – durch "Zahl"
über Ziffern, durch "Begriff" über Prädikatoren und durch "Symbol" über Zeichenketten – bezüglich einer explizit benannten Gleichheitsbeziehung, d.h. die
beabsichtigte Gleichbehandlung "konkreter" Gegenstände wird bei einem invarianten, abstrakten Reden über diese explizit hervorgehoben. Mit Hilfe dieses
Abstraktionsschemas und dem dadurch für jede invariante Rede definierten Gebrauch eines Abstraktors wird also jeweils explizit zum Ausdruck gebracht, welche
"Details eines Problems" hervorgehoben und im Rahmen einer Gleichbehandlung
vorübergehend außer acht gelassen werden. Wenn wir beispielsweise sagen "die
Zahl '4' ist gerade", dann behaupten wir eine arithmetische Aussage, die insoweit
abstrakt gemeint ist, als es auf die Repräsentation der Zahl durch eine bestimmte
Ziffer nicht ankommt: Die Ziffern '4' und 'IV' stellen in arithmetischen Aussagen
die gleiche Zahl dar, d.h. der Abstraktor "Zahl" zeigt eine invariante Redeweise
an, der entsprechend dem Abstraktionsschema eine dazugehörige Gleichheit von
Ziffern zugrundeliegen muß. Diese ist durch ein Konstruktionsschema für Strichlisten sowie durch eine in arithmetischer Hinsicht definierte Gleichheit derjenigen
Ziffern gegeben, die konstruktionsgleiche Strichlisten bezeichnen. Wie wir noch
sehen werden zeigen auch "Information" und "Daten" analog zu "Zahl" eine

---

[5]Vgl. insbesondere die Beiträge von H.J. Schneider in [Mittelstraß 1980, S. 37/38] und von
Ch. Thiel in [Seiffert, Radnitzky 1989, S. 5–7].

invariante, abstrakte Redeweise an, d.h. auch "Information" und "Daten" sind Abstraktoren.[6]

Traditonell versteht man unter *Begriffsbildung* nur eine irgendwie erfolgte Bildung unterscheidbarer mentaler "Denkinhalte", "Vorstellungen" oder "Ideen": Einen Begriff von etwas haben heißt, es von anderem unterscheiden können. Bei einer semantischen Betrachtungsweise, bei der Gegenstände die Bedeutung von Eigennamen sind, sind Begriffe allerdings die Bedeutungen von (ein- oder auch mehrstelligen) Prädikatoren: Zwei Prädikatoren stellen innerhalb eines sprachlichen Systems den gleichen Begriff dar, wenn sie sich in jeder Aussage, in der einer der beiden Prädikatoren vorkommt, gegenseitig vertreten können, ohne daß sich der Wahrheitsgehalt der Aussage ändert. Derartige Aussagen sind invariant bezüglich der Synonymität von Prädikatoren.

Unter Rückgriff auf die "Begriffsschrift" von G. Frege ist im Rahmen der konstruktiven Wissenschaftstheorie eine Klärung erzielt worden der nicht gerade einfachen Verhältnisse zwischen Gegenstand, Eigenschaft, Beziehung, Begriff, Merkmal, Begriffsumfang und Begriffen verschiedener Ordnung in Begriffspyramiden bzw. Begriffsnetzen:[7]

- *Eigenschaften* werden mittels einstelligen und *Beziehungen* mittels mehrstelligen Prädikatoren Gegenständen zu- oder abgesprochen, sind also an wahrheitsfähige Aussagen gebunden.

- *Begriffe* dienen dazu, in Aussagen Prädikatoren invariant bezüglich Synonymität (und insofern abstrakt) verwenden zu können.

- *Merkmale* eines Begriffs B sind mit der Konjunktion derjenigen Teilaussagen verknüpft, die mittels Prädikatorenregeln aus der den Begriff B definierenden Aussage ableitbar sind, wobei jede der ein Merkmal bestimmenden Prädikatorenregel bezüglich eines Wissens empirisch oder formal begründet sein muß.

- Der *Begriffsumfang* eines Begriffs läßt sich nicht aus seinen Merkmalen ablesen. Vielmehr wird er über extensionale Abstraktion aus Prädikatoren gewonnen: Zwei Begriffe X und Y haben denselben Umfang, wenn jeder Gegenstand, der unter X fällt auch unter Y fällt und umgekehrt.

- Ein *Begriff X ist einem Begriff Y untergeordnet*, wenn jeder Gegenstand, der unter X fällt auch unter Y fällt aber nicht umgekehrt. X und Y stehen

---

[6]Zur Einführung und Darstellung der Abstraktion siehe auch [Kamlah, Lorenzen 1967/73, Lorenzen 1974b, Lorenzen 1987] und [Thiel 1972/79/85].

[7]Eine ausführlichere Darstellung unserer Begriffslehre liefern z.B. P. Lorenzen im Kontext des methodischen Denkens der konstruktiven Wissenschaftstheorie in [Lorenzen 1974a, S. 24–36] und Ch. Thiel in [Seiffert, Radnitzky 1989, S. 10–13].

zueinander in keiner *Ordnung*, wenn es keinen Gegenstand gibt, der sowohl
unter X als auch unter Y fällt. Zwischen den Begriffen $X_1, X_2, ..., X_n$ ($n \geq$
2) besteht eine *begriffliche Beziehung*, wenn es einen n-stelligen Prädikator
R gibt und für alle $(x_1, x_2, ..., x_n)$ denen R zugeprochen wird gilt: für alle i
zwischen 1 und n fällt x_i unter X_i.

- *Begriffsnetze* bestehen aus Prädikatoren als Knoten und Prädikatorenregeln
  als Kanten, wobei letztere die direkte Unterordnung oder Gleichstellung der
  Begriffe anzeigen, die durch die den Anfangs- und Endknoten der jeweiligen
  Kante zugeordneten Prädikatoren bezeichnet werden. Zwischen Begriffsnetzen und *Entity-Relationship-Datenmodellen*[8] bestehen insofern enge Beziehungen, als jeder "Entity Typ" synonym zu einem einstelligen Begriff, jede
  "Relationship" synonym zu einem mehrstelligen Begriff und jedes "Attribut" synonym zu einem Merkmal ist. Aber auch die Theorie und Praxis
  der in der Künstlichen Intelligenz zur Wissensrepräsentation entwickelten
  semantischen Netze[9] könnte aus der hier skizzierten Begriffslehre einen Nutzen ziehen.

3 Begriffliche Merkmale von "Wissen"

3.1 Subjektives Wissen, Alltagswissen und Kommunikationshandlungen als Grundlage objektiven Wissens

Wissen muß zunächst einmal stets mit *Gewißheit* verknüpft sein und mittels
Aussagen ein *begriffliches Denken* ermöglichen.[10] Dabei gehen wir davon aus,
daß der Begriff des *vernünftigen Redens* ersetzbar sein muß, "womit noch einmal
auf die zentrale Bedeutung einer methodischen Einführung von Sprachhandlungen für 'unser Denken', und nicht nur das wissenschaftliche Denken, hingewiesen wäre."[Mittelstraß 1974, S. 198]. Im Pragmatismus und Konstruktivismus[11]
müssen sich die ein begriffliches Denken ermöglichenden Aussagen stets auf *Hand-
lungsbereiche* beziehen, d.h. Wissen muß hier stets ein Handlungsvermögen konkretisieren oder Einstellungen und Haltungen prägen. Als nur *subjektives Wissen*
muß Wissen im Unterschied zum *objektiven Wissen* allerdings nicht unbedingt
mit transsubjektiv vermittelbaren Problemen verknüpft sein und muß auch nicht
unbedingt diskursiv im Hinblick auf Geltungsansprüche zur Dispositon gestellt
werden – d.h. sich nicht unbedingt einer methodischen Rekonstruktion sowie ei-

---

[8]Vgl. z.B. [Schneider 1991, S. 272], [Mertens 1990, S. 161/162].

[9]Vgl. z.B. [Schneider 1991, S. 720], [Mertens 1990, S. 380/381].

[10]Jede Wissensverarbeitung ist nach diesem Verständnis von "Wissen" somit auch eine *begriffliche* Wissensverarbeitung

[11]Vgl. z.B. [Luft, Kötter 1994, S. 60–100].

ner darauf bezogenen Überprüfung seiner Geltungsansprüche stellen.[12] Aufgrund seiner Einbindung in einen Handlungs- und Problemkontext ist im Pragmatismus und Konstruktivismus Wissen stets Bestandteil eines (hypothetischen) *Problemlösungswissens* – oder umgekehrt gesehen: nur das Lösen von Problemen erfordert die Bildung oder Entwicklung eines Wissens, was mit Hilfe wissenstechnischer Systeme in zunehmendem Maße rationalisiert und automatisiert werden kann.[13]

Im Unterschied zum rein subjektiven Wissen besteht beim *Alltagswissen* innerhalb einer (gleich sozialisierten) Menschengruppe gleiche Gewißheit. Im allgemeinen zeichnet sich Alltagswissen durch eine besonders hohe Kontextgebundenheit (bzw. "Situiertheit") und damit meist einhergehende Komplexität aus. Alltagswissen unterscheidet sich analog zum rein subjektiven Wissen oft nur durch seine Gewißheit von ungewissen Meinungen, die ihre Quelle nicht nur im Handeln des jeweiligen Subjekts, sondern auch bzw. primär in Traditionen oder ungeprüften Mitteilungen anderer Menschen besitzen.

Um Alltagswissen, das beispielsweise i.a. auch bei der Entwicklung und Nutzung von Polizei-, Kunden- und Personaldateien relevant ist, trotz seiner i.a. wissenschaftlich unbewältigbaren Komplexität und der dadurch vorhandenen methodischen Defizite erfolgreich nutzen zu können, benötigt man heuristische Regeln, die die Bildung von Analogieschlüssen oder von rein qualitativ (also nicht statistisch) abgestützten Korrelationen zulassen.[14] Jedermann bedient sich solcher heuristischer Mittel im Alltagsleben, jedoch ist es bisher noch nicht recht gelungen, ein wissenstechnisches System dahin zu bringen, die in ihm ggf. gespeicherten Bestände an Alltagswissen nach Regeln des "plausiblen Schließens" zu organisieren und auszuwerten.

Kommunikationshandlungen sind Sprechakte, mit deren Ausführung bei einem oder mehreren Adressaten etwas bewirkt werden soll. Von besonderer Bedeutung sind hierbei Fragen, Antworten, Aufforderungen, Aussagen und Zweifel, die Gedanken oder Einsichten mitzuteilen versuchen bzw. zu ihrer Mitteilung auffordern. Derartige Mitteilungen sind im Rahmen des Denkens (als "Sprechen

---

[12]Nach [Lorenzen 1974a, S. 29] müssen wir uns für das Problem der Methode unseres Denkens "in einen Zustand ohne Schiff, d.h. ohne Sprache versetzen und müssen versuchen, die Handlungen nachzuvollziehen, mit denen wir – mitten im Meer des Lebens schwimmend – uns ein Floß oder gar ein Schiff erbauen können." Dabei ist es bezüglich der Zusammenarbeit mit anderen Menschen und den Möglichkeiten zur Objektivierung von Wissen ganz erheblich, unter welchem "Stern" die gemeinsamen Bemühungen stehen: man kann sich in jeweils spezifischen Gruppen gemeinsam um eine erfolgreiche berufliche Karriere, um mehr Geld, Konsum, Besitz, Macht und/oder "Ehre" – oder auch um "ein gutes Leben", "beglückende Erfahrungen", um mehr "Vernunft" und/oder die "richtigen religiösen Gefühle und Gebete"– bemühen.

[13]Zu den Grenzen der Künstlichen Intelligenz bei diesen Bemühungen siehe z.B. [Dreyfus 1993] und [Schwartz 1987].

[14]Vgl. [Kötter 1986].

mit sich selbst") unverzichtbar und wollen das (subjektive) Wissen eines Adressaten modifizieren, d.h. erweitern oder korrigieren und sie haben einen materiellen Träger, durch den sie zum Ausdruck gebracht werden: das gesprochene oder geschriebene Wort, Gesten (genauer deren körperlicher Ausdruck), Lichtzeichen, die einer Binärcodierung zugeordneten Folgen elektrischer Impulse, Piktogramme usw. Man kann sich nun überlegen, welche Bedingungen gegeben sein müssen, damit die materiellen Träger von Mitteilungen ihre intendierte Information nicht verlieren (im Laufe der Zeit oder beim Transport). Beispielsweise können elektrische Impulse bei ihrer Übertragung durch Rauschen gestört werden. Die nachrichtentechnische Informations- und Codierungstheorie von Wiener, Shannon und Weaver hat für dieses Probem ein Problemlösungswissen entwickelt.

Welche Bedeutung Kommunikationshandlungen zukommt und was davon als Information beim Empfänger ankommt, hängt inbesondere ab von den Lebensformen und Interessen der Sender und Empfänger sowie ihrer jeweiligen Schulung im Gebrauch von Kommunikationshandlungen (also vom jeweiligen Kontext) – bzw. bei sprachlichen Mitteilungen von sprachlichen Standardisierungen, insbesondere in begrifflicher Hinsicht, sowie von der Rationalität des jeweiligen Sprachgebrauchs.[15]

3.2 Die Idee objektiven Wissens

Die Idee eines objektiven Wissens zielt darauf ab, die Grenzen subjektiven Wissens zu transzendieren: *Objektives Wissen* soll gegenüber allen vernünftig argumentierenden Diskursteilnehmern zur Zustimmung gebracht werden können. Mit dieser Idee korrespondiert in unserer Kultur die Idee von wissenschaftlichen Institutionen, in denen durch geeignete Maßnahmen sichergestellt ist, daß die für eine vernünftige Argumentation sowie das erforderliche Denken und Handeln notwendigen Voraussetzungen (Interesse am und Fähigkeiten im Denken, Autonomie, Bildungs- und Leistungsanforderungen, Verpflichtungen und Verantwortlichkeiten) auch gegeben sind. Da mit ihrer Annäherung an die Idee des objektiven Wissens auch eine methodische Korrektheit sowie eine bessere Verständlichkeit und Wiederverwendbarkeit derjenigen Wissensbestände erzielt werden kann, die den Modellen und Spezifikationen wissenstechnischer Systeme stets vorgelagert sind, kommt dem Begriff des objektiven Wissens auch im Bereich der Modellierung, Spezifikation, Entwicklung und Programmierung wissenstechnischer Systeme eine große technische und ökonomische Bedeutung zu.

Kriterien für die Objektivität von Wissen werden im Bereich der Erkenntnis- und Wissenschaftstheorie tradiert, weiterentwickelt, bezüglich ihrer Tragfähigkeit untersucht und gelehrt. Dabei ist – im Rahmen einer Lösung fundamentaler Probleme des logischen Empirismus und kritischen Rationalismus durch Pragmatis-

---

[15]Vgl. hierzu bezüglich der Entwicklung softwaretechnischer Systeme [Luft 1982].

mus und Konstruktivismus[16] – hinreichend klar geworden, daß *objektives Wissen* ein Wissen sein muß, das sich dem Anspruch vernunftgemäßer Lehr- und Lernbarkeit stellt, d.h. das im Unterschied zum subjektiven Wissen nicht nur unbedingt sprachlich in Form von Aussagen (und damit auch Begriffen und Sachverhalten) dem Denken zugänglich ("sprachkritische Wende" seit L. Wittgenstein) sowie in einen alltagsweltlichen oder wissenschaftlichen Handlungs- und Problemkontext eingebunden (Pragmatismus und Konstruktivismus) sein muß, sondern auch diskursiv vernünftig einlösbare Geltungsansprüche erhebt.[17] Die *Geltungsansprüche* können sich beziehen auf

- den pragmatischen Gehalt der das Wissen zum Ausdruck bringenden Behauptungen, insbesondere auf deren Problem-, Handlungs- und Objektbezüge sowie auf die diesbezügl. Korrektheit der sprachlichen Konstruktionen (Prädikatoren, Eigennamen, Kennzeichnungen, Definitionen, Abstraktionen, Ideationen, Aussagen, Aufforderungen, Modelle, Systeme) und/oder deren Anwendungen, speziell auch in logischer und methodischer Hinsicht,

- den empirischen Gehalt der das Wissen zum Ausdruck bringenden Behauptungen, z.B. mit Hilfe von technischen Experimenten, von Herstellungs- oder Produktionsverfahren, des Studiums von "Quellen" oder der Aussagen von (glaubwürdigen) Zeugen,

- die Funktionstüchtigkeit, den Nutzen, das Risiko oder den Schaden von Techniken, technischen Geräten oder technischen Systemen,

- die Angemessenheit von Bewertungen, Entscheidungen, Zwecken, Normen, Prinzipien, Gesetzen oder Organisationen.

Bei den Geltungsansprüchen geht es also nicht nur um die transsubjektive Einlösbarkeit von (experimentell vermittelter) Erfahrung und die (formale) Korrektheit von Schlüssen, sondern auch um die vernunftgemäße Richtigkeit von Geboten und die Angemessenheit von Bewertungen.[18]

Der Bereich des objektiven Wissens ist also nicht auf den Bereich eines *Verfügungswissens* reduziert, das auf eine effiziente Nutzung von Naturphänomenen, Artefakten oder soziotechnischen Systemen (bzw. von Rechts-, Wirtschafts- und Wissensordnungen) abzielt und ggf. etwas über die Einlösbarkeit von Erfahrun-

---

[16]Vgl. [Luft, Kötter 1994, S. 32–97].

[17]Vgl. z.B. die diesbezüglich relevanten Einträge unter "Konstruktivismus" und "Kritische Theorie" in [Seiffert, Radnitzky 1989, S. 164–168 bzw. S. 172–177].

[18]Vgl. insbesondere [Detel 1985, Habermas 1973, Kamlah, Lorenzen 1967/73, Lorenzen 1987, Luft, Kötter 1994, Mittelstraß 1982, Mittelstraß 1989] und [Schnädelbach 1984].

gen oder die Korrektheit von Schlüssen aussagt.[19] Vielmehr gehört hierzu als *Orientierungswissen* auch ein Wissen, das in Lebenssituationen mit umstrittenen, fragwürdig gewordenen oder unklaren Zielen eine Orientierung ermöglicht.[20] Es umfaßt Werte, Vorbilder und Heuristiken – und bildet sich jeweils vor dem Hintergrund gesellschaftlicher Traditionen und Bildungseinrichtungen unter mehr oder wenig aufgeklärter Berücksichtigung von historischen, politischen, ökonomischen, ethischen, moralischen und psychologischen Wissensbeständen. Auch im Bereich unserer Orientierungsprobleme kann mit Hilfe von praktischen Erfahrungen, begrifflichen Unterscheidungen, Terminologien, theoretischen Konstruktionen sowie kritischen Überprüfungen ein tendenziell objektives Wissen gewonnen werden, das uns – im Vergleich zum rein subjektiven Wissen – tragfähigere, verständlichere und damit insbesondere auch leichter wiederverwendbare sowie verbesserungsfähige Problemlösungen ermöglicht.[21] Nach Jürgen Mittelstraß kann ein Orientierungswissen unter konkreten Zwecksetzungen in bestimmter Weise gegliedert werden, "wobei die gegenüber einem elementaren Orientierungswissen in der Umgangssprache vorgenommenen Erweiterungen und Präzisierungen als schrittweiser Aufbau eines speziellen und komplexen Orientierungswissens aufgefaßt werden müssen." [Mittelstraß 1974, S. 174] Wird der diesbezüglich relevante "innere" Zusammenhang einer allgemeinen Orientierungspraxis (zu der auch die Wissenschaften gehören) "im sprachlichen Aufbau dieser Praxis nicht mehr gesehen (und dies ist z.B. in einer rein kalkültheoretischen, 'formalistischen' Auffassung der Fall), werden 'Einzelsprachen' nicht nur scheinbar voneinander unabhängig, es löst sich auch das in diesen Sprachen artikulierte Wissen von seinen ursprünglichen Zwecken, d.h. es wird selbst orientierungslos." [Mittelstraß 1974, S. 174] Die (sprachkritische) Hinterfragung des eine Praxis orientierenden Wissens hat neben einem erkenntnistheoretischen auch und vor allem ein verständigungsorientiertes Interesse: "Da Unterscheidungen nicht mehr auf einer erkenntnistheoretischen Spielwiese, sondern in der Praxis getroffen werden ... müssen sie nicht zuletzt auch daraufhin geprüft werden, inwieweit sie eine aus praktischen Gründen geforderte Selbständigkeit gerade verhindern. Eine allein in erkenntnistheoretischem

---

[19]Verfügungswissen ist stets mittelbezogen, umfaßt das im traditionellen Sinne technik- und naturwissenschaftliche Wissen und will insbesondere darüber beraten, was mit welchen Mitteln bei welchem Aufwand und welchen Risiken machbar ist.

[20]Bezüglich der Orientierungsprobleme unserer Zeit vergleiche insbesondere [Apel 1988, Höffe 1993], [Lorenzen 1987, S.228–308], [Luft, Kötter 1994, S.100–113], [Mittelstraß 1992] und [Tugendhat 1993].

[21]Zum normativen Fundament der Sprache siehe z.B. [Mittelstraß 1974], wo auf S. 203 der Zusammenhang zwischen begrifflichen Unterscheidungen und "gemeinsamen Orienierungsbemühnugen" in folgendem *methodischem Imperativ* zum Ausdruck kommt: *"Unterscheide (rede) so, daß deine Vorschläge mit Rücksicht auf eine gemeinsame Orientierungsbemühung als begründete Änderung der bisher geltenden und als Grundlage zukünftiger Vorschläge dienen können."*

Interesse erfolgte Sprachkritik leistet dies nicht ...". [Mittelstraß 1974, S. 204/205] Allerdings kann die Überwindung von Subjektivität im Bereich des Orientierungswissens wegen seines Wertebezugs bei der Beurteilung der Richtigkeit von Geboten und/oder der Angemessenheit von Bewertungen sehr viel schwieriger sein als im Bereich des Verfügungswissens.

Ein die Richtigkeit von Geboten und die Angemessenheit von Bewertungen stützendes Orientierungswissen ist auch bei der maschinellen Daten- und Wissensverarbeitung sowie bei der Forschungsplanung in der Informatik unverzichtbar: Orientierungs- und Verfügungswissen gehören zusammen, denn Orientierungswissen ist ohne Verfügungswissen macht- bzw. hilflos und Verfügungswissen ohne Orientierungswissen ist blind. Nicht eine hierdurch überforderte Philosophie sondern die Informatik selbst ist für die Ausarbeitung eines Orientierungswissens zuständig, mit dem sich ihr Gang bei der Vermehrung von Verfügungswissen vernünftig gestalten, rechtfertigen und verantworten läßt.

Als *theoretisches Wissen* ("Grundlagenwissen") wird objektives Wissen im Unterschied zum *praktischen Wissen* ("Anwendungswissen") tendenziell invariant (und insofern abstrakt) zu lebensweltlichen Handlungs-, Problem- und Erfahrungszusammenhängen gebildet. Quer zu dieser Unterscheidung liegt die zwischen *formalem Wissen* (Logik, Mathematik) und *materialem Wissen*, wobei letzteres untergliedert wird in

- *kulturwissenschaftliches Wissen*, über (soziale) Lebensformen sowie die politisch-ökonomische, moralische und rechtliche Gestaltung des Zusammenlebens,

- *naturwissenschaftliches Wissen* über vom Menschen unbeeinflußte natürliche Gegebenheiten oder auch über die vom Menschen geschaffene (bzw. beeinflußte oder manipulierte) "zweite" Natur,

- *technikwissenschaftliches Wissen* über das Konstruieren, Produzieren, Funktionieren, Nutzen, Wiederverwenden oder Entsorgen von Mitteln zu bestimmten Zwecken – insbesondere von industriell herstellbaren Produkten, Geräten oder Ausrüstungen, aber auch von komplexen (sozial-)technischen Systemen.

Technikwissenschaftliches Wissen berät darüber, was mit welchem Aufwand und welchen Risiken machbar ist. Das diesbezüglich relevante Orientierungswissen wird im Vergleich zum Verfügungswissen bei der Ausbildung von Technikwissenschaftlern i.a. jedoch noch immer vernachlässigt: Es ist i.a. institutionell noch nicht hinreichend berücksichtigt worden, daß Verfügungswissen ohne Orientierungswissen blind ist und deshalb eine technikwissenschaftliche Forschung und Lehre ohne eine Thematisierung ihres jeweiligen Orientierungswissens unvernünftig ist. Ein von Blindheit gegenüber den

Problemen unserer Zeit gekennzeichnetes Technikstudium sollte Technik-
Studierenden insbesondere auch aus Gründen des immer notwendiger werdenden Natur- und Umweltschutzes nicht mehr länger abverlangt werden.

Im strengen Sinne können wir über die Zukunft zwar nichts wissen, jedoch verfügen viele Wissenschaften über theoretisch begründete *Verlaufsgesetze*, die nicht
nur im Hinblick auf Vergangenes empirisch bestätigt, sondern auch in die Zukunft hinein verlängert werden können und dadurch die Bildung von *Prognosen*
ermöglichen. Da die Geltungsansprüche von natur- und technikwissenschaftlichen
Theorien meist besonders hohen methodologischen und insbesondere experimentellen Ansprüchen genügen, kommt den daraus abgeleiteten Verlaufsgesetzen und
Prognosen auch eine besondere Güte zu. Dagegen ist der Anspruch auf Allge-
meingültigkeit, der sich in den Kulturwissenschaften mit der theoretischen Ableitung von politischen, sozialen oder wirtschaftlichen Verläufen verbindet, weit-
aus schwächer als in den Natur- und Technikwissenschaften: ein experimenteller
Überblick über die Rand- und Anfangsbedingungen, unter denen Theorien bzw.
Verlaufsgesetze stets nur gültig sind, ist hier nicht möglich. Theoretisch abge-
leitete Prognosen bzw. Trendaussagen sind deshalb in den Kulturwissenschaften
auch sehr viel mehr als in den Natur- und Technikwissenschaften mit Vorbe-
halten behaftet, wobei man mangels Experimenten keine genaue Vorstellung davon hat, welche "Anfangs- und Randbedingungen" gleichbleiben müssen. Gleichwohl versuchen auch kulturwissenschaftliche Theorien das empirische Material
bestmöglichst auszuschöpfen und darauf aufbauend praktische Empfehlungen zu
geben, die als besser begründet anzusehen sind als solche, die sich auf bloße (traditionelle) Meinungen oder Annahmen stützen.

4 Begriffliche Merkmale von "Information" und "Daten"

Die physikalisch-nachrichtentechnische Informationstheorie von Wiener, Shannon, Weaver u.a. konnte ebensowenig wie ein Verständnis von Information als
dritter physikalischer Grundgröße (neben Materie und Energie) eine tragfähige
Grundlage für die Maschinisierung der von Menschen zu bewältigenden Informationsverarbeitung liefern. Vor diesem Hintergrund hat Peter Janich vorgeschlagen
[Janich 1992] vorgeschlagen unter "Informieren" eine abkürzende Redeweise dafür
zu verstehen, über die wichtigsten Kommunikationshandlungen, d.h. die *Mitteilungen*, nur bezüglich der in ihnen steckenden Information zu sprechen – und
"Information" analog zu z.B. "Zahl" und "Begriff" als Abstraktor zu verstehen.
Denn für den Informationsgehalt von Mitteilungen ist unerheblich

- die Person des Mitteilenden (*Sprecherinvarianz*), d.h. erst bei der Bewertung des Informationsgehalts als verläßlich, zweifelhaft u.ä. spielen personale Einschätzungen eine Rolle,

- die sprachliche Form der Mitteilung (*Darstellungsinvarianz*).

Beispielsweise haben zwei verschiedene Mitteilungen den gleichen Informations-gehalt, wenn sie den gleichen Sachverhalt darstellen.

Im Unterschied zu Janich wurde in [Luft, Kötter 1994] jedoch die Meinung vertreten, daß Mitteilungen erst vor dem konkreten Hintergrund des Wissens (und eines dadurch erforderlichen Handlungsbedarfs ihrer Empfänger) zu einer Infor-mation werden. Auch alltagssprachlich stellt eine Mitteilung für deren Empfänger nur dann eine Information dar, wenn sie für ihn relevant ist. Damit ist der Infor-mationsbegriff nicht nur allgemein an Mitteilungen im Rahmen eines kommunika-tiven Handelns gebunden, sondern genauer an einen bestimmten Problemkontext des Empfängers: Eine sprecher- und darstellungsinvariante Mitteilung kann als *Information* den Empfänger an etwas bestimmtes erinnern ("semantischer Infor-mationsgehalt"), ein zweckdienliches bzw. handlungsrelevantes Wissen vermitteln ("pragmatischer Informationsgehalt"), die Verhaltensweisen und Ereignisse in der Welt des Empfängers in kausale Beziehungen des Bewirkens oder Verursachens bringen ("explanatorischer Informationsgehalt") sowie dem Empfänger ermögli-chen, etwas Neues wahrzunehmen, zu denken oder zu fühlen ("phänomenaler Informationsgehalt"). Allerdings können Mitteilungen auch von Personen sowie in Handlungskontexten informativ "ausgeschlachtet" werden, für die sie eigentlich nicht bestimmt waren.

Intensionale und auch zeitliche Verzerrungen eines kommunikativen Kontexts bergen die Gefahr gravierender Mißverständnisse, da sich diese nicht mehr durch direkte Rückfragen und Erläuterungen aus der Welt schaffen lassen. Diesem Pro-blem ist man kulturgeschichtlich dadurch begegnet, daß man Handlungszusam-menhänge auf der einen, und sprachliche Ausdrucksmittel auf der anderen Seite standardisiert hat. So kam es zur Ausbildung von Fachsprachen, der Verrechtli-chung des Lebens und zur Festsetzung technischer Normen – wodurch sprachli-chen Mitteilungen für ihre Empfänger ein zeitlich stabilerer Informationsgehalt zukommt.

Unter *Daten* werden in Fortsetzung der diesbezüglichen Begriffsbildung in [Luft, Kötter 1994] sprecher- und darstellungsinvariante Mitteilungen verstanden, die in zweierlei Hinsicht spezialisiert sind:

1. Der korrekte Gebrauch von Mitteilungen als Daten setzt *standardisierte Empfangssituationen* voraus. Deshalb wollen wir Mitteilungen nur dann als Daten bezeichnen, wenn sie sprecher-, darstellungs- *und hörerinvariant* sind. Was z.B. in der Personalabteilung eines Unternehmens ein Datum ist, richtet sich nach personalpolitischen Kriterien des Unternehmens und nicht nach den persönlichen Interessen des Personalchefs. Oder um ein anderes Beispiel zu erwähnen: Welche Aufzeichnungen bei einem Experiment als Meßdaten explizit berücksichtigt und weiter ausgewertet werden, richtet

sich nach dem Zweck des Experiments und dem damit zusammenhängenden Meßauftrag. Jeder, der personalpolitische Entscheidungen zu treffen hat oder der ein Experiment auswerten soll, muß den hierfür relevanten Daten die gleichen Informationen entnehmen können.

2. Sprecher-, darstellungs- und hörererinvariante Mitteilungen sind nur dann Daten, wenn durch sie in jeweils *"elementarer"* Form ein (ggf. sehr komplexer) *Sachverhalt* mitgeteilt wird. "Elementar" meint, daß bei einer Aufsplitterung der zugrundeliegenden Mitteilung jeglicher potentielle Informationsgehalt verloren geht. Zu beachten ist aber, daß Mitteilungen immer nur bezogen auf den (Standard-)Kontext, in dem sie zur Wissensbildung herangezogen werden, ggf. "elementar" sind. Mitteilungen haben also nur dort Datencharakter, wo ein Wissensbestand so strukturiert ist, daß er in Teilbereichen aus als in "elementarer" Form mitteilbaren Informationen besteht. Beispielsweise stellen die durch Rechnungsdurchschläge implizit gesammelten Sachverhalte für sich genommen noch keine Daten dar. Erst mit einer Ordnung nach Einnahmen und Ausgaben, die mit Blick auf die Eintragung in das Buchführungsjournal vorgenommen wird, werden aus der Anhäufung von Zetteln Daten – aus ihnen bildet sich nun das Wissen über den geschäftlichen Erfolg des Kleinunternehmers. Analoges gilt für die "Meßdaten" einer Meßstation, die ggf. in "elementarer" Form sehr komplexe Sachverhalte darstellen und aus denen sich mittels eines Modells technischer oder natürlicher Abläufe ein Wissen bildet.

Neben der Mitteilung von Sachverhalten und der Hörerinvarianz der Mitteilungen ist also die strukturelle Fixierung von Wissensbeständen wesentliche Bedingung für einen Informationsgewinn via Daten. Hat man solche Wissensbestände und möchte man diese wechselseitig durch Datenaustausch ergänzen oder korrigieren, dann setzt dies voraus, daß das, was jeweils als Datum gilt, explizit festgelegt ist. Diesem Zweck dienen einerseits semantische Datenmodelle sowie Entwicklung und Verwaltung standardisierter Datenelemente (vgl. [Ortner 1990]), andererseits das Transaktionskonzept moderner Datenbanksysteme.

Die strukturelle Fixierung von Wissensbeständen für einen Informationsgewinn via Daten hat eine formale Seite, die aus der Datenbanktheorie wohl bekannt ist. Der Datenbänkler kann sich dabei häufig auf entsprechende inhaltliche Vorarbeiten aus den einschlägigen Fachdisziplinen stützen, ein Musterbeispiel hierfür ist das betriebliche Rechnungs- und Organisationswesen (vgl. [Wedekind 93]). Schwierig wird es allerdings dann, wenn sich der Datenbänkler nicht auf inhaltliche, fachspezifische Vorarbeiten abstützen kann, sondern ausschließlich im Gespräch mit den potentiellen Datenbankbenutzern klären muß, welche Daten welche Informationen bezüglich welcher Wissensbestände vermitteln sollen. Dabei darf auch nicht vergessen werden, daß es a priori keine Gründe für die Annahme gibt, jedes Wissen lasse sich aus durch Daten vermittelbaren Informationen strukturell zusammensetzen. Gerade Alltagswissen, aber auch Verfahrenswissen aus Technik und Medizin ist in vielen Fällen so kontextgebunden, daß es sich nicht in dem erforderlichen Maße erfolgreich mittels einer Datenbank strukturieren lassen wird.

Mit unserer Herausarbeitung der begrifflichen Merkmale von "Information" und "Daten" sollte hinreichend klar geworden sein, daß bei der sog. maschinellen Informations- bzw. Datenverarbeitung weder Daten noch Informationen verarbeitet werden – es ist nur möglich, mittels geeigneter Programme Maschinen so "intelligent" zu machen, daß sie für die programmiertechnisch berücksichtigten Standardsituationen bestimmte Eingaben der Maschinen als Daten interpretieren und einen mittels einer Datenbank strukturierten Wissensbestand definieren bzw. aktualisieren können. Da diesen Programmen (ebenso wie den Programmen, die die Daten einer Datei oder Datenbank beim Eintreffen bestimmter "Ereignisse" automatisch verarbeiten) immer ein Wissen ihrer Programmierer vorgelagert ist, meinen wir diese mittels Programmen "intelligent" gemachten Maschinen treffender als *wissenstechnische Maschinen* bezeichnen zu müssen. Ob das den Programmen jeweils vorgelagerte Wissen der Programm-Entwickler dabei explizit thematisiert wird oder "nur" im Rahmen sog. Spezifikationen und ggf. einer Modell- oder Systembildung zum Tragen kommt, ist dabei von nachgeordneter Bedeutung. Im Hinblick auf die Vermeidung eines "Datenchaos" und "Programmsalat" sollte jedoch stets bedacht werden, daß nicht nur Modelle und/oder Spezifikationen von fundamentaler Bedeutung sind, sondern auch und primär die mit diesen (ggf. fachsprachlich) verknüpften Wissensbestände. Aber selbstverständlich gehört zum Management wissenstechnischer Systeme nicht nur die (personalpolitisch erfolgreiche) Bildung und Pflege von Wissensbeständen, sondern stets auch ein effizientes Management von Daten und Programmen.

5 Schlußbemerkungen

In wissenstechnischen Maschinen werden also Wissensbestände maschinell verfügbar gemacht und genutzt. Mit wissenschaftlichen Fragen der Ermöglichung, Planung, Entwicklung, Nutzung, Gestaltung und Pflege wissenstechnischer Maschinen sollte sich demgemäß auch explizit eine neue Technikwissenschaft beschäftigen, die als Wissenstechnik bezeichnet wurde und sich vom Selbstverständnis einer von der Computer Science geprägten Informatik durch eine explizit *technikwissenschaftliches Orientierung* sowie durch die mit unserem *Wissensbegriff* direkt (Begriff, Sachverhalt) und indirekt (Information, Daten) verknüpften *Abstraktoren* grundlegend unterscheidet. Die Beantwortung anwendungsspezifischer Fragen erfordert allerdings interdisziplinäre Bemühungen zwischen dem jeweiligen Anwendungsfach und der Wissenstechnik.

Wissenstechnische Maschinen erweitern die herkömmlichen Bereiche des zweckmäßigen Funktionierens von Geräten und technischen Systemen um eine neuartige Dimension. Ihr Haupteinsatzgebiet liegt im Bereich der Rationalisierung und Automation von Arbeit. Wissenstechnische Maschinen, die ein zum Denken oder Entscheiden benötigtes Wissen maschinell verfügbar machen, werden traditionell als Informationssysteme bezeichnet. Schließlich werden wissenstechnische Maschinen auch dazu genutzt, um im Zuge von Modellsimulationen teure oder zeitaufwendige Realsimulationen zu vermeiden und um Situationen analysieren zu können, für die es die Möglichkeit einer Realsimulation nicht gibt. Da der Informationsgehalt der wachsenden Datenmengen – insbesondere der Datenflut bei naturwissenschaftlichen Simulationen oder medizinischen Untersuchungen – nicht Schritt hält mit der von Menschen in der verfügbaren Zeit zu verarbeitenden Daten, wird im Zuge multimedialer Benutzerschnittstellen eine Visualierung von Datenmengen beschritten. Obwohl Schauen und Hören sicherlich für viele Menschen sehr viel interessanter ist als Denken, sollte dennoch vor dem Hintergrund unserer begrifflichen Klärungsbemühungen nicht vergessen werden, daß auch "visualisierte Daten" die obig genannten Merkmale von Daten besitzen müssen – was derzeit wohl selten der Fall sein dürfte. Und solange dies so ist, muß auch immer wieder daran erinnert werden, daß sich die Menschheit nicht mit Schauen und Hören, sondern nur mit sprachlichen Ausdrucksmitteln sowie einer darauf aufbauenden Begriffs- und Wissensbildung den Weg hin zu mehr Vernunft und kommunikativem Handeln erschlossen hat.

Vor dem Hintergrund unserer begrifflichen Unterscheidung von "Wissen", "Information" und "Daten" sowie unserer Sichtweise der Informatik als Wissenstechnik sind die Beziehungen zur Künstlichen Intelligenz (KI) von besonderer Bedeutung – und hierbei insbesondere zu KI-Wissenschaftlern wie Günther Görz, die eine Verschiebung des Ziels von "autonomen" (und damit letztlich auch "intelligenten"!) KI-Systemen hin zu integrierten Assistenzsystemen sehen, welche Menschen in ihren Arbeits- und Problemlösungsprozessen interaktiv unterstützen.[22] Bei diesen Assistenzsystemen geht es jedoch nicht, zumindest nicht primär, darum, Wissensbestände über die "Intelligenz" oder die "Kognition" maschinell zu nutzen, sondern das Wissen aus verschiedenen Fachdisziplinen zusammenzutragen und verfügbar zu machen, weshalb bei der Schaffung dieser Assistenzsysteme zunächst auch einer begrifflich und methodisch disziplinierten interdisziplinären Zusammenarbeit mit Anwendern im Verband der Fakultäten eine herausragende Bedeutung zukommt. Auf die Metaphorik von erkennenden, verstehenden oder sonstwie intelligenten Maschinen können wir dabei jedoch verzichten, ebenso wie auf eine Sichtweise von Spracherzeugung und -verstehen als ausschließliches Resultat kognitiver und sozialer (und nicht auch komplexer geistiger) Prozesse. Und

---

[22]Vgl. hierzu [Görz 1992].

nicht zuletzt sollte bei der Schaffung dieser Assistenzsysteme klargestellt werden, daß wir in ihnen strenggenommen kein Wissen darstellen, sondern "nur" die symbolischen Träger personenbezogener Wissensbestände einer programmgesteuerten maschinellen Verarbeitung zugänglich machen. Innerhalb welcher Grenzen derartige Assistenzsysteme effektiv und verantwortlich zur Anwendung gelangen können, müssen deren aufgeklärte Benutzer jeweils von Fall zu Fall selbst entscheiden können. Ohne eine tragfähige begriffliche Unterscheidung von "Wissen", "Information" und "Daten" dürften derartige Aufklärungsversuche jedoch von vornherein zum Scheitern verurteilt sein.

6 Danksagung

Für die langjährige Zusammenarbeit bei meinem Bemühen um eine Aufhellung der begrifflichen und methodologischen Grundlagen von Datenbanksystemen (unter besonderer Berücksichtigung der Künstlichen Intelligenz) und beim Ausformulieren der erzielten Ergebnisse in [Luft, Kötter 1994] bin ich Rudolf Kötter zu besonderem Dank verpflichtet. Rückblickend danken möchte ich auch Hartmut Wedekind für sein Engagement im Bereich der methodologischen und begrifflichen Grundlagen von Datenbanksystemen, Hans-Jochen Schneider als Herausgeber des "Lexikon der Informatik und Datenverarbeitung" für eine Ermutigung zum "Weitermachen" in einer sehr schwierigen Lebensphase durch die Berücksichtigung der Grundbegriffe "Wissenstechnik" und "Wissen" in [Schneider 1991] – und nicht zuletzt auch Wolfgang Coy und Frieder Nake für die vielen fruchtbaren Streitgespräche im GI-Arbeitskreis "Theorie der Informatik" sowie für die hilfreiche Fortsetzung freundschaftlicher wissenschaftlicher Kontakte.

Literatur

[Apel 1988] K.-O. Apel: *Diskurs und Verantwortung. Das Problem des Übergangs zur postkonventionellen Moral*, Frankfurt am Main 1988.

[Detel 1985] W. Detel: Wissenschaft. In: E. Martens, H. Schnädelbach (Hrsg.), *Philosophie. Ein Grundkurs*, Reinbek bei Hamburg 1985, S. 172–216.

[Dreyfus 1993] H.L. Dreyfus: Was Computer noch immer nicht können. *Deutsche Zeitschrift für Philosophie* **41**, 1993, S. 653–680.

[FAW 1993] Forschungsbericht 1993/94 des Forschungsinstituts für anwendungsorientierte Wissensverarbeitung, Ulm, Dezember 1993.

[Görz 1992] G. Görz: *Kann Intelligenz künstlich sein?* Antrittsvorlesung an der Universität Erlangen-Nürnberg, 24. April 1992.

[Habermas 1973] J. Habermas: Wahrheitstheorien. In: H. Fahrenbach (Hrsg.), *Wirklichkeit und Reflexion*. Walter Schulz zum 60. Geb., Pfullingen 1973, S. 211–265.

[Höffe 1993] O. Höffe: *Moral als Preis der Moderne. Ein Versuch über Wissenschaft, Technik und Umwelt*, Frankfurt am Main, 1993.

[Janich 1992] P. Janich: Ist Information ein Naturgegenstand? Menschliches Handeln als Ursprung des Informationsbegriffes. In: Ders., *Grenzen der Naturwissenschaft. Erkennen als Handeln*, München 1992, S. 138–161.

[Kamlah, Lorenzen 1967/73] W. Kamlah, P. Lorenzen: *Logische Propädeutik, Vorschule des vernünftigen Redens*, Mannheim 1967, 1973.

[Kötter 1986] R. Kötter: Technische Rationalität und rationale Heuristik – Ein Problemaufriß. In: C. Burrichter, R. Inhetveen, R. Kötter (Hrsg.), *Technische Rationalität und rationale Heuristik*, Paderborn 1986, S. 6–16.

[Lorenzen 1974a] P. Lorenzen: *Methodisches Denken*, Frankfurt am Main 1974.

[Lorenzen 1974b] P. Lorenzen: Gleichheit und Abstraktion. In: Ders., *Konstruktive Wissenschaftstheorie*, Frankfurt am Main 1974, S. 190–198.

[Lorenzen 1987] P. Lorenzen: *Lehrbuch der konstruktiven Wissenschaftstheorie*, Mannheim 1987.

[Luft 1982] A.L. Luft: Rationaler Sprachgebrauch und orthosprachliche Standardisierung als Grundlagen des Software Engineering. *Informatik-Spektrum* **5**, 1982, S. 209–223.

[Luft 1988] A.L. Luft: *Informatik als Technikwissenschaft. Eine Orientierungshilfe für das Informatik-Studium*, Mannheim 1988.

[Luft 1990] A.L. Luft: Informatik als Wissenstechnik. In: W. Abramowicz, A. Ultsch (Hrsg.), *Integrierte, intelligente Informationssysteme*, Proc. int. workshop Schloß Tuczno 24.–27.9.1990, S. 200–234.

[Luft 1992] A.L. Luft: "Wissen" und "Information" bei einer Sichtweise der Informatik als Wissenstechnik. In: W. Coy u.a. (Hrsg.), *Sichtweisen der Informatik*, Braunschweig 1992, S. 49–70.

[Luft, Kötter 1994] A.L. Luft, R. Kötter: *Informatik – eine moderne Wissenstechnik. Methodologien der Wissensbildung und Perspektiven der Informatik*, Mannh. 1994.

[Mertens 1990] P. Mertens u.a. (Hrsg.): *Lexikon d. Wirtschaftsinf.* 2. Aufl., Berlin 1990.

[Mittelstraß 1974] J. Mittelstraß: *Die Möglichkeit von Wissenschaft*, Frankfurt am Main 1974, S. 158–205.

[Mittelstraß 1980] J. Mittelstraß (Hrsg.): *Enzyklopädie Philosophie und Wissenschaftstheorie* Bd. 1, Mannheim 1980.

[Mittelstraß 1982] J. Mittelstraß: *Wissenschaft als Lebensform. Reden über philosophische Orientierungen in Wissenschaft und Universität*, Frankfurt am Main 1982.

[Mittelstraß 1989] J. Mittelstraß: *Der Flug der Eule. Von der Vernunft der Wissenschaft und der Aufgabe der Philosophie*, Frankfurt am Main 1989.

[Mittelstraß 1992] J. Mittelstraß: *Leonardo-Welt. Über Wissenschaft, Forschung und Verantwortung*, Frankfurt am Main 1992.

[Nake 1984] F. Nake: *Schnittstelle Mensch-Maschine*, Kursbuch Nr.75, 1984, S.109-118.

[Ortner 1990] E. Ortner u.a.: Entwicklung und Verwaltung standardisierter Datenelemente. *Informatik-Spektrum* **13**, 1990, S. 17–30.

[Schnädelbach 1984] H. Schnädelbach (Hrsg.): *Rationalität. Philosophische Beiträge*, Frankfurt am Main 1984.

[Schneider 1991] H.-J. Schneider (Hrsg.): *Lexikon der Informatik und Datenverarbeitung*, 3. Auflage München 1991.

[Schwartz 1987] J.T. Schwartz: The Limits of Artificial Intelligence. In: St.C. Shapiro (Hrsg.), *Encyclopedia of Artificial Intelligence*, New York 1987, S. 488–502.

[Seiffert, Radnitzky 1989] H. Seiffert, G. Radnitzky (Hrsg.): *Handlexikon zur Wissenschaftstheorie*, München 1989.

[Spinner 1994] H.F. Spinner: *Die Wissensordung. Ein Leitkonzept für die dritte Grundordnung des Informationszeitalters*, Opladen 1994.

[Thiel 1972/79/85] Ch. Thiel, Gottlob Frege: Die Abstraktion. In: J. Speck (Hrsg.), *Grundprobleme der großen Philosophen. Philosophie der Gegenwart* Bd. 1, Göttingen 1972, 1979, 1985.

[Tugendhat 1993] E. Tugendhat: *Vorlesungen über Ethik*, Frankfurt am Main 1993.

[Wedekind 93] H. Wedekind: *Kaufmännische Datenbanken*, Mannheim 1993.

Couleurs croisées.

Zum Programm einer (die Begriffliche Wissensverarbeitung und ihre Begründung möglicherweise begleitenden) Experimentellen Philosophie

Jürgen Schäfer

> "On le comprend, les couleurs qui se 'croisent' ici (comme on croise les mots ou les fers, les fils d'une trame ou les caractères génétiques des espèces) sont certes d'abord de nature spécifiquement musicale; mais à travers elles, grace à elles, il est aussi – et peut-etre surtout – question de couleurs de peaux et de langues, d'idéologies et de cultures, voire de sentiments et d'espérances."
>
> Henri Pousseur ([Pousseur])

Wenngleich der aktuelle Entwicklungsstand der "Logiken" der Begrifflichen Wissensverarbeitung (d.h. im folgenden: der Gesamtheit ihrer Strukturierungsparadigmen, Methodenarsenale und exemplarischen Anwendungen), einhergehend mit der Institutionalisierung der Forscher/Anwender-Gemeinschaft sowie den in ihr erreichten bzw. sich abzeichnenden Grundkonsensen, für die mittlere Zukunft die Heraufkunft einer anerkannten, einen definiten Ort innerhalb der Sphäre "interdisziplinär" (nicht zum wenigsten auch aufs "Allgemeine" im Sinne R. Willes hin) orientierter Wissenschaft markierenden Disziplin verheißt, so ist über die Aussichten einer philosophischen (vulgo "wissenschaftstheoretischen") Begründung der Begrifflichen Wissensverarbeitung doch nichts ausgemacht.

Schwierig genug zu fassen, weist der Begründungsbegriff indes deutlich auf (termino-)logische Propädeutik, auf vorgängige Explikation der im Theorie-Diskurs extensional-standardsprachlich nicht oder nur reduktiv definierbaren Grundbegriffe ("Begriff", "Wissen" etc.), ein ehrenwertes und notwendiges Bemühen, dem alsbald die Hoffnung sich beigesellen mag, die Logiken erführen von solcherart "Protologik" rechtfertigende Belichtung.

Philosophie- und Wissenschaftsgeschichte aber, ja: Ideengeschichte schlechthin lasten schwer auf der Suche nach einem konsistenten Begründungszusammenhang, die sich, dem latenten Vorwurf allzu eilfertigen Postulierens zu begegnen, an der Labyrinthik der schon vokabular selten gegeneinander "isolierten", vielmehr aufs Vielfältigste sich durchkreuzenden "Philosophien" wird abarbeiten müssen.

Dieses spezifische "Leiden" an der Philosophie dokumentieren schon unsere geringfügigen Beiträge zur Begründung der Begriffsanalyse seit 1987 ([Schäfer 1987, Schäfer 1988, Schäfer 1991]).

Versuche, einen "Standort" zu bestimmen (vgl. hierzu Beitrag von R. Wille in diesem Band!), erweisen in ihrer Sprachprozeß-Haftigkeit diesen (dann evtl. gefundenen) – unfreiwillig - als "einen unter vielen". Ihr Wert wird dadurch keineswegs gemindert, bewegen sie sich doch im durchaus auch pragmatischen Kontext des grob als "Wissen-Wollen, womit es die Begriffliche Wissensverarbeitung zu tun habe" umschreibbaren Erkenntnisinteresses, welches, ins Ethische gewendet, angesichts der beständig drohenden Überwucherung individuell-autonomen Denkens durch die soghafte soziogenetische Eigendynamik maschineller Informationsverarbeitung, Züge einer Erkenntnis-Verpflichtung annimmt.

Solange die Begründungsfrage gestellt wird (also: immer), muß nach Antworten gesucht werden, um nicht in neopositivistischer Beschränkung die Chance zu verspielen, den heute und künftig mit avancierter Informationstechnologie umgehenden Menschen explizite Hilfen zur (Re-)Definition ihrer Subjektivität nach der Wende ins Zeitalter "verarbeitbarer" Sprache an die Hand zu geben. Des einstigen Fluchtpunkts seiner Anstrengung jedoch, der "Letztbegründung" (womöglich in Gestalt eines leicht handhabbaren und somit im Handumdrehen ideologisch instrumentalisierbaren "Systems"), ist der Sprachphilosoph der Jahrtausendwende ebenso verlustig gegangen wie der negativen Utopie Wittgensteinschen Schweigens. Vielmehr erscheinen die diskursive Pluralität, die "couleurs croisées" der Vokabularien, Sprachströme, Lebensformen in und mit Sprache als sein genuiner Aufenthalt; eine "linguale Landschaft", die er, eingedenk seines oben angedeuteten ethischen Auftrages, nicht touristisch-konsumtiv befährt (in bekannt "postmoderner" Manier Cocktails diskursiver Versatzstücke marktgerecht feilbietend), sondern explorativ und analytisch.

Der sprachanalytische Aspekt umfaßt dabei die Erstellung einer "Topographie" aller philosophischen "Standorte" in der Begründungsdiskussion, das Studium ihrer historischen, strukturellen und terminologischen Verflechtungen sowie der Bedingungen der Möglichkeit, einen von ihnen zu adoptieren. Daß sich die philosophische Begründung der Begrifflichen Wissensverarbeitung insbesondere in Form ihrer Selbst(!)analyse vollzieht, der Diskussion der Möglichkeit von Begründung überhaupt, erscheint somit als unbestreitbar. Noch pointierter formuliert: Worum es geht, ist die Begründung der Begrifflichen Wissensverarbeitung als bzw. mittels Analyse ihrer Begründungsversuche. Nicht zuletzt zur Sprachkritik neigt sich derartiges Philosophieren. (Das Verbalsubstantiv im vorstehenden Satz weise auf die Prozeßhaftigkeit, auf die potentielle Unabgeschlossenheit und auf die Handlungsorientierung hin, die in diesem Ansatz an die Stelle des eher ontologischen Paradigmas treten, zu sagen, "was (im Grunde) ist".)

"Fundamentierungsabsichten" im tradierten Sinne können einer solchen "Experimentellen Philosophie" füglich nicht unterstellt werden. In dem Maße, wie sie das sprachlich-gedankliche Umfeld von Begriffen außerhalb ihres Gebrauchs im Theoriediskurs (in den Logiken) erhellt, und zwar im Versuch, sichtbar werden zu lassen, was dem Theoriediskurs entgleitet, gleichwohl (oder: gerade deswegen) unsere Verwendung der Begriffe – gewissermaßen subkutan – prägt, in ebendiesem Maße stellt sie sich den Logiken zur Seite (!), nicht zum wenigsten als ein Korrektiv, geeignet, uns nicht dem Sirenengesang einfach sich gebender Scheinlösungen des Begründungsproblems auf den Leim gehen zu lassen.

Tatsächlich: Jede philosophische Paradigmatik, jeder einzelne "Standort" X, heiße er nun "Heidegger", "Transzendentalpragmatik", "Wittgenstein" oder wie auch immer, induziert einen für ihn charakteristischen "Sprach-Körper", dem sich jede Denkbewegung des Standort-Besetzers einschreibt, solcherart "X-ische" Texte fabrizierend. Letztere wiederum figurieren in einem Prozeß, der u.a. "Richtungen", "Lehrmeinungen", "Kritiken" etc. hervorbringt, als Keime literarischer Sozialität. Alsbald entwickeln die Sprach-Körper Sinnesorgane: "Sartre" liest "Heidegger", "Adorno" liest "Freud", "Feyerabend" liest "Kuhn" liest "Popper", "Barthes" liest "Fourier" usw. Liest "Wittgenstein" "Peirce", so werden in der Sprachlandschaft andere Wege beschritten (oder: Wege anders begangen) als wenn "Apel" und "Habermas" "Peirce" lesen.

Hinsichtlich dessen ist die resignierende Flucht in den fröhlichen Eklektizismus ("Die Lage ist hoffnungslos, aber nicht ernst": "Anything goes!") gerade nicht das Ziel Experimenteller Philosophie. Vielmehr erkundet sie den (umfassenden) "Trans-Körper", in dem die Sprach-Körper der Standorte als Partialobjekte lagern. Dieser – mehr "Himmel" eigentlich denn "Körper" – läßt sich nicht länger auf ein Partialobjekt (einen Jargon, einen Code) projizieren, denn er umspannt die Phänomenologie terminologischen Denkens schlechthin. Die Erkundung des Trans-Körpers ist nicht Draufsicht, vielmehr inwendige Bewegung.

Experimentelle Philosophie, indem sie die Ambivalenz jeder Methode, die ("störende") Relativität jedes Diskurses zeigt, ordnet sich keiner Logik unter (auch nicht der linguistischen). Ihre Themen sind (!) ihre Texte, deren ethischer Anspruch darauf zielt, dem Leser, ohne ihn der mehr oder minder sicheren Abstraktionen seiner Logiken und Begründungsparadigmen (seines Standortes also) zu berauben, doch beständig das Jenseits seiner Codes, die "konkrete" Komplexität von Sprache und Denken aufscheinen zu lassen. Der prädikativen Gewißheit des "Dies X ist Y." treten die nicht-abschließbaren Verkettungen zur Seite: "X ist A und/oder X ist B und/oder...".

So wird dem Logischen das Onto-Logische ausgetrieben, auch den Begründungsphilosophien: Als Sprach-Fabrikate (besser: Sprach-Fabriken) werden sie erfahrbar, und als solche erstatten sie dem Subjekt das Quantum intellektueller Autonomie zurück, das in der Preisgabe an eine platonistisch rezipierte Logik verlorenging.

Der Perspektive "auf den Standort" in der Art der Guckkastenbühne möchten wir die Shakespeare-Bühne entgegenstellen, das Raisonnement mit zugleich freiem Blick auf den Himmel, das simultane Einander-Durchkreuzen der Diskursfarben. Die tradierten Begründungsanstrengungen ("Standortbestimmungen") verlieren, wie eingangs gesagt, nicht ihren Wert; ihre "intra-korporalen" Texte aber werden ergänzt durch die trans-korporalen der Experimentellen Philosophie. Diese sind die Experimente selbst, vokabulare Explorationen, Rekonstruktion der Topographie des Trans-Körpers ebenso wie – da erstere per se nicht vollständig gelingen kann (Jedes Experiment erweitert, was vom Trans-Körper bekannt ist.) – Expeditionen auf unbetretenem Boden, Hereinholen des Körpers in den Text, der mit ihm verwächst. Nicht Standorte, die man einnehmen kann (oder nicht), nicht Argumentationen, die man akzeptieren mag (oder nicht) erwachsen hieraus, sondern offene Sprachformen, a priori abgrenzbar auch nicht gegen Ironie oder Poesie, Textkompositionen, die den Leser zur Reflexion seiner Logiken, seiner Praxis und seiner Subjektivität führen sollen, sofern er mit ihnen arbeitet. Damit ist dann auch der Blick auf Didaktik frei: Experimentelle Philosophie als (kathartische) Vorschule eines mündigen Umgangs mit Sprache. (So, wie der experimentell-explorative Umgang des Geigers mit seinem Instrument in John Cages "Freeman Etudes" ihm hilft, sich als Subjekt im Kontext des Geigenspielens zu definieren.)

Der Vortrag mit dem Titel "Sur-Programming", den der Autor im Rahmen der Tagung "Begriffliche Wissensverarbeitung" am 26.02.1994 gehalten hat, könnte, wenn auch evtl. nur "in erster Näherung", als Beispiel experimentellen Philosophierens gelten. Hieraus sei abschließend eine längere Passage zitiert, um einen Eindruck vom möglichen Sprachduktus experimenteller Texte (von dem auch das Vorstehende nicht frei ist), zu geben. Im Mittelpunkt des Vortrages stand der Begriff "Programmieren":

> "Was folgt, sind Versuche zur begrifflichen 'Bewältigung' von Beobachtungen, die vielleicht nicht ich allein mache. Die Bewältigung wird viel vom berühmten Wittgensteinschen 'Anrennen gegen die Grenzen der Sprache' an sich haben, in dem sich hoffentlich einiges vom Unaussprechbaren zeigt.
>
> Die Beobachtungen mache ich, wenn ich jungen Menschen, für deren Ausbildung ich mitverantwortlich zeichne, bei etwas zuschaue, was gemeinhin 'Programmieren' geheißen wird (und darin sei auch das 'Software-Entwickeln' als synonym begriffen).
>
> Um diesen Begriff eben, 'Programmieren', ist es mir zuvörderst zu tun, sozusagen um die Metaphysik seines aktuellen Gebrauchs und darum, wie angesichts seiner Übermächtigkeit der Informatiker seine intellektuelle Autonomie bewahre.

'Moral, das ist, wenn man moralisch ist', sagt bei Büchner der Hauptmann zu Woyzeck.

'Programmieren, nun ja..., das ist, wenn man Programme schreibt.' Ähnliches hört man von vielen Leuten, die ES tun, aber gänzlich konsterniert der Frage sich gegenüber finden, was ES sei. 'ES', sage ich, und nicht 'Programmieren', denn wir können Leuten DABEI zusehen, die einen machen ES so, die andern anders, aber alle wissen immer, daß ES eben – 'Programmieren' ist. Allein: Das Etikett 'Programmieren' suggeriert eine noch den intrikatesten kommunikativen sozialen Kontexten, in denen ES geschieht, unterliegende weitgehend uniforme systemkonstitutive Handlungsstruktur.

Ich habe daran einige Zweifel, insbesondere an der Systemkonstitutivität im 'Unterliegen'. Mit mindestens demselben Recht läßt sich Programmieren als systememergenter (!) Phänomenkomplex verstehen, als etwas Darüber-Liegendes.

Daher heißt dieser Vortrag 'Sur-Programming'. Er geht von der Vorstellung aus, Programmieren sei höchst komplexes, aus evtl. disparatesten Elementen komponiertes Handeln, das eine Wort, womit wir es benennen: notdürftig. Wer ihm sich anvertraut, mag allzu leicht in die Falle gelockt werden von der Erwartung, mit Äußerungen erhobene Geltungsansprüche seien wortsemantisch 'gedeckt'. (Wie eine Landeswährung durch Goldreserven.)

Aus der Alltagssprache – so hat's den Anschein – können wir uns nur durch Schweigen endgültig verabschieden – oder: indem wir sie soweit als möglich durch eine geeignete Theoriesprache ersetzen.

Ersteres wird hier nicht gewollt – und letzteres nicht gekonnt. Die dem Informatiker geläufigen Theoriesprachen verfehlen (jede auf ihre Weise) die Problematik, fügen ihr im Gegenteil noch weitere Aspekte an.

Der berechenbarkeitstheoretische Ansatz abstrahiert Programmieren zum minimal Extensionalisierbaren: Programme sind Gödelnummern. (Der Rest ist Schweigen.)

Am anderen Ende des Spektrums deformiert das Software-Engineering-Paradigma konventioneller Prägung Programmieren gewissermaßen zum intensionalen Minimum einer Management-Architektur, deren idealtypische Ausprägung, das (die) 'Phasenmodell(e)' regelrecht dahin gravitiert, Prozesse mit deren (Selbst-?)Darstellung zu verwechseln. Überhaupt: Wo im verantwortenden Umgang mit dem Unscharfen an erster Stelle Schärfe gefragt wäre, prostituiert sich 'Engineering' nicht selten als Freibrief zum enthemmten 'trial and error'.

Dieser Vortrag ist nicht das Blutgericht der Wissenschaftstheorie über die Informatik, sondern eine Proto-Diskussion, ein Strom von Vokabularien, in deren wechselseitiger Durchdringung etwas von der (realen) Unordnung in der (vermeintlichen) Ordnung aufscheinen könnte.

Über die chaotischen Aspekte des Programmierens muß gesprochen werden, denn an ihnen können Software-Projekte zugrundegehen.

Was erschreckt, beobachtet man zumal viele junge Leute beim 'Codieren', ist die bisweilen gänzliche Abwesenheit von Entwürfen. Aug' in Auge mit dem Rechner, nicht einmal ein Schreibgerät auf dem Tisch: So entwickeln nicht wenige ihren Code, phantasierend, improvisierend. Das ist der Sirenengesang: 'Dem Ingenieur ist nichts zu schwer." Und das Flimmern des Bildschirms: 'Versuch's nur!' – 'Probier mich aus!' sagt bei Vladimir Nabokov Lucette zu Van in 'eindeutiger' Lage ('Ada oder Das Verlangen').

Dieser Vortrag ist nicht das Blutgericht der Psychoanalyse über die Informatik. Der psychoanalytische Jargon ist eines der mehr oder minder latenten Vokabularien, eine der terminologischen Perspektiven aufs Programmieren, deren 'Einnahme' stets von der Selbstkarikatur bedroht ist.

Dennoch: Individuelles Handeln von Software-Entwicklern wird von den kollektiven Phantasien übers Programmieren nicht zu trennen sein; sie unterminieren es, werden zugleich aber in seinem Vollzug hervorgebracht.

Nicht leicht wird in diese Sur-Realität des Programmierens einzudringen sein; am besten, sie zeigt, spiegelt sich, wirft Schatten in unserer Rede.

Die Schatten sind die Vokabularien, Diskurse, Ideologien; um uns nicht von ihnen besetzen (programmieren?) zu lassen, ist Lachen nicht das geringste Mittel.

'Problem' und 'Maschine' sind Archetypen der Subjektivität von Programmierern. Die Arbeit des 'Problemlösens' kippt leicht um in die Ambivalenz zwischen der Instrumentalisierung der Maschine als zuhandenes Werkzeug und der Zuschreibung vor-handener Subjektivität an die Maschine. Was sich solcherart instabil formiert, ist eine hinsichtlich der Dominanzverhältnisse leicht asymmetrische Mensch-Maschine-Interaktion, die in der konspirativen Direktheit des Verkehrs an komfortablen Schnittstellen, in der fast filmischen Dramaturgie der Systemresponses und schließlich kulminierend im kathartischen Verschwinden des Problems vollends den Charakter einer ödipal besetzten inzestuösen Liebesbeziehung annimmt.

Der Begriff 'Programmieren' benennt Prozesse, in denen auch passiert, was, dem explizierenden Zugriff der Codes (der Theorien) entgeht. Nichtsdestoweniger hinterläßt solches Ereignen Spuren.

Schlägt, z.B., die Sorge um die Schnittstellen in einen Ein/Ausgabe-Fetischismus um, dessen visuelle Ausprägung zur Video Clip Ästhetik hin sich öffnet, so wird – Wittgensteins Identifizierung von Ästhetik und Ethik 'negativ' erfüllend – Mißlingen manifest, zeichenhaft als Entleerung der Zeichen.

'Überhaupt', so Nestroy, zitiert in den 'Philosophischen Untersuchungen', 'hat der Fortschritt das an sich, daß er größer ausschaut, als er wirklich ist.'

Das Paradigma der 'Strukturierten Programmierung', realisiert etwa in der Modularisierung eines Software-Pakets, transportiert (Sirenengesang! 'O Rose, thou art sick!' (Blake)) die Verführung zum Unstrukturierten. Vertragsgrundlage jedes Programmierers im Projektteam mit diesem ist ein seitens der von ihm erstellten Module sicherzustellendes Datentransferverhalten, schieres Erreichbarkeitskriterium zunächst, das ihn von der Verantwortlichkeit für die inwendige Gestalt des Codes erstlich freispricht. (Genau so, 'losgelassen', sieht der Code oft auch aus.)

Was das Programmieren dem reglementierenden Zugriff eines Theorie-Codes entzieht, ist die multiple Textur von Subjektivität, die dabei sich konstituiert. Ihre Komplexität, gespeist aus disparaten Teilhaberschaften, koppelt den Subjektivitätsbegriff sowohl von der Physis der 'persona' als auch vom psychosozialen Konzept der Individualität ab.

Was so entsteht, nenne ich provisorisch eine 'multiple Subjektivität', die an einem virtuellen, 'organlosen' Körper zu orientieren wäre, der menschliche und maschinelle Komponenten in einer Zeit–Ereignis–Oberfläche konglomeriert, die der Programmierer, sich zugleich auf ihr bewegend, strukturiert, 'einkerbt'..."

Literatur

[Pousseur] H. Pousseur: Kommentar zu "Couleurs croisées". In: *Ricercar RIC 036015*, Anloy (B), o.J.

[Schäfer 1987] J. Schäfer: *Begriffe, Grammatiken und die Produktion Ästhetischer Objekte*. TH Darmstadt, FB Informatik, 1987.

[Schäfer 1988] J. Schäfer: *Metaphern. Bemerkungen zu einer Sprachphilosophie nach Wittgenstein*. TH Darmstadt, FB Informatik, 1988.

[Schäfer 1991] J. Schäfer: Zur Metaphorik des Verstehens. In: W. Lex (Hrsg.), *Arbeitstagung Begriffsanalyse und Künstliche Intelligenz*. Informatik-Bericht 89/3, 1991.

Sind Begriffe nur zum Reden und beim Reden da?

Thomas Bernhard Seiler

Inhalt

1 Einführung

Der Titel dieses Beitrages mag überraschen. Gewiß haben Begriffe mit Sprache zu tun, möchte man denken, aber sind Begriffe wirklich bloß zum Reden und beim Reden da, und haben sie keine Existenz außerhalb der aktuellen Redesituation? Nun gibt es aber sowohl in der Philosophie als auch in den Kognitionswissenschaften Theorien, die solchen Auffassungen sehr nahekommen. Ich möchte hier nur an Wittgenstein erinnern, auf den sich auch, zu Recht oder zu Unrecht, das sei dahingestellt, die Vertreter der sogenannten diskursiven Psychologie, z.B. Edwards, Potter, Wetherell u.a., berufen. So ist auch der Titel dieses Beitrages dem Titel eines Artikels von [Edwards 1991] nachempfunden, der behauptet: *Categories are for talking.*

Allgemeine Charakterisierung des Diskursansatzes

Der diskursive Erklärungsansatz oder, wie die Autoren sich selber einordnen, die diskursive Psychologie ist eine Theorie, die auf dem Feld der Sozialpsychologie entstanden ist und von der Ethnomethodologie beeinflußt wurde. Ihr primäres Ziel ist es, soziale Stereotypen, Einstellungen etc. von Einzelnen und Gruppen zu erklären. Solche Einstellungen und Vorurteile, die ja auch eine Art von Begriffen darstellen, werden von diesen Theoretikern als primär funktional und zweckgebunden gesehen. Vorurteile haben kein Fundament in der Realität, gründen nicht auf Wahrnehmung und Erfahrung, sondern entstehen in der sprachlichen Interaktion zwischen Individuen und dienen ausschließlich der rhetorischen Rechtfertigung des interindividuellen und sozialen Handelns.

Diese theoretische Perspektive wurde von den Autoren sehr bald auf alles begriffliche Denken und Urteilen, Reden und Handeln des Menschen ausgedehnt.

Begriffe oder, wie die Autoren bevorzugt sagen, Kategorisierungen werden nun ausschließlich als Bausteine der diskursiven und rhetorischen Interaktion verstanden und definiert. Edwards hat im schon erwähnten Aufsatz [Edwards 1991] die Grundzüge dieses Erklärungsansatzes herausgearbeitet und ihn dabei mit den heute verbreiteten kognitionswissenschaftlichen Erklärungsmodellen des Prototypenansatzes (Rosch, Lakoff) konfrontiert.

Fragestellungen

Der Auseinandersetzung mit dem Diskursansatz gilt mein Beitrag in erster Linie. Da er aber nur in Gegenüberstellung zu kognitionstheoretischen Modellvorstellungen verständlich ist, und auch von [Edwards 1991] selber in polemischer Konfrontation mit solchen Auffassungen, insbesondere denen von [Lakoff 1986], konzipiert und präsentiert wird, soll zuerst die kognitionstheoretische Auffassung von Begriff skizziert, und diese dann mit den Thesen der Diskurstheoretiker konfrontiert werden. Dieser Darstellung folgt eine kritische Würdigung und eine kurze Auseinandersetzung mit konstruktivistischen Thesen.

Konsequenterweise stehen in dieser Diskussion Fragen der folgenden Art an:

- Was für ein Begriff von Begriff liegt solchen Auffassungen zugrunde und welche anderen Perspektiven und Verständnisse können ihnen entgegengehalten werden?

- Ist es sinnvoll und notwendig, idiosynkratische von konventionellen Begriffen und aktuelle Bedeutungen von habituellen, sowie individuelle von konventionell normierten Bedeutungen zu unterscheiden?

- Welches ist die Funktion von Begriffen? Dienen sie zum Reden (Überzeugen, Mitteilen) oder zum Repräsentieren? Ist in dieser Hinsicht ein Unterschied zu machen zwischen Begriff und Bedeutung?

- Existieren Begriffe über ihre aktuelle Verwendung in einer konkreten Redesituation hinaus oder entstehen sie erst in und für die aktuellen Diskurse?

- Haben Begriffe etwas mit der Realität zu tun oder sind sie willkürliche Konstruktionen? Ergeben sie sich automatisch aus dem empirischen (perzeptiven und kognitiven) Kontakt mit der Realität?

- Muß man zwischen dem semantischen Gehalt und der linguistischen Gestalt und Wirklichkeit der Begriffe unterscheiden?

2 Kognititionswissenschaftliche Modellvorstellungen von Begriff

Mit dieser Darstellung folge ich den Ausführungen von [Edwards 1991], der durch den Kontrast zu kognitiven Erklärungsansätzen die Konturen des Diskursansatzes schärfer herauszuarbeiten versucht hat. Dabei nimmt er, wie schon erwähnt, vor allem auf die Thesen von [Lakoff 1986, Lakoff 1987] Bezug. Folgende Auffassungen stellt er, meines Erachtens überwiegend zu Recht, als charakteristisch und zentral für kognitionstheoretische Begriffstheorien hin:

> *Begriffe dienen in erster Linie nicht der sprachlichen Verständigung, sondern der Repräsentation der erfahrenen Wirklichkeit.*

Aus kognitionswissenschaftlicher Sicht sind Begriffe oder Kategorien – auch die Kognitionspsychologie bevorzugt diesen Ausdruck – vorwiegend oder ausschließlich als Ausdruck von Erkenntnisprozessen und als Mittel der Repräsentation der erkannten Wirklichkeit zu verstehen. Sie sind Erkenntnisstrukturen, die in erster Linie dazu dienen auf die erfahrenen Gegenstände, Ereignisse und ihre Aspekte hinzuweisen. Als solche beruhen sie auf den grundlegenden Erkenntnisfähigkeiten, dem kognitiven Apparat, den der Mensch mit allen lebenden Organismen teilt [Rosch et.al. 1976] und der seinen Ursprung in den grundlegenden Prozessen des Handelns und Wahrnehmens hat [Lakoff 1987].

> *Kategorisierung ist ein automatischer Prozeß.*

Wenn unser kognitiver Apparat mit Gegenständen und Ereignissen konfrontiert werde, würden sie von diesem gleichsam von selbst aufgrund ihrer wahrgenommenen Eigenschaften in die entsprechenden Kategorien eingeordnet. Wesentliche Funktion der Kategorisierung ist es, abkürzende und vereinfachende Mittel für die Verarbeitung der anfallenden Information zur Verfügung zu stellen. Denn "ein Organismus (könnte) ohne Kategorisierung nicht auf sinnvolle und erfolgreiche Weise mit den unendlich vielfach unterscheidbaren Objekten und Ereignissen, mit denen er konfrontiert wird, interagieren." [Mervis & Rosch 1981, S. 94]

> *Kategorien sind abstrakt und allgemein, sie erfassen einen Realitätsausschnitt nie erschöpfend, sondern idealisieren ihn.*

Die Kategorien erfassen ihre Gegenstände nicht mit allen konkreten Besonderheiten, sondern nur in einer allgemeinen Form. Der erfaßte Gegenstand wird nicht mit seinem ganzen Gehalt, sondern immer nur als ein Fall oder Beispiel einer bestimmten Kategorie, als einer unter vielen, gesehen. Insofern er den wesentlichen oder typischen Merkmalen dieser Kategorie gerecht wird, insofern er unter ihre Perspektive fällt, wird er als ein Gegenstand dieser Art eingeordnet.

Kategorien sind aber auch prototypische Strukturen.

Nach Edwards ist es ein Verdienst der kognitionstheoretischen Modelle seit [Rosch 1973a], daß sie eine definitionsartige Struktur der Begriffe im Sinne klassischer Modellvorstellungen ablehnen und statt dessen für Begriffe oder Kategorien einen prototypenhaften Charakter postulieren. Danach ist die Zugehörigkeit der Gegenstände zu einer Kategorie nicht von gleicher Art. Sie partizipieren nicht in gleicher, sondern in abgestufter Weise an ihren allgemeinen Merkmalen, dadurch ergibt sich eine graduelle Zugehörigkeit. Ebensowenig besitzen Kategorien feste und scharfe Grenzen und bilden keine abgeschlossenen und abgeschotteten Klassen, sondern sind eher als fuzzy sets zu begreifen. Die Grenzen oder Übergänge von einer Kategorie zur andern sind fließend. Mit dieser Auffassung, meint Edwards, sei man zwar schon ein gutes Stück von der Rigidität der klassischen Begriffsauffassung abgerückt, sei man aber immer noch weit von der fließenden Flexibilität natürlicher Begriffe entfernt.

Prototypentheorien unterscheiden auch zwischen verschiedenen, über- bzw. untergeordneten Begriffsebenen. Für den natürlichen Gebrauch sind 'Basis Begriffe' (basic level categories) wichtig. Sie sind den Prinzipien des Wahrnehmens und des Handelns unter der Berücksichtigung kognitiver Sparsamkeit (cognitive economy) am nächsten. Sie werden zuerst gelernt, am meisten gebraucht und entsprechen spezifischen und klar abgegrenzten körperlichen Tätigkeiten. Sie sind auf das Maß des Menschen und sein natürliches Handeln zugeschnitten. Die Zugehörigkeit zum Basisniveau wird nicht direkt und ausschließlich von den Gegenständen bestimmt, sondern von der Art und Weise, wie Menschen mit ihnen interagieren, wie sie von ihnen wahrgenommen werden, und wie die Information über sie organisiert wird und welche körperlichen Handlungen und Funktionen ihnen gegenüber vollzogen werden. ([Lakoff 1987, S. 318])

Prototypen werden oft auch als die besten Exemplare (best exemplars) einer Kategorie bezeichnet. Sie werden am ehesten und schnellsten ihr zugerechnet, sie verkörpern diese Kategorie am deutlichsten, besitzen die wichtigen Eigenschaften, die am besten und auf ideale Weise diese Kategorie ausmachen, in reinster Form. Für [Lakoff 1987] sind "Prototypeneffekte oberflächliche Phänomene, die vielfältige Ursachen haben mögen". (S. 56) Er selber führt sie auf multiple "idealisierte kognitive Modelle" (ICM), die wir für einen bestimmten Gegenstandsbereich zur Verfügung haben, zurück. ICM sind eine Art von kognitiven Schemata, die einerseits auf körperlichen Handlungen und Wahrnehmungstätigkeiten beruhen, für die aber andererseits eine metaphorische Ausdehnung und Anwendung auf Dinge unserer Welt charakteristisch ist.

Grundlegende klassifikatorische Prozesse sind universell.

Während verschiedene Kulturen unterschiedliche klassifikatorische Systeme benützen, werden die grundlegenden klassifikatorischen Prozesse als universell aufgefaßt. Kategorisierung ist keineswegs dem Belieben eines wahrnehmenden Subjektes und den Zufälligkeiten einer Situation ausgeliefert. Sie ist zumindest in ihren Grundzügen ein kulturübergreifender Prozeß [Rosch 1973a, Rosch 1973b].

Eine gewisse kulturelle Variabilität werde zwar nicht geleugnet, sagt Edwards in [Edwards 1991, S. 522], aber der Akzent liege eindeutig auf universellen und interkulturell gültigen Aspekten. Auch wenn man den linguistischen (sprachlichen) Kategorien zugestehe, daß sie kulturabhängig seien, d.h. sich mit der Kultur verändern, so liegt der Akzent (das Gewicht) viel eher auf ihrem psychologischen Ursprung, den gemeinsamen psychologischen Prozessen und ihren kulturübergreifenden und universellen Eigenschaften. Kultur wird dabei selber als eine Art von gemeinsamer, mit den Mitgliedern derselben Kultur geteilter, kognitiver Organisation verstanden.

Begriffe werden nicht erst im aktuellen sprachlichen Diskurs gebildet, sondern dort nur neu aktualisiert, indem sie dazu verwendet werden, sprachlichen Ausdrücken Bedeutung zu verleihen.

Nach den Diskurstheoretikern vertreten Kognitionswissenschaftler allgemein und insbesondere Lakoff die Meinung, Kategorisierung sei ein sprachunabhängiger Prozeß und erfolge auch zeitlich vor der sprachlichen Interaktion. Der kognitive Ansatz verstehe die aktuelle Rede als einen Prozeß der Aktualisierung von kognitiven Strukturen, die sich selber wieder von angeborenen Strukturen und von aktuellen Wahrnehmungen und Handlungen ableiten. "Die Sprache stützt sich auf unseren allgemeinen kognitiven Apparat." Die bedeutungsvolle Rede werde von der Kognition ermöglicht und getragen. Sie stelle einen Prozeß dar, durch den schon bestehende Kategorisierungen neu aktualisiert und so zusammengefügt werden, daß sie der Erfahrung Sinn verleihen.

3 Begriffstheorie im Diskursansatz

Von den kurz skizzierten kognitionswissenschaftlichen Thesen hebt sich der Diskursansatz polemisch ab. Er ist nach [Edwards 1991] vor allem durch seine funktionale Perspektive und durch entsprechende Antithesen, die sich daraus ergeben, charakterisiert.

Funktionale und soziale Perspektive

Der Diskursansatz nimmt explizit eine rein funktionale Perspektive ein. Begriffe werden im diskursiven Erklärungsansatz ausschließlich von ihrer Funktion, ihrem Zweck oder Ziel her betrachtet und analysiert. Nach dieser Theorie entstehen Begriffe in und für die sprachliche Interaktion und dienen ausschließlich der diskursiven Auseinandersetzung mit den Sozialpartnern. Sie sind darum auch nicht als feste Gebilde aufzufassen, ihre Natur ist fließend, sie verändern sich laufend, indem sie sich dem augenblicklichen Zweck, dem Gang und den Notwendigkeiten des Gesprächs anpassen. Begriffe oder – in der Terminologie der Autoren – Kategorien haben keine andere Funktion als die, sprachliche Interaktionen zu ermöglichen, den Diskurspartner auf bestimmte Dinge und Ereignisse oder ihre Eigenschaften in der konkreten Redesituation, in der man sich befindet, hinzuweisen, ihn damit zu beeinflussen oder ihn zu überzeugen, und vielleicht etwas von ihm zu erreichen. So dienen auch Beschreibungen und Erklärungen nicht dazu, tatsächliche Gegebenheiten und reale Beziehungen aufzuzeigen, sondern haben den Zweck, den andern zu überzeugen. Der Hinweis auf die Realität hat nichts mit Realismus oder Wahrheit zu tun, sondern ist ein rhetorisches Stilmittel, das dazu dient, die eigene Position überzeugender zu gestalten. Diese Behauptungen werden unter den folgenden Punkten weiter ausgeführt und expliziert.

Aus dieser funktionalen und sozialen Perspektive ergeben sich für die Diskurstheoretiker vor allem folgende Implikationen:

> *Begriffe dienen nicht der Repräsentation, sondern der sozialen Beeinflussung.*

Grundsätzlich betrachtet der Diskursansatz Kategorisierung nur im Kontext einer aktuellen Äußerung, eines konkreten Textes. Kategorisierung dient einer zweckbestimmten Beschreibung, einem diskursiven Argumentieren, einem Versuch zu überreden und zu überzeugen usw. Die Frage ist also nicht, ob und wieweit "Kategorien natürlichen und wahrnehmungsgestützten Erfahrungen entsprechen", sondern welchen Zwecken eines aktuellen Diskurses sie dienen sollen.

> *Begriffe entstehen erst in der Rede. Kategorisierung ist kein Prozeß, der vor der aktuellen Rede erfolgt und in der Rede nur neu aktualisiert wird. Kategorisierung erfolgt im Rahmen und als Teil einer Äußerung, eines Textes, eines Argumentes, einer Beschreibung oder eines Berichtes.*

Nach diskurstheoretischer Auffassung werden sprachliche Ressourcen nicht gebrauchsfertig von einem kognitiven Apparat geliefert. Menschliche Subjekte, sei es als Individuen, sei es im Kollektiv, bemühen sich nicht unabhängig von einem sozial interaktiven Diskurs, die Welt zu verstehen. Begriffe werden erst beim Reden geschaffen oder wenigstens so aufbereitet, daß sie erfolgreich das Geschäft situationsbezogener Kommunikation und Beeinflussung erfüllen können.

In der Rede werden die Kategorien nicht einfach abgerufen, die Bedeutung der Wörter kommt nicht durch den Verweis auf einen fertig vorliegenden Begriff zustande, der in der Bedeutung des Wortes unverändert aktualisiert würde. Vielmehr werden die Bedeutungen der Wörter und damit auch die begrifflichen Kategorien in der Redesituation selber hergestellt.

Mit andern Worten, Rede und Schrift sind keine Neuauflagen von vorexistierenden und vorgeformten Kognitionen, auch nicht, wenn diese als kulturspezifisch verstanden werden, sondern originäre und zielgerichtete Formen sozialen Handelns. **"Categorization is something we do, in talk, in order to accomplish social actions (persuasion, blamings, denials, refutations, accusations, etc.)."** ([Edwards 1991, S. 517]). Daher sind die Ressourcen der Sprache, d.h. ihre Semantik, nicht in den Bemühungen zu sehen, mit denen Menschen, sei es als Individuen, sei es als kulturelle Gruppen, die Welt allgemein für sich zu verstehen und zu interpretieren suchen, sondern werden für ihren Zweck, die sprachliche Verständigung und Beeinflussung, in der konkreten Interaktionssituation erst geformt. Indem sie soziales Handeln und Interagieren vom Wesen der Begriffsbildung ausschließt, verbaue sich die kognitive Theorie ein grundlegendes und hinreichendes Verständnis menschlicher Kategorisierungsprozesse und übersehe, daß auch die Erfahrung selbst den Prinzipien und Zielen sozialen Handelns unterworfen sei.

> *Begriffe werden mit Blick auf den Interaktionspartner gebildet, tragen aber zugleich der eigenen Position und Intention Rechnung. Sie sind als bewußt intendierte und reflektierte Handlungen zu verstehen.*

Die wahre Bedeutung einer Kategorisierung kann nur aus der tatsächlichen Interaktionssituation heraus verstanden werden. Sie wird vom Sprecher seinen Zielen entsprechend intendiert und ausgeführt, und gleichzeitig auf das Verstehen des Interaktionspartners zugeschnitten, dabei trägt sie auch der eigenen Intention und Position Rechnung. Begriffe sind daher an den Partner gerichtet und gleichzeitig selbstreflexiv, indem sie bewußt und reflektiert die eigene Position und die eigenen Bedürfnisse und Interessen wiederspiegeln.

> *Da Kategorisierung in und durch die Rede erfolgt, ist sie als soziale Handlung oder Teil einer sozialen Handlung zu begreifen und zu beurteilen.*

Nach dem Diskursansatz ist es inadäquat, Rede und Text als Repräsentationen zu behandeln. Es handelt sich bei ihnen nicht um vorgeformte Erkenntnisse, auch nicht um ausgeformte Kognitionen, die von der Kultur zur Verfügung gestellt und in der Gesprächssituation eingesetzt werden. Sie bilden im Gegenteil originäre Formen sozialer Handlungen, die beim Gesprächspartner etwas bewirken wollen. Kategorisierung ist etwas, was wir durch die Rede tun, um damit soziale Handlungen des Überredens, Tadelns, Überzeugens, Verleugnens, Zurückweisens, Anklagens, etc. auszuführen.

Aus diesem Grunde sollten Begriffe (category terms), auch ihr semantischer Gehalt, als Bestandteile einer diskursiven Arbeit (work) verstanden und analysiert werden. Die Frage, wie weit sie natürlichen oder durch Wahrnehmungstätig-

keit entstandenen kognitiven Erfahrungsorganisationen entsprechen, ist nicht von
Bedeutung.

> *Als soziale Handlung ist Kategorisierung auch kein automatischer*
> *Akt. Es handelt sich dabei um einen bewußten Vorgang, der gezielt*
> *und reflektiert vorgenommen wird.*

Nach dem Diskursansatz dürfen Begriffe also nicht als Automatismen verstanden
werden, die angesichts einer bestimmten Realität, die wir wahrnehmen, gleichsam
von selbst und quasi automatisch und zwangsweise entstehen. Vielmehr werden
sie erst in der aktuellen Situation, für die Zwecke einer sozial interaktiven Auseinandersetzung gebildet und ad hoc redend konstruiert, wobei gleichzeitig alle
rhetorischen Stil- und Beeinflussungsmittel benützt werden. Diese Konstruktion
ist in hohem Maße bewußt intendiert und zielorientiert, daher sind Begriffe von
einem starken intentionalen Bewußtsein erfüllt und getragen. Die Referentialität
der Begriffe soll dadurch keineswegs geleugnet, sondern nur im Sinne der diskursiven Zielsetzung relativiert werden.

Die Auffassung einer automatischen, schema-geleiteten kognitiven Verarbeitung anfallender Information wird von den Vertretern eines diskursiven Ansatzes (speziell [Potter & Wetherell 1987, Edwards & Potter 1994]) kritisiert und
zurückgewiesen. Sie vertreten: Sprache (talk, Rede) ist handlungsorientiert, d.h.
die Anwendung und Entfaltung (deployment) deskriptiver Kategorien in der Rede
ist stringent auf die Zwecke der Rede ausgerichtet, d.h. die Kategorien werden so
ausgewählt, zusammengefügt und angeordnet, daß sie logisch und implikativ (consequential and implicative) im Sinne des Sprechers ihren Zweck erfüllen. Auch von
den Diskurspartnern werden sie so verstanden und behandelt. Für [Billig 1987]
ist die automatische Anwendung von Kategorien die Negation von Denken.

> *Als intentional gesetzte soziale Handlung ist Kategorisierung als ein*
> *moralisches Geschäft zu betreiben und hat sich normativen Prinzipien*
> *zu unterwerfen. Auch ihre Beurteilung hat moralische Gesichtspunkte*
> *zu berücksichtigen.*

Da kategorische Einordnungen und Beschreibungen eine Auswahl und eine Entscheidung voraussetzen, und da sie einen sinnvollen Redezusammenhang erfordern und bedingen (they are rhetorically consequential), stellen sie den Sprecher
möglicherweise auch als Stellung beziehend, als seine Interessen verfolgend dar.
Das ist auch der Grund, warum der Sprecher auch in einem moralischen Sinn
als verantwortlich dafür angesehen wird, wie er die Dinge beschreibt und welche
Konsequenzen seine Beschreibungen bei den Interaktionspartnern hervorrufen.

> *Begriffe sind fließend und variabel. Sie sind nicht ein für allemal fest-*
> *gefügt, sondern ständig im Fluß. Sie verändern sich unablässig, in-*
> *dem sie sich laufend den Bedingungen und Bedürfnissen der konkreten*
> *sprachlichen Interaktionssituation anpassen.*

Die Diskurstheoretiker folgern aus den bisherigen Überlegungen, daß ein wesentlicher Aspekt von Begriffen, der in der kognitiven Theorie immer unterschätzt oder durch Abstraktion, Idealisierung, etc. ausgeschaltet werde, in der enormen inter- und intrapersonellen Variabilität und Flexibilität zu sehen sei. Um diese Variabilität zu verstehen, müssen wir die Pragmatik des situativen Gebrauchs ins Auge fassen. Wir dürfen Kategorien nicht so behandeln, als ob sie allein ein Ausdruck der Wirklichkeitssicht eines bestimmten Sprechers wären. Nur durch die Analyse des situativen pragmatischen Gebrauchs können wir ihre kategorialen Implikationen überhaupt ausmachen und ihre Reichweite, ihr Ziel, ihre Flexibilität und die Regeln ihrer Anwendung adäquat erfassen. ([Edwards 1991, S. 534])

Nur wenn Begriffe in diesem Sinne fließend und flexibel sind, können sie der interaktiven Redesituation gerecht werden. Die Flexibilität der Kategorien wird nach Meinung von Edwards durch den Prototypenansatz der kognitiven Theorien keineswegs hinreichend gefaßt. Der Diskursansatz erfordere eine Flexibilität, die nicht nur eine abgestufte Kategorienzugehörigkeit im Sinne einer graduellen Prototypizität und fließende Grenzen im Sinne von fuzzy sets vorsehe, sondern die Bedeutung einer Kategorie zwar indexikalisch durch den Verweis auf konkrete Gegebenheiten und Aspekte eines aktuellen Kontexts, aber auf prinzipiell unbeschränkt viele mögliche, aber immer spezifische Weisen festlege.

Indexikalität und Rhetorik der Begriffe in einem zweckbestimmten und konstruktiven Realismus

Das Verhältnis der Begriffe zur Realität wird im Diskursansatz durch Bezeichnungen wie "Indexikalität" (indexicality) und "Rhetorik" (rhetoric) näher bestimmt. Indexikalität bedeutet, daß Begriffe an eine bestimmte und konkrete, sachliche und sprachliche Interaktions-Situation verhaftet sind". Man dürfe zwar nicht sagen, Begriffe würden außerhalb dieser indizierten Situation nicht existieren, wohl aber müsse man sagen, daß es keinen Sinn macht, nach ihrer Bedeutung außerhalb der je spezifischen Situation zu fragen. Die Bedeutung eines Begriff ist mit dieser konkreten Situation verbunden und existiert nur in bezug auf sie.

Rhetorik dagegen meint die Art und Weise, wie Begriffe in der konkreten sprachlichen Interaktionssituation, im aktuellen Diskurs verwendet und eingesetzt werden. Sie benennt den Zweck und die Stilmittel, dem die Kategorien untergeordnet werden.

Die Tatsache, daß nach dem Diskursansatz begriffliches Kategorisieren als eine Praxis zu betrachten (und als im Fluß sich befindend) ist und nicht als ein semantischer Vorgang, der ein für allemal hergestellt ist und abgeschlossen ist, erfordert, bei der Analyse der Begriffe auch die Situationsgebundenheit und Situationsverhaftetheit (indexicality) der Rede und ihre interaktive und argumentative Organisation (rhetoric) zu berücksichtigen. [Edwards 1991, S. 525]

So muß "der Hörer sich aktiv bemühen, aus und in der Situation zu verstehen, was eine Beschreibung meint, auf welche Situation, Gegebenheit sie bezogen ist. Der Sprecher verläßt sich darauf, daß der Hörer diese Leistung erbringt. Damit erhalten ihre beiderseitigen Äußerungen überhaupt erst ihren definitiven Sinn." ([Heritage 1984, S. 147–148])

> *Situationsbezogenheit bezieht sich nicht nur auf den Inhalt, sie schließt auch den Sprecher selbst mit ein. Die Rede ist immer auch selbst-bezüglich, vom Sprecher her gesehen. Daher liefert sie dem Hörer auch Information über den Sprecher selbst.*

Neben der Situationsbezogenheit besitzt Rede immer auch eine rhetorische Organisation, sie stellt eine soziale Handlung dar, ist eingebunden in eine soziale Interaktionssituation, in eine Überzeugungshandlung. Daher ist Kategorisierung auch von diesen rhetorischen Funktionen und Organisationen her zu analysieren und zu verstehen.

Dabei ist es wichtig, [Edwards 1991, S. 517], "nicht nur den Definitionsgehalt, die abstrakte Zusammenfassung von Wörtern oder Kategorien ins Auge zu fassen oder nur der konventionellen, metaphorischen Ausweitung Rechnung zu tragen, auch ihre situative Entfaltung, Ausweitung und Anwendung muß berücksichtigt werden."

Es geht darum zu analysieren, wie Hintergrundwissen und Erwartungen aufgerufen und zu situationsbezogenen Beschreibungen umgemünzt und für die Zwecke der zwischenmenschlichen Kommunikation, der interaktiven sprachlichen Verständigung und Beeinflussung eingesetzt werden.

> *Aus den bisherigen Ausführungen folgt eindeutig, daß die Diskurstheoretiker Begriffe nicht als Mittel der Repräsentation von Wirklichkeit verstehen.*

Die Möglichkeit, sich auf die Realität zu beziehen, sie wahrzunehmen und zu erfassen, wird zwar nicht abgelehnt, aber es macht keinen Sinn, von ihr auszugehen und sie als ersten und objektiven Schritt zu sehen. Welchen kognitiven oder wahrnehmungsgebundenen Status die Sprache auch haben mag, und welche Rolle sie in der Repräsentation psychologischer Erfahrungen und außerweltlicher Gegebenheiten einnehme, die kognitiven Funktionen, sagt Edwards, bestimmen auf alle Fälle erst in sekundärer Weise unsere sprachlichen Kategorien, die wesentlich und primär sozialer Natur sind. Nach Auffassung der diskursiven Psychologie ist als Ausgangspunkt der Analyse von Begriffen der situative Gebrauch und nicht der Bezug zur Realität zu wählen. Die entscheidende Frage ist nach ihr, was geschieht in der situativ gesetzten Redehandlung?

> *Die Erfahrungsbasis und der Erfahrungsgehalt von Begriffen (categories) wird für die Rede entworfen und ist folglich für den sozialen Gebrauch bestimmt und nicht für eine realistische Erkenntnisrepräsentation ([Edwards 1991, S. 517,518]).*

In unserem Reden realisiert sich nicht einfach ein ihr unterliegendes kognitives Modell des Wirklichkeitsausschnittes, auf den sie sich bezieht. Viel eher muß man sagen, in der aktuellen Redesituation verweisen wir auf dieses Modell in der Weise, daß wir etwas dazu, darüber sagen, es differenzieren, ja sogar es allgemein zurückweisen oder es zumindest für die gegenwärtige Situation als unzutreffend und ungeeignet hinstellen.

> *Als aktuelle Hinweisakte sind Begriffe nicht durch die Realität, sondern durch die subjektive Sichtweise und die situationsspezifische Absicht der Person bestimmt. Begriffe dienen nicht dazu, Erfahrung zu evozieren oder gar Realität abzubilden und in objektiver Weise darauf zu verweisen.*

Das ist gemeint, wenn die Autoren sagen, Begriffe seien "indexikalisch" zu verstehen. Damit ist gleichzeitig impliziert, daß Begriffe keine universelle und allgemeine Bedeutung haben. Sie akzentuieren in jeder Anwendung andere Aspekte, haben andere Implikationen und verfolgen andere Ziele. Es handelt sich also bei ihnen nicht so sehr um abstrakte und allgemeine Kategorien, sondern um eine situationsspezifische Hinwendung und Bezugnahme auf konkrete Gegenstände und Ereignisse oder ihre hic et nunc subjektiv erfahrenen Erscheinungsweisen und Beziehungen. Daher ist ihre Bedeutung auch nur aus der aktuellen Interaktionssituation heraus zu verstehen.

Auch die Erfahrung selber ist nicht Quelle und Ergebnis einer realistisch und objektiv zu verstehenden Erkenntnis, sondern wird ständig so gestaltet, daß sie den Zwecken der sprachlichen Interaktion gerecht wird. Nach dem objektiven Realitätsgehalt der Begriffe und nach ihrer Repräsentationsfunktion zu fragen, macht keinen Sinn, führt nur zu widersprüchlichen Konsequenzen.

> *Begriffe sind daher keine abstrakten und allgemeinen Kategorien.*

Begriffe beziehen sich nicht auf die Gesamtheit der potentiellen Gegenstände, sondern greifen daraus immer nur einzelne spezifische und konkrete Gegenstände, Ereignisse oder Eigenschaften heraus. Das ist gemeint, wenn die Autoren davon sprechen, daß Begriffe einen referentiellen oder indexikalischen Charakter (indexicality) haben. Es handelt sich bei ihnen um Hinweisakte, deren Funktion es ist, auf spezifische Dinge, Ereignisse, Eigenschaften etc. zu verweisen und nicht auf die ganze Klasse der Gegenstände, die möglicherweise darunterfallen.

Begriffe sind nur vor dem Hintergrund aller situativen und persönlichen Umstände der aktuell gegeben Situation zu verstehen. Sie beziehen sich immer nur auf einen gezielt intendierten Ausschnitt. In der Rede werden die Kategorien nicht einfach abgerufen, die Bedeutung der Wörter kommt nicht einfach durch einen Verweis auf einen entsprechenden fertig vorliegenden Begriff zustande, der unverändert aktualisiert würde in der Bedeutung des Wortes. Vielmehr werden die Kategorien und damit auch die Bedeutung der Wörter in der Redesituation selber, bezogen sowohl auf eine ganz spezifische und konkrete Gegenstands- und soziale Interaktionssituation, als auch im Hinblick auf den oder die Interaktionspartner und ebenso in selbstreflexiver Weise durch bewußte Berücksichtigung der eigenen Stellung, der eigenen Bedürfnisse, Interessen und Sichtweisen hergestellt. Daher hat jeder Begriff in jeder konkreten Situation eine andere, leicht abweichende Bedeutung, akzentuiert er andere Aspekte, Teile, Funktionen.

Prototypizitätseffekte sind eine Konsequenz der diskursiven und funktionalen Natur der Begriffe.

Prototypizitätseffekte sind nicht in der Realität begründet, sie ergeben sich auch nicht aus der Art ihrer kognitiven Erfassung und Repräsentation, sondern sind eine der Konsequenzen der diskursiven und funktionalen Natur der Begriffe. Sie sind die zwangsläufige Folge aktueller Intentionen, Akzentuierungen, rhetorischer Regeln und spezifischer sprachlicher Interaktionsformen.

Die Prototypentheorie, wie sie z.B. Lakoff versteht, macht nach Meinung der Diskurstheoretiker einen Schritt in Richtung eines diskursiven Verständnisses von Begriffen, aber sie begreift Kategorien immer noch in einer dekontextualisierten und idealisierten Weise und behandelt Wortbedeutung als abhängig von situationsunabhängigen kognitiven Modellen. Für den Diskursansatz sind sie dagegen die Folge situationsspezifischer Redeweisen (situated rhetorical practices), die es mit sich bringen, daß wir den konkreten Gegenstand, von dem wir reden, als mehr oder weniger zentral begreifen, daß wir fähig sind, die Beschreibungen so zu organisieren und zu strukturieren, daß das, was beschrieben wird, als zentral oder randständig, als gewöhnlich oder außergewöhnlich hingestellt werden kann. Mit andern Worten, gerade weil Dinge und Ereignisse nicht automatisch und notwendig einer bestimmten Einordnung und Beschreibung unterworfen sind, sondern stets für unbeschränkt viele Beschreibungsarten offen sind, können die Gegenstände unseres Redens auf Grund einer entsprechenden kategorialen Betrachtungsweise, die wir einnehmen, als mehr oder weniger typisch herausgehoben werden.

Weder Kategorien noch Prototypen sind unserer verstehenden und klassifizierenden Rede notwendiger- und selbstverständlicherweise vorgegeben, sie hängen von den je situationsspezifischen Betrachtungsweisen und aktuellen Interessen und Intentionen ab. In einem paper and pencil test mögen uns am ehesten Spatzen und Rotkehlchen als typische Vögel einfallen, in einer häuslichen Situation dagegen, wenn die Mutter sagt, ich haben den Vogel in den Ofen getan, denken wir bestimmt nicht an den Spatz [Heritage 1984, S. 149]. Leute verwenden im Gespräch nicht bloß prototypische Kategorien, sie sind sogar in der Lage, die typische Sichtweise (typicality) zum Gegenstand ihrer Rede zu machen.

Ebenso ist die Tatsache, daß semantische Kategorien nicht eindeutig ein- und abgegrenzt sind, sondern unsaubere Zugehörigkeitsgrenzen (fuzzy membership boundaries) haben, daß nicht alle Gegenstände, die unter einen Begriff fallen, von gleicher Art sind, sondern vielfältige und sogar gegensätzliche Beschreibungen und Einordnungen ermöglichen, ein starkes Argument dafür, daß sprachliche Kategoriensysteme nicht einfach als ein Instrument zum Verstehen und Organisieren von Welt zu verstehen sind, sondern als eine Möglichkeit und eine Weise über Welt zu reden, die sich situativen Anforderungen unterwirft und die gleichzeitig flexibel genug ist, sich unterschiedlichen Sichtweisen und Bedürfnissen sprachlicher Interaktionen anzupassen.

> *Der erfahrungsbegründete Realismus gehört zum Wesen des Sprachspiels, er begründet keinesfalls einen philosophischen oder psychologischen Realismus. Berufung auf real gegebene Erfahrungen ist als ein rhetorisches Stilmittel zu sehen.*

Nicht nur in der *alltäglichen Rede* dienen Beschreibungen, Berufung auf Fakten und Tatsachen der intersubjektiven Beeinflussung, sie werden genauso in der *Wissenschaft* verwendet. Wenn Leute nicht übereinstimmen oder Wissenschaftler unverträgliche Versionen über Welt vertreten, dann aktualisieren sie unterschiedliche kognitive Modelle. Da sowohl semantische, als auch propositionale Kategorisierungen für den Gebrauch in sozialen Sprechhandlungen geformt werden, besteht für die diskursive Theorie kein Platz für einen Prozeß der Realitätsprüfung (reality checking), der vom Beschreibungsakt unabhängig wäre. Der Hinweis auf die Realität und die Betonung der Realitätsadäquatheit einer Beschreibung oder Aussage ist nur als eine rhetorische Masche zu nehmen. Das gilt sowohl für die Alltagsrede als auch für die wissenschaftliche Diskussion.

So stelle der Verweis auf körperliche Erfahrungen zwar eine reiche Quelle und ein rhetorisch machtvolles Instrument für die Beschreibung der Realität dar, kognitive Theorien der Kategorisierung hätten aber die Erfahrungsbasis dieses Prozesses zu stark gewichtet und zu weitgehende Schlüsse aus der Art und Weise gezogen, wie Leute denken, und wie sie der Welt Sinn verleihen. Diese Theorien sollten ihr Augenmerk auf die Frage konzentrieren, welche Rolle linguistische Kategorien im interaktiven Sprechen erfüllen. Sie sollten beachten, daß Kategorien für die Sprachhandlung geschaffen sind, und daß Sprachhandlungen vor allem dem Argumentieren, Überzeugen, Tadeln usw. dienen. Das sind die Zwecke, für die Realität von uns konstruiert wird. Wenn wir das metatheoretische Realismuspostulat und die Annahme, daß Kategorien sich auf Wahrnehmung begründen, beiseite lassen, dann seien die Beispiele und Belege, die Lakoff anführt, durchaus verträglich mit der Annahme, daß körperliche Erfahrungen und normative Erwartungen nur als Ausgangs- und Bezugspunkt für Sprechhandlungen gesehen werden dürfen. Sie seien allein für den Gebrauch in solchen Handlungen bestimmt. ([Edwards 1991, S. 537]); auch die folgenden Zitate stammen aus [Edwards 1991].)

"Sie (die Kategorien) reflektieren nicht Unterschiede, die schon da sind (in der Realität gegeben). Kategoriale Begriffe (Category terms), sowohl für Gegenstände als auch Personen, sind soziale Handlungen und sind als solche gestaltet, und sie werden so verwendet, nicht nur in der laufenden Rede, sondern auch in ihrem historischen Gewordensein (in a historical sense), denn sie wurden exakt für diesen Gebrauch erfunden." (S. 526) Es dürfte unmöglich sein, die Existenz benannter Gegenstände, körperlicher Tätigkeiten (Handlungen) und bedeutungsvoller Ereignisse in der realen (physikalischen) Welt oder im Verhalten vor der Konstruktion der Benennungstätigkeit (der sprachlichen Bezeichnung) zu konstatieren (establish), denn die Kategorien werden wesentlich für und durch diese Tätigkeit erzeugt. Damit soll nicht geleugnet werden, daß die zu benennenden Objekte in irgendeiner Weise unterscheidbar sein müssen, ob es sich um Automobile oder um fokale Ausprägungen des Farbenspektrums handelt." (S. 527)

Wie schon gesagt, beruht auch Typikalität von Kategorien nicht auf der Art und Weise, wie die Dinge sind, die Realität sich unserer Erfahrung darstellt und sie folglich wahrgenommen wird. Typicality ist sowohl ein Mittel im sprachlichen Diskurs, in der sprachlichen Konfrontation mit anderen, indem wir uns auf die eigentlichen, typischen Gegenstände, Eigenschaften etc. berufen, sie kann aber auch selber zum Gegenstand unserer Rede, unserer Verständigung und Auseinandersetzung mit den anderen werden. Wir können Typikalität von Kategorien bewußt thematisieren und problematisieren. Auch die prototypischen Eigenschaften der Begriffe beruhen nur auf dem Wissen um soziale Gebräuche und Praktiken. "Die Dekontextualisierung vom situativen Gebrauch führt dazu, daß kultureller Gebrauch als eine Form von Grammatik erscheint, und daß Rede als Kognition und unterschiedliche Redewendungen als Theorien interpretiert werden." (S. 536 u.)

Auch der Diskursansatz kommt nicht daran vorbei anzunehmen, daß Begriffe auf einen Erfahrungsgehalt zurückgreifen. In beinah widersprüchlicher empiristischer Manier scheint man mit den Kognitionswissenschaftlern die Auffassung zu teilen, daß dieser Erfahrungsgehalt quasi automatisch zustande komme.

[Edwards 1991] beschäftigt sich zwar kaum mit dieser Frage, sondern erwähnt nur am Rande, daß die Erfahrungsbasis irgendwie automatisch zustande komme. Seine Aufmerksamkeit gilt dem Problem, wie wir mit dem Erfahrungsgehalt umgehen. Nach seiner Meinung verwenden wir ihn in intentionaler und konstruktiver Weise, beinahe möchte man auch sagen, in beliebiger Weise. Das zumindest deuten die Beispiele und Analysen an.

"Das erste, was wir tun müssen, ist zu unterscheiden zwischen Sprache und Erkenntnis. ... Die Sprache kann durchaus auf Beschreibungen und Metaphern körperlicher Erfahrungen begründet sein, ohne daß wir deswegen den Begriff des Realismus bemühen müßten. So könnte man Lakoffs These interpretieren. Das stimmt durchaus mit allen empirischen Daten überein ... und das geht auch mit der Annahme konform, daß körperliche Erfahrung einen Beweggrund zur Bedeutungsstiftung darstellt... Aber das impliziert keinesfalls eine Form von Realismus, nach dem auf die Erfahrung gestützte Beschreibungen die Wirklichkeit tatsächlich erfassen... das bedeutet nur, daß die Berufung auf die Erfahrung als ein rhetorisches Instrument (Mechanismus, Stilmittel, ...) fungiert." (S. 530). Mit andern Worten, die erfahrungsmäßige Begründung von (kategorialen) Beschreibungen ist eine rhetorisch organisierte Technik (*accomplishment*).

Semantische und propositionale Kategorisierung

Mehrere der hier vorgestellten und erläuterten Thesen werden durch Unterscheidungen, die von den Diskurstheoretikern zwischen verschiedenen Formen von Kategorisierung vorgenommen werden, gestützt. Es handelt sich um folgende Differenzierungen:

- Linguistische Kategorisierung: bezieht sich auf die Wörter des Satzes, die durch die Grammatik zu einer Aussage zusammengefügt werden. Linguistische Kategorien funktionieren wie Schemata, in autonomer und automatischer Weise.

- Semantische Kategorisierung: Die Kategorisierung der Gegenstände, die durch die Bedeutung von Wörtern vorgenommen wird. Auch sie erfolgt unbewußt und automatisch.

- Propositionale Kategorisierung: Sie beruht auf Aussagen und Urteilen und setzt immer eine semantische Kategorisierung, d.h. die Bedeutung der Wörter voraus. Aber während die semantische Kategorisierung unbewußt und automatisch erfolge und die notwendigerweise vorauszusetzende Basis für die propositionale Kategorisierung liefere, werde diese intentional und bewußt gesetzt.

Die Unterscheidung zwischen semantischer und propositionaler Kategorisierung macht noch einmal deutlich, daß die Diskurserklärung Begriffe auf der Ebene der propositionalen Kategorisierung, d.h. der hic et nunc gesprochenen Sprache ansiedelt, sie also als die aktuellen, im konkreten Kontext vorgenommenen Bedeutungsinterpretationen der sprachlichen Ausdrücke oder Worte versteht. Dabei sind die Theoretiker (Billig, Edwards, etc.) sich durchaus der Notwendigkeit bewußt, daß diese Bedeutungsinterpretation nur vor dem Hintergrund einer "Bedeutungsbasis", eben der semantischen Kategorisierung, funktionieren kann.

Wesentliche Unterschiede, die für sie zwischen semantischer und propositionaler Kategorisierung bestehen, betreffen einerseits den Bewußtseinsstatus und andererseits den Generalitätsgrad der Kategorien. Was den Bewußtseinsstatus betrifft, wurde schon gesagt, daß die semantische Kategorisierung nach Meinung der Autoren automatisch erfolgt, während die propositionale Kategorisierung, die im aktuellen Diskurs vollzogen wird, gezielt und absichtlich so vorgenommen wird, daß sie den Zwecken der sprachlichen Interaktion dient. Vielleicht noch wichtiger ist aber der Unterschied im Generalitätsgrad, den sie stark betonen, aber meines Erachtens nicht deutlich und klar beschreiben und erklären. Es scheint so zu sein, daß die semantischen Kategorien eher allgemeiner und universeller Natur sind, während die propositionalen Kategorien entsprechend den oben angeführten Thesen konkreter und partikularistischer Natur sind. Die Dinge, auf die das redende Subjekt verweise, werden von ihm partikularisiert, indem es die Unterscheidungen und Differenzierungen vornehme, die ihm für seine Zwecke der sozialen Beeinflussung wichtig erscheinen (S. 520).

Diese Trennung ist aber nicht sehr eindeutig und klar. Die Autoren betonen zwar, daß die kognitive Perspektive auf die Bedeutung semantischer Kategorien gerichtet sei, während die diskursive Perspektive ihr Augenmerk bevorzugt auf die verstehende Erzeugung von sozialen Stereotypen und sozial normierten Kategorien richte. (S. 521) Im selben Zug fordern sie aber, daß auch schon die grundlegende Semantik der Kategorien diskursiven Betrachtungsweisen und Analysen zu unterziehen sei.

Während die Rede sich eindeutig auf einen Hintergrund normativen Wissens und normativer Erwartungen bezieht, den sie aufruft, wirkt sie aber auch in konstruktiver Weise auf dieses Hintergrundwissen ein, indem sie es verändert, in Frage stellt oder zum Vollzug sozialer Handlungen aufbereitet. Gleichzeitig betonen sie, daß das nicht so gesehen werden dürfe, als stünden zwei verschiedene Bedeutungswelten nebeneinander. Das selbstverständliche und das normative Wissen muß selber als Gegenstand und Ergebnis sprachlicher Interaktionen aufgefaßt werden (S. 525).

4 Kritische Würdigung des Diskursansatzes

Der Terminus Begriff wird auch in der Wissenschaft in zahlreichen verschiedenen Bedeutungen verwendet, meist sowohl für bestimmte sprachliche Ausdrücke und ihre Bedeutung, als auch für die Wissensstrukturen, die dahinter stehen und entsprechende Bedeutungen ermöglichen. Meines Erachtens ist es aber für eine theoretische Analyse von fundamentaler Wichtigkeit, zwischen diesen beiden Bereichen deutlich zu trennen, auch wenn sie natürlich in vielfältiger Weise zusammenhängen und sich gegenseitig bedingen (siehe [Seiler 1985, Seiler 1987]).

Wir sollten daher das Wort "Begriff" für die Einheiten unseres Wissens reservieren, unabhängig davon, ob wir sie verbalisieren können oder nicht. Daß wir über Erkenntnisstrukturen verfügen, die wir sprachlich nicht oder nur inadäquat artikulieren können, darf als allgemeine und unbestrittene Erfahrung gelten. Wenn es sich um die Wissensstrukturen eines individuellen Subjektes handelt, reden wir am besten von idiosynkratischen Begriffen, wenn wir von den theoretischen Rekonstruktionen solcher Begriffe reden, sollten wir sie als theoretisch rekonstruierte, verallgemeinerte und idealisierte Begriffe bezeichnen.

Das Wort "(sprachliche)[1] Bedeutung" oder "Sprachbegriff" dagegen meint die einem bestimmten Wort, einem sprachlichen Ausdruck zugeordneten Wissensstrukturen. Wenn es sich um die Bedeutung handelt, die ein bestimmtes Individuum mit einem sprachlichen Ausdruck verbindet, reden wir von individueller Bedeutung, die selber wieder aktuell (d.h. nur in der aktuellen Situation gegeben) oder auch habituell sein kann. Von konventioneller Bedeutung sprechen wir, wenn wir die für eine bestimmte Kultur und Sprache als mehr oder weniger verbindlich angesehene Bedeutung meinen. Sie kann normiert, d.h. in Lexika verbindlich niedergelegt sein.

Der Diskursansatz handelt von Bedeutungen, nicht von Begriffen

Wenn man im Diskursansatz von Begriffen, genauer von Kategorien, redet, sind sprachliche Begriffe oder Wortbedeutungen gemeint. Die Analyse des Diskursansatzes richtet sich auf das, was ein Sprecher meint, wenn er in einer konkreten sprachlichen Interaktionssituation ein bestimmtes Wort oder sprachliche Ausdrücke verwendet, und was er damit bewirken will. Wir können und müssen daher die beiden wichtigsten Thesen folgendermaßen umformulieren:

Erstens, aktuelle sprachliche Bedeutungen sind nicht vorgefertigt und werden unverändert aktualisiert. Sie werden nicht einfach einem feststehenden und fertig ausgebildeten Thesaurus oder Lexikon entnommen, sondern in jeder Sprechsituation für die Zwecke und Bedürfnisse der aktuellen Diskurssituation neu und in anderer Form gebildet.

Zweitens, das Gemeinte wird nicht durch realitätsbegründete Erfahrungen und quasi automatisch erfolgende Repräsentationen von wahrgenommenen Objekten und ihren Eigenschaften bestimmt, sondern allein durch die Intention des Sprechers. Kraft dieser Intention bezieht er sich willentlich und bewußt auf die Aspekte und Beziehungen des Gegenstandes und der Situation, die seiner Absicht förderlich sind, und die gewährleisten können, daß er beim Hörer sein Ziel erreicht.

---

[1]Nur am Rande sei erwähnt, daß es natürlich auch noch andere Arten von Bedeutung gibt als sprachliche Bedeutung und Wortbedeutung.

Die Diskurstheoretiker bestreiten nicht, daß der Sprecher bei Bedeutungsinterpretationen dieser Art notwendigerweise auf ein gewisses Allgemeinwissen, sie nennen es die *semantische Basis* – im Sinne der oben getroffenen Unterscheidungen, würde ich von Begriffen im eigentlichen Sinn sprechen –, zurückgreifen muß. Ihre Theorie gilt aber nicht dieser semantischen Basis. Wie wir gesehen haben, wollen sie keine Aussagen über dieses Allgemeinwissen machen. Sie können und wollen seine Entstehung, seine Bedeutung, die Art und Weise, wie es aktualisiert wird, nicht erklären. Sie begnügen sich diesbezüglich mit der Behauptung, auch dieses Wissen selbst sei in seiner Entstehung auf sozial diskursive Interaktions- und Beeinflussungsprozesse zurückzuführen. Es soll hier nicht erörtert werden, daß letztere These zwar eine wichtige Bedingung der Entstehung begrifflichen Wissens zum Ausdruck bringt, zu seiner Erklärung aber keineswegs ausreicht.

Wir haben es bei dieser Theorie also nicht mit einer Erklärung von Begriffen im eigentlichen Sinn zu tun. Nicht die Entstehung von Erkenntnisstrukturen, als den tragenden Einheiten des Denkens, soll erklärt werden. Wenn dem so ist, wird man sich fragen, ob die Polemik der Diskurspsychologie gegen herkömmliche Auffassungen von Begriff nicht unangebracht und unangemessen ist. Stellt denn die Diskurserklärung von Begriffen nicht einfach eine Ergänzung zu kognitionstheoretischen oder anderen Modellvorstellungen dar? Aber auch wenn wir akzeptieren, daß es in dieser Theorie letztlich einzig um die im aktuellen Diskurs vom Sprecher bewußt intendierte und hergestellte Bedeutung geht, indem er gezielt bestimmte Aspekte seines semantischen Wissens abruft und mit sprachlichen Zeichen verbindet, bleibt dieser Erklärungsansatz aus mehreren Gründen defizitär.

Ergänzt der Diskursansatz kognitionstheoretische Modellvorstellungen?

Es scheint also durchaus angebracht, die beiden Ansätze (den kognitiven und den diskursiven) in einer Art arbeitsteiliger Ergänzung zusammenzubringen. Die Autoren erwägen selber diese Möglichkeit: Während der diskursive Ansatz wenig oder nichts dazu zu sagen habe, wie es kommt, daß Wörter systematische semantische Eigenschaften (Merkmale) besitzen, könne der kognitive Ansatz nicht erklären, wie Kategorisierungen, die in und mit der aktuellen Sprache vorgenommen werden, als Handlungen fungieren und dabei so gestaltet werden, daß sie exakt für die jeweilige Handlungssituation zugeschnitten sind. Wenn das so richtig wäre, müßte man sagen, folgert [Edwards 1991, S. 517], Lakoff beschreibe und erkläre das Wesen und den Ursprung dieser "linguistischen Ressourcen", die als Bausteine dazu dienen, die aktuelle Rede zu erzeugen.

Die Diskurstheoretiker weisen aber diese Ergänzungsidee weit von sich: Die Dinge seien nicht so einfach. Der diskursive Ansatz erfordere flexible Kategorien, die nicht bloß dadurch charakterisiert seien, daß sie auch randständige, nicht zentrale Mitglieder besitzen und unsaubere (fuzzy) Grenzen haben. Ihre Bedeutung sei auch nicht durch einen Akt des Verweisens auf den situativen Kontext begründet. Ein solcher Verweis könne auf unendlich viele Weisen geschehen. Daher könnten "die Bausteine (building blocks) der zahlreichen möglichen Versionen unserer sozialen Welt nur im Diskurs gebildet werden, um dann zum Gebrauch in verschiedenen Situationen zur Verfügung zu stehen" [Potter & Wetherell 1987, S. 137], zitiert von Edwards.

Meines Erachtens ist den Diskurstheoretikern durchaus zuzustimmen, wenn sie auch für die Bildung unserer Erkenntnisstrukturen eine größere Flexibilität fordern und diesen Prozeß nicht als quasi automatischen Ausfluß unseres kognitiven Apparates und der objektiv gegebenen Eigenschaften der Dinge verstanden wissen möchten. Begriffe werden den Dingen nicht einfach abgezogen. Ebenso wird man auch mit der starken Hervorhebung sozialer Bedingungen und Einflüsse bei der Entwicklung und Veränderung von Begriffen einig gehen. Man wird also viele Thesen der Kognitionswissenschaft zu Recht in Frage stellen. Daraus folgt aber keineswegs, daß eine kognitionstheoretische Erklärung der Entstehung und der Natur von Begriffen überflüssig wäre. Ich möchte im Gegenteil den Standpunkt vertreten, daß jede sinnvolle und hinreichende Analyse und Erklärung sprachlicher Bedeutungsprozesse den Rückgriff auf eine Theorie über Erkenntnisprozesse und Erkenntnisstrukturen voraussetzt. Die Autoren müssen ja selber immer wieder einräumen, daß der Sprecher bei der diskursiven Herstellung von Bedeutung auf eine, wie sie sagen, "semantische Basis" zurückgreife. Ihre theoretischen Vorstellungen über diese "semantische Basis" sind mehr als rudimentär.

Genauso unzureichend sind meines Erachtens auch ihre Überlegungen zu den Beziehungen zwischen dem situativen Gebrauch und den ihn ermöglichenden kognitiven Ressourcen.

Vorzüge des Diskursansatzes

Wenn wir den Diskursansatz, wie oben behauptet, als eine Theorie der Herstellung von Bedeutung in der aktuellen Rede verstehen, kommen ihm zweifellos bedeutende Qualitäten zu und verdanken wir ihm wichtige Einsichten, auf die ich hier in Thesenform hinweisen will:

Bedeutungen sind variabel und fließend. Sie dürfen nur aus der aktuellen Sprechsituation heraus interpretiert werden.

Diese These macht ohne Zweifel auf Phänomene aufmerksam, die oft übersehen werden. Die Bedeutung, die ein individueller Sprecher oder Hörer in einer aktuellen Situation mit einem sprachlichen Ausdruck verbindet, ist nie oder selten mit seinem konventionell normierten Bedeutungsumfang identisch. Gleichzeitig dürfte aber auch klar sein, daß eine solche Analyse für die konventionelle Bedeutung sprachlicher Ausdrücke, wie sie z.B. im Lexikon festgelegt ist, nicht zutrifft. Aber auch wenn wir die Gültigkeit dieser Thesen auf individuelle und aktuelle Bedeutungsinterpretationen von sprachlichen Ausdrücken einschränken, sind zusätzliche Bedingungen vorzusehen. Da man nämlich davon ausgehen kann und muß – das wird m. E. von allen Sprachwissenschaftlern so angenommen – , daß der aktuelle und individuelle Gebrauch der Wörter der konventionellen Bedeutung Rechnung trägt, sich überwiegend innerhalb seiner Grenzen bewegt oder zumindest in vielleicht kreativer Weise davon ausgeht, müßte eine Bedeutungstheorie, die diesen Namen verdient, die Beziehungen und Abhängigkeiten zwischen konventioneller und aktueller Bedeutung thematisieren. Weiter hätte eine solche Theorie meines Erachtens eine Zwischenebene der habituellen Bedeutung vorzusehen, denn der Sprecher greift in der Regel nicht bewußt auf die konventionell normierte Bedeutung zurück, sondern greift in sein eigenes Arsenal habitueller Bedeutungen, die konventionelle Bedeutungen reflektieren, hinein.

> *Bedeutungen werden bewußt intendiert und reflektiert hergestellt, sie werden aus einer bestimmten Absicht heraus so konstruiert, daß sie zur Erreichung bestimmter Ziele und Zwecke einer konkreten Diskurssituation erfolgreich eingesetzt werden können.*

Die Betonung des reflexiv bewußten Status von aktuellen sprachlichen Bedeutungsherstellungen, ist ohne Zweifel sehr berechtigt, müßte meines Erachtens aber auch auf aktuelle begriffliche Verstehensakte ausgedehnt werden [Seiler 1989, Seiler 1993]. Denn sind auch Abstriche an der Willkürlichkeit und Absichtlichkeit der Konstruktion oder dem Bewußtseinsgrad der aktuell intendierten Bedeutung zu machen: So deutlich bewußt und absichtlich intendiert, wie die Theorie das postuliert, ist die Herstellung von Bedeutung in der aktuellen Rede selten. Der Sprecher macht sich meist nur einzelne Aspekte bewußt, die anderen laufen stillschweigend (tacit) oder auf implizite Weise mit, können aber die explizit gezogenen Konsequenzen durchaus beeinflussen. Darüber hinaus dürfte feststehen, daß die aktuellen Bedeutungen, die der Sprecher in einer Diskurssituation zu kreieren vermag, grundsätzlich und grundlegend auf die möglichen Sichtweisen, die dem Sprecher zur Verfügung stehen, beschränkt sind.

Wenn man diese wichtigen Einschränkungen angemessen beachtet, wird man doch den oben formulierten Thesen eine große Bedeutung und Richtigkeit bescheinigen. Der Sprecher konstruiert in der aktuellen Situation das, was er mit seinen Worten meint. Er trägt dabei sowohl seiner eigenen Intention als auch den konkreten Bedingungen und Umständen der Situation Rechnung. Individuelle und aktuelle Bedeutungen werden daher zu Recht als fließend und variabel hingestellt.

> *Prototypen sind nicht universell.*

Die Kritik der Diskurstheoretiker an der Prototypentheorie ist ohne Zweifel in hohem Maße zutreffend. Man kann meines Erachtens die prototypentheoretischen Annahmen zu Recht als Exhaustionen betrachten, die notwendig wurden, weil die empirischen Befunde der Rigidität der kognitionstheoretischen Erklärung von Kategorisierung weitgehend widersprachen. Es ist, wie die Diskurstheoretiker zu Recht hervorheben, vor allem die explizit oder implizit gemachte Annahme eines kognitiven Apparates, der auf der Grundlage von vorgegebenen Wahrnehmungen quasi automatisch die Dinge und Ereignisse kategorisiert, die zu solchen Konsequenzen führt. Daneben ist aber auch die Vorstellung von Begriffen als unveränderlichen Kategorien, die Dinge und Ereignisse kraft bestimmter Merkmale, die ihnen zukommen, klassifizieren, als abwegig zu betrachten. Ich möchte dieser Computermetapher im letzten Teil meines Beitrages eine konstruktivistische kognitive Sichtweise entgegenstellen, aus der sich, ähnlich wie im Diskursansatz, Prototypeneffekte der verschiedensten Art als notwendige Konsequenz ergeben.

Defizite des Diskursansatzes

Der verleugnete Realitätsbezug.

Man wird der Behauptung der Diskurstheoretiker sicher zustimmen können, daß die Berufung auf Tatsachen in der Rede oft nur die Funktion eines rhetorischen Stilmittels erfülle, das dazu dienen soll, den andern zur eigenen Meinung zu bekehren oder andere Ziele bei ihm zu erreichen. Das gilt in besonderer Weise bei den Beispielen, die von den Autoren angeführt und analysiert werden und die alle aus dem politischen Bereich stammen. Wenn John Majors Unentschiedenheit und Beeinflußbarkeit vor allem im Kontrast zu Thatchers autoritärer Persönlichkeit herausgestellt wird, verfolgen die Redner damit gewiß in erster Linie politische Zwecke, und es geht ihnen nicht um eine objektive Persönlichkeitsanalyse.

Der Sprecher verfolgt Absichten, er will beim Hörer etwas bewirken, will ihn beeinflussen, zu etwas bewegen, ihn von einer bestimmten Sichtweise überzeugen, etc. Folgt daraus, daß diese Konstruktion absolut beliebig ist, daß der Realitätsbezug nur die Funktion eines rhetorischen Stilmittels hat? Ich möchte meinen, daß eine solche Behauptung weit über das Ziel hinausschießt und andere, eben begriffliche Erklärungen, außer acht läßt. Man ist keineswegs gezwungen anzunehmen, die Realität werde in solchen Reden einfach konstruiert, der Sprecher bezieht sich auf sein explizites und implizites begriffliches Wissen, durch das er durchaus einen bestimmten Bezug zu ihr haben mag. Dieser Bezug kann sehr unterschiedlich sein: Vielleicht ist ihm durchaus bewußt oder wenigstens teilweise bewußt, d.h. spürt er, daß seine polemische Formulierung den Dingen oder der Person Gewalt antut. Oder aber der Sprecher ist tatsächlich davon überzeugt, daß seine Beschreibung zutreffend ist. In beiden Fällen hat die rhetorische Formulierung eine soziale und diskursive Funktion – das bleibt unbestritten – , aber sie konstruiert keine Realität, die dem Sprecher nicht schon vorher und in anderer Weise gegenwärtig wäre.

Indem sie Wittgenstein in dieser Weise interpretieren, behaupten die Autoren: Der erfahrungsbegründete Realismus gehört zum Wesen des Sprachspiels. Weder alltägliche noch wissenschaftliche Berufungen auf empirisch gegebene Sachverhalte können einen philosophischen oder psychologischen Realismus begründen. Wenn Leute in ihren Aussagen nicht übereinstimmen oder Wissenschaftler unverträgliche Sichtweisen und Erklärungen über Welt vertreten, dann wenden sie nur unterschiedliche kognitive Modelle an. Das ist gewiß richtig, aber folgt daraus, daß die Leute oder die Wissenschaftler nicht vom Realitätsgehalt ihrer Aussagen oder Theorien überzeugt sind, daß sie immer bewußt ihre Behauptungen um eines diskursiven Zweckes willen aufstellen? Noch weniger läßt sich meines Erachtens daraus der erkenntnistheoretische Schluß ziehen, daß diese unterschiedlichen Modelle und Interpretationen von Welt überhaupt nichts mit den tatsächlichen Erscheinungen der Welt zu tun haben, auch wenn wir den Grad und die grundsätzliche Möglichkeit des Zutreffens nie bestimmen und entscheiden können.

Die Herkunft und Funktion der "semantischen Ressourcen" für die Kategorienbildung bleibt unbestimmt.

Die Autoren gestehen, daß sie eigentlich nichts dazu zu sagen haben und nicht erklären können, "wie Wörter ihre systematischen semantischen Eigenschaften erwerben" [Edwards 1991, S. 156]. Der Diskursansatz kann nicht erklären, wie und woher die Personen die Bedeutung holen, die sie zur Erreichung ihres Zieles in der aktuellen Diskurssituation den sprachlichen Ausdrücken unterschieben. Der Rückgriff auf eine vorliegende "semantische Basis" oder "semantische Ressourcen" kann nur als vage Ausflucht bezeichnet werden und läßt eine theoretische Analyse und Erklärung vermissen. Eine Begriffstheorie, die diesen Namen verdient, hätte sich meines Erachtens mit diesem Problem ernsthaft auseinanderzusetzen.

Allerdings scheinen die Autoren anzunehmen, daß diese "semantische Basis" den Niederschlag unserer Erfahrung darstellt. Sie versuchen aber nicht zu erklären, wie wir überhaupt zu diesem Erfahrungsgehalt gelangen. Sie beschäftigen sich einfach nicht mit dieser Frage, sondern gehen davon aus, daß wir diesen Erfahrungsgehalt bei der Herstellung von Bedeutung in intentionaler und konstruktiver Weise, beinahe möchte man auch sagen, in beliebiger Weise verwenden. Das zumindest deuten die Beispiele und Analysen an. Diese These aber ist in äußerstem Maße fragwürdig und kontraintuitiv. Die Tatsache, daß dieselbe Situation von verschiedenen Personen, selbst von verschiedenen Wissenschaftlern in unterschiedlicher, ja diametral entgegengesetzter Weise beschrieben und beurteilt wird, impliziert doch nicht, daß hier durch die Rede unterschiedliche Realitäten konstruiert werden, die nichts miteinander zu tun haben, wohl aber daß die Realität immer komplexer ist als unsere Begriffe und Theorien, und der Beobachter seine Beschreibung und Erklärung auf unterschiedliche Aspekte und andere Beurteilungskriterien stützen kann. Unsere Begriffe sind eben kein Abklatsch der Wirklichkeit, es sind aber auch keine Konstruktionen, die erst und nur zu diskursiven Zwecken in der Rede hergestellt werden.

Die Kritik an naiv realistischen Begriffstheorien ist gewiß berechtigt und notwendig, sie trifft aber auch die üblichen kognitionswissenschaftlichen Modelle nur zum Teil. Wohl wird oft von ihnen übersehen, daß die Kategorien, die sie konzipieren, idealisierende theoretische Konstruktionen sind, die den begrifflichen Vorstellungen individueller Personen nicht oder nur zum Teil gerecht werden, und neben denen durchaus andere Konstruktionen möglich sind, andererseits implizieren sie damit meistens keine im realistischen Sinn adäquate Darstellung der Realität.

Aus all diesen Gründen erscheint es mir unangebracht, aus der Analyse diskursiver Reden Argumente für oder gegen eine realistische Erkenntnistheorie ziehen zu wollen. Die Tatsache, daß wir in der Rede bestimmte Bedeutungen herstellen und sie zur Verfolgung sozialer Zwecke einsetzen, ist kein Argument gegen die Möglichkeit einer konstruktiven und kontrastiven Auseinandersetzung mit der Wirklichkeit.

Beliebigkeit der Bedeutungsherstellung wird überschätzt.

Es wird von den Diskurstheoretikern nicht nur nicht erklärt, in welcher Weise der Sprecher auf das Arsenal seiner, wie sie sagen, automatischen, semantischen Kategorien zurückgreift, es wird auch und sogar nicht beachtet und theoretisch adäquat berücksichtigt, daß der Rückgriff auf semantische Kategorien nicht beliebig ist, daß nicht bloß die Wahl der Worte, sondern vor allem die Wahl und Festlegung ihrer Bedeutung großen Beschränkungen unterliegt, die durch die Ziele, die wir im Diskurs verfolgen, nicht aufgehoben werden können.

Vor allem aber meine ich, daß sich aus einem überspitzten Diskursansatz unhaltbare Konsequenzen ergeben. Wenn Bedeutung in der aktuellen Diskurssituation einem Wort beinahe beliebig zugewiesen werden kann, ist eine sprachwissenschaftliche Semantik eigentlich nicht mehr möglich und die Beziehung dieser aktuellen Bedeutung zur konventionellen Bedeutung bleibt offen. Niemand wird aber leugnen, daß Wörter konventionell normierte Bedeutungen haben, und daß es Wörterbücher gibt, die wir in fruchtbarer Weise für unser Verstehen und Reden verwenden können. Das ist doch nur möglich, weil unsere Bedeutungsinterpretation und Wortverwendung in der aktuellen Diskurssituation nicht ganz abseits liegt, sondern innerhalb der Grenzen oder zumindest in der auch analogen Reichweite der konventionellen Bedeutungsimplikationen des betreffenden Ausdrucks.

Diese zwangsweise gegebene Abhängigkeit wird in dieser Theorie weder thematisiert, noch erklärt. Damit kann sie meines Erachtens nicht den Anspruch erheben, eine wirkliche Begriffstheorie zu sein. Sie stellt meines Erachtens nicht mehr dar als eine überzogene Theorie aktueller Bedeutungsinterpretationen, die den Akzent auf wichtige sozialpsychologische und diskurstheoretische Bedingungen legt, aber den Prozeß nicht in seiner ganzen Tiefe mit all seinen Abhängigkeiten analysiert.

5 Alternative Annahmen einer konstruktivistischen und strukturgenetischen Begriffstheorie

Abschließend möchte ich in meinem Beitrag eine Auffassung von Begriff skizzieren, die meines Erachtens eine Alternative sowohl zu kognitionswissenschaftlichen Modellen, als auch zum Diskursansatz darstellt, welche die oben kritisierten Handicaps vermeidet. Diese Auffassung geht auf Jean Piaget zurück und kann am besten als konstruktivistisch und strukturgenetisch gekennzeichnet werden. Natürlich ist im Rahmen dieses Beitrags keine eingehende Darstellung und Diskussion möglich. Ich muß mich mit einigen knappen Thesen begnügen, auch auf die Gefahr hin, daß sie Mißverständnisse provozieren. Ich will mich dabei auf die Aspekte beschränken, die sowohl im Diskursansatz als auch in dem von ihm kritisierten kognitionswissenschaftlichen Modell eine Rolle spielen. Um eine weitergehende Explikation habe ich mich wiederholt an anderer Stelle bemüht, siehe z.B. [Seiler 1985, Seiler 1987, Seiler 1989] und [Seiler und Claar 1993].

Die konstruktivistische strukturgenetische Theorie versteht unter Begriffen Einheiten menschlichen Erkennens und Denkens. Diese begrifflichen Denkeinheiten oder Erkenntnisstrukturen werden sowohl für die habituelle, als auch die aktuelle Bedeutungsinterpretation von sprachlichen Ausdrücken benutzt. Wortbedeutung kommt also nur durch den Rückgriff auf Begriffe zustande.

Begriffe werden nicht in empiristischer Manier und quasi automatisch von der Realität abgelesen, sondern an sie herangetragen und in der Auseinandersetzung mit der Realität und der sozialen Umwelt ständig weiter entwickelt und dabei sowohl dinglichen Anforderungen als auch soziokulturellen Maßstäben schrittweise angepaßt.

Die Anpassung und Weiterentwicklung der Begriffe setzt also nicht nur eine kontrastive und konfliktuelle Auseinandersetzung mit der im Handeln erfahrenen Realität voraus, sondern beruht ebenso notwendigerweise auf der konstanten und diskursiven Interaktion mit der sozialen Umwelt und den durch sie vermittelten normativen Gesichtspunkten und kulturellen Regeln.

Die konstruktive Entwicklung neuer Begriffe erfolgt auf dem Hintergrund und durch die Betätigung und die Aktivität vorhandener Begriffe. Dieser Konstruktionsprozess wird zumindest auf höheren Entwicklungsstufen durch übergeordnete Begriffs- und Erkenntnissysteme beeinflußt und gesteuert, deren Entstehung und

Weiterentwicklung denselben Prozessen gehorcht.

Begriffe sind keine Kategorien im Sinne einer listenartigen Aufzählung von Gegenständen, ihren Merkmalen und Beziehungen, sondern teilweise implizite, teilweise explizite Beschreibungs- und Erklärungstheorien von Sachverhalten, mit denen sich unsere Erfahrung konfrontiert sieht. Sie sind vielfältig miteinander vernetzt und zerfallen nicht in säuberlich getrennte Einheiten. Weder Gegenstände noch Merkmale und Beziehungen sind vorgegeben, sie werden durch die Begriffe erst konstituiert. Die Aufspaltung in Gegenstände und Merkmale, sowie ihre listen- oder tabellenartige Darstellung ist eine idealisierte und schematisierte Vereinfachung zum Zweck der theoretischen Analyse, wobei die Gegenstände selber als Begriffe, möglicherweise Unterbegriffe zu verstehen sind.

In den Anfängen sind diese Theorien keine durchstrukturierten Gebilde, sondern eher Komplexe aus (z.T. widersprüchlichen) konkreten Erfahrungen, die noch kaum generalisiert, differenziert und abstrahiert sind. Im Verlauf ihrer Weiterentwicklung generalisieren und differenzieren sie sich immer mehr und werden dabei gleichzeitig miteinander zu systemartigen Gebilden koordiniert.

Wenn eine begriffliche Erkenntnisstruktur im Denken neu aktualisiert wird, wird kaum je der gesamte Gehalt des Begriffs neu abgerufen. Erst recht wird in einer situativen und aktuellen Bedeutungsherstellung oder -interpretation eines sprachlichen Ausdrucks der Begriff, der mit ihm habituell oder auch bloß aktuell gekoppelt ist, nie vollständig aktualisiert, sondern meistens nur ein Ausschnitt von ihm. Der Rest bleibt implizit, kann aber auch so, in gewisser Weise unbewußt das Denken und Reden beeinflussen.

Literatur

[Edwards 1991] D. Edwards. Categories are for talking. On the cognitive and discursive bases of categorisation. *Theory and Psychology* **1**(4), 1991, S. 515–542.

Edwards zitiert auch folgende Autoren:

[Billig 1985] M. Billig. Prejudice, categorisation and particularisation: From a perceptual to a rhetoric approach. *European Journal of Social Psychology* **15**, 1985, S. 79–103.

[Billig 1987] M. Billig. *Arguing and thinking: A rhetorical approach to social psychology.* Cambridge: Cambridge University Press 1987.

[Churchland 1988] P. M. Churchland. *Matter and consciousness: A contemporary introduction to the philosophy of mind.* (rev. ed.) Cambridge, MA: MIT–Press 1988.

[Coulter 1990] J. Coulter. *Mind in action.* Oxford: Polity 1990.

[Garfinkel 1967] H. Garfinkel. *Studies in ethnomethodology.* Englewood Cliffs, NJ: Prentice-Hall 1967.

[Heritage 1984] J. Heritage. *Garfinkel and ethnomethodology*. Cambridge: Polity 1984.

[McKinlay et. al. 1994] A. McKinlay, J. Potter & M. Wetherell. Discourse analysis and social representations. In: G. Breakwell & D. Cantor (Eds.), *Empirical approaches to social representations*. Oxford: Open University Press, (in press).

[Edwards & Potter 1994] D. Edwards, J. Potter. *Discursive psychology*. London: Sage, (in press).

[Lakoff 1973] G. Lakoff. Hedges: A study in meaning criteria and the logic of fuzzy concepts. *Journal of Philosophical Logic* 2, 1973, S. 458–508.

[Lakoff 1986] G. Lakoff. *Women, fire, and dangerous things: What categories tell us about the nature of thought*. Chicago: University of Chicago Press 1986.

[Lakoff 1987] G. Lakoff. Cognitive models and prototype theory. In U. Neisser, (ed), *Concepts and conceptual development: Ecological and intellectual factors in categorization*. Cambridge: Cambridge University Press 1987, S. 63–100.

[Mervis & Rosch 1981] C.B. Mervis, E. Rosch. Categorization of natural objects. *Annual Review of Psychology* 32, 1981, S. 89–115.

[Potter & Wetherell 1987] J. Potter, M. Wetherell. *Discourse and social psychology: Beyond attitudes and behaviour*. London: Sage 1987.

[Rosch 1973a] E. Rosch. Natural categories. *Cognitive Psychology* 4, 1973, S. 328–350.

[Rosch 1973b] E. Rosch. On the internal structure of perceptual and semantic categories . In T. E. Moore (ed.), *Cognitive development and the acquisition of language*. New York: Academic Press 1973, S. 111–144.

[Rosch 1975] E. Rosch. Cognitive representations of semantic categories. *Journal of Experimental Psychology: General* 104, 1975, S. 192–232.

[Rosch 1978] E. Rosch. Principles of categorization. In E. Rosch and B. Lloyd (eds.), *Cognition and Categorization*, Hillsdale, NJ: Erlbaum 1987.

[Rosch et.al. 1976] E. Rosch, C.B. Mervis, W.D. Gray, D. Johnson & P. Boyes-Braem. Basic objects in natural categories. *Cognitive Psychology* 8, 1976, S. 382–439.

[Seiler 1985] T.B. Seiler. Sind Begriffe Aggregate von Komponenten oder idiosynkratische Minitheorien? Kritische Überlegungen zum Komponentenmodell von Dedre Gentner und Vorschläge zu einer alternativen Konzeption. In: T.B. Seiler und W. Wannenmacher (Hrsg.), *Begriffs- und Wortbedeutungsentwicklung. Theoretische, empirische und methodische Untersuchungen*. Berlin u.a.O.: Springer-Verlag 1985, S. 105–131.

[Seiler 1987] T.B. Seiler. Begriffe von Begriff: Analysen und Konzeptionen von Begriffen in der psychologischen Forschung. In: B. Ganter, R. Wille, K. E. Wolff (Hrsg.), *Beiträge zur Begriffsanalyse*. Mannheim: B.I.-Wissenschaftsverlag 1987, S. 95–116.

[Seiler 1989] T.B. Seiler. Verstehen lernen: Begriffskonstruktion und Bewußtsein als konstitutive Bedingungen. Beitrag für das Symposium "Verstehen lehren", Bern, Februar 1989. (erscheint demnächst in verkürzter Form in Reusser, *Verstehen lehren*, Bern: Huber (im Druck).

[Seiler 1993] T.B. Seiler. Bewußtsein und Begriff: Die Rolle des Bewußtseins und seine Entwicklung in der Begriffskonstruktion. In: S. Hoppe-Graff und W. Edelstein (Hrsg.), *Die Konstruktion kognitiver Strukturen*. Bern: Hans Huber Verlag 1993, Kap. 7.

[Seiler und Claar 1993] T.B. Seiler, A. Claar. Begriffsentwicklung aus strukturgenetisch-konstruktivistischer Perspektive. In: S. Hoppe-Graff und W. Edelstein (Hrsg.), *Die Konstruktion kognitiver Strukturen*, Bern: Hans Huber Verlag 1993, Kap. 6.

[Seiler und Wannenmacher 1987] T.B. Seiler W. und Wannenmacher. Begriffs- und Bedeutungsentwicklung. In R. Oerter und L. Montada (Hrsg.), *Entwicklungspsychologie. Ein Lehrbuch*. 2. völlig neu bearbeitete und erweiterte Auflage. München-Weinheim: Psychologie Verlags Union 1987, Kap. 9.

Begriffe in der Sicht des Sprachbenutzers.

Klaus Mudersbach

Inhalt

1 Einleitung. Die Funktion der Begriffe beim Sprachbenutzer im Vergleich zu ihrer Funktion in der Prädikatenlogischen Semantik.

Aus der Formulierung des Titels geht schon hervor, daß hier eine bestimmte Sichtweise durchgespielt werden soll, die nicht systemlinguistisch orientiert ist, d.h. nicht das System einer Einzelsprache zugrundelegt, sondern von dem ausgeht, was ein individueller Sprachbenutzer an Sprachkenntnissen zu Verfügung hat, unabhängig davon, ob sie mit einem Sprachsystem übereinstimmen oder nicht. Wir wollen also die Grundannahme machen, daß ein Sprachbenutzer sich in bestimmten Hinsichten in seiner Sprachkenntnis und in seinen Verwendungsweisen von anderen Benutzern derselben (Einzel-)Sprache unterscheiden kann. Zur Vereinfachung soll jedoch angenommen werden, daß all diese Sprachbenutzer zwar dieselbe Grammatik benutzen, sich jedoch im Lexikon unterscheiden können, und zwar sowohl im Repertoire an Ausdrücken, als auch in der jeweiligen Bedeutung der Ausdrücke. Ebenso sollen sich Sprachbenutzer in ihren Kenntnissen hinsichtlich der Sachgesetze als auch hinsichtlich ihrer Wirklichkeitsauffassung unterscheiden können. Dieser Ansatz, im folgenden *"Kommunikantensemantik" (KSEM)* genannt [Mudersbach 1984, Mudersbach 1989], dient dem Zweck, in realistischer Weise darstellen zu können, in welchen sprachlichen und sachlichen Bereichen Gesprächspartner *(Kommunikanten)* möglicherweise unterschiedlicher Meinung sein können [Mudersbach 1984] und aufgrunddessen sich auch mißverstehen können

[Mudersbach 1986]. Die *Rolle der Begriffe* wird hierbei grund-legend sein, da sie in diesem sprecherbezogenen Ansatz *vier Grundfunktionen* erfüllen:

G1. die Begriffe bilden das individuelle Repertoire an KOGNITIVEN EINHEITEN, mit denen ein Sprachbenutzer sich in der Welt orientieren kann,

G2. die Begriffe sind zugleich die *atomaren Bedeutungen* von elementaren SPRACHLICHEN AUSDRÜCKEN,

G3. die Begriffe sind über logisch-semantische und ontische Grundrelationen zu einem *Begriffsnetz* verbunden, das das GESETZESWISSEN des Sprachbenutzer darstellt,

G4. die Begriffe sind die *atomaren Bausteine*, aus denen die *Gegenstände* der KONTINGENTEN WIRKLICHKEITSKENNTNIS zusammengesetzt sind, auf die ein Sprachbenutzer referierend oder prädizierend zugreifen will.

Bevor dieses Modell des Sprachbenutzers systematisch eingeführt werden soll, soll noch in sechs Punkten charakterisiert werden, wie sich dieser Ansatz von dem allgemein üblichen linguistischen Ansatz der prädikatenlogischen Semantik (PL-Semantik) unterscheidet. Ich lege hier die intensionallogische Semantik von [Montague 1974] zugrunde, da die Kommunikantensemantik die Vorteile dieses Ansatzes beibehalten will und seine Nachteile vermeiden will.

P1. In der PL-Semantik entsprechen den *atomaren Begriffen* die einstelligen Prädikate, z.B. P, Q. Sie sind als Funktionen modelliert, $P(x)$, und verlangen daher als Ergänzung einen Individuenterm, um einen Satz bilden zu können. Begriffe spielen in KSEM stattdessen die Rolle von nicht ergänzungsbedürftigen Individuen. Allerdings kann in KSEM einem Begriff eine Stelligkeit $n \, (n > 1)$ zugeordnet werden, so daß "Begriffe mit n Stellen" dem üblichen intensionalen Konzept von n-stelligen Relationen entsprechen.

P2. Den individuenbezogenen Prädikatausdrücken sind (bei Montague) wie den Begriffen *elementare sprachliche Ausdrücke* zugeordnet, ohne daß eine Zerlegung in elementarere Bedeutungseinheiten vorgenommen werden muß.

P3. Ein einstelliges Prädikate F wird extensional als eine Menge von Individuen (alle F-Individuen) interpretiert. Ein Begriff steht für sich selbst, er ist *nicht extensionalisierbar*. Damit wird die KONTINGENTE Klasse ALLER(!) F-Individuen konzeptuell getrennt von der gesetzesbezogenen Einheit des Begriffs F.

P4. In der PL-Semantik sind die Individuen die *Bausteine der Ontologie.* Ein Prädikat wird interpretiert als eine Klasse von Individuen. In KSEM sind die Begriffe die Bausteine der Ontologie. Ein Gegenstand ("Dividuum" genannt) wird als eine Menge von Begriffen aufgefaßt, die gerade die Kenntnis des Sprachbenutzers von einem wirklichen Ding, über das er sprechen möchte, darstellt.

Während in der PL-Semantik den Individuen ein klares *Identitätsverhalten* zugestanden wird, aber nicht den intensional verstandenen Prädikaten, ist es in KSEM gerade umgekehrt: die sprachliche Grundausdrücke stehen eineindeutig für Begriffe (Prädikat-Intension). Da die sprachlichen Ausdrücke aufgrund ihrer Gestalt voneinander klar unterscheidbar sind, gilt dies auch für die Begriffe. Die Gegenstände (Individuen) sind dagegen noch nicht einmal festgelegt, da sie von den Interessen des Sprechers abhängen und davon, worauf er als eine Einheit referieren will.

P5. GESETZE werden in der PL-Semantik als All-Aussagen über dem Individuenbereich formuliert

$$\text{(für alle } x \text{ gilt: wenn } F(x), \text{ dann } G(x))$$

und extensional als Mengenbeziehungen dargestellt, während sie in KSEM *Relationen zwischen Begriffen* sind (F-sein impliziert G-sein).

P6. Mit KSEM wird *kein Anspruch auf Objektivität* oder Allwissenheit erhoben, es wird stattdessen ein expliziter Index des Kommunikanten K eingeführt, auf den sich alle Kenntnisse beziehen. Die explizite Bezugnahme auf den individuellen Kommunikanten führt zu einer Mannigfaltigkeit, die die der möglichen Welten in der Modelltheoretischen Semantik ersetzt. Insofern ist die Komplexität der beiden Ansätze ähnlich, aber mit dem Unterschied, daß in das Mögliche-Welt-Konzept die Vorstellung der objektiven und vollständig expliziten Allwissenheit eingeht. Dies ist sicher keine geeignete Modellierung irgendeines irdischen Sprachbenutzers.

2 Die Begriffe als kommunikative Basis des individuellen Sprachbenutzers.

2.1 Der Kommunikant als Modell des Sprachbenutzers.

Ausgangspunkt ist eine endliche Menge MK mit mindestens zwei Elementen, die die Sprachbenutzer darstellen soll. Ein Element der Menge MK wird im folgenden *"Kommunikant"* genannt. Ein "Kommunikant" ist das Modell eines Sprachbenutzers, d.h. wie bei jedem Modell werden bestimmte Eigenschaften von Sprachbenutzern modelliert, während von anderen abstrahiert wird. An den Resultaten wird zu prüfen sein, ob diese Auswahl an modellierten Eigenschaften zu einer adäquaten Lösung der Aufgabe, wie Sprecher ihre Begriffe benutzen, führt.

Jedem Kommunikanten K aus MK ist eine bestimmte endliche Menge zugeordnet: MB/K. Diese repräsentiert die endliche, nichtleere *Menge der Begriffe*, über die ein individueller Sprachbenutzer (hier K) verfügt.

Jedem Kommunikanten K aus MK ist eine *"Eigensprache"* NS/K zugeordnet. Die Binnenstruktur von NS/K soll hier nicht formal ausgeführt werden, da es hier nur auf die Rolle der Begriffe bzgl. dieser Eigensprache ankommen soll.[1] In der Struktur der Eigensprache sind die syntaktischen Kategorien und jeweils eine Menge von dazugehörigen Grundausdrücken festgelegt, außerdem die syntaktischen Regeln, nach denen die Ausdrücke verschiedener Kategorien miteinander verknüpft werden können. Die Gesamtheit der Grundausdrücke aller Kategorien von NS/K bilden das *Lexikon des K, LX/K*. Es enthält also mit Bezug auf Deutsch als Einzelsprache Ausdrücke wie "Hund" zur Kategorie der Substantive, "rot" zur Kategorie Adjektive usw.[2]

2.2 Begriff und sprachlicher Ausdruck.

Jedem Element b aus MB/K ist ein sprachlicher Ausdruck A aus der Eigensprache NS/K des K ein-eindeutig zugeordnet. A ist entweder ein Element aus LX/K oder ein nach syntaktischen Regeln von NS/K zusammengesetzter Ausdruck. Das Paar, bestehend aus dem sprachlichen Ausdruck A und dem dazugehörigen Begriff b, heiße *"Sprachliches Zeichen" Z bzgl. NS/K und MB/K: Z $=< A, b > /K$.* Beispiele für solche sprachliche Zeichen sind:

$$Z_1 \; = \; < \text{"Hund"}, b_1 > /K, \qquad Z_2 \; = \; < \text{"rot"}, b_2 > /K,$$
$$Z_3 \; = \; < \text{"Saurer Regen"}, b_3 > /K.$$

Das letzte Zeichen ist ein Beispiel für ein syntaktisch zusammengesetzen Ausdruck mit einer einheitlichen Bedeutung. An den Beispielen sieht man folgendes:

S1. Begriffe sind immer an sprachliche Ausdrücke gekoppelt.

S2. Die Ausdrücke können wie das letzte Beispiel zeigen soll, auch zusammengesetzt sein. Dabei ist das Kriterium für einen einheitlichen Begriff zu einem

---

[1] Die Struktur der Eigensprache ist in [Mudersbach 1984] dargestellt. Sie schließt am syntaktischen Teil der Montague-Grammatik an (cf. [Montague 1974].

[2] Der Ausdruck "Privatsprache" wird hier vermieden, um die Diskussion im Anschluß an Wittgenstein ([Wittgenstein 1971]) nicht führen zu müssen. Der Begriff "Eigensprache" kennzeichnet nicht ein denkbares Phänomen, wie das der von vornherein sozial fundierte Begriff der (Privat-)Sprache bei Wittgenstein intendiert; mit "Eigensprache" ist vielmehr ein Beschreibungsinstrument gemeint, das als formales Regelsystem charakterisiert wird, das unabhängig davon, ob es jemals angewandt wird oder worden ist, präzis eingeführt werden kann.

komplexen Ausdruck vereinfacht gesprochen: wenn die Zusammensetzung
der Einzelbedeutungen nicht die Bedeutung des zusammengesetzten Ausdrucks ergibt, erhält der komplexe Ausdruck eine eigenständige Bedeutung.
So ergibt der Begriff zu "sauer" und der zu "Regen" nicht die spezifische Bedeutung von "saurer Regen", denn nicht jeder Regen, der sauer schmeckt ist
"saurer Regen" (der ja selbst nicht regelrecht sauer schmeckt, aber chemisch
einen bestimmten meßbaren Säuregrad hat). *Idiomatische Wendungen* (wie
z.B. "die Flinte ins Korn werfen") bekommen aufgrunddessen einen einheitlichen Begriff zugeordnet (neben der wörtlich zusammengesetzten Bedeutung).

S3. Längere Ausführungen zur Problematik *mehrdeutiger sprachlicher Ausdrücke*,
wie Homonyme (z.B. "Schloß") bzw. Polyseme (z.B. "Tag") können durch
die Regelung vermieden werden, daß in diesem Fall die sprachlichen Ausdrücke mit einem unterscheidenden Index versehen werden und jedem der
indizierten Ausdrücke eineindeutig ein Begriff zugeordnet wird.

S4. Bisher wird ein Begriff b als Bedeutungs-"Atom" zu einem sprachlichen Ausdruck angesehen. D.h. der Begriff b ist nicht weiter zerlegbar in elementarere Bestandteile, wie z.B. in Seme oder semantische Merkmale oder Marker,
da die Modelle, die die lexikalische Bedeutung bzw. einen Begriff weiter
zerlegen, der Kritik der "metaphysischen Unfundiertheit" ausgesetzt sind,
denn die Begründung, warum man sich für bestimmte basale theoretische
Konstrukte (Seme) entschieden hat, kann entweder innerlinguistisch nicht
gegeben werden oder außerlinguistisch nur auf der Basis einer willkürlich
gewählten Metaphysik.[3]

2.3 Identitätskriterien für Begriffe.

Das Identitätsverhalten der Begriffe wird nur durch das gewählte Etikett (z.B. b_7)
bestimmt: verschiedene Etikette zeigen die Verschiedenheit der etikettierten Begriffe. (In dieser Hinsicht haben sie also den gleichen Status an Eindeutigkeit wie
die Individuen in der Individuensemantik). Wegen der eineindeutigen Beziehung
zu einem sprachlichen Ausdruck läßt sich das Identitätskriterium aber auch über
die Ausdrucksseite formulieren:

wenn die Ausdrucksseiten verschieden sind,
so sind auch die Begriffe verschieden.

Im Beispiel: das sprachliche Zeichen 'Hund' erhält die Darstellung <"Hund",
b_7 >. Aus mnemotechnischen Gründen läßt sich aufgrund des angegebenen Iden-
titätsverhaltens auch schreiben: 'Hund' = <"Hund", Hund>, d.h. der Begriff

---

[3]Ich schließe mich hier der Argumentation bzgl. Zerlegungssemantiken in [Wigand, Wolski
1980] an und verzichte daher auf eine Wiederholung der Argumente.

wird durch die Ausdrucksseite selbst ausgedrückt. Für mehrdeutige sprachliche Zeichen gilt:

'Tag' wird überführt in

'Tag1' = <"Tag1",Tag1> für den 24stündigen Zeitabschnitt und in

'Tag2' = <"Tag2",Tag2> für den hellen Teil von 'Tag1'.

2.4 Die Bedeutung von Begriffen.

Ein Begriff besteht also lediglich in einem bestimmten identifizierbaren Objekt b, das selbst weder zerlegbar noch auf eine "dahinterstehende" Bedeutungs-Ebene abbildbar ist. Wenn im folgenden dennoch der semantische Terminus "Bedeutung" auf Begriffe angewandt wird, dann nicht im Sinne einer Interpretation, sondern im Sinne einer *Einbettung in ein relationales Netz* von Begriffen.

Gegeben sei also die Menge MB/K und dazu eine Menge von Relator- Ausdrücken, die teils logische Beziehungen zwischen den Begriffen betreffen (z.B. ist-Oberbegriff-zu, ist-Gegenbegriff-zu, ist- synonym-zu usw.), zum Teil ontische Verhältnisse (wie z.B. steht in der Teil-Ganze-Beziehung-zu, steht-in der-Ursache-Wirkung-Beziehung-zu usw.) ausdrücken.

Für alle Begriffe des Kommunikanten K wird postuliert, daß sie mindestens über zwei Relationen mit anderen Begriffen verbunden sind. Anschaulich modelliert dies die Kompetenz des Sprachbenutzers hinsichtlich seiner Begriffe: er muß zu einem Begriff zumindest ein genus proximum und eine differentia specifica angeben können, sonst ist er nicht imstande den Begriff von einem anderen zu unterscheiden.

Wenn nun also für alle Begriffe aus MB/K die relationalen Verknüpfungen zu anderen Begriffen aus MB/K sichergestellt sind, dann lassen sich diese Relationen in einem *Begriffsnetz BN/K* zusammenfassen (und dies sei dann die Darstellung der semantischen Struktur, die der Sprachbenutzer zu seinen Begriffen kennt). Die Bedeutung eines Begriffs b aus MB/K bzgl. BN/K soll im folgenden (ähnlich wie in [Mudersbach 1983a]) gestuft eingeführt werden. *Die Bedeutung erster Stufe von b* (abgekürzt: $BED.1(b,BN/K)$) läßt sich dann folgendermaßen definieren:

angenommen: b stehe zu den Begriffen $b_1 \ldots b_4$ in direkter relationaler Beziehung (durch z.B. $R_1(b,b_1) R_2(b_3,b,b_4), R_3(b_2,b)$), dann ist die Bedeutung 1. Stufe von b, $BED.1(b,BN/K))$ definiert durch die relationale Umgebung, ergänzt um b selbst, d.h. durch die Menge: $BED.1(b,BN/K) = \{b, R_1(b,b_1), R_2(b_3,b,b_4), R_3(b_2,b)\}$.

Dahinter steht die Intuition: wenn wir jemanden nach der Bedeutung des Ausdrucks "Hund" (= b) fragen, dann gibt er in seiner Bedeutungsexplikation einen im Kontext geeigneten Ausschnitt aus der Begriffsumgebung von b an. Daß er nicht alle Beziehungen angibt, liegt daran, daß entweder nur die Definition des

Begriffs gefragt war oder die Verwendungsweise bzgl. einer bestimmten begrifflichen Umgebung. (Dies wird näher ausgeführt in 7.1).

Mit diesem Ansatz können wir nun auch folgende Situation modellieren: wenn
derjenige, der nach der Bedeutung von *b* gefragt, bei der Erwähnung von *b'* noch
nicht zufrieden ist, sondern weiterfragt nach der Bedeutung von *b'*, dann zeigt
dies, daß er erst dann die Bedeutungserklärung zu *b* als befriedigend ansehen
wird, wenn ihm *b'* auch erläutert worden ist. Da *b'* nun aber ein beliebiger Begriff aus der Umgebung zu *b* war, so kann diese Situation für JEDEN Begriff
aus der Umgebung von *b* eintreten. Wir können möglichen Fragern daher eine
umfassendere Bedeutungserläuterung von *b* zur Verfügung stellen, wenn wir alle
Begriffe *b'* in der Umgebung von *b* auch in die Erläuterung von *b* miteinbeziehen
(vgl. [Mudersbach 1983a, Mudersbach 1983b]). Dies soll ausgedrückt werden in
der Definition der *Bedeutung 2. Stufe zu b, BED.2(b,BN/K):*

BED.2(b,BN/K) = Vereinigung von *BED.1(b,BN/K)* mit allen Umgebungen
BED'(b',BN/K) der Begriffe *b'* aus *BED.1(b,BN/K)*.

Hierbei sei *"Umgebung von x bzgl. BN/K"* (= *BED'(x,BN/K)*) für einen beliebigen Begriffe *x* aus *BN/K* definiert durch:

BED'(x,BN/K) = *BED.1(x,BN/K)* abzgl. *x* selbst.

Die Umgebung von *x* ist also gleich der Bedeutung von *x* bis auf *x* selbst, das
nicht zur Umgebung von *x* gehört.

Die *Bedeutung n-ter Stufe* läßt sich dann als Verallgemeinerung des Schritts
von der 1. zur 2. Bedeutungsstufe folgendermaßen formulieren: Angenommen: die
Bedeutung $(n-1)$-ter Stufe zu *b* aus *MB/K* liege vor: *BED.(n-1)(b, BN/K)* (mit:
$1 < n < N$); dann sei *die n-te Bedeutungsstufe BED.n(b,BN/K)* definiert durch:

BED.n(b,BN/K)= Vereinigung von *BED.(n-1)(b,BN/K)* mit allen Umgebungen
BED'(b',BN/K) der Begriffe *b'* aus *BED.1(b,BN/K)*.

Die Maximalstufe N der Bedeutung eines Begriffs b wird nach diesem Verfahren dann ereicht, wenn das ganze Netz in "konzentrischen Kreisen" um *b* erfaßt
worden ist. Die Bedeutung der Maximalstufe gibt auch den unverwechselbaren
"Stellenwert" des Begriffs *b* im Gesamtnetz *BN/K* an. Diese Bedeutungsstufe
soll auch

   "die holistische Bedeutung von b bzgl. BN/K"

genannt werden. Sie modelliert den Saussureschen Gedanken des "Valeurs eines
Zeichens", nach dem die Bedeutung eines Zeichens in einem Sprachsystem nur mit
Bezug auf das ganze System dargestellt werden kann Sa16, S.136.). Wir können
jetzt also als Präzisierung des Valeur-Gedankens bei Saussure den "VALEUR *eines
Begriffs b bzgl. BN/K"* definieren:

VALEUR$(b,BN/K)$ = $BED.N(b,BN/K)$.

Die Zwischenstufen $0 < n < N$ bilden die Brücke zwischen der *atomistischen Bedeutung (nullte Stufe)* (cf. nächster Abschnitt) und der holistischen N-ten Stufe; sie sollen daher

"*hol-atomistische Bedeutungsstufen von b bzgl. BN/K*"

genannt werden. Es wird sich zeigen (in 7.1), daß sie diejenigen sind, die für die kontextsensitive Bedeutung im Gebrauch relevant sind.

2.5 Begriffe zwischen Zerlegung und Relation.

Im Vergleich zu den Zerlegungssemantiken läßt sich zusammenfassend sagen, daß mit dem relationalen stufbaren Bedeutungskonzept zwei Nachteile der Zerlegungs- bzw. Interpretationssemantiken vermieden werden:

N1. Die in der relationalen Bedeutungsdarstellung verwendeten Bestimmungs- stücke (Relatoren und Begriffe) haben einen klaren beschreibungssprach- lichen Status im Gegensatz zu den Zerlegungselementen (wie Semen oder semantischen Markern). Denn die Argumente, also die Begriffe, sind den Ausdrücken der zugrundegelegten Sprache eindeutig zugeordnet und die Relatoren basieren, wie oben gesagt, auf allgemeinen Denkstrukturen, die unabhängig von der betrachteten Einzelsprache bzw. Eigensprache als uni- versale kognitive Beziehungen angesehen werden können.

N2. Die Bedeutungsbeschreibung führt bei der Zerlegung (z.B. in semantische Merkmale) in einen infiniten Regreß, weil die Zerlegung selbst wieder hin- sichtlich der Bedeutung der Zerlegungselemente hinterfragt werden kann. Bei der relationalen Beschreibung wird dagegen ein Sprachbenutzer simu- liert, der nach der Bedeutung b' eines Begriffs aus der Umgebung des ersten Begriffs b gefragt wird: er verbalisiert die Umgebung dieses zweiten Begriffs b' (oder Teile davon). Bei kontinuierlichem Nachfragen muß der Befragte also das ganze Begriffsnetz durchlaufen, wenn er keine zirkuläre Antwort geben will. Damit gelangt er zur Situierung des Ausgangsbegriffs im Ge- samtnetz, d.h. zu seinem "Stellenwert" bzgl. BN/K, also zu dem wohldefi- nierten holistischen Abschluß der Beschreibung.

2.6 Vergleich mit dem atomistischen Bedeutungskonzept

Zu den bis jetzt definierten Bedeutungsstufen $n = 1$ bis $n = N$ soll nun noch eine nullte Bedeutungsstufe *BED.0* hinzugefügt werden. Während die erste Be- deutungsstufe von $b = Hund/K$ bzgl. BN/K als

$BED.1(Hund/K,BN/K)$

definiert wurde, sei nun die *nullte Bedeutungsstufe* von $Hund/K$ definiert als
$$BED.0(Hund/K, BN/K) = Hund/K,$$
d.h. die nullte Bedeutungsstufe zum Begriff *Hund/K* ist der Begriff selbst (kanonisch charakterisiert durch den 1–1-zugeordneten K-sprachlichen Ausdruck "Hund").

Diese Definition scheint zunächst nur eine formale Spielerei zu sein, aber es zeigt sich, daß sie wichtige semantische Eigenschaften sprachlicher Zeichen abdeckt, die bislang jedoch nicht als semantisch erkannt wurden, sondern der Ausdrucksseite zugeschrieben wurden.

Wann ist diese nullte Bedeutungsstufe überhaupt relevant? Immer wenn ein Ausdruck nicht sprachlich parpaphrasiert werden soll (d.h. wenn nicht die Angabe der ersten Umgebung gefragt ist), also nicht für etwas anderes steht, sondern wenn er für sich selbst stehen soll. Und diese Beziehung wird gebraucht, wenn man einen Ausdruck gebraucht, d.h. wenn man den Ausdruck in einem Text oder einer Äußerung verwendet, oder wenn man ihn erwähnt oder wenn man ihn (in einer Abfolge von Ausdrücken in Anführungszeichen) zitiert. Denn üblicherweise wird die Erwähnungsfunktion semiotisch gerade dadurch angezeigt, daß der Ausdruck, der für sich selbst stehen soll, hingeschrieben wird und in Anführungszeichen eingeschlossen wird: "Hund" erwähnt also den in Anführungszeichen stehenden sprachlichen Ausdruck (als Type oder Token), während bei einer Zusatzangabe (z.B. "der auf Seite .., verwendete Ausdruck 'Hund' ") "Hund" sich auf den dort stehenden Ausdrucks-Token bezieht. Analog erwähnt *Hund/K* den vor /K stehenden Begriff.

Wie steht es aber mit dem Zitieren? Hier wird ein Text nicht verwendet, sondern als ganzes erwähnt, d.h. der in Anführungszeichen gesetzte erwähnende Text referiert auf eine komplexe Zeichenabfolge, die selbst als Token in einem Text vorkommt, ohne daß ihm als ganzen ein Type zugeordnet werden kann.

Dann sehen wir auch ein, warum beim Zitieren die wortwörtliche Wiederholung der Zeichen akribisch genau geleistet werden soll: weil es weder einen (auch trotz Entstellung immer noch erkennbaren) Type gibt, noch weil ein Ausweichen auf ein synonymes anderes Zeichen möglich ist oder ein Ausweichen auf eine Bedeutungsumschreibung (weil beide Möglichkeiten schon zur ersten Bedeutungsstufe gehört). – Außerdem läßt sich jetzt auch begründen, warum die Interpretation der Anführungszeichen als ein Abstreifen der Inhaltsseite, bei dem nur noch die sinnleeren Ausdrucksseite übrigbleibt [Searle 1969, S.74f.], kontraintuitiv ist, denn auch den Zitattext soll der Leser ja wie jeden anderen Text verstehend aufnehmen und nicht als Ansammlung von Buchstaben auf dem Papier. Die Anführungszeichen weisen gerade darauf hin, daß der Text in seiner strengsten Bedeutung, der nullten Bedeutungsstufe, zu lesen ist, d.h. als identisches Abbild des zitierten, inhaltlich zu verstehenden Textes. Das also drückt sich in der nullten Bedeutungsstufe aus.

2.7 Begriffe im Vergleich und in der Metakommunikation.

Wir haben nun gesehen, daß es zu jedem Begriff zwei maximal exakte Bedeutungs-
bestimmungen gibt: die nullte Bedeutungsstufe und die N-te Bedeutungsstufe.
Also:

$BED.0(b, BN/K)$ und $BED.N(b, BN/K)$ bzw. b/K und $\text{VALEUR}(b/K)$.

Die nullte Bedeutung bezieht sich nur auf den atomistischen Begriff, enthält keinerlei Information über die Umgebung des Begriffs, während die holistische Bedeutungsstufe (N) die gesamte Information über ein einziges Begriffsnetz einbe-
zieht. Wenn wir nun danach fragen, wie sich zwei Personen K und L über ihre
Begriffe verständigen können, so müssen wir aufgrund der Voraussetzung, daß
Eigensprachen verschieden sein können, annehmen, daß $BN/K = BN/L$.

Nun zeigen sich aber die Nachteile der beiden Bedeutungsstufen: sie sind für
die Kommunikation untauglich; beim Valeur muß man ein bestimmtes Sprachsystem schon vollständig zur Verfügung haben, um den einen Begriff verstehen oder
benutzen zu können; dies trifft gerade für K und L nicht zu. Bei der atomistischen
Stufe kann man nicht ausdrücken, worauf es im jeweiligen Gebrauchskontext ankommen soll: man kann Begriffe nur verwenden, erwähnen oder zitieren, aber
nicht explizieren; dies trifft also auch nicht auf die hier zu diskutierende Situation
zu, daß K und L sich verständigen sollen über ihre Begriffe.

Es sei noch auf eine zweite Lesart dieses Netzvergleichs hingewiesen, nach
der die Situation strukturell dieselbe, wie die, die in der Holismus-Debatte diskutiert wird: nämlich, ob zwei *Theorien K und L inkommensurabel* sind, obwohl
sie einen oder mehrere Parameter (dem sprachlichen Ausdruck nach) gemeinsam haben. Unter der Voraussetzung, daß man Theorien als Begriffsnetze auffaßt
([Mudersbach 1990]), läßt sich zeigen, daß der strenge Holismus gerade vom holistischen Bedeutungskonzept Gebrauch macht und somit den Parametern deren
Valeurs bzgl. einer bestimmten Theorie zuordnet. Damit ist dann a priori impliziert, daß die Vorkommen desselben Parameters in verschiedenen Theorien nicht
miteinander vergleichbar sind. Wenn der holistische Wissenschaftstheoretiker dagegen eine "konziliantere", nämlich hol-atomistische Haltung einnimmt, dann
nähert er sich der liberaleren Situation des experimentell arbeitenden Wissenschaftlers, der sich diese Schwierigkeiten beim Vergleich verschiedener Theorien
nicht macht.

Ebenso sollte auch die (Meta-)Kommunikation zweier Personen über ihre Begriffe hol-atomistisch beschrieben werden, wenn sie schließlich zu einem Kompromiß geführt hat (vgl.nachfolgend 6.1).

Hier ist von Meta-Kommunikation die Rede, weil in der üblichen dialogischen
Kommunikation die Begriffe nicht thematisiert, sondern einfach verwendet werden: zum Referieren und Prädizieren über einem kontingenten Wirklichkeitsausschnitt. Dies wird in (5) behandelt.

3 Das begriffliche Wissen des Sprachbenutzers.

3.1 Gesetzesformulierungen und ihr begrifflicher Kern.

Sprachbenutzer benutzen ihr begriffliches Repertoire, entweder um kontingente Sachverhalte darzustellen (cf. 5 f.) oder um über ihr begriffliches Wissen zu kommunizieren, d.h. um die individuellen Sprach-und Sachgesetze zu formulieren.

Es ist sowohl für die begriffliche Wissensverarbeitung als auch für das Verstehen des Status von Äußerungen eines Sprechers sehr wichtig, sich klarzumachen, wie ein Sprachbenutzer in einer natürlichen Sprache seine Gesetze ausdrücken kann. Meine *THESE* lautet:

> natürliche Sprachen sind primär zum Kommunizieren über kontingente Sachverhalte geeignet. Für das Sprechen über die Sprache selbst, d.h. über die Wörter, Begriffe und damit verbundenen Gesetze, ist jeweils zu prüfen, ob die natürliche Sprache dafür explizite Mittel zur Verfügung stellt (Indikatoren für gesetzesartige Aussagen), oder ob sie sich auf die immer mögliche kontextabhängige Uminterpretation von sprachlichen Mitteln verläßt. Wenn das letztere der Fall ist, dann wäre es ein erheblicher Fehler der Intepretation, wenn diese Umdeutung nicht erkannt würde.

Die folgende Betrachtung bezieht sich exemplarisch auf die Mittel einer Einzelsprache, nämlich des Deutschen. Daß ich hier die Fein-Unterscheidung in Eigensprachen außer Acht lassen kann, läßt sich am Ende der Ausführung motivieren. Für das Deutsche zeigt sich folgendes: wenn wir die Aussage (a) als Gesetzesaussage ansehen,

(a) alle Wale sind Säugetiere,

dann können wir uns fragen, ob es einen Informationsunterschied gibt zwischen (a) und (b) bis (j):

(b)	der	Wal	ist	ein	Säugetier.
(c)	ein	Wal	ist	ein	Säugetier.
(d)	jeder	Wal	ist	ein	Säugetier.
(g)	(die)	Wale	sind		Säugetiere.
(h)	was	Wal	ist,	ist auch	Säugetier.
(i)	wenn etwas				
		ein	Wal	ist,	
				dann ist es auch ein	Säugetier
(j)	kein	Wal,	ohne		Säugetier zu sein.

Ich vertrete die Auffassung, daß mit jeder Formulierung dasselbe Gesetz ausgedrückt wird (andere Auffassungen, siehe unten), daß also hinsichtlich der Information über ein beim Sprecher vorliegendes Gesetz kein Unterschied besteht. Andererseits ist aber ebenso klar, daß die Quantorenausdrücke "alle", "ein", "der", "die", bloßer Plural und "jeder" sicherlich dazu dienen, unterschiedliche Mengen von Objekten zu bezeichnen, mithin in ihrer Bedeutung in Opposition zueinander stehen. Wir haben also das Paradox, daß die Semantik der Quantoren etc. zu einer unterschiedlichen Interpretation jeder der obenstehenden Sätze führt, daß andererseits der Informationsgehalt all dieser Sätze aber derselbe ist.– Es scheint so als ob die unterschiedlichen Bedeutungen der Quantoren etc. "kollabieren" würden in eine einzigen Bedeutung (*Quantorenkollaps*). Welcher Quantor soll nun diese Bedeutungsrolle übernehmen? Meine Antwort ist: keiner. Dies wird sich gleich begründen lassen, wenn wir erst einmal nach dem invarianten Kern all dieser Sätze gefragt haben. Offensichtlich wird hier "Wal" mit "Säugetier" in Beziehung gesetzt und zwar in einer Unter-Oberbegriff-Beziehung (ich nenne es im folgenden auch: "Begriffs-Implikation"). *Der invariante Kern* läßt sich auch so ausdrücken:

der Begriff "Wal" impliziert den Begriff "Säugetier",

oder verkürzt:

Wal $\Longrightarrow$ Säugetier.

(ich wähle hier diesen Pfeil, um vom Pfeil der materialen Implikation für Aussagen ($\longrightarrow$) zu unterscheiden).

Was sich an diesem Test zeigt, ist folgendes: hier ist gar nicht von Gegenständen in der Welt die Rede, sondern von einer begrifflichen Beziehung, die VOR bzw. JENSEITS der kontingenten Welt besteht. Die Konsequenz davon ist, daß wir in der Semantik neben der kontingenten Ebene der Informationen über die Wirklichkeit eine *zweite Ebene der Gesetze* etablieren müssen. Ein Sprecher muß über beide Ebene sprechen können. Allerdings ist das Reden über die Gesetzesebene, d.h. die Begriffsklärung im Dialog dem metakommunikativen und damit dem nicht-gewöhnlichen Gebrauch der Sprache zugehörig (siehe oben 2.7). Die Mittel, die das Deutsche dafür zur Verfügung stellt, sind Ausdrücke wie "der Begriff "F" oder "das *F*-sein". Carnap hat in [Carnap 1934] die inhaltliche von der quasisyntaktischen Redeweise unterschieden und gezeigt, daß viele inhaltliche Formulierungen verkappte Bedeutungsaussagen sind (wohl weil uns das inhaltliche gegenstandbezogene Sprechen als anschaulicher oder ungekünstelter erscheint). – Wenn nun aber in einer auf Gegenstände bezogenen Redeweise auf nur einen einzigen denkbaren Gegenstand, nämlich den Begriff 'Wal', referiert werden soll, ist es gleichgültig, mit welchem Quantor dieser eine "Begriffsgegenstand" bezeichnet wird, Deswegen trifft jeder Quantor ebenso gut zu wie keiner. Die gegenständliche Redeweise muß daher umgedeutet werden, sonst führt sie uns auf eine falsche Fährte, nämlich auf die Quantitäten, die bei kontingenten Gegenständen zu differenzieren sind. Aber wenn an der Menge der Gegenstände sozusagen nur ein Element enthalten kann, dann laufen die Quantoren-Mittel der Sprache leer.

Daher wird als die invariante Form diejenige vorgeschlagen, die den Ebenenwechsel explizit macht: es ist nicht von einem oder allen Gegenständen die Rede, die Wale sind, sondern von DEM Begriff 'Wal' und einem Gesetz zu diesem Begriff, d.h. zu einer Relation aus dem Begriffsnetz der Sprache.

Wir sehen jetzt auch, warum hier die Eigensprachen-Unterschiede irrelevant sind: wenn wir die Quantoren zu den Ausdrücken rechnen, die in ihrer Bedeutung für alle Sprachbenutzer festliegen (dazu gehören auch die "logischen Konstanten" wie "und", "oder" und "nicht"), dann kommt es nur noch auf ihre Bedeutung in der betreffenden Einzelsprache an.

Man kann mit diesem Ansatz nun auch erklären, warum der Eindruck entsteht, als ob man den bestimmten *Artikel generisch verwendet* (d.h. eigentlich im Sinn von "alle"): wenn man in der Gegenstandsebene verhaftet bleibt, dann ist die All-Aussage die expliziteste: sie gibt an, was für alle Objekte eines bestimmten Typs gilt. Jede "generische" Verwendung eines anderen statt des des All-Quantors scheint sich also auf eine explizite All-Aussage zurückführen zu lassen. Aber dies ist ein falsches Bild, bei dem die Generizität immer noch in der kontingenten Wirklichkeit angesiedelt wird. Aber etwas kann ja auch zufällig für alle Objekte eines bestimmten Typs gelten, ohne daß diese Allheit das Generische erfaßen würde. Solange wir uns auf die Präferenz des "gegenständlichen Redens" (die in jeder natürlichen Sprache angelegt sein muß, wenn sie im kontingenten Alltag effizient sein soll), einlassen, suchen wir das Phänomen am falschen Platz, nämlich in der kontingenten Wirklichkeit. Aber sie kann uns nichts sagen über die Gesetze (wie schon David Hume ausführte). – Man sollte daher nicht von einem generischen Artikel neben dem definiten sprechen, sondern von der *Umdeutung des definiten Artikels* sprechen. Eine Umdeutung eines Ausdrucks ist immer dann erforderlich, wenn in dem spezifischen Kontext die normale Bedeutung zu einer "informationslosen" Aussage führt, wobei *"informationslos"* das Tautologische, das Kontradiktorische und das Nicht-Referentialisierbare umfaßt. Wenn also ein definiter Artikel verwendet wird in einem Kontext, in dem er sich nicht auf ein kontingent vorhandenes Objekt beziehen läßt, dann ist er umzudeuten. Mit dieser Charakterisierung ist aber die Notwendigkeit der Umdeutung gerade der oben gesuchte einzelsprachliche Indikator dafür, daß hier die Gesetzesebene angezeigt wird und daß die Aussage auf der Gesetzesebene zu interpretieren ist.

Daher wird hier als Interpretation aller Aussagen (a) – (j) die Indikation des Ebenenwechsels vorgeschlagen. Alle Aussagen sind dann zu interpretieren als gleichbedeutende, gegenständlich "verkleidete" Varianten der explizit begriffliche Redeweise, die zur *invarianten Angabe von gesetzesartigen Informationen* dient, nämlich (in der einfachsten Form):

"*A*-sein" IMPLIZIERT "*B*-sein".

Hier stehen die Begriffe in Anführungszeichen und die Relation zwischen zwei Begriffen wird zur Verdeutlichung des metasprachlichen Charakters in Großbuchstaben geschrieben.

3.2 Begriffs-Gesetze und Wissensakquisition.

Die Ausführungen von 3.1 haben nun hinsichtlich der Wissensakquisition aus
Texten die Konsequenz, daß es bei einer vorliegenden Aussage in einem Text,
die als Gesetz erkannt wurde, nicht auf die quantoren-syntaktische Feinstruktur ankommt, sondern nur auf die Begriffe, die miteinander in Beziehung gesetzt
werden. d.h. man braucht ein Gesetzes-Erkennungsverfahren, das erst einmal eine
Aussage (aufgrund bestimmter Indikatoren) als Gesetz erkennt und dann unter
Vermeidung einer syntaktischen (da unnötigen) Feinanalyse die eigentliche Begriffsbeziehung herausarbeitet. Dies ist sicher keine triviale Aufgabe, da in Texten, die nicht gerade vom begriffsexplikativen Typ sind (wie philosophische Texte)
immer eine Mischung von kontingentem mit gesetzesartigem Wissen anzutreffen
sein wird. So enthalten z.B. Weil-Sätze und Obwohl- Sätze nur einen impliziten
Bezug auf ein dahinterstehendes Gesetz.

Es zeigt sich nun auch nachträglich, daß der Weg, die Begriffssemantik durch
semantische Netze darzustellen, nicht einfach eine Alternative neben anderen Darstellungsmöglichkeiten ist, sondern aus linguistisch-semantischen Gründen eigentlich der einzig gangbare Weg ist, da nur so die Begriffs-Beziehungen explizit ausgedrückt werden. – Man betrachte stattdessen z.B. die prädikatenlogische oder
modallogische Darstellung von Gesetzen als All-Aussagen, die in allen möglichen
(kontingenten!) Welten wahr sind, mithin "notwendig" wahr sind, und wende darauf die Argumentation des Leerlaufens der Quantoren an, so wird man einsehen,
daß all die möglichen, aber gegenständlich-kontingenten Welten den begriffsbezogenen Gesetzescharakter nicht ausdrücken können.

3.3 Vom Text zur kognitiven Struktur einer Person.

In Texten ist üblicherweise kontingentes und gesetzesartiges Wissen miteinander
verwoben. Wenn man daraus die gesetzartigen Aussagen extrahiert und zu einem Begriffsnetz zusammenstellt, z.B. mit der Methode RELATEX/RELATAN
in [Schönherr, Mudersbach 1992], so erhält man *die für diesen Text spezifische
Bedeutung der Begriffe* (wobei hier zwischen Sach- und Sprachgesetzen nicht unterschieden werden soll). Dies ist insbesondere dann von Nutzen, wenn es sich um
begriffsorientierte (philosophische bzw. wissenschaftliche Texte) handelt.

Ist der Text die Verschriftlichung eines Interviews mit einer Person, um ihre
individuellen Gesetze herauszufinden, so bildet das Begriffsnetz nicht nur ihre
Sprachkenntnisse ab, sondern auch ihr *kognitives Begriffsraster*, mit dem sie ihre
Wirklichkeit zu erfassen versucht. Dazu ist eine bestimmte Interviewtechnik erforderlich: *das gesetzesorientierte Nachfragen* (vgl. [Mudersbach 1988]). Mit der
Hypothese, daß eine Person die Bereiche ihrer Wirklichkeit kognitiv stärker ausdifferenziert, die sie aus bestimmten Gründen (Beruf, Hobby, Krankheit, usw.)
besonders interessieren, kann man aus einer überdurchschnittlich hohen Anzahl

an Relationen zu einem Begriff auf dessen Bedeutung für die Person schließen und damit das Begriffsnetz als Abbild des kognitiven Rasters der Person ansehen.

4 Begriffe und Gegenstände.

4.1 Der ontische Bereich des Kommunikanten.

Begriffe bilden die "Bausubstanz" für die Beschreibung der Wirklichkeit des Sprachbenutzers: er kann nur solche Objekte voneinander unterscheiden und sie sich sprachlich zugänglich machen, die er begrifflich voneinander trennen kann. Die Sprache zeigt, wie der Sprachbenutzer auf seine Objekte zugreift: ob er einen Wirklichkeitsauschnitt als eine Einheit "sieht" oder als Vielheit (z.B. "das Paar Socken" oder "die beiden Socken"). Jedenfalls besteht die Wirklichkeit für den Sprachbenutzer nicht aus präfabrizierten Individuen, die in Klassen (zu Eigenschaften) zusammengekoppelt sind, wie uns die prädikatenlogische Sicht nahelegen will. Der Sprachbenutzer braucht einen *flexiblen Objektbegriff*, der ihm gestattet, JEDEN Ausschnitt zu einem einheitlichen Objekt zu machen, sofern er dafür einen Begriff hat. - Dies könnte überhaupt als eine der grundlegenden Aufgaben der Begriffsbildung angesehen werden: daß wir für Objekte, auf die wir wiederholt einzeln zugreifen müssen, die wir aber sprachlich jedesmal nur durch einen komplexen umständlichen Referenzterm ausdrücken können, einen Begriff konstruieren und dies mit einem einfachen Lexem verbinden.

Hier wird vorgeschlagen, den Gegenstand des Sprachbenutzers durch eine Menge darzustellen, nämlich durch die Menge der Begriffe, die der Sprachbenutzer von dem Gegenstand kennt und zum Referieren benutzen kann. Eine solche Menge von Begriffen sei ein "DIVIDUUM" (worin das In-solide, Veränderbare schon mit ausgedrückt ist).

Der kontingente Informationsstand INF/K eines Kommunikanten bestehe also aus einer Menge von solchen Dividuen. Sie seien außerdem durch *Relationen (im Sinne von Begriffen mit Stelligkeit)* miteinander verbunden. Wir erhalten also für den Informationsstand wiederum ein Netz. Es unterscheidet sich darin vom Begriffsnetz, daß die Knoten nicht Begriffe, sondern Dividuen sind und daß die Kanten nicht semantisch-ontologische Relationen sind, sondern aus den Begriffen in *MB/K*, die eine Stelligkeit zulassen, gebildet sind. Da wir sprachlich auch aus einen Informationskomplex per Nominalisierung wieder einen Gegenstand der Betrachtung machen können, soll auch eine Operation zugelassen sein, die einem zusammenhängenden Teilnetz wiederum ein Dividuum zuordnet. In dieser Ontologie gibt es keine Einheiten höherer Typen. Da es *keine negativen Eigenschaften* in den Dividuen gibt, gibt es auch keine in sich widersprüchlichen Dividuen. Vorsichtiger gesagt: der Informationsstand ist ein Bereich, in dem Widerspruch oder *Inkonsistenz nicht definiert* ist. So ist das Meinongsche "runde Quadrat" als Dividuum d_1 mit den Elementen b_1 und b_2 (b_1=rund und b_2=Quadrat) durchaus zulässig. Denn ohne die Zuhilfenahme eines Bedeutungsgesetzes sind Begriffe einfache Objekte. *Das Bedeutungsgesetz*

"rund" IMPLIZIERT: NICHT ZULÄSSIG ("Quadrat")

(wobei NICHT-ZULÄSSIG(X) besagen soll, daß X in einem Dividuum nicht vorhanden sein darf bzw. eliminiert werden muß) führt aber nicht sofort zur Inkonsistenz von d_1. Denn

- erstens muß das Gesetz Teil des Begriffsnetzes von K sein,

- zweitens muß K das Interesse haben, dieses Gesetz zu aktivieren und damit d_1 zu überprüfen und

- schließlich, muß K den Schluß erst ziehen: wenn d_1 "rund" enthält, dann KANN "Quadrat" NICHT-zulässig sein in d_1.

Mit dieser Hörerhaltung stehen dem K noch mehrere Wahlmöglichekeiten offen:

a) d_1 soll aber Quadrat beibehalten, also ist d_1 nicht rund oder

b) das Gesetz ist nicht gültig oder

c) es ist in diesem Fall nicht anwendbar (obwohl d_1 rund ist, ist es auch ein Quadrat!) oder

d) d_1 soll rund sein, dann muß aber Quadrat aus d_1 gestrichen werden.

Die *pragmatisch-logischen Gesetze dieses Schließverhaltens* müßten hier explizit angegeben werden (cf. [Mudersbach 1994]), aber ersichtlich ist schon, daß neben dem Schluß, der mit dem modus tollens bzw. modus ponens modellierbar wäre (nämlich a) und d)) hat der Hörer zwei weitere Möglichkeiten, die logisch bislang nicht berücksichtigt worden sind.

4.2 Zum Identitätskriterium für Objekte (Dividuen).

Da ein Dividuum eine Menge von Begriffen ist, kann man das Identitätskriterium für Mengen auf Dividuen übertragen:

     zwei Dividuen d_1 und d_2 sind dann identisch,
     wenn sie in all ihren Begriffen übereinstimmen.

D.h. obwohl die Dividuen keine präfabrizierten Entitäten sind, sondern im Dialog durch neue Informationen verändert werden können, haben sie doch aufgrund des *Leibnizkriteriums*, daß zwei Gegenstände gleich (bzw. ununterscheidbar) sind, wenn sie in allen Eigenschaften übereinstimmen, ein klares Identitätsverhalten.

Sie sind auch nicht überdeterminiert wie die Individuen. Denn zwei verschieden Elemente i_1 und i_2 der Individuenmenge können in ihren Klassenzugehörigkeiten zu denselben Klassen gehören (d.h. dieselben Eigenschaften haben, also nach dem Leibnizkriterium identisch (bzw. ununterscheidbar) sein, obwohl sie durch den Namen unterschieden sind.

Aus diesem Grund ist noch eine Bemerkung zu der Rolle der Namen in der Dividuensemantik zu machen: die hier eingeführten formalen Namen d_1 und d_2 zur Kennzeichnung der beiden Mengen besagen nichts über die (Nicht-)Identität, d.h. sie verhalten sich so wie die üblichen Mengennamen.

Was nun aber die *Eigennamen von Objekten* in der natürlichen Sprache angeht, so könnte man ja argumentieren, daß sie die Dividuen eindeutig identifizieren. Dies muß aber nicht so sein. Auch über Eigennamen können wir quantifizieren: "alle "Müller" in Heidelberg" im Sinne von "alle Menschen in Heidelberg, die 'Müller' heißen". In manchen Sprachen und/oder Kontexten wird der Eigenname mit dem definiten Artikel gebraucht, z.B. im Portugiesischen, aber auch im Deutschen, z.B. bei den weiblichen Vornamen ("die Hella") oder bei bekannten (weiblichen) Persönlichkeiten ("die Dietrich", "der Strauß"). Hier kommt es nur darauf an, daß Eigennamen nicht in Analogie zu den Individuenkonstanten als *"rigide Designatoren" mißverstanden* werden dürfen wie in [Kripke 1972] (vgl. dazu [Mudersbach 1984, S.103ff.]). In KSEM ergibt sich ein ganz einfacher Ausweg, der zudem noch sicherstellt, daß Eigennamen wie anderer definite Deskriptoren behandelt werden können: der Eigenname "Hans Müller" wird verstanden als "der Hans-Müller-heißende", d.h. als definiter Artikel, der auf den *(Eigennamen-)Begriff "x-heißend"* angewandt wird, wobei das x durch irgendeinen namensfähigen Ausdruck der betreffenden Sprache ersetzt werden darf.

5 Funktion der Begriffe bei der Versprachlichung von Sachverhalten (Sprecherrolle des Sprachbenutzers)

Begriffe übernehmen bei der Sprachproduktion *zwei Funktionen*:

- zum einen dienen sie in den Referenztermen zur Vorgabe eines Eigenschaftskomplexes, der zur *Spezifizierung* (nicht: Identifizierung) *eines Objekts* oder einer Objektmenge dient,

- zum anderen im Prädiktsausdruck zur *Charakterisierung eines Objekts* bzw. einer Menge von Objekten. (in KSEM: die Dividuen.)

5.1 Begriffe in Referenztermen.

Ausgehend vom Informationsstand IBF/K wählt der Sprecher K eine Information aus, d.h. eine in INF vorliegender Sachverhalt von der Form:

Dividuenmenge – Relator – Dividuenmenge

Dividuen, die alle einen bestimmten Begriff F enthalten, können zu einer Menge zusammengefaßt werden und durch "alle F's" *(kontingente Allheit!)* verbalisiert werden. Ein einzelnes F aus einer solchen F-Dividuenmenge herauszugreifen, gelingt nur, wenn der Referenzterm *"der ...F"* soweit angereichert wird durch Begriffe, bis die Unterscheidung dieses bestimmten F von den anderen erreicht ist, d.h. zum eindeutigen Referieren benötigt der Sprachbenutzer eine solche Kombination von Eigenschaften (Begriffen), die nur in dem betreffenden Dividuum zusammen vorkommt.

Die definite Kennzeichnung stellt sich in der Dividuensemantik als der einfachste Fall von Quantifikation heraus. *Die Regel zur Interpretation von "der F"* lautet:

> suche im Informationsstand IBF/K eine Menge von Dividuen, die F enthalten, dann prüfe, ob dies eine EINER-Menge ist. Wenn dies gilt, so ist die Menge der Referent zu "der F". Wenn nicht, dann ist "der F" nicht referentialisierbar über IBF/K.

Da pragmatisch gesehen innerhalb des Informationsstandes immer noch ein momentaner Aufmerksamkeitsbereich herausgeschnitten werden kann (z.B. in Verbindung mit der Thema-Rhema-Gliederung), ist die Interpretationsregel sinngemäß auch auf einen solchen Aufmerksamkeitsbereich anwendbar.

Man sieht aufgrund dieses Gegenstandsmodells, daß die definite Kennzeichnung "der F" den Horror der schrecklichen Umständlichkeit, der ihr zu Unrecht aufgrund der in eine "definition in use" hineingeschachtelten "Existenz + Alle"-Kombination anhaftet, die sie seit Russells "On denoting" [Russell 1905] mit sich schleppt und die Montague unverändert übernommen hat ("proper" treatment of quantification!? [Montague 1974]), – endlich ablegen kann. Ähnlich einfach lassen sich die anderen Referenzausdrücke behandeln. Die Grundform

<<Quantor + Begriffsterm>, Prädikationsteil>

(wobei der Prädikationsteil entweder ein Begriff (mit Kopula) enthält oder die Konstruktion <Relator, Dividuenmenge>) gestattet es, die entsprechende Dividuenmenge aus der ersten Komponente allein auszurechnen (bei definiter Quantifikation wie "alle", "die"(pl.), "der" (sg.)) oder aus dem Schneiden der Dividuenmenge mit dem prädizierenden Begriff bei indefiniten Referenztermen:

> "ein Kind schläft" wird interpretiert als:
> suche die Menge der Dividuen, die "Kind" enthalten und dann prüfe,
> ob eines davon "schläft" enthält.

Hier ist nicht von "Existenz" (es gibt ein Kind, ...) die Rede, sondern vielmehr von einer Definitheit des Objekts, die durch Einbeziehung der Prädikation erreicht wird.

Auf weitere Ausführungen zu den Dividuenrelationen soll hier verzichtet werden, da es nur darauf ankam zu zeigen, daß die Begriffe als ontische Bausteine geeignet sind, sowohl Dividuen als auch Beziehungen zwischen Dividuen aufzubauen.

5.2 Begriffe im Äußerungsprozeß.

Die Versprachlichung erfolgt in zwei Schritten. Zunächst wird für die Dividuenmengen ein Referenzausdruck "KONZEPTUALISIERT", der die Quantoren und Begriffe enthält, die dann im zweiten Schritt in der VERBAILISIERUNG dann geäußert werden. Die Konzeptualisierung führt in einer bestimmten Bedeutungssprache, die in KSEM "Attributensprache des K" heißt ("Attribut" ist in [Mudersbach 1984] der Terminus für das, was hier "Begriff" heißt).

Auf die Struktur der Attributensprache selbst soll hier nicht ausführlich eingegangen werden. Sie ist aber eine unabdingbare Zwischenschicht zwischen Informationsstand und sprachlicher Darstellung, weil in dieser Ebene auch *logische Schlüsse, die zu alternativen Äußerungen* führen können, formuliert werden können.

5.3 Berücksichtigung des Partners.

Zu den möglichen Umformulierungen gehören in der epistemischen Kommunikantensemantik auch die Schlüsse, die es gestatten, von der eigenen Wirklichkeit auf das entsprechende in der Wirklichkeit des andern zu schließen oder von der eigenen Begrifflichkeit zur Begrifflichkeit des andern überzugehen.

Nach der Wahl einer dieser Formulierungsalternativen verbalsiert sie der Sprecher im nächsten Schritt, d.h. den Begriffen werden die sprachlichen Ausdrucksseiten zugeordnet und die begriffliche Struktur der Mitteilung wird umgesetzt in eine syntaktische Struktur (nach den Regeln der Eigensprache).

Das Ergebnis kann dann folgendermaßen lauten: wenn man das, was der Sprecher meist implizit läßt, nämlich den Bezug auf den fremden oder eigenen Objektbereich, in die Formulierung mit hineinnimmt, so besagt die Äußerung des K zu L:

"dein" Freund Bolzen Ede sitzt im Knast.

oder genauer: K zu L:

(<der <Freund/L, Bolzen-Ede-heißend/K>) <sitzt im Knast/L> /K,

d.h. diejenige Person, die du mit Freund/L bezeichnest und mir bekannt ist unter dem Namen Bolzen Ede,, hat die weitere Eigenschaft, die in deiner Eigensprache ausgedrückt wird durch:

"sitzt im Knast".

Der letzte Index hinter der Klammer besagt, daß K die Aussage bzgl. seines Informationsstandes IBF/K für wahr hält.

Dies soll nur zur Illustration dienen, wie der Wechsel zwischen den beteiligten Eigensprachen stattfinden kann. Die genauen Regeln finden sich in [Mudersbach 1984].

6 Hörerrichtung: Verstehen einer Äußerung.

Wenn der Hörer H die Äußerung eines Sprechers versteht und über dem eigenen Informationsstand INF/H interpretiert, dann geht er von der Äußerung des Sprechers aus, "hört" sie jedoch im Rahmen seiner Eigensprache NS/H und *interpretiert* sie, soweit sie für ihn verständlich ist, als Mitteilung in seiner Attributensprache. Diese wird dann durch eine *Extensionalisierungsfunktion* über dem Informationstand INF/H interpretiert.

Der Hörer kann sich aber auch auf den Sprecher einstellen und die Äußerung im Rahmen seiner Hypothese über die Sprachverwendung des K, also über $INF/K/L$, interpretieren (cf. [Mudersbach 1986, Mudersbach 1989]) und sich entscheiden, ob er glaubt, daß K glaubt, daß .... – .

6.1 Begriffsbezogene Sicht von Sich-Äußern und Verstehen.

Da die Begriffe sich in ihrem Vorkommen in Dividuen auf das einstellen können, was im Kontext der Dividuenrelationen zu unterscheiden ist (Beispiele dazu siehe 7.1), beinhaltet die genau Darstellung dessen, was der Sprecher über seine Objekte weiß, daß statt der Begriffe (nullte Bedeutungsstufe) eine von den übrigen Begriffen abhängige höhere Bedeutungsstufe vertreten ist (z.B. ist die Bedeutung von "gelb" im Kontext von Ampel-Farben auf einer entsprechenden Bedeutungsstufe nur mit zwei Alternativfarben dafür aber mit der Bedeutung der Farben im Verkehrszusammenhang darzustellen), d.h. der Sprecher hat ein Netz von Dividuenrelationen über Dividuen vorliegen, bei dem sowohl die Relation als auch die Begriffe in den Dividuen sozusagen als Aura jeweils noch das Begriffsnetz einer bestimmten Bedeutungsstufe mit sich bringen. Die nicht ganz leichte *kognitivorganisatorische Aufgabe des Sprechers* ist nun, durch den Ausschnitt, den er zur Mitteilung vorgesehen hat, in geschickter Weise (möglichst orientiert an den Interessen des Hörers) einen eindimensionalen(!) Weg durchzulegen *(Linearisierungsproblem des Sprechers)*. Und nach Wahl des Weges und im Bewußtsein, daß die sprachliche Oberfläche nur die nullte(!) Bedeutungsstufe der Begriffe, d.h. ihre Ausdrucksseiten angeben kann, eine lineare Abfolge von Ausdrücken zu bilden, die sowohl die Dividuen und Dividuenrelationen abbildet, als auch die Bedeutungsstufe um jeden Begriff explizit macht (denn: "explizit machen" heißt ja gerade: in die nullte Stufe zu überführen!). Einfach gesagt: der Sprecher überführt eine vernetzte Struktur von höheren Bedeutungsstufen in eine Verkettung von nullten Bedeutungsstufen, die nach Möglichkeit dieselbe Information transportieren soll *(Rekonstruktions-Problem des Hörers)*. D.h. der Äußerungstext enthält *zwei Darstellungsaspekte*: eine lineare Abfolge der Begriffe nullter Stufe, die die Information über die vorliegenden Sachverhalte enthalten *(Wirklichkeitsdarstellung)*, angereichert um die (gesetzes- und sachkontext-bezogenen) Relationen aus dem Begriffsnetz der jeweiligen Bedeutungsstufe der Begriffe in der linearen Begriffsfolge der Wirklichkeitsdarstellung *(Begriffsbezugs-Darstellung)*.

Die *Aufgabe des Hörers* ist nun umgekehrt: aus dieser linearen Abfolge von nullten Bedeutungsstufen wieder ein komplexes Netz von Dividuenrelationen herzustellen und die höheren Bedeutungsstufen der Begriffe aus dem sprachlichen Kontext zu rekonstruieren. Hier scheint der Organisationsweg durch die lineare Kette vorgegeben zu sein, aber der Hörer muß dennoch in dieser linearen Kette mental hin- und herspringen, um zu den jeweils betrachteten Begriffen ihre kontextabhängige Bedeutung (höherer Stufe) herzustellen. Dies ist ebenfalls eine kognitive Leistung, die auf dem Hintergrund dieses Modells noch empirisch zu untersuchen wäre.

7 Begriffe im Gebrauch.

Systembedeutung und Bedeutung im Kontext von Äußerungen (der Sprachgebrauch) müssen keinen Gegensatz bilden, wie Wittgensteins Auffassung suggeriert, man müsse statt der Bedeutung der Wörter ihren Gebrauch in der Sprache beschreiben [Wittgenstein 1971]. Was auch immer Wittgenstein damit genau gemeint haben mag, hier soll gezeigt werden, daß die *Phänomene der kontextabhängigen Bedeutung* durch bestimmte Operationen über dem Begriffsnetz beschrieben werden können. Da ein Wort sich innerhalb eines Kontextes in der Bedeutung auf diesen Kontext einstellen kann, kommt es zu einer gegenüber dem Sprachsystem engeren oder weiteren Bedeutung. Mit dem Modell des Begriffsnetzes kann eine solche Bedeutung im Gebrauch dadurch aus der Systembedeutung gewonnen werden, daß über dem Begriffsnetz *zwei Operatoren* definiert werden: einer, der an Knoten Relationen wegstreicht *(Bedeutungsvergröberung)* und ein anderer, der Relationen zu vorhandenen Begriffen hinzufügt *(Bedeutungsverfeinerung)*.

Dieser *Vorteil der gemeinsamen Beschreibung der Bedeutung im System und im Gebrauch* kann weder eine Zerlegungssemantik leisten noch die logische Semantik mit Bedeutungspostulaten.

In der *zerlegenden Sem-Semantik* sind Seme holistisch in Bezug auf das ganze System festgelegt. Ein Wort hat damit in jedem Kontext dieselbe Bedeutung. Kontextsensitive Bedeutungs- unterschiede können höchstens durch Etablierung mehrerer Bedeutungen (Sememe) für den Systemausdruck vorgegeben werden. Dies wäre aber keine Lösung, da die kontextsensitive Bedeutung ja gerade an einen bestimmten Kontexttyp gebunden ist und gerade keinen Valeurcharakter in Bezug auf die Sprache bekommen kann. –

In der *Logischen Semantik* haben die Bedeutungspostulate den Charakter von notwendigen Aussagen [Carnap 1947, Montague 1974], d.h. sie gelten vor und für alle möglichen Kontexte. Damit ist ebenfalls keine Bedeutungssensitivität zugelassen.

Für beide semantische Beschreibungsarten gilt, daß eine Kontextsensititvität prinzipiell auch nicht anschließbar ist. Dies läßt sich innerhalb des hol-atomistischen Programms gut zeigen (cf. 2.4–2.6); denn die Sem-Semantik vertritt die strikt holistische Position (d.h. die maximale Bedeutungsstufe *BED.N(b,BN/K)* wird als die einzige festgelegt, denn Seme enthalten ja implizit die Relationen zur ersten und weiteren Umgebung im Begriffsnetz) und die Logische Semantik vertritt die strikt atomistische Position, in der die Bedeutung eines Ausdrucks ebenfalls vor und unabhängig von jedem Kontext festgelegt ist. Die wesentlich zur natürlichen Sprache dazugehörende, mögliche Kontextabhängigkeit der Bedeutung läßt sich nur im Rahmen einer hol-atomistischen Theorie beschreiben. Das soll im folgenden näher ausgeführt werden. Zuvor sollen aber noch zwei besondere Arten von Begriffen und deren Gebrauch angesprochen werden: die mass nouns (Kontinuativa) und die Fachbegriffe.

Mass nouns versus count nouns (Kontinuativa vs. Diskontinuativa).

Es ist zu fragen, ob jeder Begriff primär als count nouns oder als mass nouns einzustufen sind. Das nicht-extensionale Modell des Begriffs, das hier behandelt wird, erlaubt es, diese Entscheidung auf der Systemebene offen zu lassen: Begriffe sind weder ount nouns noch mass nouns. Erst im Gebrauch entscheidet sich aufgrund der spezifizierenden Eigenschaften des Kontextes, welche Qualität ein Begriff bekommt. Man vergleiche:

Hans hat noch Ananas zum Salat dazugegeben.

Hans hat noch eine Scheibe/ein paar Stückchen/eine Ananas
zum Salat dazugegeben.

Natürlich gibt es Begriffe, die im Alltag vorzugsweise in der einen oder anderen Form verwendet werden. Da aber die jeweilige Alternative sprachlich nicht ausgeschlossen werden kann, ist das nicht-extensionale Begriffsmodell angemessen flexibel (vgl. dazu auch die Beispiele in [Pelletier, Schubert 1989]).

Fachbegriffe und ihr Gebrauch.

Bei Fachtermen ergibt sich die Bedeutung nicht aus dem Gesamtzusammenhang in einem Sprachsystem, sondern aus Konventionen, Definitionen und evtl. Meßvorschriften, die sich auf einen (wissenschaftlichen) Sachbereich beziehen. Das relationale Begriffsmodell kann dieser Sachlage dadurch Rechnung tragen, daß diese Konventionen in der ersten Bedeutungsstufe berücksichtigt werden. Da diese

Konventionen eindeutig festgelegt sind, kann der Fachbegriff bei jeder Verwendung in einem Text auch nur mit der ganzen ersten Bedeutungsstufe vorkommen. D.h. in jedem beliebigen Kontext ist für den Fachterm jeweils seine Definition etc. einsetzbar. Diese idealisierende Sicht vertritt E.Wüster. In seinem Zeichenmodell [Wüster 1959] postuliert er den 1–1-Zusammenhang zwischen Ausdrucksseite und Inhaltsseite (dem Fachbegriff) des Fachterms und die so fixierte Verwendung in allen Fach-Kontexten. Die Arbeit von Gerzymisch-Arbogast [Gerzymisch-Arbogast 1991] zeigt jedoch, daß auch Fachtermini in Fach-Kontexten "hol-atomistisch kontaminiert" vorkommen können, ohne daß deswegen die eindeutige Bedeutung auf Systemebene aufgegeben werden muß. Dies wird gezeigt anhand des Vergleichs der textspezifischen Begriffsnetze (vgl. 3.3) mit dem systembezogenen Begriffsnetz. Auch hier zeigt die Anwendung des relationalen Begriffsmodells der KSEM seine größere Flexibilität und damit Angemessenheit gegenüber dem Wüsterschen Modell.

7.1 Kontextsensitive Bedeutung vs. Systembedeutung im Begriffsnetz.

Der Kommunikant kann seine Begriffe in zweierlei Weise auf die Gebrauchssituation einstellen:

a) beim *Sprechen über kontingente Objekte und*

b) beim *Sprechen über begriffliche Beziehung.*

zu a) Wenn z.B. in einem Kongreßzentrum schmale und breite Stühle in den Farben gelbbraun bzw. rotbraun aufzustellen sind, dann wird aus dem Begriffsnetz durch die Operation der kontextbezogenen Begriffsvergröberung ein Ausschnitt bei den Größenbegriffen gebildet (die Opposition zwischen "schmal" und "breit", die ausreicht für den ad hoc bestehenden Größen-Kontrast) und die Operation der Verfeinerung der Farbbegriffe (Übergang von "braun" zu "gelbbraun" vs. "rotbraun", so daß die dadurch entstehenden ad hoc Opposition zwischen Begriffen gerade den im Wirklichkeitsausschnitt vorliegenden Kontrast zwischen Dividuenmengen abdeckt (Der Kontrast hätte durch eine geeignete andere Opposition auch abgedeckt werden können, z.B. durch "hell" und "dunkel", da "braun" ja nicht variiert.).

zu b) als Beispiel für ein Sachgesetz: wenn K z.B. das Gesetz hat, daß bei einer Ampel nur drei Farbzustände zu unterscheiden sind, dann genügen für das "Ampel-Wissen" die Farbausdrücke "rot", "gelb", "grün", auch wenn das Gelb eher Orange und das Grün eher Türkis sein sollte, d.h. aus dem Begriffsnetz wird durch die Operation der kontextbezogenen Begriffsvergröberung ein Ausschnitt bei den Farbbegriffen gebildet, so daß die dadurch entstehenden ad hoc

Oppositionen gerade den im Begriffskontext "Ampel" vorkommenden Kontrasten entspricht.

b') als Beispiel für ein begrifflichen Kontext: wenn Frege in seinem Aufsatz "Sinn und Bedeutung" die Begriffe "Sinn", "Bedeutung" und "Vorstellung" gegeneinander abgrenzt, so sind für diesen begrifflichen Kontext andere Begriffe, die eventuell im System-Begriffsnetz des Lesers im Umfeld vorkommen, wie "Anschauung", "Bild", "Abbildung" gerade durch die Eliminierungs-Operation wegzustreichen. Durch geeignete Methoden der Textanalyse lassen sich gerade die dort relevanten Oppositionen herausarbeiten (vgl. dazu [Mudersbach 1979] und [Schönherr, Mudersbach 1992]).

Man kann aufgrund dieser Darstellung der Begriffe dann auch den *Hinweis Wittgensteins auf den Gebrauch so präzisieren:* man soll nicht die starren Bedeutungen der holistischen oder atomistischen Bedeutungsstufen überall mitschleppen, sondern eine im Verwendungskontext jeweils geeignete hol-atomistische Bedeutungsstufe zugrundelegen.

7.2 Die angebliche Vagheit bestimmter Begriffe.

In der Linguistik wird die Auffassung vertreten, daß bestimmte Ausdrücke vage sind, d.h. daß sie in ihrer Bedeutung so unpräzise sind, daß verschiedene Sprachbenutzer sie in denselben Kontexten unterschiedlich verwenden. (Die Problematik ist übersichtlich dargestellt in [Wolski 1980]). Zu fragen ist daher:

F1. läßt sich mit dem Begriffsnetz-Ansatz diese Vagheit als Eigenschaft der Sprachverwendung simulieren oder

F2. kann man im Rahmen dieses Ansatzes zeigen, daß "Vagheit" kein theoriefähiges linguistisches Konzept ist.

Die Antwort lautet: *Vagheit ist keine Eigenschaft von Begriffen*, sondern eine falsche Interpretation von nicht-vagen Phänomenen. Der Eindruck der Vagheit entsteht in folgenden beiden Situationstypen:

Typ 1 (dialogbezogene Vagheit): in einer Situation hat der Sprecher kontextbezogen eine bestimmte Genauigkeit gewählt, der Hörer empfindet sie aber für seinen Kontext als zu ungenau oder zu genau. Wenn z.B. der Sprecher sagt: ich komme nach 5 Uhr, der Hörer aber wissen möchte, wann genau nach 5 Uhr der andere kommen will. Hierbei kann aber auch der umgekehrte Fall eintreten: daß jemand genauer spricht, als es der Hörer erwartet. Dann läge der Fall der Überbestimmtheit vor (der Sprecher sagt z.B: "ich komme um 5 Uhr 17 Minuten und 30 Sekunden").

In beiden Fällen kann man sich durchaus vorstellen, daß der Sprecher nach seiner eigenen Meinung angemessen genau geantwortet hat. Damit ist aber der Eindruck der Vagheit beim Hörer nicht mit Bezug auf die Begriffe allein zu erklären, sondern mit dem *Vergleich der beiden Netzausschnitte:* wenn ein Begriff im Begriffsnetz des Hörers mit mehr Relationen verbunden ist als im entsprechenden des Sprechers oder wenn ein Begriff im momentanen Siuationsnetz bei beiden unterschiedlich ausdifferenziert ist.

Typ 2. (erklärungsbezogene Vagheit): Eine andere Auffassung der Vagheit geht davon aus, daß verschiedene Sprecher bestimmte Ausdrücke (wie "groß", "rot" "schön") unterschiedlich gebrauchen. Zu einem solchen Ausdruck läßt sich über einem Kollektiv von befragten Personen eine Häufigkeitsverteilung (mit klar erkennbarer Tendenz) erstellen. Das sollte einen zunächst nicht wundern, fallen doch bei solchen Befragungen die meisten kontextkontrollierenden Parameter weg. Solche Ergebnisse sind auch mit den üblichen statistischen Mitteln beschreibbar. Erst wenn diese kollektivbezogene Häufigkeitsverteilung vom Kollektiv gelöst wird und *den Ausdrücken selbst im Sprachsystem* zugeschrieben werden, entsteht der Eindruck einer systeminhärenten Vagheit. Diese läßt sich sogar mathematisch ohne Zuhilfenahme der Wahrscheinlichkeitsrechnung mit der Fuzzy-sets-Theorie von L. Zadeh [Zadeh 1975] beschreiben, und zwar dadurch, daß ein Objekt nicht einfach einer Menge angehört oder nicht, sondern mit einem gewissen Maß m angehört (m zwischen 0 und 1). Das macht die Menge zu einer Fuzzy-Menge. Dabei wird jedoch übersehen, daß eine statistische Verteilung gar nicht als ganze einem System zugeordnet werden kann, höchstens ein sinnvoll bestimmbarer Mittelwert. Denn nach welchem Kriterium sollte in der Systemebene eine Verteilung mit Werten besetzt werden, ohne Zuhilfenahme einer Kollektivbefragung? Daher ist der *Übergang vom Kollektiv zum System* in dieser Form nicht sinnvoll: eine Verteilung ist nur sinnvoll, wenn es ein Kollektiv gibt, über dem diese Verteilung erstellt wird.

Derselbe Fehlschluß liegt vor, wenn man die Verteilungskurve in toto jedem einzelnen als *individuelle Verschmierung* seiner Wortbedeutung zuordnet, obwohl jeder einzelne im Kollektiv doch EINE, klar bestimmte Antwort (ein Punkt in der Verteilung) gegebn hat. D.h. die Verteilung ist nicht entstanden durch Aufsummierung sämtlicher Einzelverteilungen. Also ist auch der Rückschluß, daß jeder individuelle Sprachbenutzer seine Ausdrücke nur auf vage Weise verwenden kann, eine *Fehlinterpretation des Resultats der Kollektivebene.*

Also beruht der wissenschaftlich-linguistische Begriff der Vagheit auf einer (oder zwei) Fehlinterpretationen einer richtigen Häufigkeits-Diagnose. Daß dazu eine mittlerweile aus anderen Gründen erfolgreiche Theorie (fuzzy sets theory) auch noch die wissenschaftliche Beschreibbarkeit dieses Pseudophänomens zeigt, ist sicher kein Gegenargument gegen diese Argumentation.

Meine *These hinsichtlich der Vagheit von Begriffen und sprachlichen Ausdrücken ist also folgende:*

> wenn man dem Sprachbenutzer kognitive und sprachliche Kompetenz
> zuschreibt, dann kann man annehmen, daß er seine Ausdrücke in einer
> Situation so verwendet, daß sie angemessen präzise das ausdrücken,
> was er ausdrücken wollte. D.h. für den individuellen Sprachbenutzer
> hält seine Eigensprache gerade Mittel für das Maß an Präzision bereit,
> das er in einer bestimmten Situation braucht. Wenn diese Präzision
> nicht mit der seines Zuhörers oder mit der eines (ihm nicht einmal
> zugänglichen) Kollektivs übereinstimmt, so ist dies nicht seiner Kom-
> petenz anzulasten. Im übrigen stehen dem Sprecher auch Ausdrücke
> zur Verfügung, mit der er eine zu hohe Präzision abschwächen kann
> (z.B. "ungefähr" "in etwa") oder umgekehrt eine zu niedere erhöhen
> kann (z.B. "genau", "nicht mehr und nicht weniger").

7.3 Begriffe und Stereotype Bedeutung.

[Putnam 1975] vertritt die These, daß die Bedeutung eines sprachlichen Zeichens
in einer Gemeinschaft nicht das exakte Expertenwissen zu dem entsprechenden
wissenschaftlichen Begriff widerspiegelt, sondern nur einen Teil der Merkmale,
aber eventuell noch andere, vielleicht sogar falsche Merkmale enthält. – Neben
dieser Bedeutung für die Sprachgemeinschaft kann man den Stereotypbegriff auch
auf die individuelle Kenntnis eines Sprachbenutzers von seiner Sprache anwenden
und den individuellen Stereotyp zu einem Begriff ähnlich umschreiben. Zu fragen
ist,

F1.   ob dieses Phänomen mit den Mitteln der Begriffsnetze beschrieben werden
soll, oder

F2.   ob der Begriff "Stereotypie" selbst hinterfragt werden soll.

Hier kann man die Diskussion an die vorausgegangene zur Vagheit vom Typ1
anschließen: in einem fiktiven Dialog zwischen einem Experten, der in seinem Gebiet die exakte Bedeutung der Begriffe (der Fachtermini) kennt, hat ein Mitglied
einer Sprachgemeinschaft mit seiner Alltagsbedeutung zu denselben Begriffen eine
(relativ zum Experten) ungenaue Begriffsbedeutung. Genauer gesagt: er verbindet die jeweiligen Begriffe mit weniger Relationen. (Ich lasse hier die falschen
Relationen einmal außer Betracht.) Daraus ergeben sich dann die Antworten auf
die beiden obengenannten Fragen:

ad F1. die stereotypen Bedeutungen sind im Rahmen der Kommunikantensemantik kein neuer Aspekt, sondern geben gerade die Bedeutungen an, die im

Begriffsnetz jedes individuellen Kommunikanten schon repräsentiert ist. Der Stereotyp innerhalb einer Sprachgemeinschaft läßt sich dann darstellen als das Begriffsnetz eines Repräsentanten des Kollektivs. Putnam vermied den Fehler der Vagheitstheoretiker, indem er der Sprachgemeinschaft als Ganzes nicht eine statistische Stereotyp-Verteilung zuordnet, sondern gerade die Abstraktion davon im Sinne einer Mittelwertbildung.

ad F2. da es nicht für alle Begriffe einen wissenschaftlichen Experten gibt, ist der relationale Begriff "Stereotyp relativ zum Expertenwissen ..." nur für den Teil der Sprache verwendbar, in dem Fachtermini auch eine umgangssprachliche Bedeutung haben. Für andere Begriffe fehlt der Vergleichsmaßstab. Aber auch in diesem Teil nützt er nichts bei der Beschreibung der faktischen Sprachverwendung im Alltag, weil die Präzision des Redens im Alltag eben anderen Ansprüchen genügen muß, als die Präzision des Experten in seinem wissenschaftlichen Labor. Also bringt der *Begriff der Stereotypen Bedeutung nicht mehr Einsicht* als die, die schon in der kommunikantensemantischen Vorstellung vom individuellen Begriffsnetz enthalten ist.

Anm.: der Putnamsche Stereotyp wurde hier nur unter dem Gesichtspunkt der linguistisch-begrifflichen Verwertbarkeit diskutiert. Daß Putnam den Begriff als Resultat einer philosophischen Auseinandersetzung mit den Begriffen Intension und Extension einführt, soll hier außer Betracht bleiben, da die kommunikantensemantische Interpretation dieser Begriffe einen Weg geht, der gar nicht in die Schwierigkeiten führt, die Putnam damit verbindet.

7.4 Anmerkungen zum Prototypischen und zu "Typisch für...".

Die Einführung einer prototypischen Struktur in einer Klassifikation (cf. [Rosch-Heider 1973], dazu auch [Wolski 1980, S.149ff.]) verfälscht das Denken in Begriffen, da es einen bestimmten Anwendungsfall als (proto-)typischer für den Begriff auszeichnen möchte. Dies impliziert eine *graduelle Gewichtung*, die nicht mit der diskontinuierlichen Begrifflichkeit einer Sprache vereinbar ist.

Was nun das Typische anbetrifft, so dient der Begriff "typisch sein für F" gerade nicht dazu, etwas anzugeben, was gesetzmäßig mit dem Begriff F verbunden ist (also Teil der Umgebung von F im Begriffsnetz ist), sondern vielmehr dazu, unter der Voraussetzung daß ein Objekt schon F ist (nach der üblichen F-Zuweisung), einen klischeehaften Komplex an Eigenschaften zuzuordnen, die sich aus kulturellen oder sonstigen Erfahrungen und Vorurteilen konstituiert haben, ohne daß ihnen der Sprecher damit Gesetzescharakter zusprechen würde. Daher ist das, was typisch ist für F nicht in abstracto als Gesetz oder als Regelfall formulierbar, sondern umgekehrt nur unter Vorgabe eines Einzelobjektes jeweils ad hoc zuordnungsfähig, wenn einige essentielle bzw. die meisten der Eigenschaften des Klischees vorliegen. Am Beispiel: ein "typischer Junggeselle" ist eben nicht jeder, der die Begriffsbedingung erfüllt, sondern nur einer, der darüber hinaus noch bestimmte "unbürgerliche" Eigenschaften hat, die kulturell-klischeehaft oder individuell-erfahrungsgeprägt beim Urteilenden vorliegen, aber eben nicht definitorisch zu "Junggeselle" dazugehören. So ist nicht jeder Junggeselle ein typischer Junggeselle, und ein typischer Junggeselle hat vielleicht eher Eigenschaften, die für die meisten Junggesellen atypisch sind. Es kann sogar jemand ein typischer Junggeselle sein, mit dem einzigen Defekt, daß er verheiratet ist. Wen das noch nicht überzeugt, der frage einmal bei einer typisch bayrischen Musikkapelle die Einzelnen, ob sie Bayer sind. Andererseits stimmt es auch gewiß nicht, daß jeder Bayer wie das Mitglied einer bayrischen Musikkapelle ausschaut. – Dies alles bedeutet für die Behandlung im Rahmen der Kommunikantensemantik, daß das F-Typische nicht "auf den Begriff F gebracht werden" sollte, sondern sein Eigendasein als *kontingenz-bezogenes Klischee* führt, das nur auf vorhandene Objekte angewandt werden darf. Dabei spiegelt das Urteil eher die Subjektivität des Sprechers wieder als relevante Eigenschaften des Objekts.

8 Begriff, Merkmal, Essenz.

8.1. Begriff und Essentielle Eigenschaft.

In der begriffslogischen Tradition wird argumentiert, daß das Merkmal die differentia specifica enthält, die eine Spezies aus einer Art (genus proximum) ausgrenzt. Z.B. unterscheidet sich die Art Mensch von den anderen Lebewesen durch das Merkmal "vernunfbegabt." Dies ist eine wesentliche Eigenschaft des Menschen, sie kommt ihm notwendig zu. Mithin ist sie auch eine essentielle Eigenschaft jedes Individuums, das zur Art Mensch gehört. Nun hat aber Quine argumentiert [Quine 1960, S.199], daß es nicht sinnvoll ist, einem Individuum bestimmte Eigenschaft als essentiell oder notwendige zuzuordnen. Quine zeigt dies am Beispiel des fahrradfahrenden Mathematikprofessors MP: für MP ist es als Mathematikprofessor essentiell, daß er intelligent ist, nicht aber, daß er zwei Beine hat, während es für MP als Fahrradfahrer essentiell ist, daß er zwei Beine hat, nicht aber daß er sonderlich intelligent ist. Also: welche Eigenschaft ist nun essentiell für MP: intelligent oder zweibeinig zu sein?

Hier ergibt sich aus der Trennung von Gesetz und Kontingenz in KSEM, daß sich Quine von seiner gegenstandsorientierten Betrachtungsweise auf das Glatteis der kontingenten Objekte hat führen lassen. Die Frage läßt sich tatsächlich nicht sinnvoll beantworten für Objekte, aber deswegen ist sie nicht sinnlos. Sie muß auf der Begriffsebene beantwortet werden und zwar folgendermaßen: *für die Eigenschaft* "Mathematiker zu sein" ist unter anderem die Eigenschaft *essentiell* "intelligent zu sein", nicht jedoch "zweibeinig zu sein", d.h. "essentiell" ist *nicht eine Eigenschaft an einem Individuum, sondern ein Begriff relativ zu einem anderen Begriff* und die *Bedingung dafür* lautet:

> *F ist essentiell für G* genau dann, wenn G F impliziert (d.h. wenn aus G F gefolgert werden kann).

Was essentiell für den Begriff F ist, kann jedoch nicht übertragen werden auf ein Objekt, dem F zukommt, weil keine Folgerung bzgl. einer Objekteigenschaft imstande ist, den Gesetzescharakter in ein kontingentes Objekt hineinzuprojizieren. Quine hat also versucht, durch einen *unzulässigen versteckten Übergang von der Gesetzesebene auf die Kontingenzebene* auch *Eigenschaften von Begriffen* auf kontingente Objekte zu übertragen. Aus der Sinnlosigkeit des Ergebnisses hat er jedoch nicht auf die Ungültigkeit einer Argumentation geschlossen, sondern auf die Sinnlosigkeit eines ganzen traditionellen Begriffsfeldes (essentiell, akzidentiell, notwendig, kontingent, interne und externe Relationen und weitere intensionale Begriffe). Daher scheint es für diese Konzepte essentiell zu sein, die Augen vor der Gesetzes- und Begriffsebene nicht zu verschließen, sondern ihr "Eigengesetzlichkeit" gegenüber dem Kontingent-Gegenständlichen anzuerkennen.

8.2. Linguistischer Begriff und Merkmal vs. Begriff.

These: innerhalb des kommunikantensemantischen Ansatzes eines Begriffsnetzes ist die Unterscheidung zwischen Begriff, Begriffsumfang und Merkmalen als Begriffsinhalt nicht relevant. Wo die Unterscheidung gemacht wird, läßt sich zeigen, daß sie nicht vom sprachlich-begrifflichen Material her motiviert ist, sondern von der *Prozedur beim Bestimmen eines Objektes* als unter einen Begriff fallend.

In der traditionellen Begriffslogik umfaßt der Inhalt eines Begriffs alle Merkmale, die auf alle Gegenstände des Begriffsumfangs zutreffen. In der Kommunikantensemantik stellen sich die Verhältnisse anders dar: der Begriff "Begriffsumfang" in dem Sinn, wie ihn die Logik verwendet, nämlich als die extensionale Repräsentation des Begriffs, macht für die unvollständige kontingente Kommunikanteninformation keinen Sinn. Der Kommunikant K muß ja nicht alle Gegenstände, die unter einen Begriff fallen, kennen, und diejenigen, die er kennt, müssen nicht exhaustiv "alle" im Sinn des Begriffsumfangs sein und wenn es "alle" wären, so wüßte es der Kommunikant trotzdem nicht. Daher haben die Gegenstände bzw. Dividuen für den Kommunikanten eine ganz andere Funktion: sie enthalten nur das Wissen, das der Kommunikant aus der Anschauung direkt oder indirekt durch Schluß de facto gewonnen hat, nicht jedoch all das, was überhaupt über diesen Gegenstand wißbar oder erschließbar wäre.

Wenn nun der Kommunikant K einem Gegenstand G in seiner Wirklichkeit die Eigenschaft b_1 (d.h. den Begriff b_1 aus dem Begriffsrepertoire MB/K) zuordnet, so geschieht dies auf zwei Wegen:

W1. entweder direkt durch Umsetzung des gestalthaft Wahrgenommenen in den

Begriff b_1, dann kann K dies verbalisieren als "der G ist b_1". Auch wenn b_1 im Begriffsnetz BN/K genau die Begriffe $b_2 \ldots b_5$ impliziert, muß K den Schluß von b_1 auf die anderen Begriffe nicht vollziehen, d.h. es ist ihm nicht bewußt, daß das b_1-Dividuum auch die Eigenschaften $b_2 \ldots b_5$ hat, – oder

W2. K hat an dem Gegenstand die Eigenschaften $b_2 \ldots b_5$ festgestellt und fragt sich, ob er daraus nicht auf eine weitere Eigenschaft schließen kann (ähnlich wie der Arzt bei der Diagnose aus eine Reihe von Symptomen auf ein bestimmtes Krankheitsbild schließt). K entdeckt in seinem Begriffsnetz, daß $b2, \ldots, b5$ zusammen b_1 implizieren und fügt nun dem Gegenstand b_1 hinzu. Wir können in diesem Fall auch die Redeweise verwenden, K hat von der Gesamtheit der Merkmale $b2, \ldots, b5$ auf die Eigenschaft b_1 geschlossen. Damit bekommt der Begriff "Merkmal" einen *prozeduralen Charakter:* Eigenschaften, die der Beobachtung "leichter" zugänglich sind ($b_2 \ldots b_5$) als eine andere (b_1). Davon implizierte Eigenschaft spielen die "Rolle":

"Merkmale-für-den-M-Begriff" (b_1) zu sein.

Der *"M-Begriff"* spielt hier die Rolle des sekundär entdeckbaren oder *erschließbaren Begriffs*. Ich nenne ihn hier "M-Begriff", um seine Beziehung zu den vorausgehenden Merkmalen deutlich zu machen und um ihn strikt zu unterscheiden von dem linguistischen Konzept "Begriff", wie ich ihn bisher verwendet habe. Die Beziehung zwischen beiden läßt sich nun folgendermaßen darstellen: bei K steht hinter dem prozeduralen Vorgehen notwendigerweise die Kenntnis des Teils des Begriffsnetzes, in dem b_1 die Gesamtheit $b_2 \ldots b_5$ impliziert und umgekehrt, d.h. im Begriffsnetz sind der M-begriff b_1 und die Merkmale $b_2 \ldots b_5$ ALLE als linguistische Begriffe mit einer sprachlichen Ausdrucksseite anzusehen. In der statischen Sicht des Begriffsnetzes lassen sich Merkmale von M-Begriffen nur insoweit trennen, als die Merkmale in ihrer Gesamtheit essentiell sind für den M-Begriff. Die Rollenverteilung hinsichtlich der empirischen Erfassungsrichtung mag für viele Anwendungen aus empirischen Beobachtungsgründen festliegen, aber dies überträgt sich dennoch nicht auf das Begriffsnetz. Denn es kann z.B. b_1 selbst wieder in Verbund mit anderen Begriffen Merkmal(!) sein für einen weiteren M-Begriff, der empirisch nur aufgrund der Kenntnis von b_1 usw. zuordenbar ist.

9 Begriff und Universalienstreit.

Es soll kurz noch angesprochen werden, inwiefern die sprecherbezogene Perspektive der Kommunikantensemantik in Bezug auf den Unversalienstreit zu einer eigenen Position kommt. Die philosophischen Frage lauten (stark verkürzt):

Ua. sind zuerst die Gegenstände oder die Universalien "da", bzw.

Ub. haben die Universalien gegenüber den Gegenständen eine unabhängige Existenz und wenn ja, welche Art von Entitäten sind sie dann.

Diese Fragen müssen aus Sprechersicht reformuliert werden, d.h. formal: um den Bezugsindex $/K$ ergänzt werden. Man kann argumentieren, daß damit das eigentliche Problem "wegformuliert" sei. Dem wäre entgegenzuhalten, daß man manche lange ungelösten Problem vielleicht gerade dadurch bearbeiten kann, daß man die Parameter hinzunimmt, die eine Lösung des Problems überhaupt ermöglichen.

Wenn man "Begriff" und "Universale" zunächst einmal soweit als synonym ansieht, wie es die nachfolgenden Ausführungen erlauben, so lassen sich die beiden Fragen des Universalienproblems folgendermaßen reformulieren:

U1. Was ist für einen Sprachbenutzer zuerst "da": seine Begriffe oder seine Gegenstände?

U2. existieren die Begriffe des Sprachbenutzers für ihn unabhängig von seinen Gegenständen? wenn ja welche Art von Entitäten stellen sie dar?

Diskutieren wir zunächst einmal diese Umformulierungen. Die Verlagerung in den Sprachbenutzer bringt mit sich, daß die Fragen jetzt nicht mehr statisch beantwortet werden müssen, sondern jetzt die dynamische Perspektive einer Entwicklung zulassen.

Wenn man sich unter diesem prozeduralen Aspekt die philosophischen Antworten anschaut, so sind sie nicht mehr als inkompatible Alternativen zu sehen (entweder Gegenstände oder Begriffe sind zuerst da), sie machen vielmehr den Eindruck, als ob verschiedene Philosophen dem menschlichen Tun zugeschaut hätten und jeder hat in einem anderen Augenblick einen Schnappschuß gemacht und diesen dann zur philosophischen Position erhoben, bei der gleichzeitg der Mensch in seinen verschiedenen Stadien retuschiert wurde. Denn *alle* Antworten beschreiben eine mögliche Vorgehensweise des Menschen:

V1. ein Kind hört in Verbindung mit einzelnen Gegenständen ein Lautmuster LM, das es mit der Zeit versucht, auf andere Gegenstände anzuwenden. Da es gerade NICHT die Klasse aller Gegenstände, die unter einen Begriff fallen, zur Verfügung hat, muß es aus dem je einzelnen und seinen Eigenschaften darauf achten, welche der Eigenschaften eine feste Verbindung mit dem Lautmuster eingehen kann. Nach vielen Irrungen und Korrekturen erkennt es aufgrund von vielen einzelnen Gegenständen, daß eine bestimmte Eigenschaft immer präsent ist, wenn auch das Lautmuster LM zutrifft. Bis zu diesem Moment war das Zuordnen ein Ratespiel wie andere Ratespiele auch, die mit einer minimalen Aufmerksamkeit und Kombinatorik zum Gewinn führten; auf keinen Fall war dieses Spiel die Sprechhandlung des Prädizierens oder Behauptens einer Eigenschaft von einem Gegenstand. Aber sobald die Kombination aus Lautmuster und eruierter Eigenschaft konstant bleibt, kann das Kind *das eine für das andere setzen* und systematisch bei neuen Gegenständen voraussagen (prä-dicere!), daß LM wieder zutreffen wird. Damit hat sich das Kind einen Begriff auf der nullten Stufe angeeignet: es kann noch nicht sprachlich sagen, was erfüllt sein muß an einem Gegenstand, damit *LM* anwendbar sein wird (Bedeutung 1. Stufe!), aber es hat *LM* (ich nehme an: aufgrund einer Vorstellungs-Invariante) begriffen. Es hat zu *LM* einen ansonsten unanalysierten Begriff gefunden, der bei praktischer Anwendung gestattet, bestimmte Gegenstände gegenüber andern kennzuzeichnen.- Soweit also die *spekulative Genesis der nominalistischen Position*. Es wird sofort verständlich, warum man dem Kind nicht die Kenntnis der Klasse der *LM*-Gegenstände zuschreiben wird: *es denkt "in sensu diviso"*, d.h. auf je ein Einzelnes kann ein innerer Zusammenhang (ich vermeide den Ausdruck "Regel" absichtlich) angewandt werden. –

V2. Nehmen wir jetzt einen zweiten Schnappschuß: der erwachsene Mensch im Vollbesitz seiner Sprache weiß, wie die einzelnen Wörter miteinander zusammenhängen und er kann sagen, welche Eigenschaften ein Gegenstand insgesamt haben muß, damit er das sprachlich festgeschriebene Zeichen *Z*, bestehend aus dem Lautmuster *LM* und der dadurch evozierten invarianten Vorstellung V, anwenden kann. Er kann die REGEL angeben, er hat ein *Wissen über die Anwendbarkeit "in sensu composito":* wie auch immer ein Gegenstand sonst aussieht, wenn er die und die Merkmale hat, dann kann man *Z* von ihm prädizieren. Von dem "wie auch immer irgendein Gegenstand..." zu der Gesamtheit aller Gegenstände, auf die genau *Z* zutrifft (Klassenbegriff), bedarf es jetzt nur noch des Schritts, sich in aller Variation der Eigenschaften das *Z*-Invariante mitzudenken: dies ist die Vorstellung einer abstrakten *Z*-Klasse, die ein für allemal die Prädikation "*x...Z*" für welches *Z* auch immer zuläßt, wenn es (= *x*) nur aus der *Z*-Klasse stammt. Zur Klassenbildung braucht man als davon unabhängiges Gebilde das Zeichen und den damit verbundenen Begriff. Wenn man nun noch erkennt, daß die Bindung der Begriffe an ein bestimmtes Lautmuster von Sprache zu Sprache konventionell festgelegt ist, aber im Prinzip willkürlich bleibt (cf. [Saussure 1961]), dann läßt sich der Begriff von der Sprache trennen: er kann nun, befreit von einer bestimmten Lautgesstalt, nur im Verbund mit anderen Begriffen "sprachfrei" gedacht werden. Der Schnappschuß an dieser Stelle zeigt dann, wenn man den reflektierenden Sprachbenutzer wieder retuschiert und die szenische Entwicklung als logisch starres Antecedens-Verhältnis sieht: da bleibt ein abstraktes Netz von Begriffen *b*, auch Ideen genannt, die an jedem Gegenstand, der zu ihrer *B*-Klasse gehört, anzutreffen sind. Hier erscheinen die Begriffe/Ideen notwendigerweise als den Gegenständen vorausgehende eigenständige Entitäten. Also ist die *platonistische Position* als die richtige "erwiesen".

Insgesamt zeigt sich, daß bei dynamisierter Betrachtung die verschiedenen statischen "Positionen" *unterschiedliche Vorgehensweisen des Menschen in unterschiedlichen Stadien* beschreiben. Und das zeigt wiederum, daß ein langer Streit in Stanzen statischer, aber "menschenleerer" Philosophiegebäude durch die Hinzunahme von uns selbst in das aufgenommene Bild sich in Bewegung auflöst: die Aufnahme wird zu einem ablaufenden Film, in dem alle Vorgangsrichtungen vorkommen. Der Film, mit uns als Protagonisten, hebt die aut-aut-Entscheidung zwischen den verschiedenen menschenleeren Fotografien einer pittura metafisica – auf.

Schlußbetrachtung:

Betrachten wir jetzt noch jemanden, der versucht, einen konstruktiven Aufbau des Zusammenhangs zwischen Begriffen und Gegenständen zu geben und zwar so, daß bei "Hinzuschalten" des Sprachbenutzers die verschiedenen Prozeduren wieder laufen können, dann wird er aus konstruktiven Überlegungen (atomistisch gedacht) mit den erkenntnisbezogenen Bausteinen anfangen, den Begriffen, und als nächstes in seiner Theorie postulieren(!), daß die Gegenstände das, was der Begriff beinhaltet, zeigen müssen, damit der Begriff auf sie angewandt werden kann. Die rein definitorische Forderung, daß eine bestimmte Teilmenge der Gegenstände willkürlich zum Repräsentanten zur Klasse deklariert wird, läßt die Mühe des Kindes bzw. des immer wiederkehrenden Anfangs außer Acht: erkennen zu wollen, worauf es ankommt, statt einfach ein Etikett mit einem willkürlichen Lautmuster aufzukleben.

Hier werden die Gegenstände also so gedacht, daß sie das, was erkannt werden soll, schon in sich tragen und zeigen. Wenn nun zu einer solchen Theorie noch Sprecher und Hörer hinzukommen, dann zeigt sich, daß ein Sprecher bei jeder Äußerung, mit der er etwas über eine Menge von interessierenden Gegenständen sagen will, eigentlich den heuristischen Prozeß der geeigneten Wortwahl wie das Kind wieder durchlaufen muß: der Sprecher muß sich aufgrund einer oder mehrerer begrifflicher Gemeinsamkeiten die Menge durch einen geeigneten Referenzterm sprachlich verfügbar machen. Nur: ihn kontrollieren nicht die Eltern, sondern seine eigene Sprachkompetenz. *Der Sprecher* gibt sich also als *"dynamisierter Nominalist"*, während *der Hörer* das procedere des *"dynamisierten Platonisten"* durchläuft: von den sprachlich vermittelten Begriffen, seinem (apriori-)Wissen über sie und Interpretationsregeln gelangt er (eventuell) zu einer geeigneten Teilmenge aus dem Kontingenten.

An dieser Stelle ist der letzte Schnappschuß fällig. Aber der Film ist zu Ende. Also bleibt nur übrig, das Bild zu *beschreiben* unter dem Titel "Begriffe in der Sicht des Sprachbenutzers."

Literatur

[Carnap 1934] R. Carnap: *Logische Syntax der Sprache*. Springer, Wien 1934, 2. Aufl. 1968.

[Carnap 1947] R. Carnap: *Meaning and necessity*. The University of Chicago Press, Chicago 1947, 2. Aufl. 1956.

[Gerzymisch-Arbogast 1991] H. Gerzymisch-Arbogast: *Terminologische Unbestimmtheiten in Texten als Übersetzungsproblem*. Habilitationsschrift Universität Heidelberg (wird veröffentlicht) 1991.

[Kripke 1972] S. A. Kripke: Naming and necessity. In: D. Davidson, G. Harman (Hrsg.), *Semantics of Natural Language*. Reidel Dordrecht 1972, S. 253–355, 763–769.

[Montague 1974] R. Montague: The proper treatment of quantification in ordinary English. In: Thomas (ed.), *R. Montague – Formal Philosophy*. Yale University Press, New Haven-London 1974, S. 247–270.

[Mudersbach 1979] K. Mudersbach: The method of formal interpretation of philosophical texts. In: H. Berghel,A. Hübner,E. Köhler (eds.), *Wittgenstein, the Vienna circle and Cricial rationalism*. Proceedeings of the 3rd international Wittgenstein Symposium 1978. Hölder-Pichler-Tempsky, Wien 1979, S. 174–178.

[Mudersbach 1983a] K. Mudersbach: Hol-Atomismus als Vereinheitlichung von Holismus und Atomismus.In: P. Weingartner, H. Czermak (eds.), *Epistemology and Philosophy of Science*. Proceedings of the 7th International Wittgenstein Symposium 1982. Hölder-Pichler-Tempsky, Wien 1983, S. 347–349.

[Mudersbach 1983b] K. Mudersbach: Leksemantik – eine hol-atomistische Bedeutungstheorie. *Conceptus* XVII, Nr.40/41, 1983, S. 139–151.

[Mudersbach 1984] K. Mudersbach: *Kommunikation über Glaubensinhalte. Grundlagen der epistemistischen Linguistik*. de Gruyter, Berlin-New York 1984.

[Mudersbach 1986] K. Mudersbach: Kommunizieren als Übersetzungsproblem. Über Mißverständnisse und deren Verhinderung. In: F. Liedtke, R. Keller (Hrsg.), *Kommunikation und Kooperation*. Niemeyer, Tübingen 1986, S. 37–69.

[Mudersbach 1988] K. Mudersbach: Die Methode der Gesetzes-Analyse als Beitrag der Individual-Linguistik zur Erfassung der Patienten-Wirklichkeit. *Zeitschrift für Literaturwissenschaft und Linguistik*. Jg.18, Heft 69 1988, S. 84–110.

[Mudersbach 1989] K. Mudersbach: The Theoretical Description of Speaker-Hearer-Hypotheses. In: R. Dietrich, C.F. Graumann (eds.), *Language Processing in Social Context*. Elsevier Science Publishers B.V. (North-Holland), Amsterdam 1989, S. 77–93.

[Mudersbach 1990] K. Mudersbach: Theorien-Vergleich und Vereinheitlichung von Atomismus und Holismus. In: E. Agazzi (Hrsg.), *Die Vergleichbarkeit wissenschaftlicher Theorien.* ed.Univ., Fribourg (Schweiz) 1990, S. 87–95.

[Mudersbach 1994] K. Mudersbach: *Kritik der modernen Logik aus der Sicht der linguistischen Pragmatik und der Rechtslogik.* In Vorbereitung.

[Pelletier, Schubert 1989] F. J. Pelletier, L. K. Schubert: Mass expressions. In: D. Gabbay, F. Guenthner (Hrsg.), *Handbook of philosophical logic.* Vol.IV: *Topics in the philosophy of language.* Reidel, Dordrecht Boston London 1989, S. 327–408.

[Putnam 1975] H. Putnam: The Meaning of Meaning. In: H. Putnam (Ed.), *Mind, Language and Reality. Philosophical Papers*: Vol.2. Cambridge University Press, Cambridge-London-New York-New Rochelle-Melbourne-Sydney 1975, S. 215–271.

[Quine 1960] W. v. O. Quine: *Word and Object.* The M.I.T.Press, Cambridge, Massachusetts 1960.

[Rosch-Heider 1973] E. Rosch-Heider: On the internal structure of perceptional and semantic categories. In: T.E. Moore (Hrsg.), *Cognitive development and acquisition of language.* New York 1973, S. 111–144.

[Russell 1905] B. Russell: On denoting. *Mind* **14**, 1905, S. 479–493.

[Saussure 1961] F. de Saussure: *Cours de linguistique ge'ne'rale.* Hrsg.von: Ch. Bally, A. Sechehaye. Paris, Lausanne 1916. Zitiert nach der deutschen Ausgabe (2. Aufl.): *Grundfragen der Allgemeinen Sprachwissenschaft.* Übersetzt von H.Lommel. 2. Aufl.: Hrsg.von P.v. Pohlenz. de Gruyter, Berlin 1967.

[Schönherr, Mudersbach 1992] L. Schönherr, K. Mudersbach: RELATAN – Computer-aided Analysis of Texts based on the Method RELATEX. In: M. Schader (Hrgs.), *Analyzing and Modeling Data and Knowledge. Proceedings of the 15th Annual Conference of the Gesellschaft für Klassifikation e.V.* University of Salzburg, February 25–27, 1991. Springer- Verlag, Berlin-Heidelberg 1992, S. 315–326.

[Searle 1969] J. R. Searle: *Speech Acts. An essay in the philosophy of language.* Cambridge University Press, Cambridge 1969.

[Wittgenstein 1971] L. Wittgenstein: *Philosophische Untersuchungen.* Hrsg. von G.E.M. Anscombe und R. Rhees. Suhrkamp, Frankfurt am Main 1971.

[Wigand, Wolski 1980] H. E. Wiegand, W. Wolski: Lexikalische Semantik. Artikel 18 In: H. P. Althaus, H. Henne, H.E. Wiegand, *Lexikon der Germanistischen Linguistik.* Niemeyer, Tübingen 1980, S. 199–211.

[Wolski 1980] W. Wolski: *Schlechtbestimmtheit und Vagheit – Tendenzen und Perspektiven.* Niemeyer, Tübingen 1980.

[Wüster 1959] E. Wüster: Das Worten der Welt. Schaubildlich und terminologisch dargestellt. *Sprachforum* **3**. Bouvier, Bonn 1959/60, S. 183–204.

[Zadeh 1975] L. Zadeh: The concept of a linguistic variable and its applicaiton to approximate reasoning I,II. *InfSc.* **8**, 1975, S. 199–249, 301–357.

Begriffliche Wissenssysteme aus pragmatisch-semiotischer Sicht

Urs Andelfinger

Inhalt

1 Einleitung

Die Konzeption Begrifflicher Wissenssysteme [Luksch, Wille 1991, Wille 1992a] ist aus der Theorie der Formalen Begriffsanalyse [Wille 1982, Wille, Ganter 1994] hervorgegangen. Begriffliche Wissenssysteme können als wissensbasierte Systeme auf der Grundlage einer mathematischen Theorie zur Modellierung begrifflichen Wissens als begriffliche Wissensstrukturen verstanden werden. Zielsetzung der Konzeption Begrifflicher Wissenssysteme ist, den Zusammenhang zwischen formalem und inhaltlichem Denken zu stärken.

Zunächst wird ein Überblick über die Konzeption Begrifflicher Wissenssysteme und eine Beschreibung des zugrundeliegenden Wissensverständnisses gegeben. Eine besondere Bedeutung kommt dabei dem Handlungs- und Lebensweltbezug, d.h. der pragmatischen Dimension Begrifflicher Wissenssysteme zu. Hierfür werden Grundbegriffe einer pragmatischen Semiotik eingeführt. Anschließend werden Begriffliche Wissenssysteme aus pragmatisch-semiotischer Sicht diskutiert. Abschließend wird auf einige Fragen und Thesen für die weitere Entwicklung Begrifflicher Wissenssysteme eingegangen.

2 Begriffliche Wissenssysteme

2.1 Grundlagen

Begriffliche Wissenssysteme sind aus der Theorie der Formalen Begriffsanalyse [Wille 1982] hervorgegangen. Die Formale Begriffsanalyse gründet sich auf eine mathematische Formalisierung der auch in die DIN 2330 und 2331 eingegangenen traditionellen philosophischen Auffassung, nach der ein Begriff als gedankliche Einheit verstanden werden kann, bestehend aus zwei Teilen: seinem Umfang (Extension) und seinem Inhalt (Intension). Der Begriffsumfang enthält alle

Gegenstände (oder Objekte), die zum Begriff gehören, während der Inhalt alle Merkmale (oder Eigenschaften), die auf diese Gegenstände zutreffen, enthält (vgl. etwa [Wagner 1973]).

Für die Konzeption Begrifflicher Wissenssysteme wird von einem mengensprachlichen Modell für Begriffe gemäß dem skizzierten philosophisch fundierten Grundverständnis ausgegangen. Die Sprache Begrifflicher Wissenssysteme [Luksch, Wille 1991] kann verstanden werden als eine extensionale Standardsprache im Sinne von [Schnelle 1973], die sich auf eine mengensprachliche Semantik gründet.

Grundelemente begrifflichen Wissens sind Gegenstände (Objekte), Merkmale (Eigenschaften) und Begriffe. Sie sind durch vier Grundrelationen verbunden: Ein Gegenstand *hat* ein Merkmal, ein Gegenstand *gehört* zu einem Begriff, ein Merkmal *abstrahiert* von einem Begriff und ein Begriff ist *Oberbegriff* eines anderen Begriffs.

Begriffliche Wissenssysteme verfolgen nach [Zickwolff 1992] als Ziele die *Darstellung* von allgemeinem Wissen und die *Ableitung* von *Routine*wissen. Für den dazu erforderlichen Umgang mit den formal-begrifflichen Wissensstrukturen verfügen sie – wie andere wissensbasierte Systeme auch – über Komponenten zur Wissens*repräsentation*, zur Wissens*akquisition*, zur Wissens*inferenz* und zur Wissens*kommunikation*. Begriffliche Wissenssysteme erlauben die Entwicklung und Integration dieser Komponenten auf der Grundlage einer Theorie zur einheitlichen mathematischen Wissensmodellierung (s.a. [Luksch, Wille 1991, Wille 1992a]).

Von entscheidender Bedeutung für das Verständnis Begrifflicher Wissenssysteme ist der Zusammenhang inhaltlicher und formaler Aspekte: In wissensbasierten Systemen wie z.B. KL-ONE basierten Systemen wird aufgrund der "Knowledge Representation Hypothesis" von der *allgemeinen Darstellbarkeit* von Wissen ausgegangen (s. z.B. [Brachman, Schmolze 1985]). Nach dieser Hypothese hat Wissen *immer* eine Entsprechung bzw. Verkörperung in einem Objekt und ist daher stets darstellbar. Aufgrund dieser Unabhängigkeit von konkreten Weltbezügen kann Wissen symbolisch codiert werden und kann unabhängig von den faktisch zugrundeliegenden Elementen bzw. Weltbezügen rein formal manipuliert werden.

Für die Konzeption Begrifflicher Wissenssysteme hingegen wird von der Annahme ausgegangen, daß nur begriffliches Wissen im obigen Sinne angemessen behandelt werden kann. Zugleich wird davon ausgegangen, daß Wissen in einem inneren Zusammenhang zum jeweils gegebenen Handlungs- und Lebensweltkontext steht. Von zentraler Bedeutung für Begriffliche Wissenssysteme ist deshalb, daß das begriffliche Wissen stets bezüglich eines gegebenen Handlungs- und Lebensweltkontext verstanden und interpretiert wird.

Der Bereich begrifflichen Wissens in einem gegebenen Handlungskontext, der als prinzipiell standardsprachlich erfaßbar verstanden wird, wird als *begriffliches Universum* [Luksch, Wille 1991] bezeichnet. Innerhalb des begrifflichen Universums wird davon ausgegangen, daß alles begriffliche Wissen in einem geeignet spezifizierten (formalen) Kontext – bestehend aus den Gegenständen, Merkmalen und Inzidenzen – und den aus ihm abgeleiteten (formalen) Begriffen darstellbar ist [Zickwolff 1992, S. 3].

Hieraus ergibt sich der innere Zusammenhang zwischen formalen und inhaltlichen Anteilen bei der Konzeption Begrifflicher Wissenssysteme, wie er in dieser Form in anderen wissensbasierten Systemen wie beispielsweise den KL-ONE basierten Systemen nicht zu finden ist: Begriffliche Wissenssysteme stellen (begriffliches) Wissen stets *bezüglich* eines begrifflichen Universums und im Rahmen eines gegebenen inhaltlich-lebensweltlichen Kontextes dar. Das begriffliche Universum vermittelt als prinzipiell standardsprachlich erfaßbarer Bereich zwischen dem gegebenen lebensweltlichen Kontext und der formalen Wissensdarstellung im Begrifflichen Wissenssystem.

2.2 Zum Wissensverständnis Begrifflicher Wissenssysteme

Im Rahmen der Konzeption Begrifflicher Wissenssysteme soll Wissen nach [Wille 1992b] als reflektiertes, d.h. gewußtes und begründetes bzw. begründbares Wissen verstanden werden. Es zeichnet sich insbesondere durch einen inneren Zusammenhang formaler und inhaltlicher Anteile aus. Ein solches Wissen kann nach [Luft 1992, S. 52] als *"anspruchsvolles Wissen verstanden werden, das*

- *mit Gewißheitsansprüchen sowie (empirisch belegten oder logischen) Geltungsansprüchen verbunden ist*

- *die damit verknüpften Geltungsansprüche gegenüber "vernünftig argumentierenden" Gesprächspartnern eingelöst werden können*

- *in Form von Aussagen (für theoretische Behauptungen) oder Aufforderungen (für praktische Orientierungen, einschließlich Methoden und diesbezüglich relevanten Einstellungen, Haltungen, Werten/Normen) zum Ausdruck gebracht werden kann*

- *sich auf Handlungen oder die damit verknüpften Ziele, Zwecke und Probleme bezieht."*

Nach diesem Wissensverständnis ist anspruchsvolles Wissen *gewußtes* Wissen. Es umfaßt subjektive wie intersubjektive Komponenten, nämlich Gewißheitsansprüche und Geltungsansprüche bezüglich eines gegebenen lebensweltlichen Kontextes. Damit unterscheidet es sich grundsätzlich von dem bereits oben beschriebenen Wissensverständnis der "Knowledge Representation Hypothesis", wo von einem formal-symbolischen Wissensverständnis ausgegangen wird, das von solchen Bezügen gerade absieht. Es ist außerdem nur unter der Bedingung einer

Argumentationsgemeinschaft und damit in einem intersubjektiven Zusammenhang denkbar. Unser Wissensverständnis unterscheidet sich demnach auch von monologischen Wissenskonzeptionen.

Begriffliche Wissenssysteme können begriffliches Wissen als Teilbereich anspruchsvollen Wissens formal repräsentieren. Um aus diesen begrifflichen Strukturen anspruchsvolles Wissen wiederzugewinnen, sind die bei der Wissensrepräsentation vorgenommenen Formalisierungen durch eine vor dem jeweils aktuellen pragmatischen Horizont erfolgende gemeinsame inhaltliche Rekonstruktion von Sinn, Bedeutung und Zusammenhang der begrifflichen Strukturen so weit es geht rückgängig zu machen. Im folgenden wird auf einige wichtige Folgerungen aus diesem Wissensverständnis näher eingegangen.

- Anspruchsvolles Wissen setzt eine Kommunikationsgemeinschaft voraus. Dies ergibt sich aus seiner Bestimmung als ein mit Geltungsansprüchen behaftetes Wissen. Die Geltungsansprüche sind jeweils argumentativ einzulösen. Damit ist anspruchsvolles Wissen auf eine intersubjektive Verständigungsmöglichkeit angewiesen. In letzter Konsequenz setzt anspruchsvolles Wissen daher als sinnkritische Bedingung seiner Möglichkeit das Apriori der menschlichen Kommunikationsgemeinschaft voraus, das nicht ohne Selbstwiderspruch hintergangen werden kann (s.a. [Apel 1973, Bd. II, S. 429ff.]).

- Anspruchsvolles Wissen ist nur aus einer teilnehmenden Perspektive heraus denkbar. Der mit der Einlösung der Geltungsansprüche verbundene Gewißheitsanspruch kann nämlich nicht aus einer vollständig beobachtenden Perspektive gewährleistet werden.

- Anspruchsvolles Wissen erhält seinen Sinn und seine spezifische Bedeutung von einem nicht-hintergehbar gegebenen pragmatisch-lebensweltlichen Horizont. Dieser unproblematische lebensweltliche Hintergrund dient zugleich der Verankerung und Sinngebung anspruchsvollen Wissens.

- Anspruchsvolles Wissen bietet Anschlußmöglichkeiten für verständigungsorientiertes, d.h. *kommunikatives Handeln* im Sinne von [Habermas 1981]. Dies wird ermöglicht durch den im anspruchsvollen Wissen bereits angelegten Bezug auf einen pragmatisch-lebensweltlichen Horizont. Sobald dieser Bezug handlungstheoretisch aufgefaßt wird, kann das im Verständigungsprozeß erreichte rational motivierte Einverständnis über das Stadium anspruchsvollen Wissens hinaus eine zentrale Rolle für unsere Lebenspraxis übernehmen, wenn sich nämlich "*die Aktoren darauf einlassen, ihre Handlungspläne intern aufeinander abzustimmen und ihre jeweiligen Ziele nur unter der Bedingung eines sei es bestehenden oder auszuhandelnden Einverständnisses über Situation und erwartete Konsequenzen zu verfolgen."* [Habermas 1983, S. 144].

Konstitutiv für das Wissensverständnis Begrifflicher Wissenssysteme ist der Bezug zu einem nicht-hintergehbar gegebenen lebensweltlichen Kontext. Im folgenden Abschnitt werden zu einem besseren Verständnis dieser Zusammenhänge Grundlagen einer pragmatisch orientierten Semiotik vermittelt.

3 Grundbegriffe einer pragmatischen Semiotik

Als Semiotik soll im Rahmen dieser Arbeit allgemein die *Wissenschaft von den Zeichen* [Noeth 1985] verstanden werden. Kennzeichnend für ein semiotisches Verständnis von Zeichen ist ein dynamisches Verständnis von *Zeichen als* prinzipiell unabschließbarer *Prozeß* der Wirkung von Zeichen auf Interpreten. Dieser Prozeß wird auch als *Semiose* bezeichnet. Dies impliziert ein grundsätzlich *triadisches Verständnis von Zeichen*, wonach ein Zeichen eine Repräsentation oder Vermittlung "*von etwas als etwas für ein interpretierendes Bewußtsein*" [Apel 1975, S. 47] ist. Im folgenden wird Semiotik inhaltlich näher als *pragmatische* Zeichentheorie im Sinne von Ch. S. Peirce erläutert.[1]

Grundlegend für das Verständnis der Zeichentheorie von Peirce ist seine Kategorienlehre, die er aus der mathematischen Relationenlogik ableitet (vgl. [Apel 1995, insbes. S. 46ff., S. 221ff.]). Sie besteht aus drei *Universalkategorien*, die er in seiner dritten Pragmatismus-Vorlesung von 1903 folgendermaßen bestimmt [Peirce 1991, S. 358ff.]:

1. "*Die Kategorie "Das Erste" ("the First") ist die Idee dessen, was so ist, wie es ist, ungeachtet alles anderen. D.h. es ist eine Gefühlsqualität.*

2. *Die Kategorie "Das Zweite" ("the Second") ist die Idee dessen, was so ist, wie es ist, als das Zweite im Hinblick auf ein Erstes, ungeachtet alles anderen, und insbesondere ungeachtet jeden Gesetzes, obwohl es einem Gesetz entsprechen mag. D.h. es ist Reaktion als ein Element des Phänomens.*

3. *Die Kategorie "Das Dritte" ("the Third") ist die Idee dessen, das so ist, wie es ist, als ein Drittes oder ein Medium zwischen einem Zweiten und dessen Erstem. D.h. es ist Repräsentation als ein Element des Phänomens.*"

---

[1]Hieraus leitet sich auch unsere Bezeichnung *pragmatische* Semiotik ab, womit wir uns von z.B. stärker strukturalistischen Ausrichtungen der Semiotik unterscheiden wollen. Vgl. zur Peirceschen Zeichentheorie näher z.B. [Apel 1975], [Peirce 1983], [Peirce 1991], [Morris 1977].

Im Kontext unseres Wissensverständnisses bedeutet die Kategorie der *Erstheit* das noch nicht reflektierte Unmittelbare. Darunter fällt z.B. der stets unmittelbar gegebene lebensweltlich-pragmatische Horizont. Unter die Kategorie der *Zweitheit* fällt alles, was mit einer Erstheit in Beziehung tritt oder als Reaktion auf eine Erstheit verstanden werden kann. Dies können z.B. Prädikate oder Eigenschaften sein. Zur Kategorie der *Drittheit* gehören z.B. Reflexion, Interpretation und Deutung der Beziehungen zwischen Erstheit und Zweitheit. Den gesamten Wirkungszusammenhang des Zeichenprozesses als Wirkung von Zeichen auf Interpret(ant)en nennt Peirce *Semiose* [Noeth 1985, S. 36]:

"*Ein Zeichen, oder Repräsentamen, ist etwas, das für jemanden in einer gewissen Hinsicht oder Fähigkeit für etwas steht. Es richtet sich an jemanden, d.h. es erzeugt im Bewußtsein jener Person ein äquivalentes oder vielleicht ein weiter entwickeltes Zeichen. Das Zeichen, welches es erzeugt, nenne ich den Interpretanten des ersten Zeichens. Das Zeichen steht für etwas, sein Objekt. Es steht für das Objekt nicht in jeder Hinsicht, sondern in bezug auf eine Art von Idee, die ich manchmal den Grund des Repräsentamens genannt habe.*"

Der triadische und prozeßhafte Wirkungszusammenhang der Semiose ist unauflöslich, da je zwei Komponenten wechselweise die dritte voraussetzen: Die Beziehung zwischen Zeichen (als solchen) und dem bezeichneten Gegenstand setzt einen Interpretanten voraus, die Beziehung zwischen Zeichen und dem Interpretanten setzt die Existenz bzw. die Realität des bezeichneten Gegenstandes voraus und die Beziehung zwischen dem bezeichneten Gegenstand und dem Interpretanten setzt die Vermittlung durch ein Zeichen voraus. Der Semioseprozess kann weiterhin analytisch in *Syntax*, *Semantik* und *Pragmatik* unterschieden werden (s.a. [Morris 1977]):

- Die *Syntax* untersucht unabhängig von Bedeutung oder Wirkung die Relationen von Zeichen untereinander und die Regeln für die Kombination von Zeichen.

- Die *Semantik* befaßt sich mit der Beziehung zwischen dem Zeichen(träger) oder Repräsentamen und seinem Designat, d.h. dem Objekt oder dem Sachverhalt, für das es steht.

- Die *Pragmatik* beschäftigt sich mit der Beziehung und den Wirkungen zwischen Zeichen und Zeichenbenutzern, d.h. den Menschen. Die pragmatische Ebene stellt den Zusammenhang zum Kontext der menschlichen Lebenspraxis her.

Bezogen auf anspruchsvolles Wissen kann in Anlehnung an diese analytische Dreiteilung zwischen einem *syntaktisch-semantischen System* und einer *kommunikativ-pragmatischen Kompetenz* unterschieden werden: Die Strukturbeziehungen der Syntax und die Bezeichnungsfunktionen der semantischen Beziehungen können als *syntaktisch-semantisches* System aufgefaßt werden, das z.B. als begriffliche Strukturen in Begrifflichen Wissenssystem darstellbar ist. Die Vervollständigung zu anspruchsvollem Wissen erfolgt hingegen aufgrund einer *kommunikativ-pragmatischen Kompetenz* in der aktuellen Interpretation einer Interpretationsgemeinschaft, die dieses Zeichensystem als für etwas anderes und in bestimmten Hinsichten stehend interpretiert. Die Pointe dieser analytischen Unterscheidung besteht darin, daß sich syntaktisch-semantisches System und pragmatischkommunikative Kompetenz wechselseitig voraussetzen und nur gemeinsam im Prozeß der Semiose anspruchsvolles Wissen hervorbringen: Einerseits benötigt die kommunikativ-pragmatische Kompetenz zur intersubjektiven Verständigung geeignete zeichenhafte Darstellungs- und Mitteilungsmöglichkeiten in Form syntaktisch-semantischer Systeme. Erst aufgrund einer kommunikativ-pragmatischen Kompetenz wiederum ist eine intersubjektive Verständigung über die Konstruktionsregeln und eine inhaltliche Deutung der Bezeichnungsfunktionen des syntaktisch-semantischen Systems möglich.

4 Pragmatisch-semiotische Aspekte Begrifflicher Wissenssysteme

4.1 Begriffliches Universum und pragmatisch-situativer Kontext

In der Konzeption Begrifflicher Wissenssysteme wird nach [Zickwolff 1992] von der Annahme ausgegangen, daß begriffliches Wissen immer bezüglich eines *begrifflichen Universums* verstanden wird, das selbst als *potentiell* begrifflich erfaßbar angesehen wird – und zwar vor dem Hintergrund eines gegebenen lebensweltlichen Interessengebietes. Diesen gegebenen lebensweltlichen Horizont wollen wir im folgenden als *pragmatisch-situativen Kontext* oder kurz als *pragmatischen Kontext* bezeichnen. Weite Bereiche des pragmatischen Kontextes weisen vor-sprachlichen und vor-theoretischen Charakter auf und sind einer vollständigen Beschreibbarkeit entzogen. Mit der Bezeichnung *pragmatischer Kontext* soll diese prinzipielle Offenheit und Unabgeschlossenheit zum Ausdruck gebracht werden. Mit der Bezeichnung *begriffliches Universum* hingegen wird stärker die Abgrenzung und die Begrenztheit des Anspruchs Begrifflicher Wissenssysteme betont. Das begriffliche Universum kann dann auch verstanden werden als die gemeinsam erzielte explizite Verständigung über die für den gegebenen pragmatischen Kontext grundsätzlich relevanten begrifflichen Wissensbereiche oder Wissenselemente, an die sich eine weitere Explikation und Spezifikation in formal-begrifflichen Wissensstrukturen anschließen kann.

Das Verhältnis von pragmatischem Kontext und begrifflichem Universum ist von zentraler Bedeutung für den Prozeß der Wissensakquisition. Wissensakquisition soll zunächst allgemein als Erhebungs- und Explikationsprozeß begrifflichen Wissens aufgefaßt werden. Als Ziel der Wissensakquisition kann die gemeinsame Einigung auf bzw. Bestimmung des begrifflichen Universums sowie dessen teilweise begriffliche Explikation (z.B. in *formalen* Kontexten) vor dem Hintergrund eines gegebenen *pragmatischen* Kontextes angesehen werden. Gemäß dem für die Konzeption Begrifflicher Wissenssysteme zentralen Zusammenhang von formalem und inhaltlichem Denken umfaßt Wissensakquisition zu diesem Zweck unter anderem diskursiv verstandene Interpretations-, Systematisierungs- und Formalisierungsschritte. Insbesondere wird damit dem Sachverhalt Rechnung getragen, daß der gegebene pragmatische Kontext nur in Teilen begrifflich-explizit zugänglich ist, auf der anderen Seite aber ein explizites begriffliches Universum als Bezugspunkt zum inhaltlichen Verständnis der mit Hilfe Begrifflicher Wissenssysteme erfaßten und kommunizierten formalen Wissensstrukturen erforderlich ist.

Zu diesem Zweck kann das zunächst in der Fachsprache des gegebenen pragmatischen Kontextes gebildete gemeinsame inhaltlich-begriffliche Verständnis in einem standardsprachlichen Modell im Sinne von [Schnelle 1973] formal-begrifflich dargestellt werden. Dies kann z.B. in den Repräsentationsformalismen von formalem Kontext und Darstellung des zugehörigen Begriffsverbandes als Liniendiagramm geschehen.

Durch die standardsprachliche Erfassung erhalten die explizierten begrifflichen Wissenselemente formalere und universellere Qualitäten, sie werden zu *potentiellem* begrifflichen Wissen. Dieses ist in Teilen dekontextualisiert, d.h. aus seinen in vielfältiger Weise mit dem pragmatischen Kontext verwobenen Bezügen gelöst und für die Modellierung als formal-begriffliche Strukturen vorbereitet. Damit gehen vielfältige inhaltliche Bezüge, d.h. die mit dem Wissen mit-gemeinten Bezüge der pragmatischen Umgebung, die jedoch nicht explizit begrifflich benannt oder benennbar sind, verloren. Es findet auch eine Konventionalisierung, d.h. Standardisierung für den Umgang und die inhaltliche (Be-)Deutung der standardsprachlichen Darstellung statt.

Als Vorteil der standardsprachlichen Darstellung ist insbesondere zu sehen, daß es nach wie vor möglich ist, von den standardsprachlichen Darstellungsformen aus eine fach- bzw. gemeinsprachliche Interpretation im Sinne anspruchsvollen Wissens vorzunehmen. An dieser Stelle zeigt sich auch die Bedeutung des vereinbarten begrifflichen Universums als Interpretationsrahmen für eine angemessene inhaltliche Rekonstruktion der formalen Wissensstrukturen: im Sinne einer diskursiven Validierung kann überprüft werden, inwieweit die erhobenen Wissenselemente im Hinblick auf den pragmatischen Kontext von Bedeutung sind, formal richtig dargestellt sind und die damit verbundenen Geltungsansprüche eingelöst werden können. Von der standardsprachlichen Darstellungsform aus ist andererseits auch die Umsetzung in eine konstruktsprachliche Form für die systeminterne

Darstellung im Begrifflichen Wissenssystem als Daten[2] möglich. Im Verlauf dieses Prozesses macht sich zunehmend der konstruktive bzw. konstruktivistische Charakter der Wissensakquisition bemerkbar:

Der Prozeß der Wissensakquisition erfolgt stets im Hinblick auf eine sich anschließende formale Wissensrepräsentation. In unserem Fall wird eine Modellierung in begrifflichen Strukturen angestrebt. Trotz der philosophisch fundierten Nähe dieser Strukturen zu menschlichen Begriffen präformiert diese Vorgabe die Wahrnehmung und die Wahrnehmungsmöglichkeiten des pragmatischen Kontextes zumindest in potentieller Hinsicht. Die explizierten Wissenselemente werden gemäß den Modellierungsmöglichkeiten der Begrifflichen Wissenssysteme in ihrer Struktur angepaßt. Es ist davon auszugehen, daß das nunmehr in den begrifflichen Strukturen repräsentierte begriffliche Wissen in dieser strukturellen Form erst durch den Wissensakquisitionsprozess geschaffen wurde.

Der konstruktive Charakter der Wissensakquisition wird verstärkt durch die Ablösung der Darstellung begrifflichen Wissens von den Kontextbezügen der pragmatischen Umgebung. Das modellierte begriffliche Wissen repräsentiert nicht mehr nur Wissenselemente bezüglich des gegebenen pragmatisch-situativen Kontextes, sondern es ist universeller, da es z.B. anders inhaltlich interpretiert werden kann, als in seinem ursprünglichen Zusammenhang und somit auch für andere pragmatische Zusammenhänge verfügbar gemacht wird. In dieser Universalität und somit neuen Qualität als formal-begriffliches Wissen wurde es erst durch den Wissensakquisitionsprozeß geschaffen.

4.2 Menschliche Expertise als pragmatische Kompetenz

Die Vermittlung zwischen begrifflichem Universum und pragmatischem Kontext wird konzeptionell ermöglicht durch den für begriffliches Wissen konstitutiven Bezug auf einen lebensweltlichen Horizont, z.B. als Handlungs- oder Zweckbezug (s.a. [Luft 1992, S. 52]). Die Vermittlung selbst erfolgt jeweils aktuell im intersubjektiven Verständigungsprozeß über die mit diesem Wissen verbundenen Geltungsansprüche. Die hierbei aktivierte pragmatische Kompetenz soll als *menschliche Expertise* bezeichnet werden. Menschliche Expertise läßt die potentiell im begrifflichen Wissen vorhandenen Handlungs*möglichkeiten* handlungsleitend bzw. handlungswirksam werden. Sie vereint somit *Wissen und Können* und läßt sich zusammenfassend folgendermaßen charakterisieren (s.a. [Bachmann, Malsch 1993, Leithäuser 1990]):

- Begriffliches Wissen kann zwar als konstitutiv für menschliche Expertise angesehen werden, diese reicht aber auf grundsätzliche Weise darüber hin-

---

[2]Daten sind nach der DIN 44300 "*Zeichen ..., die zum Zweck der Verarbeitung Information auf Grund bekannter oder unterstellter Abmachungen darstellen.*"

aus, wenn z.B. die mit diesem Wissen verbundenen Geltungsansprüche einzulösen sind.

- Menschliche Expertise umfaßt weitere Kompetenzen wie z.B. Erfahrungswissen, implizites Wissen, soziale Kompetenzen und psychologische Faktoren wie Motivation und Interessen. Diese Komponenten von Expertise
  entziehen sich einer expliziten Thematisierung und Darstellung bzw. symbolischen Repräsentation.

- Menschliche Expertise ist grundsätzlich situationsgebunden und auch durch
  externe Randbedingungen, Möglichkeiten und Beschränkungen bestimmt.
  Als solche externen Faktoren können z.B. kollektiv-organisatorische und
  soziale Institutionen, kulturelle Strukturen und technisch-materielle Ressourcen angesehen werden.

Bezogen auf Begriffliche Wissenssysteme kann die Bestimmung des begrifflichen
Universums als geleistete Verständigungsarbeit *bezüglich* des pragmatischen Kontextes verstanden werden. Das im Rahmen des begrifflichen Universums jeweils
aktuell gewußte bzw. grundsätzlich wißbare (begriffliche) Wissen kann als syntak-
tisch-semantische Begriffsstrukturen weiter expliziert werden, es soll als *explizite
Expertise* bezeichnet werden. Diese Wissensstrukturen können als Darstellung
bzw. Zeichen für geleistete Verständigungsarbeit im Rahmen des *vereinbarten*
begrifflichen Universums und bezüglich des *gegebenen* pragmatischen Kontextes
verstanden werden und in Begrifflichen Wissenssystemen formal verfügbar gemacht werden. Die formale Darstellung expliziter Expertise steht jedoch stets
nur zeichenhaft für das anspruchsvolle Wissen oder die menschliche Expertise
des pragmatischen Kontextes, sie ist nicht selbst dieses Wissen oder diese Expertise. Sie wird erst zu dieser durch eine hierzu komplementäre pragmatischkommunikative Kompetenz. Diese kann prinzipiell nicht erhoben werden, sondern muß im Gegenteil stets für den explizit erfaßten Anteil als Interpretations-
und Rekonstruktionskompetenz zur Verfügung stehen – und zwar *bezüglich* eines
konkreten pragmatischen Kontextes.

4.3 Wissenssituation und Wissensarten

Im Kontext wissensbasierter Systeme werden häufig folgende Wissen*arten* ide-
altypisch unterschieden: Faktenwissen (Fallwissen), Theoriewissen (Bereichswis-
sen), konkret-prozedurales Handlungswissen (Inferenz- und Logikwissen) und re-
flektorisch-heuristisches Metawissen (Strategiewissen) zur Steuerung der Anwendung der anderen Wissensarten.[3] Die dabei zu beobachtende Konzentration auf

---

[3]Vgl. hierzu auch die Darstellung und kritische Diskussion bei [Schefe 1991, S. 37f.].

den Versuch einer möglichst vollständigen Erfassung von Wissen*arten* kann unserer Ansicht nach letztlich auf die oben beschriebene Wissensrepräsentationshypothese zurückgeführt werden, wonach Wissen losgelöst von konkreten Weltbezügen symbolisch verfügbar sei. Dies führt insbesondere zu der – jedoch meistens implizit bleibenden und damit quasi-ideologischen – Annahme, daß es bei wissensbasierten Systemen im wesentlichen darum gehe, diese Wissensarten symbolisch als Strukturen und unter Absehung ihrer inhaltlichen Anteile verfügbar zu machen.[4]

In unserem Verständnis hingegen ist Wissen stets als ein Teil umfassender menschlicher Expertise und bezüglich eines pragmatischen Kontextes zu verstehen.[5] Außerdem wird in der Konzeption Begrifflicher Wissenssysteme – im Unterschied zu den oben skizzierten umfassenden Systematisierungen von Wissensarten – davon ausgegangen, daß nur *begriffliches* Wissen im Rahmen des begrifflichen Universums angemessen in begrifflichen Wissensstrukturen erfaßt werden kann. Inwieweit dies für die oben genannten Wissensarten jeweils möglich ist, müßte im Einzelfall und mit Bezug auf den konkret gegebenen pragmatischen Kontext überprüft werden. Dies kann beispielsweise durch eine Reflektion der Rahmenbedingungen des pragmatischen Kontextes (s.a. [Bachmann, Malsch 1993]) unterstützt werden. Diese Rahmenbedingungen wollen wir als *Wissenssituation* bezeichnen. Zur Operationalisierung unserer Überlegungen werden im folgenden einige Leitfragen zur heuristischen Klassifikation von Wissen*situationen* skizziert:

- *Reifegrad des Wissensbereichs*: In welchem "Reifegrad" befindet sich das Gebiet? Weist es hinsichtlich des Erkenntnisstandes eine hohe Dynamik auf? Ist der Wissensbestand schon einigermaßen gesichert? Ist der Wissensbestand eher evolutionären Entwicklungen unterworfen, so daß auf der Basis vorhandenen Wissens tendenziell neues Wissen dazu kommt? Ist der Wissensbestand durch häufige Revisionen und Verwerfen bisheriger Wissensbestände zu kennzeichnen?

- *Standardisierungsgrad des Umgangs mit dem Wissensbestand*: Inwieweit ist der Umgang mit den Wissensbeständen einheitlich und regelhaft, inwieweit ist er von besonderen Situations-Umständen abhängig? Erfordert der Umgang eine stark einzelfallorientierte Vorgehensweise? Wie groß ist die Menge

---

[4]In vielen Lehrbüchern und Methodologien zur "Künstlichen Intelligenz" wird bereits die Strukturgleichheit verschiedener Problemsituationen als hinreichende Motivation und Vorteil des Ansatzes wissensbasierter Systeme propagiert, so z.B. [Karbach, Linster 1990] unter Bezug auf die KADS-Methodologie. Diesen Ansichten liegt stets als implizite Annahme die Wissensrepräsentationshypothese zugrunde, die grundsätzlich von der pragmatischen Ebene abstrahiert. Aus unserer Sicht ist diese Einschätzung nicht haltbar. Ähnlich zu unserer Auffassung vgl. auch [Becker et al. 1991], [Busch et al. 1994], [Coy et al. 1989].

[5]Vgl. ähnlich zu unserer Auffassung auch z.B. [Amann 1992, Coy et al. 1989, Dreyfus 1987, Schefe 1991, Winograd, Flores 1989].

der alternativ auszuwählenden Methoden? Wie häufig werden einzelne Methoden angewendet und einzelne Wissensbestände benötigt?

- *Anteil nicht-expliziter Expertise und spezifischer Ressourcen*: Wie wird die Explizierbarkeit der für eine pragmatisch erfolgreiche Bewältigung der Aufgaben erforderlichen Expertise eingeschätzt? Wie stark ist die Rolle von Erfahrungswissen?

- *Grad der Prozeßbeherrschung*: Wie wird der Grad der Prozeßbeherrschung durch menschliche Expertise eingeschätzt? Ist er noch im Experimentierstadium, d.h. häufigen Revisionen unterworfen? Kann man von Routinevorgängen sprechen?

- *Risikopotential und Verantwortung*: Welche Folgen sind bei einem Fehlverhalten zu erwarten? Wie hoch ist das Sicherheitsbedürfnis, welches Risiko kann eingegangen werden? Welche Verantwortung und Verpflichtung hängt für die Beteiligten davon ab? Was steht für Betroffene (direkt und indirekt) auf dem Spiel?

- *Interessen-, Wert- und Normenhaltigkeit*: Wie stark ist die Rolle von z.B. sozialen Normen, institutionellen Vorgaben, technisch-materiellen Ressourcen? Welche gesellschaftlichen Gruppen sind beteiligt an der Entwicklung? Welche Gruppen sind direkt/indirekt Betroffene von der Entwicklung? Besteht ein angemessenes Verhältnis zwischen denjenigen, die Betroffene sind und denjenigen, die beteiligt werden?

In der Konzeption Begrifflicher Wissenssysteme wird dem dargelegten Zusammenhang von Wissenssituation und Wissensarten dadurch Rechnung getragen, daß beim Umgang mit begrifflichem Wissen auch stets seine Bezüge zum pragmatisch-situativen Kontext in einem intersubjektiven Verständigungsprozeß reflektiert werden. Dies spiegelt sich beispielsweise darin wider, daß ein Begriffliches Wissenssystem stets bezüglich eines begrifflichen Universums in einem gegebenen pragmatischen Kontext verstanden wird. Insbesondere kann die Bestimmung des begrifflichen Universums als geleistete Verständigungsarbeit *bezüglich* des pragmatischen Kontextes und somit als Berücksichtigung der Wissenssituation verstanden werden. Zugleich wird durch die Verständigung auf ein begriffliches Universum derjenige Wissensbereich bestimmt, der angemessen als begriffliche Wissensstrukturen (potentiell) weiter expliziert und in Begrifflichen Wissenssystemen formal verfügbar gemacht werden kann.

4.4 Begriffliche Wissensstrukturen

In der bisherigen Diskussion Begrifflicher Wissenssysteme wurde zunächst das Verhältnis von begrifflichem Universum zum pragmatischen Kontext näher bestimmt. Hieraus ergab sich eine genauere Bestimmung menschlicher Expertise als pragmatische Kompetenz, die von zentraler Bedeutung für den Zusammenhang von formalem und inhaltlichem Denken ist. Schließlich wurde die Standortbestimmung Begrifflicher Wissenssysteme im Kontext wissensbasierter Systeme durch die Diskussion des Verhältnisses von Wissenssituation und Wissensarten fortgeführt. In diesem Abschnitt wird auf die Hauptkomponenten Begrifflicher Wissenssysteme für den Umgang mit begrifflichen Wissensstrukturen eingegangen. Dazu wird knapp die gemeinsame Theorie und der bereitgestellte Methodenrahmen für die einzelnen Komponenten skizziert. Insbesondere soll dadurch der Beitrag der einzelnen Komponenten zur Zielsetzung der Konzeption Begrifflicher Wissenssysteme den Zusammenhang von formalem und inhaltlichem Denken zu stärken, verdeutlicht werden.

Wissensrepräsentation

In der Konzeption Begrifflicher Wissenssysteme stellt die Komponente der Wissensrepräsentation die mathematische Theorie und das formale mathematische Modell zur Repräsentation begrifflicher Wissensstrukturen zur Verfügung. Der von dieser Komponente bereitgestellte Theorierahmen ermöglicht die Erfassung von Teilbereichen des begrifflichen Universums als formal-begriffliche Wissensstrukturen zum Aufbau Begrifflicher Wissenssysteme. Hierauf wird im einzelnen bei den unten näher beschriebenen weiteren Komponenten Begrifflicher Wissenssysteme, d.h. für die Wissensinferenz, -akquisition und -kommunikation eingegangen. In [Luksch, Wille 1991] sind die mathematischen Grundlagen auf der Basis der Algebra der (Halb)-Begriffe im einzelnen dargestellt. Das darin entwickelte mathematische Modell bildet die Repräsentationssprache Begrifflicher Wissenssysteme, es kann als *Konstruktsprache* im Sinne von [Schnelle 1973] aufgefaßt werden.

Charakteristisch für die Wissensrepräsentation sind insbesondere die Ablösung der zu repräsentierenden Wissenselemente von ihrem pragmatischen Kontext und die weitgehende Elimination von Mehrdeutigkeiten. Dazu wird das formal-begrifflich explizierbare Substrat dieses Wissens in den vom mathematischen Modell zur Verfügung gestellten Formalismen dargestellt.[6] Das zugrundeliegende bzw. inhaltlich gemeinte anspruchsvolle Wissen ist hingegen mit dem pragmatischen Kontext vielfältig explizit und implizit verwoben. Es ist über die begrifflichen Zusammenhänge hinaus vernetzt und z.T. unscharf, hat pragmatische oder Handlungsrelevanz, es kann werthaltig, normativ usw. sein und es kann Verantwortung

---

[6]Bachmann und Malsch sprechen statt von Wissensrepräsentation deshalb auch von Objektivierung, da alle diese pragmatischen Anteile verdeckt werden. Dennoch sind diese Anteile weiterhin enthalten, da Explikation und Repräsentation stets Prozesse innerhalb eines konkreten pragmatischen Kontextes sind. Vgl. näher hierzu [Bachmann, Malsch 1993].

und Verpflichtung bedeuten bzw. begründen. Auf die damit zusammenhängenden Fragen aus pragmatisch-semiotischer Sicht wird unten im Zusammenhang der Diskussion von Wissensakquisition und -kommunikation näher eingegangen.

Wissensinferenz

Wissensinferenz baut auf den durch die Wissensrepräsentation zur Verfügung gestellten formalen Wissensstrukturen auf. Wissensinferenz in Begrifflichen Wissenssystemen wird als interaktiver Prozeß mit den Benutzern Begrifflicher Wissenssysteme verstanden, wofür z.B. in [Wille 1989] und [Burmeister 1991] entsprechende Verfahren interaktiver Merkmal-, Gegenstand- und Begriffexploration beschrieben wurden. Hierfür werden vor allem Implikationen eingesetzt, die aussagenlogische Zusammenhänge zwischen Merkmalen, Gegenständen oder Begriffen behandeln, in [Zickwolff 1991] wird außerdem eine Erweiterung der Merkmalexploration auf die Prädikatenlogik 1. Stufe beschrieben. Diese Implikationen können u.a. verdeckt in den Begriffsstrukturen liegende, jedoch darin prinzipiell bereits enthaltene inhaltliche Zusammenhänge und logische Abhängigkeiten formal erschließen. Der Einsatz dieser Verfahren kann zur Validierung der inhaltlichen Aussagekraft der begrifflichen Strukturen und zu einem besseren Verständnis des pragmatischen Kontextes für die beteiligten Personen selbst beitragen (s.a.[Wille 1989]).

Wissensakquisition

Wissensakquisition wird in der Konzeption Begrifflicher Wissensysteme als Erhebungsprozeß menschlicher Expertise in ihren explizierbaren formal-begrifflichen Anteilen aufgefaßt. Oben wurde bereits darauf hingewiesen, daß ein solcher Wissensakquisitionsprozeß menschliche Expertise nur sehr bedingt erfassen kann. Wissensakquisition ist deshalb nicht als reiner (Wissens-)transfer von expliziter Expertise in formale Wissensstrukturen zu verstehen, sondern als ein konstruktiver Verständigungs- und Modellierungsprozeß unter Rückgriff auf die für die Wissensrepräsentation zur Verfügung gestellten formal-begrifflichen Wissensstrukturen, wofür auch Methoden der oben beschriebenen Komponente zur Wissensinferenz eingesetzt werden können. Bei der Wissensakquisition muß deshalb gezielt darauf geachtet werden, daß der Bezug zum Inhaltlichen weitgehend erhalten bzw. zumindest rekonstruierbar bleibt. Die besondere Rolle, die dem begrifflichen Universum bei der Vermittlung von inhaltlichen Bezügen und formalen Wissensstrukturen zukommt, wurde bereits oben dargestellt.

Wissensakquisition bei Begrifflichen Wissenssystemen unterscheidet sich in verschiedener Hinsicht von anderen Auffassungen zur Wissensakquisition im Kontext wissensbasierter Systeme. So ist die Struktur der Wissensorganisation durch die Komponente der Wissensrepräsentation und die zugrundeliegende Theorie der formalen Begriffsanalyse eindeutig festgelegt und wird in der Wissensakquisition selbst nicht thematisiert. Auch eine automatische Erweiterung der Wissensbasis ist im Unterschied zu anderen Auffassungen nicht Gegenstand von Wissensakquisition. Dies ist eine direkte Folge unseres Grundverständnisses Begrifflicher Wissenssysteme, die zwar *"durchaus als Werkzeuge im Bereich der Wissensverarbeitung verstanden werden, aber nicht als selbständig handelnde Systeme"* [Zickwolff 1992, S. 4].

Wissenskommunikation

Wissenskommunikation bezeichnet im Kontext Begrifflicher Wissenssysteme die Bereitstellung von begrifflichen Wissensstrukturen, um Wissen intersubjektiv zu vermitteln. Das bereitgestellte formale bzw. potentielle Wissen muß dann in einem zwischenmenschlichen Argumentations- und Verständigungsprozeß inhaltlich rekonstruiert und interpretiert werden. Dies ergibt sich aus unserer pragmatisch-semiotischen Wissenskonzeption, wonach die formal repräsentierten Wissensstrukturen erst vor einem aktuellen pragmatischen Kontext zu anspruchsvollem Wissen werden, dabei kann es auch zur Neugewinnung von Wissen kommen.

Im Mittelpunkt der Rekonstruktion steht die (Wieder-)Herstellung inhaltlich-pragmatischer Bezüge zwischen den im Begrifflichen Wissenssystem dargestellten formal-begrifflichen Strukturen und dem aktuell gegebenen pragmatischen Kontext. Inhaltlich herzustellende Bezüge sind z.B. Bedeutungs- und Sinngehalte, die nicht explizit zeichenhaft ausgedrückt oder nicht ausdrückbar sind, was aber dennoch mitgemeint ist. Pragmatische Aspekte sind z.B. der Beitrag des Wissens zur Handlungs-, Ziel- und Zweckorientierung.

Aus pragmatisch-semiotischer Sicht stellen Begriffliche Wissenssysteme ein syntaktisch-semantisches System für den Prozeß der Wissenskommunikation bereit. Damit kann beispielsweise das Ergebnis vorangegangener Verständigung in seinen formal-begrifflichen und expliziten Anteilen bzw. Strukturen dargestellt und kommuniziert werden. Auch die Beantwortung von Fragen nach Sinn, Bedeutung und Zusammenhang im Sinne kommunikativer Rationalität kann dadurch unterstützt werden. Der für anspruchsvolles Wissen konstitutive pragmatisch-situative Kontext als Bezugspunkt für Handlungs-, Sinn- und Bedeutungsorientierung liegt jedoch außerhalb der Zielsetzung und Kompetenz von Begrifflichen Wissenssystemen. Dieser Bezug muß mittels menschlich-pragmatischer Kompetenz im Rahmen einer aktiven inhaltlichen Rekonstruktion hergestellt werden.

4.5 Zum Lebenszyklus Begrifflicher Wissenssysteme

Wissenskommunikation mit Begrifflichen Wissenssystemen umfaßt in unserem Verständnis u.a. die aktive interpretative Reintegration und Rekonstruktion von

Wissensstrukturen bezüglich eines aktuellen pragmatischen Kontextes. Dieser Interpretationsprozeß findet in der Regel vor dem Hintergrund einer weiterentwickelten oder gar einer
grundsätzlich anderen pragmatischen Umgebung statt als derjenigen, von der zum Modellierungszeitpunkt ausgegangen wurde.

Bereits bei der Diskussion von Wissenssituation und Wissensarten wurde ausgeführt, daß formal identische und von pragmatischen Bezügen weitgehend dekontextualisierte Strukturen inhaltlich unterschiedlich interpretiert werden können. Demnach ist auch davon auszugehen, daß Begriffliche Wissenssysteme kein hinsichtlich einer eindeutigen inhaltlichen Interpretation zwingend vorgegebenes anspruchsvolles Wissen repräsentieren. Vielmehr ist bei der Wissenskommunikation die Möglichkeit in Rechnung zu stellen, daß durch den Bezug auf einen veränderten pragmatischen Kontext andere Wissensinhalte entstehen als in der Ausgangssituation zugrundegelegen haben oder intendiert wurden. Es ist deshalb festzuhalten, daß Begriffliche Wissenssysteme – bezüglich *eines* gegebenen pragmatischen Kontextes entstanden – in davon häufig verschiedene pragmatische Kontexte hineinwirken. Wissenskommunikation läßt damit den potentiell konstruktivistischen Charakter von Begrifflichen Wissenssystemen konkret wirksam werden im Hinblick auf den je aktuellen pragmatischen Kontext, in dem die Rekonstruktion geleistet wird.

In der Wissens*kommunikation* mit Begrifflichen Wissenssystemen ist also grundsätzlich bereits die prozeßhafte Weiterentwicklung und Generierung von neuem anspruchsvollem Wissen angelegt. Vor dem Hintergrund dieser Überlegungen erscheint es sinnvoll, die bisher als einzelne Komponenten Begrifflicher Wissenssysteme vorgestellten Bereiche der Wissensakquisition, Wissensinferenz und Wissenskommunikation vor dem Hintergrund einer einheitlichen Theorie zur begrifflichen Wissensrepräsentation als einen iterativ-dynamischen Prozeß bzw. als *Lebenszyklus* solcher Systeme zu konzipieren:

Verfahren zur oben diskutierten interaktiven Merkmal-, Gegenstand- und Begriffexploration, denen bereits eine iterative Auffassung zugrundeliegt, werden im Rahmen der Formalen Begriffsanalyse beispielsweise in [Wille 1989] und [Burmeister 1991] beschrieben. Auch die Wissensakquisition ist bereits prozeßhaft angelegt (s. [Wille 1989]). Gemäß unserem Wissensverständnis, das seinen Ausgangs- wie Zielpunkt stets bezüglich der jeweiligen pragmatischen Kontexte bestimmt, ist deshalb auch die Konzeption Begrifflicher Wissenssysteme insgesamt in geeigneter Weise durch einen verbindenden *Lebenszyklus Begrifflicher Wissenssysteme* zu erweitern. Hierdurch soll im Sinne unseres Wissensverständnisses der Zusammenhang von formalem und inhaltlichem Denken gestärkt werden. Ein auf der pragmatischen Ebene erreichter neuer Wissensstand kann dadurch auch jeweils auf der syntaktisch-semantischen Ebene berücksichtigt werden.

5 Zusammenfassung und Ausblick

Die Konzeption Begrifflicher Wissenssysteme ist entstanden im Rahmen der Arbeiten zur Theorie der Formalen Begriffsanalyse. Der Konzeption liegt ein Wissensverständnis zugrunde, das als *anspruchsvolles Wissen* bezeichnet werden kann. Dieses Wissen ist mit Gewißheits- und Geltungsansprüchen ausgestattet, es ist gewußtes Wissen, es läßt sich intersubjektiv-argumentativ einlösen und es bezieht sich auf Handlungen, Ziele und Zwecke in einem pragmatisch-lebensweltlichen Horizont. Dadurch bietet es schließlich Anschlußmöglichkeiten für kommunikatives Handeln.

Unter Rückgriff auf Grundbegriffe einer pragmatischen Semiotik wurde anschließend dargelegt, daß anspruchsvolles Wissen erst im Zusammenwirken von syntaktisch-semantischem *System* und einer dazu komplementären kommunikativ-pragmatischen *Kompetenz* hervorgebracht wird. Begriffliche Wissenssysteme als solche können dem syntaktisch-semantischen System zugerechnet werden, sie stellen begriffliche Wissensstrukturen dar. Erst durch den Bezug zu einem pragmatisch-situativen Kontext konstituiert sich der Zusammenhang von Formalem und Inhaltlichem und erhalten Begriffliche Wissenssysteme ihren Sinn und ihre Bedeutung. Dieser Bezug ist jeweils aktuell in intersubjektiven Verständigungsprozessen kraft kommunikativ-pragmatischer Kompetenz der Argumentationsgemeinschaft herzustellen.

Diese Differenzierung wurde anschließend in Beziehung gesetzt zu den Hauptkomponenten Begrifflicher Wissenssysteme für den Umgang mit begrifflichen Wissensstrukturen, nämlich zur Wissensrepräsentation, Wissensinferenz, Wissensakquisition und Wissenskommunikation. Durch die Einbindung der Konzeption Begrifflicher Wissenssysteme in einen pragmatischen Kontext wurde ein Verständnis von Wissensakquisition vorgestellt, das neben einer Erhebung einzelner Wissens*arten* die Wissens*situation* explizit berücksichtigt. Hierfür wurde auch ein erster heuristischer Operationalisierungsansatz vorgestellt. Wissenskommunikation wurde als ein diskursiver Rekonstruktionsprozeß der durch Begriffliche Wissenssysteme bereit gestellten Wissens*strukturen* zu neuem anspruchsvollem Wissen *bezüglich* einer pragmatischen Umgebung interpretiert.

Vor dem Hintergrund, daß der Ausgangs- und Zielpunkt Begrifflicher Wissenssysteme sowie ihr Sinn und ihre Bedeutung stets bezüglich einer pragmatisch-situativen Umgebung zu bestimmen sind, wurden abschließend Vorüberlegungen für ein dynamisches Verständnis der vier o.g. Komponenten im Sinne eines pragmatisch begründeten Lebenszyklus Begrifflicher Wissenssysteme dargestellt.

Für die weitere Entwicklung der Konzeption Begrifflicher Wissenssysteme sind unseres Erachtens aus pragmatisch-semiotischer Sicht insbesondere folgende Punkte von Bedeutung:

- Inhaltliche Erweiterung der Wissensakquisition durch die Integration der

Wissenssituation, z.B. bei der Bestimmung des begrifflichen Universums.

- Methodische Erweiterung der Wissensakquisition durch Einbeziehung pragmatisch-reflektierender Anteile, z.B. in Form geeigneter diskursiver Ansätze.

- Dynamisierung der Konzeption Begrifflicher Wissenssysteme zu einem pragmatisch begründeten Lebenszyklus.

- Selbstverpflichtung auf das regulative Prinzip ANSPRUCHSVOLLES WISSEN: Die Konzeption zur Weiterentwicklung Begrifflicher Wissenssysteme muß sich auch selbst weiterhin im Sinne anspruchsvollen Wissens vermitteln, einlösen und verantworten lassen. Sie muß insbesondere pragmatisch sinnvoll und verantwortungsbewußt, d.h. intersubjektiv-argumentativ einlösbar sein.

Literatur

[Apel 1973] K.-O. Apel: *Transformation der Philosophie*. Suhrkamp, Frankfurt 1973

[Apel 1975] K.-O. Apel: *Der Denkweg von Charles S. Peirce – Eine Einführung in den amerikanischen Pragmatismus*. Suhrkamp, Frankfurt 1975.

[Amann 1992] K. Amann: Scientific Expertise as a Social Process. In: C. Floyd, H. Züllighoven et al. (eds.), *Software Development and Realitiy Construction*. Springer, Berlin-Heidelberg 1992, S. 131–139.

[Bachmann, Malsch 1993] R. Bachmann, T. Malsch: Wissensbasierte Systeme in der Industrie. Zur Konstitution und Transformation von Wissen in der betrieblichen Organisation. In: I. Wagner (Hrsg.), *Kooperative Medien*. Campus, Frankfurt-New York 1993, S. 235–250.

[Becker et al. 1991] B. Becker, E. Steven, S. Strohbach: *Epistemologische und wissenssoziologische Aspekte maschineller Wissensverarbeitung*. Arbeitspapiere der GMD 501, GMD Bonn, 1991.

[Brachman, Schmolze 1985] R. J. Brachman, I. A. Schmolze: An overview of the KL-ONE knowledge representation system. In: *Cognitive Science* Vol. 9, 1985, S. 171–216.

[Burmeister 1991] P. Burmeister: Merkmalsimplikationen bei unsicherem Wissen. In: W. Lex (Hrsg.), *Arbeitstagung Begriffsanalyse und Künstliche Intelligenz*. Informatik-Bericht 89/3, TU Clausthal, 1991, S. 15–46.

[Busch et al. 1994] B. Busch, T. Herrmann, K. Just, M. Rittenbruch: *Systeme für Experten statt Expertensysteme: Von der Folgenforschung zur kompetenzförderlichen Gestaltung wissensbasierter Technik*. Infix-Verlag, St. Augustin 1994.

[Coy et al. 1989] W. Coy, L. Bonsiepen: *Erfahrung und Berechnung. Kritik der Exper-tensystemtechnik*. Springer Verlag, Berlin 1989.

[Dreyfus 1987] H. L. Dreyfus, S. E. Dreyfus: *Künstliche Intelligenz. Von den Grenzen der Denkmaschine und dem Wert der Intuition*. Rowohlt Verlag, Reinbek 1987.

[Floyd et al. 1992] C. Floyd, H. Züllighoven, R. Budde, and R. Keil-Slawik (eds.): *Software Development and Reality Construction*. Springer, Berlin-Heidelberg-New York 1992

[Habermas 1981] J. Habermas: *Theorie des kommunikativen Handelns*. Suhrkamp, Frankfurt 1981.

[Habermas 1983] J. Habermas: *Moralbewußtsein und kommunikatives Handeln*. Suhr-kamp-Taschenbuch Wissenschaft 422, Frankfurt 1983.

[Karbach, Linster 1990] W. Karbach, M. Linster: *Wissensakquisition für Expertensy-steme*. Carl Hanser Verlag, München-Wien 1990.

[Leithäuser 1990] T. Leithäuser: Sprache und Wissen im Interdisziplinären Technikdia-log. In: E. Senghaas-Knobloch, B. Volmerg (Hrsg.), *Technischer Fortschritt und Verantwortungsbewußtsein*. Westdeutscher Verlag, Opladen 1990, S. 194–218.

[Luft 1992] A. L. Luft. Wissen und Information bei einer Sichtweise der Informatik als Technikwissenschaft. In: W. Coy (Hrsg.), *Sichtweisen der Informatik*. Vieweg, Braunschweig-Wiesbaden 1992, S. 49–70.

[Luksch, Wille 1991] P. Luksch, R. Wille: A Mathematical Model for Conceptual Knowledge Systems. In: H. H. Bock, P. Ihm (Hrsg.), *Classification, Data Analyis and Knowledge Organization*. Springer Verlag, Berlin-Heidelberg 1991, S. 156–162.

[Morris 1977] C. W. Morris: *Pragmatische Semiotik und Handlungstheorie*. Hg. von A. Eschbach. Suhrkamp, Frankfurt 1977.

[Noeth 1985] W. Noeth: *Handbuch der Semiotik*. J. B. Metzler, Stuttgart 1985.

[Peirce 1983] Ch. S. Peirce: *Phänomen und Logik der Zeichen*. Hg. von H. Pape, Suhr-kamp, Frankfurt/Main 1983.

[Peirce 1991] Ch. S. Peirce: *Schriften zum Pragmatismus und Pragmatizismus*. Hg. von K.-O. Apel, Suhrkamp, Frankfurt/Main 1991.

[Schefe 1991] P. Schefe: *Künstliche Intelligenz – Überblick und Grundlagen: grundle-gende Konzepte und Methoden zur Realisierung von Systemen der künstlichen In-telligenz*. B.I.-Wissenschaftsverlag, Mannheim-Wien-Zürich 1991.

[Scheich et al. 1992] P. Scheich, M. Skorsky, F. Vogt, C. Wachter, R. Wille: Conceputal Data Systems. In: O. Opitz, B. Lausen und R. Klar (Hrsg.), *Information and Classification*. Springer-Verlag, Berlin-Heidelberg, 1993, S. 72–84.

[Schnelle 1973] H. Schnelle: *Sprachphilosophie und Linguistik*. Rowohlt Taschenbuch 780, Reinbek 1973.

[Vogt et al. 1990] F. Vogt, C. Wachter, R. Wille: Data Analysis Based on a Conceptual File. In: H.-H. Bock und P. Ihm (Hrsg.), *Classification, Data Analysis, and Knowledge Organization*. Springer-Verlag, Berlin-Heidelberg, 1991, S. 131–140.

[Wagner 1973] H. Wagner: *Begriff*. In: H. Krings, H. M. Baumgartner, C. Wild (Hrsg.), *Handbuch philosophischer Grundbegriffe*. Kösel, München 1973, S. 191 –209.

[Wagner 1993] I. Wagner (Hrsg.): *Kooperative Medien – Informationstechnische Gestaltung moderner Organisationen*. Campus, Frankfurt-New York 1993.

[Wille 1982] R. Wille: Restructuring lattice theory: an approach based on hierarchies of concepts. In: I. Rival (Hrsg.), *Ordered Sets*. Reidel, Dordrecht-Boston 1982, S. 445–470.

[Wille 1989] R. Wille: Knowledge acquisition by methods of formal concept analysis. In: E. Diday (Hrsg.), *Data analysis, learning symbolic and numeric knowledge*. Nova Science Publishers, New York-Budapest, 1989, S. 365–380.

[Wille 1991] R. Wille: Local completeness of conceptual knowledge systems. In: E. Diday (Hrsg.), *Symbolic-numeric data analysis and learning*. Nova Science Publisher, New York-Budapest 1991, S. 347–356.

[Wille 1992a] R. Wille: Concept Lattices and Conceptual Knowledge Systems. *Computers & Mathematics with Applications* 23: 493–515, 1992.

[Wille 1992b] R. Wille: *Begriffliche Datensysteme als Werkzeug der Wissenskommunikation*. FB Mathematik, Preprint-Nr. 1504, TH Darmstadt 1992.

[Wille, Ganter 1994] R. Wille, B. Ganter: *Formale Begriffsanalyse*. B.I.-Wissenschaftsverlag, Mannheim 1994 (in Vorb.).

[Winograd, Flores 1989] T. Winograd, F. Flores: *Erkenntnis, Maschinen, Verstehen*. Rotbuch-Verlag, Berlin 1989.

[Zickwolff 1991] M. Zickwolff: *Rule Exploration: First Order Logic in Formal Concept Analysis*. PhD thesis, TH Darmstadt 1991.

[Zickwolff 1992] M. Zickwolff: *Begriffliche Wissenssysteme in der Künstlichen Intelligenz*. FB Mathematik, Preprint-Nr. 1506, TH Darmstadt 1992.

Zur Rolle der Formalen Begriffsanalyse in der Wissensakquisition

Monika Zickwolff[1]

Inhalt

1 Einleitung

Eines der größten Probleme bei der Realisierung von wissensbasierten Systemen ist das Zusammenstellen einer Wissensbasis, das einen fehlerreichen, zeitaufwendigen, kostspieligen und mühsamen Prozeß darstellt – das sogenannte *'Flaschenhals'-Problem* [Feigenbaum 1980]. Im Bereich des Knowledge Engineering hat sich als spezielle Teildisziplin zur Behebung dieses Umstandes die Disziplin der *Wissensakquisition*[2] herausgebildet. Zum Prozeß der Wissensakquisition zählt im allgemeinen die Erhebung, Modellierung und Abbildung von Wissen. Er beinhaltet nicht nur den reinen Wissenstransfer von der Quelle – Experte, Literatur und Problemfälle – auf den Computer, sondern ist ein Konstruktionsprozeß, in dem Modelle, insbesondere das der menschlichen Expertise kreativ aufgebaut werden [Winograd, Flores 1986]. Neben dieser Auffassung von Wissensakquisition haben sich – mehr unter pragmatischen Gesichtspunkten – zur Lösung der Probleme in der Wissensakquisition (unter anderem) folgende drei Anforderungsbereiche herauskristallisiert, vgl. auch [Karbach, Linster 1990, S. 15–16, 170]:

1. *Wissensrepräsentationsformalismen* müssen sich näher an der Begriffswelt des Experten orientieren und seinen mentalen Prozessen besser entsprechen [Gruber, Cohen 1986, S. 2].

2. *Werkzeuge zur Wissensakquisition* sind weiterzuentwickeln, um die kognitiven Fähigkeiten des Experten besser zu verstehen, sowie das Hervorholen seines Wissens – soweit möglich – zu erleichtern [Fensel, Studer 1991, S. 32].

[1] gefördert durch ein Postdoktorandenstipendium der 'Deutschen Forschungsgemeinschaft"
[2] Wir wollen im folgenden den Begriff der Wissensakquisition immer unter diesem prozeßhaften Charakter betrachten und nicht nur das 'Akquirieren von Wissen' damit ausdrücken.

3. *Systematische Methodologien für den Entwurf wissensbasierter Systeme* müssen bereitgestellt werden, damit der Akquisitionsprozess in Etappen nachvollziehbar ist und somit Wartung und Fehlerkorrektur ermöglicht, vgl. Anforderungen von [Freiling 1985, S. 152].

Die *Formale Begriffsanalyse* [Wille 1982, Ganter, Wille 1994] kann insbesondere zu den ersten beiden Aspekten beitragen: Ihrer begrifflichen Modellierung von Wissen liegt ein traditionelles philosophisches Begriffsverständnis zugrunde, das zu einer mathematischen Theorie abstrahiert wird. Dadurch liefert sie einen Formalismus, der nahe an der menschlichen Begriffsauffassung liegt, gleichzeitig aber operationale Eigenschaften eines formalen Modells enthält.

Um Wissen zu modellieren, strukturiert die Formale Begriffsanalyse gegebene Daten in wohldefinierte begriffliche Einheiten, die hierarchisch geordnet sind. Diese Strukturen, die sogenannten *Begriffsverbände*, können graphisch visualisiert werden. Weiterhin existiert die Möglichkeit, begriffliches Wissen durch *Abhängigkeiten* zwischen Merkmalen und/oder Gegenständen darzustellen. Interaktive Verfahren, *Exploration* von Merkmalen oder Gegenständen genannt, ermöglichen das Lernen von Begriffen und begrifflichen Hierarchien [Ganter 1987, Wille 1989]. Diese Verfahren wurden im Hinblick auf maschinelle Lerntechniken wie "learning from example" untersucht und mit Standardmethoden wie ID3 [Quinlan 1984] verglichen [Fensel 1992]. In [Schmidt, Zickwolff 1992] wurden Begriffsverbände und in [Reinartz, Zickwolff 1993] Explorationsmethoden konkret in Wissensakquisitionssystemen eingesetzt. Die Verfahren der Exploration wurden in [Zickwolff 1991b, Ganter, Zickwolff 1994] zum Lernen von Relationen und Prädikaten auf der Basis der Hornlogik erweitert.

Dabei ist es das Ziel der Formalen Begriffsanalyse, ihre Verfahren und deren Ergebnisse kommunizierbar, durchschaubar und nachvollziehbar zu machen. Dahinter steht die theoretisch-philosophische Grundposition, daß begriffliches Wissen nur sehr unvollständig formalisiert werden kann und deshalb bei der formalen Behandlung von begrifflichen Zusammenhängen der Bezug zum Inhaltlichen erhalten bleiben muß.

Vor diesem Hintergrund – einerseits Probleme und Forderungen in der Wissensakquisition, andererseits die Grundposition und die in der Wissensakquisition schon eingesetzten Verfahren der Formalen Begriffsanalyse – erscheint es uns fruchtbar und notwendig, die Möglichkeiten der Formalen Begriffsanalyse zur Lösung des 'Flaschenhals'-Problems in der Wissensakquisition zu diskutieren. Dabei möchten wir die aus ihren Zielsetzungen hervorgehenden Vorteile der Formalen Begriffsanalyse für den Prozeß der Wissensakquisition darstellen, basierend auf üblichen Wissensauffassungen in der Künstlichen Intelligenz (KI).[3]

---

[3]Es ist nicht Gegenstand unserer Arbeit, den Wissensbegriff der *Begrifflichen Wissensverarbeitung* (vgl. Arbeiten von R. Wille und U. Andelfinger in diesem Band), der der Formalen

Wir beginnen mit einer kurzen Definition der Wissensakquisition und ihrer Einordnung bezüglich der logischen Phasen beim Aufbau eines wissensbasierten Systems. Nach der Beschreibung der Grundposition und der mathematischen Modellbildung (dem Wissensrepräsentationsformalismus) der Formalen Begriffsanalyse, stellen wir kurz ihre Verfahren zur Wissensakquisition und deren Einsatz in einem konkreten Wissensakquisitionssytem vor. Dabei stellen wir dar, wie die einzelnen Phasen in der Wissensakquisition durch die Methoden und Verfahren der Formalen Begriffsanalyse unterstützt werden können. Als ein Resultat der bisherigen Untersuchung zur Rolle der Formalen Begriffsanalyse in der Wissensakquisition stellen wir im nächsten Abschnitt eine entscheidende Frage, die wir in dieser Arbeit jedoch nicht vollständig beantworten können, deren Bedeutung wir aber ausdrücklich betonen wollen: *Inwieweit kann die begriffliche Modellierung der Formalen Begriffsanalyse Wissensarten, wie sie beim Aufbau von wissenbasierten Systemen in der KI zugrundegelegt werden, erfassen?* Den Abschluß unserer Arbeit bildet eine Zusammenfassung sowie ein kurzer Ausblick.

2 Wissensakquisition

Die Disziplin der Wissensakquisition umfaßt einen zentralen Bereich beim Aufbau eines wissensbasierten Systems. Der Begriff der Wissensakquisition wird in der Literatur nicht einheitlich verwendet, wir werden uns an die Definitionen in [Karbach, Linster 1990, S. 9ff.] anlehnen. Die einzelnen Aufgaben der Wissensakquisition werden sichtbar, wenn wir die logischen Phasen des Aufbaus näher betrachten. In Abbildung 1 sind diese logischen Phasen für den modellbasierten Entwurf [4] eines wissensbasierten Systems vereinfacht dargestellt. Demnach gehören zum Prozeß der Wissensakquisition die Phasen der Wissenserhebung, der Wissensinterpretation bzw. -analyse sowie die anschließende Umsetzung dieses Wissens in eine operationale Wissensbasis.

In der *Wissenserhebungsphase* werden die besonderen Fähigkeiten eines Experten (die Expertise) von diesem – soweit überhaupt zugänglich – erfragt und dokumentiert. Die gewonnenen Daten werden als Wissensprotokolle bezeichnet und können durch Literatur und Problemfälle ergänzt werden.

Um das erhobene Wissen in geeignete Repräsentationsformalismen abzubilden, ist eine *Analyse* und *Interpretation* durch den Wissensingenieur nötig, bei der er gewisse Schlüsse aus den Wissensprotokollen zieht, die sein Bild von der Expertise prägen. Aus dieser Interpretation baut sich der Wissensingenieur ein subjektives (innerliches) *mentales Modell der Expertise* auf. Im modellbasierten

---

Begriffsanalyse zugrundeliegt, der Auffassung von 'Wissen' in der KI gegenüberzustellen.

[4]Wir wollen uns hier auf diesen, mittlerweile weitgehend etablierten Entwurfsprozeß konzentrieren und den konträren Ansatz des Rapid Prototyping (vgl. [Karbach, Linster 1990, S. 17ff.]) nicht mehr aufgreifen.

Ansatz wird dieses mentale Modell explizit gemacht, um den Ablauf der Modellierung nachvollziehbar zu machen. In der Phase der Operationalisierung wird dieses (explizite) Modell der Expertise formalisiert und in eine operationale Wissensbasis umgesetzt.

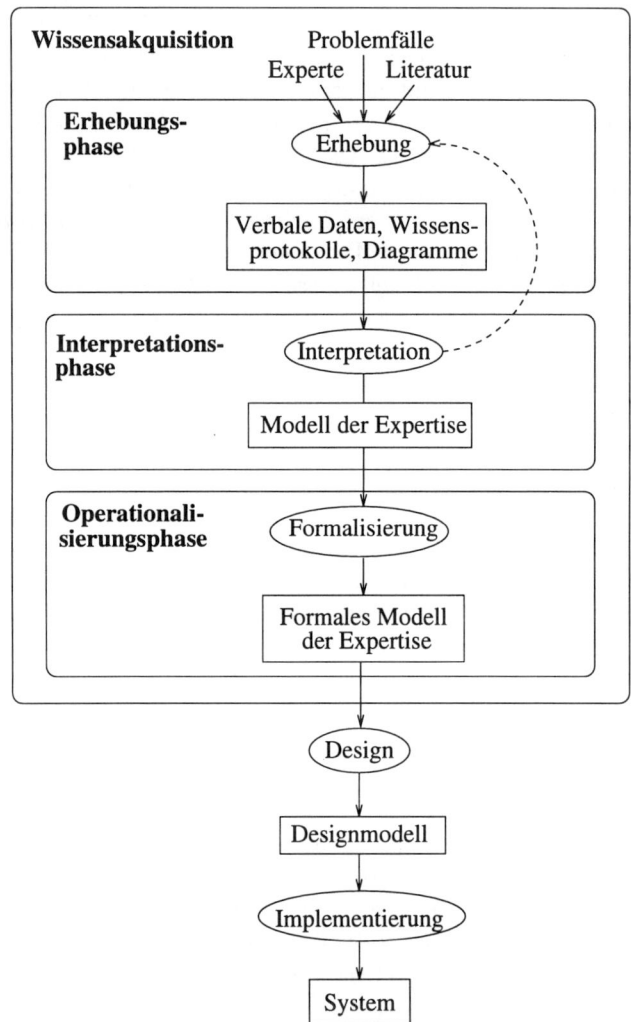

Abbildung 1: Logische Phasen beim Aufbau eines wissensbasierten
Systems – modellbasierter Entwurf

Eine der Hauptschwierigkeiten der Wissensakquisition liegt in der Entwicklung eines geeigneten Modells der Expertise und dessen Umsetzung in Repräsentationsformalismen. Ein solches Modell unterstützt die weitere Wissenserhebung, die Kontrolle, die Vervollständigung sowie die Formalisierung des Wissens[5]. Daher spielt die (Möglichkeit der) formale(n) Fundierung des expliziten Modells der Expertise eine wichtige Rolle.

3 Formale Begriffsanalyse

3.1 Zielsetzungen

Theoretisch-philosophische Grundposition der Formalen Begriffsanalyse ist es, daß begriffliches Wissen nur sehr unvollständig formalisiert werden kann und deshalb bei der formalen Behandlung von begrifflichen Zusammenhängen der Bezug zum Inhaltlichen erhalten bleiben muß. Um dieser Zielsetzung auf der Repräsentationsebene gerecht zu werden, reflektiert die Formale Begriffsanalyse ein traditionelles philosophisches Verständnis von Begriff, das einerseits der menschlichen Begriffsbildung nahe kommt, andererseits eine sinnvolle mathematische Modellierung zuläßt, die eine exakte Darstellung liefert, eine klare Semantik enthält und dabei handhabbar und verständlich bleibt. Für die Verfahrensebene bedeutet diese Zielsetzung, daß die Formale Begriffsanalyse Analysewerkzeuge bereitstellt, bei denen die Methoden durchschaubar und nachvollziehbar bleiben und die Ergebnisse kommunizierbar werden.

Im Hintergrund dieser Zielsetzungen steht ein Wissensbegriff, der sich aus dem diskursiven Ansatz ableitet, nach dem 'Wissen' mit Geltungsansprüchen verbunden ist (vgl. Beitrag von U. Andelfinger in diesem Band), und somit (anspruchsvolles) Wissen nur (wenn überhaupt) formalisiert werden kann, wie die Formalisierung die Kommunikationsfähigkeit des formalisierten Wissens weiterhin zuläßt.

3.2 Mathematisches Modell – Wissensrepräsentationsformalismus

In diesem Abschnitt werden wir das mengentheoretische Modell für Begriffe und begriffliche Hierarchien darstellen, wie es aus der mathematischen Verbandstheorie entstanden ist und in [Wille 1982] vorgestellt wurde (vgl. auch [Wille 1987, Ganter, Wille 1994]). Dieses Modell reflektiert das philosophische Verständnis von Begriff als eine gedankliche Einheit bestehend aus zwei Teilen: dem Umfang, der alle Gegenstände (oder Objekte) umfaßt, und dem Inhalt, der alle Merkmale (oder Eigenschaften), die auf diese Gegenstände zutreffen, enthält (vgl. [Wagner 1973]).

---

[5]Der Prozeß der Wissensakquisition vollzieht sich nicht schrittweise von der Erhebung bis zur Operationalisierung, sondern stellt insbesondere zwischen der Erhebung und Modellierung auch einen Kreisprozeß dar.

Die elementare Modellierung der Daten geschieht in der Formalen Begriffsanalyse durch den *formalen Kontext*, definiert als ein Tripel (G, M, I), wobei G und M Mengen sind und I eine Relation zwischen G und M ist (d.h. $I \subseteq G \times M$). Die Elemente von G und M werden *Gegenstände* bzw. *Merkmale* genannt und $g\,I\,m$ (oder $(g, m) \in I$) bedeutet: "*Gegenstand g hat das Merkmal m*". Um Begriffe eines Kontextes zu bilden, werden folgende Operatoren benutzt:

$$A \mapsto \quad A' := \{m \in M \mid g\,I\,m \text{ für alle } g \in A\} \quad A \subseteq G$$
$$B \mapsto \quad B' := \{g \in G \mid g\,I\,m \text{ für alle } m \in B\} \quad B \subseteq M$$

"A' ist die Menge der Merkmale, die auf *alle* Gegenstände aus A zutreffen,
   B' ist die Menge der Gegenstände, die *alle* Merkmale aus B haben."

Ein *(formaler) Begriff* eines Kontextes (G, M, I) ist ein Paar (A, B) aus Gegenständen $(A \subseteq G)$ und Merkmalen $(B \subseteq M)$ mit $A' = B$, $B' = A$. Dabei wird A als der *Umfang*, B als der *Inhalt* des Begriffs (A, B) bezeichnet. Die Hierarchie von Begriffen ist durch die *Unterbegriff-Oberbegriff*-Relation gegeben, definiert durch:

$$(A_1, B_1) \leq (A_2, B_2) : \Longleftrightarrow \quad A_1 \subseteq A_2 \ (\Longleftrightarrow \ B_1 \supseteq B_2),$$

d.h. der Oberbegriff (A_2, B_2) umfaßt alle Gegenstände des Unterbegriffs (A_1, B_1), und der Unterbegriff (A_1, B_1) hat alle Merkmale des Oberbegriffs (A_2, B_2). Die Menge alle Begriffe eines Kontextes (G, M, I) mit ihrer hierarchischen Ordnung bilden einen vollständigen Verband, der *Begriffsverband* von (G, M, I) genannt wird.

Eine wesentliche Erweiterung dieser Modellierung ist die Beschreibung begrifflichen Wissens durch Implikationen bzw. Abhängigkeiten. Es gibt zwei Möglichkeiten: die Beschreibung durch Implikationen zwischen Merkmalen und die duale Beschreibung durch Implikationen zwischen Gegenständen. Zur Vereinfachung geben wir folgende Definitionen nur für Implikationen zwischen Merkmalen an. Eine *Implikation* zwischen Merkmalen, $B_1 \to B_2$ $(B_1, B_2 \subseteq M)$, *gilt* in einem Kontext (G, M, I), falls $B_1' \subseteq B_2'$, d.h. alle Gegenstände, die die Merkmale aus B_1 haben, haben auch die Merkmale aus B_2. Da nun alle Implikationen, die in einem Kontext gelten, eindeutig die Struktur des Begriffsverbandes bestimmen, können wir begriffliches Wissen durch Implikationen beschreiben (und umgekehrt). Eine essentielle Eigenschaft der mathematischen Modellierung von Wissen durch Implikationen ist die Möglichkeit der Definition von *Vollständigkeit* [6] und *Reduziertheit* der Implikationen, ausgedrückt durch die Bezeichnung *Implikationenbasis*. Dies hat zur Folge, daß Verfahren, die auf der Implikationendarstellung aufbauen, diese Kriterien erfüllen bzw. beschreiben können.

---

[6]In [Burmeister 1991] wurde ergänzend die Theorie zur Behandlung von unvollständigen Implikationenwissen entwickelt.

4 Begriffliche Wissensakquisition mit der Formalen Begriffsanalyse

4.1 Methoden und Verfahren zur begrifflichen Wissensakquisition

Die Grundvorausetzung bei der begrifflichen Repräsentation von Wissen durch die Formale Begriffsanalyse ist, daß das Wissen in einem sogenannten *begrifflichen Universum* $\mathbb{U} := (G_{\mathbb{U}}, M_{\mathbb{U}}, I_{\mathbb{U}})$ modellierbar ist. Wenn wir also von Wissensakquisition durch die Formale Begriffsanalyse reden, dann meinen wir Wissen, das sich so modellieren läßt. Inwieweit diese Modellierung für Wissensarten ausreicht, wie sie beim Aufbau von wissensbasierten Systemen in der KI zugrundegelegt werden, soll im nächsten Abschnitt diskutiert werden.

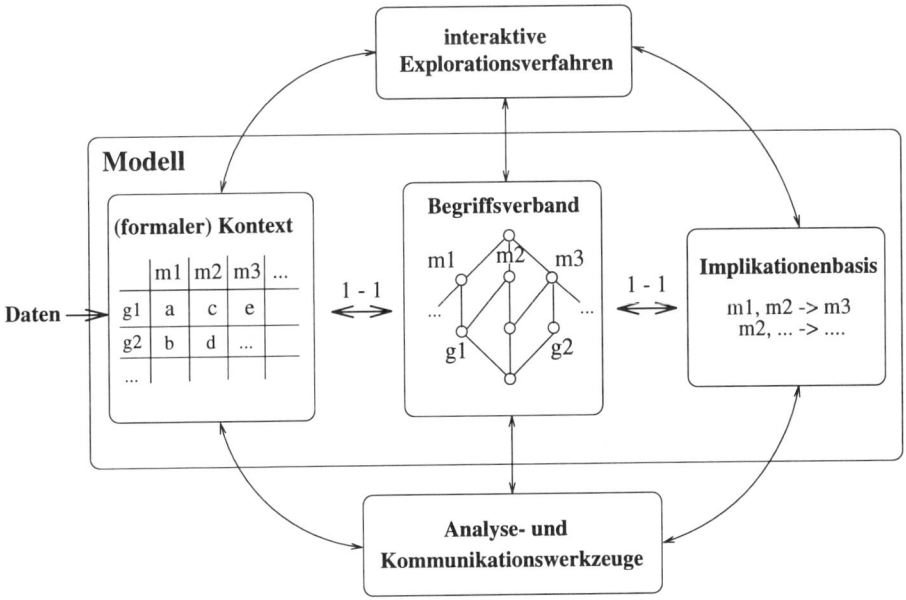

Abbildung 2: Mathematisches Modell und Verfahren der
Formalen Begriffsanalyse

In diesem Sinne bildet der formale Kontext eine erste Modellierung des begrifflichen Wissens, wobei neben der obigen Definition des Kontextes auch die Modellierung durch sogenannte *mehrwertige Kontexte*, in denen Merkmale verschiedene Werte annehmen können, möglich ist, vgl. [Ganter, Wille 1994].

Diese Modellierung wird durch die sogenannte *Begriffliche Wissenstruktur* [Luksch, Wille 1992] dargestellt, in der nicht nur Gegenstände und Merkmale, sondern auch Begriffe selbst und Relationen zwischen Begriffen als Repräsentationseinheiten verwendet werden.

Eine Erweiterung dieser Modellierung ist in [Zickwolff 1991b] beschrieben: hier werden nicht nur aussagenlogische Variablen, sondern n-stellige Prädikate als 'Merkmale' bei der Modellierung zugelassen. Damit erfaßt das begriffliche Modell eine eingeschränkte Prädikatenlogik – die sogenannte *Hornlogik*.

In Abbildung 2 ist dargestellt, wie aus der mathematischen Modellierung verschiedene Methoden zur Erhebung, Repräsentation und Kommunikation begrifflichen Wissens hervorgehen. Die Modellierung von Wissen durch die drei Ebenen Kontext, Begriffsverband und Implikationen, deren Konvertierung im allgemeinen eine 1–1 Abbildung ist, wird den beschriebenen Zielsetzungen der Formalen Begriffsanalyse wie Transparenz und Nachvollziehbarkeit gerecht. Dies gilt entsprechend auch für die Methoden, die auf dieser Modellierung aufsetzen.

Aus den beschriebenen Methoden sind in der Formalen Begriffsanalyse verschiedene Verfahren zur Akquisition begrifflichen Wissens enwickelt worden, die wir hier nur skizzieren wollen, für eine ausführliche Darstellung sei auf die angegebene Literatur verwiesen. Durch die graphische Visualisierung der Begriffsverbände ergibt sich ein direktes Werkzeug zur Kommunikation, das unterstützt durch die Implikationendarstellung ein weitreichendes Analysewerkzeug darstellt (vgl. [Wille 1982, Wille 1992a], ebenso Beitrag über TOSCANA in diesem Band). Eine weitere Gruppe von Werkzeugen, die sogenannten *Explorationsverfahren* [Ganter 1987, Wille 1989, Burmeister 1991, Zickwolff 1991b], basiert ebenfalls auf den drei Modellierungsebenen der Formalen Begriffsanalyse – dem Kontext, dem Begriffsverband und der Implikationenbasis. Diese Explorationsverfahren ermöglichen die direkte Erhebung von Wissen, indem interaktiv nach Abhängigkeiten zwischen Merkmalen, Gegenständen, oder (in der erweiterten Form der sogenannten *Regelexploration*) nach Abhängigkeiten zwischen Prädikaten gefragt wird. Diese Verfahren – kombinierbar mit der graphischen Darstellung des erfragten Wissens durch Begriffsverbände – liefern Techniken zum (maschinellen) Lernen von Begriffen und Prädikaten bzw. sogenannten *Horn-Klauseln* mit den Kriterien der Vollständigkeit und Reduziertheit. Die zugrundeliegende Theorie der Implikationenbasen macht diese Verfahren somit zu *intelligenten* Prozeduren, die die inhärente Semantik ausnutzen, im Gegensatz zu üblichen Verfahren im machine learning (vgl. [Ganter, Zickwolff 1994]). Anhand eines konkreten Akquisitionssystems möchten wir nun zeigen, wie sich diese Verfahren für die Akquisition begrifflichen Wissens einsetzen lassen.

4.2 COLAKA: Ein begriffliches Akquisitionssystem

In [Ruhmann 1993] wurde das begriffliche Akquisitionssystem COLAKA (COncept LAttices for Knowledge Acquisition) entwickelt, das die Modellierung und die Verfahren der Formalen Begriffsanalyse benutzt und die Phasen der Erhebung, Interpretation und Formalisierung begrifflichen Wissens umfaßt. Abbildung 3 zeigt den Einsatz der Formalen Begriffsanalyse innerhalb der inkrementellen Wissensakquisition in COLAKA auf. Dabei werden die Verfahren zum Teil direkt eingesetzt, z.B. die Explorationsverfahren zur Erhebung und Vervollständigung des Wissens oder die visuelle Darstellung der Begriffsverbände zur Analyse und Kontrolle. Zum Teil dienen sie der Unterstützung gängiger Erhebungstechniken, wie z.B. dem fokussierten Interview [Karbach, Linster 1990, S. 84ff.]. Ein entscheidender Vorteil der Formalen Begriffsanalyse ist die *einheitliche* Repräsentationsform für Begriffe, die für verschiedenste Schritte der Wissenserhebung, -exploration, -kontrolle und Verfahren des maschinellen Lernens genutzt werden kann.

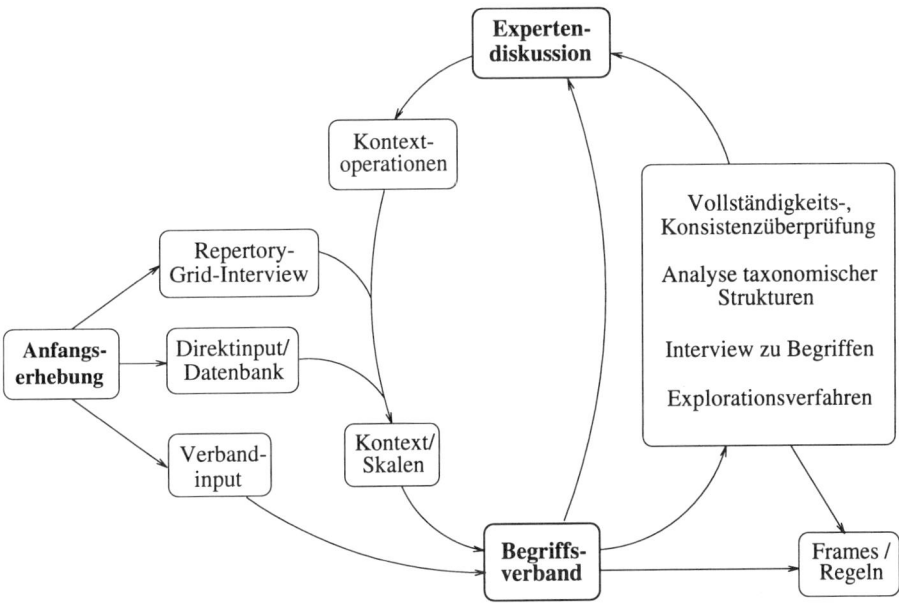

Abbildung 3: Inkrementelle Wissensakquisition in COLAKA

Zusammenfassend läßt sich über den Einsatz der Formalen Begriffsanalyse im begrifflichen Akquisitionssystem COLAKA sagen, daß dadurch die problemreichen Phasen der Begriffsakquisition in mannigfaltiger Hinsicht unterstützt werden – Erhebung, Interpretation, Kontrolle, Vervollständigung, Formalisierung. Entscheidend dafür ist

- die einheitliche Grundlage für verschiedene Erhebungstechniken,

- formal fundierte Analyse- und Kommunikationspotentiale und Kontrollmöglichkeiten,

- eine formale Darstellungs- und Zwischenrepräsentationsform für das explizite Modell der Expertise, deren Ergebnisse leicht in Frames und Regeln umsetzbar sind, sowie

- einfach erlernbare Verfahren, deren Ergebnisse für den Experten bzw. Wissensingenieur nachvollziehbar sind.

Dabei wird in [Ruhmann 1993, S. 72, 169] insbesondere der *kommunikative Nutzen* der Begriffsverbände, die direkt als Grundlage zur Expertendiskussion dienen, hervorgehoben.[7]

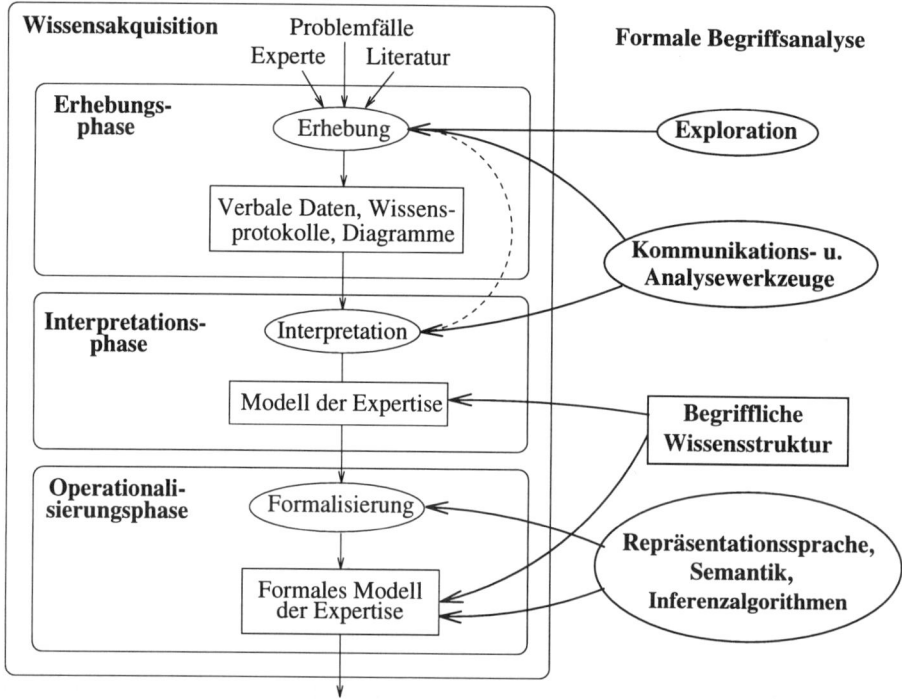

Abbildung 4: Einsatz der Formalen Begriffsanalyse in den Phasen
des Wissensakquisitionsprozesses

---

[7]Zur Bedeutung der Kommunikationsfähigkeit der Wissensrepräsentation vgl. Beiträge von U. Andelfinger und R. Wille in diesem Band.

4.3 Einsatz der Formalen Begriffsanalyse in den Phasen des Wissensakquisitionsprozesses

Die Abbildung 4 beschreibt die verschiedenen Einsatzmöglichkeiten der Formalen Begriffsanalyse in der Wissensakquisition im Bezug auf die eingeführten logischen Phasen des Wissensakquisitionsprozesses.

Grundbestandteil ist die Repräsentation des Wissens durch die begriffliche Wissenstruktur, die einerseits die Struktur des mentalen Modells der Expertise vorgibt, andererseits eine formale Grundlage für das explizite Modell liefert. Demnach trägt die Repräsentationssprache mit ihrer inhärenten Semantik und Inferenzen (insbesondere durch Implikationen) zur Formalisierung des Modells der Expertise bei.

Die graphische Darstellung der formalen Begriffsverbände, deren kommunikativer Nutzen sowohl für die Erhebungsphase als auch für die Interpretationsphase von entscheidender Bedeutung ist (als Diskussionsgrundlage für den Experten bzw. Wisseningenieur zur Kontrolle, Vervollständigung, etc.), liefert ein wesentliches Verfahren zur Wissensakquisition [Wille 1992b]. Es wurde bereits als eigenständiges Werkzeug entwickelt und erfolgreich eingesetzt (vgl. [Wille 1992a] und Beitrag über TOSCANA in diesem Band). In der Erhebungsphase kommen die Explorationsverfahren zum Einsatz, die durch interaktive Abfrage nach Abhängigkeiten zwischen Gegenständen, Merkmalen oder Prädikaten ein Werkzeug zur direkten Erhebung von begrifflichen Wissen darstellen.

5 Was an Wissen erfaßt die Formale Begriffsanalyse?

Bisher haben wir in unserer Arbeit diesen Aspekt vernachlässigt und vorausgesetzt, daß 'Wissen' begrifflich verstanden werden kann. Die gestellte Frage hat aber eine weitere, grundlegendere Frage zur Folge: welcher Wissensbegriff wird in der KI zugrundegelegt und in welchem Verhältnis steht er zum Wissensbegriff einer *begrifflichen Wissensverarbeitung*? (Vgl. Beitrag von R. Wille und U. Andelfinger in diesem Band.)

Es ist nicht Gegenstand unserer Arbeit, diese Frage eingehend zu studieren, sondern den praktischen Einsatz der Formalen Begriffsanalyse – einer formalen Methode basierend auf der Idee der begrifflichen Wissensverarbeitung – im Prozeß der Wissensakquisition der KI zu diskutieren. Wir wollen jedoch folgendes bemerken:

Auf Seiten der Formalen Begriffsanalyse existiert ein Wissensverständnis, nach dem Wissen mit Geltungsansprüchen verbunden ist und in seiner Formalisierung immer kommunizierbar bleiben muß. Die Bereitstellung von begrifflichen Wissenstrukturen ist das Werkzeug zur Kommunikation. Auf Seiten der KI existiert kein einheitliches Wissensverständnis. Im Gegenteil, es wird weitgehend auf einen Wissensbegriff verzichtet, Wissen wird lediglich in verschiedene Arten eingeteilt, die zum Teil schon nach konkreten Wissenserhebungsmethoden identifiziert werden. So wird z.B. in [Welbank 1987], (S. C6–4) Wissen in

a) Faktenwissen,

b) kausales Wissen,

c) konzeptuelle Strukturen des Diskursbereiches,

d) Wissen, das sich in Regelform darstellen läßt,

e) Kontexte von Regeln,

f) Erklärungen und Rechtfertigungen für Regeln,

g) prozedurales Wissen,

h) Strategien und

i) Gewichtungen von Evidenzen

eingeteilt. Eine andere Betrachtung geben Gammack und Young, die vier Wissensarten unterscheiden (vgl. [Stender 1989], S.92):

a) begriffliches Wissen (engl. conceptual knowledge),

b) prozedurales Routinewissen,

c) Faktenwissen und Heuristiken, sowie

d) klassifizierendes Wissen.

Vor diesem Hintergrund möchten wir zu unserer Frage in der Überschrift zurückkehren und beide Wissensauffassungen konträr stehen lassen. Wir fragen,

> *inwieweit Wissensarten, wie sie die KI unterscheidet, durch die Formale Begriffsanalyse darstellbar sind und wann sich die Methoden und Verfahren der Formalen Begriffsanalyse noch vorteilhaft einsetzen lassen. D.h. insbesondere, wann die Kommunikationswerkzeuge der Formalen Begriffsanalyse (und somit der ihr zugrundeliegende Wissensbegriff) zur Lösung der Probleme in der Wissensakquisition wirksam beitragen können.*

So können z.B. bezüglich der Wissensarten von [Welbank 1987]) Faktenwissen als Begriffe, kausales Wissen über die Begriffshierarchie und Regelwissen über Implikationen bzw. Horn-Klauseln modelliert werden. Ebenso wäre denkbar, prozedurales Wissen und Strategien begrifflich zu erfassen. Bei Gammack und Young wird in Punkt a) begriffliches Wissen explizit als eine Wissensart bezeichnet, wobei zu diskutieren wäre, ob auch prozedurales Wissen begrifflich (z.B. über Implikationen) modellierbar ist.

Eine vollständige Antwort auf unsere Frage können wir in diesem Beitrag nicht geben, wollen jedoch noch ein konkretes Beispiel diskutieren. So wurde die Formale Begriffsanalyse in [Schmidt, Zickwolff 1992] und [Reinartz, Zickwolff 1993] in konkreten Wissensakquisitionssystemen erfolgreich eingesetzt, die auf der Methodologie KADS ([Wielinga et.al. 1992], Knowledge Acquisition and Documentation Structuring) basieren, das folgende vier Wissensebenen unterscheidet:

1. *Domain-Ebene*: Begriffe, Relationen

2. *Inferenz-Ebene*: Metaklassen, Knowledge sources

3. *Task-Ebene*: Ziele, (Teil-)aufgaben

4. *Strategie-Ebene*: Pläne, Meta-Regeln

Die Formale Begriffsanalyse wurde in den genannten Arbeiten auf der Domainebene eingesetzt, das Domainschema von KADS (Attribute, Relationen, Begriffe und Relationen zwischen Ausdrücken) ließ sich direkt durch die Formale Begriffsanalyse darstellen. Es wäre denkbar, die begriffliche Wissensrepräsentation der Formalen Begriffsanalyse auch auf der Inferenz- und Task-Ebene zu nutzen, da hier ebenfalls hierarchische Begriffsstrukturen auftreten (Hierarchie der Inferenzaufgaben oder der subtasks). Zudem könnten Aufgaben der Inferenz-Ebene wie "classify" oder "decompose" durch die Formale Begriffsanalyse unterstützt werden, je nachdem welche Relation ("is–a" oder "part–of") modelliert wird.

Inwieweit allerdings auf diesen Ebenen die Repräsentation der Formalen Begriffsanalyse ausreicht und konkrete Verfahren zur Wissensakquisition eingesetzt werden können, ist eine offene Frage. Die Verfahren einer rein formalen Methode dürften hier sicher nicht ausreichen. Insbesondere die Erfassung von Problemlösungswissen dürfte schwierig sein und zum Aufbau eines expliziten Modells der Expertise kann es keine vollständige Unterstützung durch die Formale Begriffsanalyse geben. Hierzu wäre zudem eine Methodologie nötig, die allein eine formale Methode nicht liefern kann. Auf der anderen Seite wäre die Formale Begriffsanalyse durchaus als Zwischenrepräsentationsform eines Modells der Expertise innerhalb einer Methodologie wie KADS oder auch z.B. *generic tasks* von [Bylander, Chandrasekaran 1987] geeignet.

Allgemein ist es wiederum fraglich, ob die (ansonsten vorteilhafte) einheitliche Repräsentation des Wissens geeignet ist, um komplexere Wissensbasen (hinsichtlich der zu behandelnden Problembereiche, z.B. Bereiche numerischer Art, komplexes Problemlösungswissen) darzustellen. Zwar kann die begriffliche Darstellung von Wissen durch die Formale Begriffsanalyse auch Wissen in Form von Horn-Klauseln darstellen, das also weit über das allgemeine Verständnis der (aussagenlogischen) begrifflichen Darstellung hinausgeht. Allerdings geht bei dieser erweiterten Darstellung eindeutig der kommunikative Nutzen der Methoden zurück.

Die graphische Darstellung der begrifflichen Hierarchien ist in diesem Fall (noch) sehr schwierig (vgl. theoretische Arbeiten in [Zickwolff 1991a]).

6 Zusammenfassung

Wir haben in unserer Arbeit versucht, die Rolle der Formalen Begriffsanalyse im Prozeß der Wissensakquisition, wie er zum Aufbau von wissensbasierten Systemen in der KI verstanden wird, zu beschreiben. Dazu haben wir dargestellt, was die Formale Begriffsanalyse zu den (für uns hauptsächlichen) Problembereichen der Wissensakquisition beitragen kann. Insbesondere zu den ersten zwei Bereichen – den Repräsentationsformalismen und den Werkzeugen – können wir positiv feststellen: Die begriffliche Formalisierung des Wissens durch die Formale Begriffsanalyse liefert einen Repräsentationsformalismus, dessen Anspuch es ist, nahe an der Begriffswelt des Experten zu liegen. Die auf dieser Formalisierung aufbauenden Methoden wurden zum Teil zu konkreten Wissensakquisitionwerkzeugen ausgebaut. Insgesamt haben wir dargestellt, wie Methoden und Verfahren der Formalen Begriffsanalyse die einzelnen Phasen des Akquisitionsprozesses unterstützen können.

Dabei hat sich herausgestellt, daß die Zielsetzungen der Formalen Begriffsanalyse und ihr zugrundeliegender Wissensbegriff einen entscheidenden Beitrag für den Erfolg ihrer Methoden und Verfahren in der Wissensakquisition liefern: Nachvollziehbarkeit und Transparenz der Verfahren erleichtern die Akzeptanz beim Experten, die Kommunikationsfähigkeit des formalisierten Wissens ermöglicht die Diskussion, Analyse und Kontrolle des erhobenen Wissens.[8]

Wir haben hierbei bewußt auf eine Diskussion des Wissensbegriffs selbst verzichtet – er soll nicht Thema dieser Arbeit sein. Um aber den Einsatz der Methoden der Formalen Begriffsanalyse in der Wissensakquisition zu klären, haben wir gängige Definitionen von Wissensarten bzw. -einteilungen in der KI betrachtet. Über diese Definitionen kamen wir zu der wichtigen Frage (die sich auch unabhängig von den betrachteten Wissensarten stellt), inwieweit der Repräsentationsformalimus der Formalen Begriffsanalyse – eine Modellierung in begrifflichen Strukturen – das gesamte Wissen, das notwendig ist zum Aufbau eines wissensbasierten Systems, – wenn überhaupt möglich – erfassen kann. Hierauf konnte keine endgültige Antwort gegeben werden.

Wir haben an Beispielen in der KADS-Methodologie gesehen, wie sich die Formale Begriffsanalyse auf der Domain-Ebene einsetzen läßt. Hierbei wurde diskutiert, daß es auch möglich wäre, Wissen der Inferenz- und Task-Ebene begrifflich zu modellieren, wobei ein weiterer Einsatz der Verfahren der Formalen Begriffsanalyse zur Akquisition fraglich erscheint. Die Formale Begriffsanalyse

---

[8]Durch diese Eigenschaften der Verfahren erfüllt die Formale Begriffsanalyse zudem die Anforderungen des dritten Bereiches, auch wenn sie selbst keine explizite Methodologie bereitstellt.

könnte als Zwischenrepräsentationsform für das begriffliche Modell (conceptual model) innerhalb von KADS dienen, oder auch für *generic tasks*. Die Formale Begriffsanalyse liefert selbst jedoch keine eigene Methodologie für den Entwurf wissensbasierter Systeme (siehe Punkt 3 in der Einleitung), die u.a. das Finden eines Modells der Expertise erleichtern soll.

Für die Zukunft wäre es sicher erfolgversprechend, die Rolle der Formalen Begriffsanalyse in der Wissensakquisition weiter zu klären und ihren Einsatz weiter voranzutreiben – der Ausbau von Werkzeugen ebenso, wie der weitere Einsatz innerhalb bestehender Methodologien. Daneben muß jedoch auch die Diskussion um den zugrundeliegenden Wissensbegriff selbst weitergeführt werden, die die Frage nach der Bedeutung der Interpretationsphase anschließt.

Neben diesen Fragen ist die Entwicklung der Formalen Begriffsanalyse zur Wissensakquisition von wissenbasierten Systemen voranzutreiben, deren Wissensbasis überwiegend (und offensichtlich) begrifflich strukturiert werden kann. Zu erwähnen wären hierbei z.B. deduktive Datenbanken, zu deren Aufbau des deduktiven Teils die Methode der Regelexploration vielversprechend erscheint (vgl. Diskussion in [Zickwolff 1991b]).

Literatur

[Burmeister 1991] P. Burmeister. Merkmalsimplikationen bei unvollständigem Wissen. In: W. Lex (Hrsg.), *Arbeitstagung Begriffsanalyse und Künstliche Intelligenz*, Informatik-Bericht 89/3. TU Clausthal 1991, S. 15–46.

[Bylander, Chandrasekaran 1987] T. Bylander, B. Chandrasekaran: *Generic Tasks for Knowledge-Based Reasoning: The "Right" Level of Abstraction for Knowledge Acquisition.* Technical Research Report 87-TB-KNOWAC, Ohio State University 1987.

[Feigenbaum 1980] E. Feigenbaum.*Knowledge Engineering – The Applied Side of Artificial Intelligence.* Stanford Heuristic Programming Project Report, Stanford University 1980.

[Fensel 1992] D. Fensel. *"Learning from Example" und die Formale Begriffsanalyse.* AIFB-Forschungsbericht 230, Universität Karlsruhe, Juni 1992.

[Fensel, Studer 1991] D. Fensel, R. Studer (Hrsg.). *Knowledge Acquisition.* AIFB-Forschungsbericht 233, Universität Karlsruhe, November 1991.

[Freiling 1985] M. Freiling. Starting a Knowledge Engineering Project: A Step-by-Step Approach. *AI Magazine*, Fall 1985.

[Ganter 1987] B. Ganter. Algorithmen zur Formalen Begriffsanalyse. In B. Ganter, R. Wille and K.E. Wolff, (Hrsg.), *Beiträge zur Begriffsanalyse*, B.I.-Wissenschaftsverlag, Mannheim 1987, S. 241–254.

[Ganter, Wille 1994] B. Ganter, R. Wille. *Formale Begriffsanalyse*. B.I.-Wissenschafts-verlag, Mannheim, to appear.

[Ganter, Zickwolff 1994] B. Ganter, M. Zickwolff. A tool to acquire conceptual knowledge. *Proceedings of the Workshop Machine Learning at the 17. Fachtagung für künstliche Intelligenz (KI-93), Berlin, September 13–16, 1993.* AIFB-Forschungsbericht 291, Universität Karlsruhe 1994.

[Gruber, Cohen 1986] Th. Gruber, P. Cohen: Design for Acquisition: Principles of Knowledge System Design to Facilitate Knowledge Acquisition. In: J. Boose, B. Gaines (eds.): *AAAI Workshop: Knowledge Acquisition for Knowledge Based Systems*, Banff 1986.

[Karbach, Linster 1990] W. Karbach, M. Linster. *Wissensakquisition für Expertensysteme*. Carl Hanser Verlag, München-Wien 1990.

[Luksch, Wille 1992] P. Luksch, R. Wille. A mathematical model for conceptual knowledge systems. In: H.-H. Bock und P. Ihm (Hrsg.), *Classification, data analysis, and knowledge organization.* Spinger-Verlag, Berlin-Heidelberg 1991, S. 156–162.

[Quinlan 1984] J.R. Quinlan. Learning efficient Classification Procedures and their Application to Chess End Games. In R.S. Michalski (ed.) u.a., *Machine Learning, An Artificial Intelligence Approach*, Vol.I, Springer Verlag, Berlin 1984, S. 461–482.

[Reinartz, Zickwolff 1993] T. Reinartz, M. Zickwolff. *Concept formation in knowledge acquisition – a comparison between conceptual clustering and formal concept analysis.* DFKI Kaiserslautern, TH Darmstadt 1993.

[Ruhmann 1993] I. Ruhmann. *COLAKA – Ein Wissensakquisitionssystem zur Untersuchung der Einsatzmöglichkeiten der Formalen Begriffsanalyse.* Diplomarbeit Universität Bonn, 1993.

[Schmidt, Zickwolff 1992] G. Schmidt, M. Zickwolff. Cases, models and integrated knowledge acquisition to formalize operators in manufacturing. In *Knowledge Acquisition for Knowledge-Based Systems Workshop*, Banff 1992.

[Stender 1989] J. Stender. Wissenserhebung und -strukturierung in Expertensystemen. *Markt & Technik*, München 1989.

[Wagner 1973] U. Wagner. Begriff. In: H. Krings, H.M. Baumgartner, C. Wild (Hrsg.), *Handbuch philosophischer Grundbegriffe*. Kösel, München 1973, S. 191–209.

[Welbank 1987] M. Welbank. Knowledge Acquisition: A survey and British Telecom experience. In: T.R. Addis, J.H. Boose and B.R. Gaines (eds.): *Proceedings of ECAI86*, Brighton, 1986.

[Wielinga et.al. 1992] B.J. Wielinga, A.Th. Schreiber and J.A. Breuker. KADS: a modelling approach to knowledge engineering. *Knowledge Acquisition* 4, 1992, S .5–53.

[Winograd, Flores 1986] T. Winograd, and F. Flores, *Understanding Computers and Cognition: A New Foundation for Design*, Norwood, New Jersey: Ablex 1986.

[Wille 1982] R. Wille. Restructuring lattice theory: an approach based on hierarchies of concepts. In: I. Rival (ed.), *Ordered sets.* Reidel, Dordrecht-Boston 1982, S. 445–470.

[Wille 1987] R. Wille. Bedeutungen von Begriffsverbänden. In: B. Ganter, R. Wille, K.E. Wolff (eds.), *Beiträge zur Begriffsanalyse*, B.I.-Wissenschaftsverlag, Mannheim 1987, S. 161–211.

[Wille 1989] R. Wille. Knowledge Acquisition by Methods of Formal Concept Analysis. In E. Diday (ed.), *Data Analysis, Learning Symbolic and Numeric Knowledge*, Nova Science Publishers, New York-Budapest, 1989, S. 365–380.

[Wille 1992a] R. Wille. Concept Lattices and conceptual knowledge systems. *Computers and Mathematics with Applications,* **23**, 1992, S. 493–515.

[Wille 1992b] *Begriffliche Datensysteme als Werkzeug der Wissenskommunikation.* FB4-Preprint 1504, TH Darmstadt 1992.

[Zickwolff 1991a] M. Zickwolff. Darstellung symmetrischer Strukturen durch Transversale. In: D. Dorninger, G. Eigenthaler, H.K. Kaiser und W.B. Müller (Hrsg.), *Contributions to general algebra* **7**, Hölder-Pichler-Tempsky, Wien 1991.

[Zickwolff 1991b] M. Zickwolff. *Rule Exploration – First Order Logic in Formal Concept Analysis.* PhD–Thesis, TH Darmstadt, 1991.

Annäherung an Informationsutopien über offene Hypertextsysteme

Rainer Kuhlen

Inhalt

1 Problemstellung – Mediatisierung und Diversifikation von Wissensprodukten

Der Umgang mit Wissen – dieser ohnehin, aber jetzt auch noch der Umgang mit Formen der Darstellung und Verteilung von Wissen – wird immer komplexer und komplizierter. Ursache hierfür ist ohne Frage die fortschreitende *Informatisierung* aller Lebensbereiche, also auch der intellektuellen Lebenswelten[1]. Die Formen der Herstellung und Verteilung von Wissensprodukten und -dienstleistungen stützen sich zunehmend auf unterschiedliche mediale Formen ab, so daß eine immer breitere Produktpalette auf dem Markt angeboten und verfügbar wird und es für diese

---

[1]Wir unterscheiden im folgenden nicht zwischen *Wissensprodukten* oder *Wissensdienstleistungen* und den entsprechenden Komposita mit *Information*. In der Informationswissenschaft bemüht man sich natürlich um eine Differenzierung bei den für die Disziplin grundlegenden Konzepten von Wissen und Information ([Kuhlen 1991e], [Kuhlen 1991c], [Wersig 1993]): Information wird in aktuellen Handlungssituationen benötigt und muß aus den verfügbaren Beständen an Wissen unter Berücksichtigung der verschiedenen pragmatischen Rahmenbedingungen (z.B. Interesse, Vorwissen, Zeit, Kosten) erarbeitet werden. *Information* ist – in einer griffigen (und dadurch natürlich vereinfachten) Formel der Informationswissenschaft – *Wissen in Aktion*. Da es uns in diesem Beitrag nicht auf den ontologischen oder erkenntnistheoretischen Status von Wissen oder Information ankommt, brauchen wir nicht laufend zwischen beiden Konzepten zu differenzieren.

Weiterhin dürfte auch klar sein, daß zum einen nicht Wissen selber über den Markt verteilt wird, sondern nur die Wissensprodukte, denen Wissen entnommen werden kann, und daß zum anderen die Herstellung von Wissensprodukten nicht identisch ist mit der Produktion von Wissen selber. Ein und dasselbe "Stück Wissen" kann in verschiedenen Wissensprodukten seinen Niederschlag finden (repräsentiert werden), ohne daß dadurch Wissen selbst unbedingt vermehrt würde.

unterschiedlichen Produkte eben auch unterschiedliche Verteilformen gibt. Bücher finden andere Märkte als Multimedia-Produkte oder *Online*-Banken. Beides zusammen kann man die *Mediatisierung* und *Diversifikation* der Wissensproduktion und -verteilung nennen.

Dadurch entsteht eine als paradox anmutende Situation: Der immer größer werdende Reichtum, zumindest die immer größer werdende Vielfalt an Wissensprodukten – sicherlich vom Prinzip her konzipiert, den Umgang mit Wissen zu erleichtern – erschwert diesen zunehmend. Ursache dafür ist, wie angedeutet, zum einen die breite Produktdiversifikation, die es selbst den informationswissenschaftlich ausgebildeten Spezialisten der Informationsverarbeitung (Informationsvermittler, *Information Broker*) [Kuhlen, Nagel 1993] kaum noch erlaubt, einen Überblick über die heterogene Angebotssituation zu behalten, zum anderen aber auch die mit der Mediatisierung einhergehenden neuen Formen des Umgangs mit Wissensprodukten. Die in vielen Generationen erworbene und weitergegebene Fähigkeit, sich Wissen aus überwiegend linear angeordneten Texten anzueignen, ist angesichts der Angebote elektronischer Informationsprodukte und -dienstleistungen nicht mehr ausreichend. Für sie ist eine andere Kompetenz erforderlich.

Die Möglichkeit, diese Mediatisierung und Produktdiversifikation einfach zu ignorieren, ist vielleicht in der Gegenwart gerade noch gegeben. Man – das ist wohl noch die Mehrheit der in Forschung, Entwicklung und Lehre Tätigen – muß bislang keine *Online*-Recherchen durchführen; man muß nicht seine Zeit mit den Basis- und Mehrwertdiensten des internationalen Wissenschaftsnetzes, Internet, verbringen, also mit *email*, mit *Listservern* oder *Bulletin Boards*, mit *Online*-Katalogen (OPACs), hierarchisch geordneten oder assoziativ verknüpften Übersichtssystemen (*Gopher* und WWWs (*world wide webs*)) (vgl. [Krol 1992], [Aßfalg 1993], [Oßwald, Koch 1994]); man muß bislang nicht die Techniken nichtlinearer und multimedialer Wissensdarstellung und Informationserarbeitung in Hypertextsystemen beherrschen [Kuhlen 1991e]; und in nur sehr wenigen Situationen wird man bislang gezwungen, in schwierigen Entscheidungssituationen sich auf wissensbasierte Systeme, Expertensysteme, abzustützen.

Zunehmend mehr Menschen – in allen Lebensbereichen – müssen es aber, oder sie meinen, es zu müssen. Und wie die Industrialisierung unseres Alltags mit den Massenindustrieprodukten der Kühlschränke, Autos, Fernseher und Videos für uns alle (bis auf die wenigen Resistenten) zur nicht mehr revidierbaren Realität geworden ist, so könnte auch, unter den gleichen Bedingungen einer liberalkapitalistischen Gesellschaftsordnung mit ihrem Bedürfnis nach neuen und zwar massenhaft verkaufbaren Produkten, die Informatisierung unserer intellektuellen Lebenswelt und vermutlich auch unserer Alltagswelt, zu einer eben solchen Realität werden. Diese Entwicklung in der Gänze zu vermeiden oder gar zu verbieten, wird nicht möglich sein. Deren Ausprägung geschieht jedoch nicht quasi naturwüchsig, sondern kann in mehr als nur den Details gestaltet werden.

Wir wollen uns in diesem Beitrag mit den Möglichkeiten *offener Hypertext-systeme* beschäftigen, da dies ein besonderes Muster für den Umgang mit Wissen und Information unter den Bedingungen informatisierter, telematisierter und mediatisierter Gegenwart ist. Wir wollen Potentiale und Restriktionen, Chancen und Risiken solcher Systeme offenlegen und zur Diskussion stellen und weiterhin versuchen, die entsprechenden informationsutopischen Momente herauszugreifen. Dazu wollen wir folgenden Weg gehen. Als erstes entwerfen wir in Abschnitt 2 ein kleines Szenario, in dem ausgemalt wird, wie die Arbeitssituation eines Wissenschaftlers zur Zeit schon aussehen kann (und zum Teil auch schon aussieht), wenn er sich auf die angesprochene Mediatisierung und Produktdiversifikation einläßt. Aus diesem Szenario, das in seiner Informationsleistung eher unbefriedigend ist, leiten wir einige Anforderungen ab, die wir später bei den offenen Hypertextsystemen überprüfen wollen. In Abschnitt 3 wollen wir uns knapp über ein Konzept von Informationsutopien verständigen und über ein weiteres Szenario Unterscheidungen zwischen Visionen, Fiktionen, Leitbildern und Utopien herausarbeiten, jedenfalls soweit wir dies für diesen Beitrag benötigen[2]. Wir werden dabei zu dem vorläufigen und ambivalenten Ergebnis kommen, daß Skepsis bezüglich umfassender Konzeptionen einer informatisierten, aber auch informierten Gesellschaft angebracht ist, denn zum einen haben sich, zumindest im politisch-gesellschaftlichen Bereich, umfassende materiale Utopien in der Regel in der politisch-gesellschaftlichen Wirklichkeit als ebenso umfassend totalitär herausgestellt, zum anderen sind aber weiterreichende, tendenziell umfassende Konzeptionen einer informatisierten, aber auch informierten Gesellschaft kaum zu vermeiden, da der Einflußbereich der Informatisierung nicht lokal zu begrenzen ist. Auf die Frage, wie dieses Dilemma aufzulösen ist, gibt dieser Beitrag vielleicht auch keine gänzlich zufriedenstellende Antwort, liefert jedoch einen ersten Vorschlag einer möglichen *transzendentalphilosophischen* Begründung von Informationsutopien, die nicht weit entfernt von den Apel'schen Vorschlägen einer Utopie der Diskursethik[3] oder der Theorie der kommunikativen Kompetenz nach Habermas (vgl. [Habermas 1984], [Habermas 1991]) ist, wobei wir hoffen, daß aufgrund des informationswissenschaftlichen Fachhintergrunds und mit den Informationssystemvorschlägen der offenen Hypertextsysteme beide Theorieansätze konkret angereichert werden können.

Zu den aktuellen Informationsutopien gehört seit Ted Nelsons Vorschlag eines weltumspannenden XANADU-Systems[4] sicherlich die Hypertext-Idee, die wir

---

[2]Weiter ausgearbeitet werden diese Unterscheidungen in einem in der Entstehung befindlichen Buch "Gehen der Informationsgesellschaft die Utopien aus?". Dieser Beitrag ist eine Vorabpublikation einiger Aspekte dieses Buches.

[3]Mit Bezug zur Utopiediskussion vgl. [Apel 1985]

[4]XANADU, schon seit den 60er Jahren in der Entwicklung befindlich, kann als ein elek-

kurz in Abschnitt 4 ausführen wollen. Hypertext, anfänglich konzipiert als arbeits-platzorientierte, eher auf einzelne Personen ausgerichtete Form der Unterstützung komplexer Wissens- oder Informationsarbeit, hat sich in den letzten Jahren immer mehr in Richtung auf kooperative und offene Systeme hin entwickelt. Wir gehen daher in den Abschnitten 5–7 zunächst auf Prinzipien offener Hypertextsysteme ein, verdeutlichen diese an dem Konstanzer Projekt WITH, in dem ein Prototyp eines offenen Hypertextsystems entwickelt wird, und skizzieren schließlich einige der mit offenen Hypertextsystemen zusammenhängenden Forschungsprobleme. Abschließend gehen wir das Risiko ein, eine umfassende und ansatzweise auch materiale Informationsutopie, vielleicht ist es auch nur eine Vision, zu entwerfen und einige damit zusammenhängende Probleme zu diskutieren.

2 Ein Szenario des laufenden Kampfes mit der Organisation von Wissen

Eine ganz alltägliche Aufgabenstellung eines Wissenschaftlers: es ist ein Artikel für einen Sammelband zu erstellen. Der Beitrag mag den Titel haben "Virtuelle Bibliotheken und virtuelle Bücher – ein neues Paradigma für den Umgang mit Wissen". Was steht an Ressourcen zur Verfügung, wie wird der Text bis zum Druck erstellt?

Zunächst einmal nicht selbstverständlich: Texte werden in wissenschaftlichen Umgebungen zunehmend von den Wissenschaftlern selber auf immer leistungsfähi-geren lokalen Rechnern mit immer komfortablerer, aber auch immer komplexerer Oberfläche geschrieben. Sie werden oft genug in der maschinenlesbaren Versi-on über die Netze oder über traditionelle Post als Diskette an die publizieren-de Institution geschickt. Das ist längst nicht mehr immer ein klassischer Ver-lag. Publizieren und Verteilen können heute mit Unterstützung entsprechender Informations- und Kommunikationstechnik viele Organisationen, Fachinformati-onszentren, Netzwerkbetreiber, Datenbankanbieter, oder Einzelpersonen.

---

tronisches Publikations- und Distributionssystem angesehen werden, das über reiche assoziati-ve Verknüpfungsmöglichkeiten verfügt [Nelson 1980], wie sie schon Mitte der 40er Jahre von Vannevar Bush in einem Aufsatz "As we may think" vorgedacht worden sind [Bush 1945]. Be-zeichnenderweise hat Nelson seinen Vorschlag einer umfassenden Wissensorganisation in einem verteilten Hypertextsystem in den (utopischen) Zusammenhang der Emanzipation und Basis-demokratie gebracht und damit der Funktionalisierung von Wissen und Information in einer auf Güterproduktion ausgerichteten Marktwirtschaft entgegenzuarbeiten versucht. Vielleicht ist dies sogar eine Erklärung dafür, weshalb XANADU trotz vieler Ankündigungen nie den wirk-lichen Durchbruch als Produkt geschafft hat. Heute scheint das System XANADU, nicht die Idee, durch die Entwicklung der Mehrwertdienste von Internet überflüssig geworden zu sein. Das Zusammenspiel der verschiedenen Mehrwertdienste, wie OPAC, *Gopher*, WAIS, WWW, FTP, realisiert zunehmend den ursprünglich selber utopisch anmutenden Leistungskatalog von XANADU.

Interessanter ist, wie der Text bezüglich seiner Inhalte entstanden ist. Auf welche Ressourcen wurde zurückgegriffen? Natürlich ist das Thema der virtuellen Bibliotheken nicht vom Himmel gefallen, sondern hat den Autor schon länger beschäftigt. Entsprechend sind mehr oder weniger geordnet einige Hängemappen und Aktenordner mit Materialien, Artikeln, Notizen oder anderen Textfragmenten vorhanden. Im Regal stehen einige Bücher, die halbwegs einschlägig sind, z.B. über Mehrwertdienste des Internet, auch über die Organisation von ganz realen Büchern in ganz realen Bibliotheken. Die stehen in der Nähe zu dem guten Meter der Literatur über Hypertext und, per Zufall, zu einem Aktenordner über einen Projektkurs zum Thema "Strategische Aspekte der Medieninformation", der im letzten Semester durchgeführt worden war. In diesem Projekt wurde als besondere Herausforderung herausgearbeitet, ein elektronisches Äquivalent zu dem klassischen Dossier[5] als der bevorzugten Informationsdienstleistung, z.B. im Medienbereich, zumindest konzeptionell zu entwickeln. Es ist nicht mehr gänzlich nachzuvollziehen, aber vielleicht hat diese räumliche Nähe der in Büchern und Akten repräsentierten Gegenstandsbereiche von Mehrwertdiensten (Internet), Bibliotheken, Hypertext und Medieninformation den "Pfiff" des geplanten Beitrags mitbewirkt, also nicht nur die institutionellen und organisatorischen Aspekte virtueller Bibliotheken zu behandeln, sondern auch die Endnutzermöglichkeiten auszuloten. Da war es dann nicht mehr fern zu der Idee des virtuellen Buches als Generalisierung des elektronischen Dossiers, das, wie sich dann herausstellen sollte, mit den Möglichkeiten offener Hypertextsysteme zusammengebracht werden konnte.

Ist die Idee der Publikation einigermaßen stabil, können alle verfügbaren Ressourcen aktiviert werden, und zwar weitgehend auf elektronischer Grundlage von dem einen Arbeitsplatz aus. Die Informationswissenschaft in Konstanz hat Verträge mit den meisten Datenbankanbietern des kommerziellen Informationsmarktes, so daß über die Hosts DataStar, Dialog und STN-International informationswissenschaftlich einschlägige Informationsbanken, wie LISA, ISA, INFODATA, INSPEC, nach Literatur zum Thema befragt werden können. Die ermittelten Treffer müssen nach Relevanz hin überprüft und können dann per *email* an einen studentischen Mitarbeiter weitergeleitet werden, der sie in das interne Literaturverwaltungssystem konvertiert. Zum Thema sind weiterhin einige über Internet organisierte *Listserver*[6] oder *Newsgroups*[7] einschlägig. Dort können sowohl gezielte Anfragen abgegeben werden, die in der Regel auch individuell beantwor-

---

[5]Als Dossier bezeichnen wir eine Sammlung von Materialien, die zu einem Thema als einschlägig angesehen werden und Nutzern, z.B. Journalisten, Politikern oder Managern, anläßlich eines aktuellen Informationsproblems zum Durchblättern angeboten wird.

[6]z.B. PACS-L (*Public Access Computer Systems Forum*) oder der deutsche Server-Dienst der Informationswissenschaft, iw_link

[7]z.B. BUBL (*Bulletin Board for Libraries*)

tet werden, oder aber der bisherige umfangreiche Bestand der bislang übermittelten Nachrichten kann retrospektiv über entsprechende *Gopher* bzw. WAIS-Datenbanken thematisch durchsucht werden. Dies erweist sich bei dem speziellen Thema als am hilfreichsten. Selbst *Online*-Datenbanken können hinsichtlich der Aktualität da kaum mithalten. Kein Wunder, das Thema elektronischer und virtueller Bibliotheken ist eines der *Top-Themen* der Internet-Diskussion aus der Bibliothekssicht und entsprechend viel wird in den "Himmel von Internet" geschrieben[8]. Und all das liegt nun vor als Notizen, als Ankündigungen über neue Dienstleistungen, wie *Gopher*, OPACs oder WWWs, als Verzeichnisse verfügbarer *etexts* aus einschlägigen *ejournals* oder anderen Depots maschinenlesbarer Texte oder als elektronische Texte selber, die vielleicht über die verteilte Internet-Datenbank ARCHIE gefunden und über FTP (*File Transfer Protocol*) heruntergeladen wurden – bislang in der Regel noch ohne Entgelt. Und schließlich helfen noch gezielte *email*-Anfragen an interne und externe Kollegen und Kolleginnen weiter, von denen vermutet wird, daß sie an dem Thema zumindest am Rande auch arbeiten oder Interesse haben. Diese Form der elektronischen Kommunikation mit Fachleuten bewährt sich dann erneut, wenn es darum geht, erste Versionen kritisch überprüfen zu lassen. Die Antwortzeiten auf elektronisch übersandte Anfragen oder Bitten sind bislang noch extrem kurz – vielleicht weil das Medium noch nicht ganz zur Routine, wie der klassische Brief, geworden ist. Dabei spielt die lokale Distanz überhaupt keine Rolle. Der Kollege nebenan im Zimmer anwortet auf die *email*-Anfrage keineswegs schneller als der Kollege aus San Diego.

Wie geht es weiter? Da liegt nun eine Menge an Material vor, die zudem nicht konstant bleibt, sondern die, da das Interesse am Thema virtueller Bibliotheken zunimmt, ständig anwächst. Einen stabil bleibenden Wissensbestand kann man gut in den Griff bekommen. Ich erinnere mich an einen Kollegen, der, nachdem er drei Monate sich nur mit der Sammlung von Material zu seinem Buchthema beschäftigt hatte, dieses rund um seinen zu diesem Zweck in der Mitte des Zimmers plazierten Schreibtisch angeordnet hatte. Jedes Dokument wurde entfernt, d.h. ins Regal eingeordnet, sobald es in den Text eingearbeitet war. Als der Boden leer und der Schreibtisch voller Manuskripte war, war das Buch zumindest in der Nullversion fertig. Ein solches Verfahren war noch möglich, solange alle Materialien in Form von Büchern, Sonderdrucken, Kopien und Notizen real, d.h. sichtbar und greifbar, verfügbar waren. Jeder weiß es: was außer Sicht ist, abgelegt in Aktenordnern und Hängefoldern, wird auch bei bestem Gedächtnis tendenziell vergessen: Aus den Augen, aus dem Sinn. Hier beginnt das Problem mit den elektronischen Medien und die Herausforderung an die elektronischen Dossiers.

Elektronische Medien repräsentieren Wissen in einer immateriellen Form, und

---

[8] *Sky writing* nennen die Amerikaner dieses weitgehend spontane Ausnutzen der Distributionsmöglichkeiten über die Dienste von Internet [Okerson 1991]

auch die Speicherformen lassen kaum noch Rückschlüsse auf die Inhalte zu. Einer Diskette sieht man nicht an, was in ihr ist. Sie hat auch keinen Erinnerungs- oder Wiedererkennungswert. Bücher, Artikel, Notizen lassen die Geschichte ihrer Lektüre und ihres Verstehensprozesses transparent. Ihr bloßer Anblick spannt in der Regel ein ganzes mentales Netzwerk an Assoziationen auf. Das gelingt bei elektronischen Medien nur sehr beschränkt. Weiterhin gestatten diese nur auf sehr mühsame Weise *Browsing*-Effekte[9], die vor allem in noch unstrukturierten, also offenen Problemlösungssituationen als allgemein kreativitätsfördernd angesehen werden. Und schließlich erweist es sich mit Blick auf das Verwalten der recherchierten und gespeicherten Daten bzw. bei dem Versuch, diese präsent und mit Blick auf eine Zusammenführung handhabbar zu halten, bislang immer noch als nachteilig, daß ständig die Systeme und die Medien gewechselt werden müssen. Zwar schreitet die Integration, z.B. die Möglichkeit der referentiellen Verknüpfung zwischen Textverarbeitung und Literaturverwaltung, fort, aber sie ist angesichts der Heterogenität der zu beherrschenden Ressourcen noch sehr unzureichend. Medienwechsel, und damit auch Medienbrüche, und unverknüpfte Informationen sind eher die Regel als die Ausnahme.

Die Informationswissenschaft beschäftigt sich mit den Möglichkeiten und Verfahren der Organisation von Wissen und der Erarbeitung von Information. Daher werden als zentrale Aufgaben der Informationswissenschaft und der -praxis angesehen,

- den Zugriff auf relevante Informationen offenzuhalten, also keine elektronischen Datenfriedhöfe entstehen zu lassen, die deshalb nicht zu Informationen werden können, weil man nicht mehr weiß, was in ihnen ist;

- dafür zu sorgen, daß die Integration heterogener Ressourcen mit vielfältigen medialen Repräsentationen weiter fortschreiten kann;

- Verknüpfungstechniken zu entwickeln, die nach Kohärenzgesichtspunkten einzelne Wissensfragmente zusammenbinden können;

- Navigationsformen bereitzustellen, mit denen man aus komplex vernetzten Wissensbeständen die einschlägigen Informationen erarbeiten kann.

Diese und ähnliche Aufgaben beziehen sich zunächst einmal nur auf die in diesem Abschnitt geschilderte Situation des ständigen Kampfes, die eigenen Wissensbestände zu verwalten. Der Katalog läßt sich mit Blick auf das allgemeine Problem der Wissens- und Informationsarbeit unter den Bedingungen fortschreitend

---

[9]Gemeint ist das relativ unkontrollierte Herumstöbern in einer großen Menge von Informationen, die zumindest grob thematisch zusammengehören. Beim Suchen nach einer Information, von der man gar nicht unbedingt wissen muß, daß es sie tatsächlich gibt, entdeckt man als Mitnahmeeffekt durch *Browsing* häufig noch ganz andere, unbekannte, aber einschlägige Informationen.

informatisierter Gesellschaft fast beliebig erweitern bis hin zu einer vollständigen Informationsutopie, wenn man versuchen will, die Informationsprobleme, und sei es nur die in wissenschaftlichen Umgebungen, in den Griff zu bekommen.

3 Visionen, Fiktionen, Leitbilder, Utopien

Was sind Informationsutopien? Dazu möchte ich ein kleines Szenario einer möglichen informationswissenschaftlichen Dienstleistung entwerfen, das anschließend danach befragt werden soll, ob es eine Utopie ist[10].

Man stelle sich vor, man bekommt als Teilnehmer einer Konferenz am Ende jeder Veranstaltung oder zumindest am Ende der Gesamttagung einen Datenträger ausgehändigt, dem die folgenden Informationen bzw. Informationsdienstleistungen zu entnehmen sind:

- ein digitalisiertes Video der Vorträge;

- den vollständigen Text der Vorträge in schriftlicher und akustisch reproduzierbarer Form, einschließlich der Diskussionsanmerkungen, in den gängigen Formaten der Textverarbeitungssoftware zur individuellen Weiterverarbeitung in dem jeweiligen lokalen Rechner bzw. in den entsprechenden phonetischen Auszeichnungen, um die prosodischen Informationen (z.B. Tonhöhe, Geschwindigkeit, Rhythmus, Pausen etc.) auch ohne die akustische Reproduktion nachvollziehbar zu erhalten;

- die aus Overheadfolien oder anderen medialen Hilfsmitteln dargestellten Tabellen und Abbildungen sind erkannt und entsprechend in die Texte an der richtigen Stelle eingeordnet;

- die formalen bibliographischen Angaben zu den einzelnen Vorträgen, ergänzt um die Einträge zu den Personen bzw. den Herkunftsinstitutionen, sind in strukturierter Form verfügbar, so daß sie direkt in entsprechende Datenbanken eingespielt werden können;

- zu jedem Text gibt es indikative, also knappe, auf die jeweiligen Inhalte nur verweisende Referate (*Abstracts*) und informative Zusammenfassungen, die

---

[10]Dieses Szenario wurde in seiner Idee, nicht in all seinen (heute möglichen) Einzelheiten, 1974 auf einem Workshop in der Gesellschaft für Mathematik und Datenverarbeitung (GMD) entworfen. Auf diesem Workshop sollte unter Beteiligung damals bekannter Informatiker und Informationswissenschaftler das Verhältnis zwischen Informationswissenschaft und Informatik geklärt werden. Mit meinem Beitrag wollte ich damals darauf hinweisen, daß es der Informationswissenschaft nicht auf die technische Entwicklung von Rechnern und Systemsoftware als Selbstzweck ankommt, sondern auf die informationsmethodisch abgesicherten Möglichkeiten, Wissen zu verarbeiten bzw. Information zu erarbeiten, damit Wissen handlungsrelevant werden kann. Dieser Hinweis ist heute genauso aktuell wie damals.

die wichtigsten Fakten, weitgehend in strukturierter, tabellarischer Form, wiedergeben;

- weiterhin sind die Texte in variabler Tiefe, also gewichtet, mit den einschlägigen Deskriptoren, unter Verwendung mehrsprachiger kontrollierter Vokabularien (Thesauri), die die Gegenstandsbereiche der Konferenz abdecken, indexiert;

- beide Leistungen, *Abstracting* und *Indexing*, können nach Bedarf an entsprechende Benutzerprofile angepaßt werden;

- die Vorträge sind vollständig semantisch *geparst* und entsprechend auf die gängigen Wissensrepräsentationssprachen, wie semantische Netze, *Frames*, Produktionsregeln oder andere logische Sprachen, abgebildet, so daß die formalen Konstrukte direkt in Expertensysteme oder Wissensbanken eingegeben werden können;

- semantisch ähnliche und nach semantischen bzw. argumentativen Kriterien zusammengehörige Passagen der einzelnen Texte, aber auch aller Texte der Konferenz sind untereinander verknüpft;

- an zentralen Stellen der Texte oder bei Stellen, die noch nicht vollständig ausgearbeitet zu sein scheinen, sind sogenannte *query buttons* angebracht, durch die der Benutzer des Datenträgers, wenn er sie in sein mit den internationalen Netzwerken verbundenes System eingebracht hat, die üblichen Prozeduren des *Online*-Retrieval durchführen kann, z.B. automatisches *login* bei den in Frage kommenden Datenbankanbietern, Auswahl der Datenbanken, Durchführen der Recherche, Herunterladen der einschlägigen recherchierten Einheiten und deren Integration in die lokalen Bestände;

- ähnliche Recherchevorgänge sind bei den Namen der in den Vorträgen genannten Autoren sowie bei den Teilnehmern an der gesamten Konferenz aktivierbar, so daß deren wissenschaftliches Profil leicht nachvollzogen werden kann;

- die textuellen Passagen (Volltexte, *Abstracts*, Deskriptoren etc.) sind in die gängigen Wissenschaftssprachen übersetzt;

- es wird eine Mitteilung über die Relevanz des Vortrags für die aktuelle Arbeitssituation des jeweiligen Teilnehmers und über den Neuigkeitswert des Vortrags im Vergleich zum Stand des Wissens geliefert, verbunden mit einer Wahrscheinlichkeitsabschätzung, inwieweit der Beitrag von der Fachwelt positiv aufgenommen werden wird und inwieweit die vorgeschlagenen Ergebnisse als Innovationen für neue Produkte oder neue Produktionsformen bzw. Reorganisationsmaßnahmen gebraucht werden könnten.

Eine weitere, vielleicht umweltschonendere Alternative bestünde darin, daß parallel zu der Konferenz (also annähernd *real time*) alle diese Leistungen direkt in das verfügbare Wissenschaftsnetz (zur Zeit also der Netzverbund im Internet) eingegeben würden, so daß auch Interessierte an der Konferenz, die aber an der physischen Teilnahme verhindert waren, den Fortgang zum einen über das Video simultan verfolgen oder aber die Tagung asynchron, also zeitversetzt, erarbeiten bzw. nacharbeiten können. Ob man aus diesem Angebot den Schluß ziehen sollte, Konferenzen, vergleichbar Geisterspielen beim Fußball, ohne Kulisse ablaufen oder gleich über das elektronische Medium geschehen zu lassen, ist eine weitergehende Frage, die wir hier nicht diskutieren wollen. Wir gehen davon aus – und alle empirischen Befunde zur Untersuchung des Informationsverhaltens bestätigen dies bislang –, daß das kommunikative Bedürfnis, Wissen direkt, also in der *face-to-face*-Kommunikation auszutauschen, weiterhin bestehen bleiben wird.

Für den Informationswissenschaftler ist es nicht schwer, sich vorzustellen, was an Forschungs- und Entwicklungsarbeit geleistet sein muß, um den oben angeführten Katalog der Informationsdienstleistungen zu verwirklichen:

- Digitalisierung von Video-Mitschnitten;

- automatisches, kaskadiertes, also stufenweise intensiv realisiertes *Abstracting* [Kuhlen et.al. 1989];

- automatisches, gewichtetes *Indexing*;

- automatische Sprecherkennung und phonetisches *Parsing*;

- automatischer Aufbau und kontinuierliche Pflege über automatische Lernverfahren von mehrsprachigen, kontrollierten Vokabularien;

- automatische Übersetzung auf der terminolog. und volltextuellen Ebene;

- automatische Erkennungsverfahren zur Abschätzung der Relevanz, Neuigkeit und Verwertbarkeit wissenschaftlicher Ergebnisse;

- Aufbau und Anwendung inkrementeller und individueller Benutzermodelle zur Ableitung adaptiver Informationsdienstleistungen;

- automatische Ableitung und Pflege von Datenmodellen zum kontinuierlichen Aufbau von Datenbanken;

- automatisches vollständiges *Parsing* der Texte (für die automatische Übersetzung), einschließlich eines leistungsstarken semantischen *Parsing* zum Erkennen der Wissensstrukturen in Texten;

- automatische Konversion von Texten in Hypertexte, d.i. die Erkennung bzw. Ableitung von kohärenten informationellen Einheiten, den Objekten einer Hypertextbasis, und der automatischen Verknüpfung dieser Einheiten untereinander.

Das meiste davon ist auch 20 Jahre nach dem ersten Entwurf des Szenarios wissenschaftlich-methodisch noch nicht bewältigt, geschweige denn zur routinemäßigen Praxis geworden, am vollständigsten noch die technischen Anforderungen wie Digitalisierung bzw. Scanning. Diese Verzögerungen oder auch grundsätzlichen Schwierigkeiten mögen diejenigen beruhigen, die die angedeuteten Leistungen im einzelnen auch gar nicht für so wünschenswert halten.

Der informationstechnische Fortschritt ist bislang immer größer gewesen als der informationsmethodische. Die Leistungsfähigkeit der Rechner und der Telekommunikationsnetze hat bislang eine nur sehr unzureichende qualitative Entsprechung bei unseren Formen des Umgangs mit Wissen und Information gefunden. Offenbar ist dies um vieles schwerer, oder unser Beharrungsvermögen auf eingespielte Weisen dieses Umgangs ist größer, als manche Forscher und Entwickler aus dem Informationsbereich es wahrhaben wollen. Oder aber der Bedarf nach solchen Leistungen ist einfach nicht da, so daß von Seiten der Industrie keine Produkte bzw. keine Gewinne daraus erwartet werden.

Aber handelt es sich bei unserem, leicht zur Karikatur geratenen Beispiel wirklich um eine Informationsutopie? Ich denke, es handelt sich eher um eine informationsmethodische *Vision* des vielleicht Machbaren, um eine visionäre Fortschreibung möglicher Trends, die sich aus sorgfältiger Beobachtung der Forschungsaktivitäten auf den Gebieten des automatischen *Abstracting* und *Indexing*, der Zeichenerkennung und des Sprecherkennens und -verstehens, der Wissensrepräsentationstechniken der Künstlichen Intelligenz, des *Online*-Retrieval und der nicht-linearen Organisation von Wissen ergeben könnten. Vor allem technischen Visionen ist häufig zu eigen, daß sie sich allein auf ihren Bereich konzentrieren und weder die den Visionen zugrundeliegenden Prinzipien herausarbeiten noch deren gesellschaftliche Konsequenzen reflektieren.

Wenn man dann noch weiter berücksichtigt, daß sich auch die Literatur in fiktionalen Produkten, in der Gegenwart natürlich primär die *Science Fiction*, und die Wissenschaften allgemein mit der Herausbildung von Leitbildern mit Entwürfen der Zukunft beschäftigen, so können wir eine Unterscheidung zwischen technischen und methodischen Visionen, Fiktionen, Leitbildern und Utopien vorschlagen. Hierbei sollen diese Bezeichnungen keine Bewertungen enthalten, obgleich der Sprachgebrauch, zumindest bei den Visionen und den Leitbildern, eher

positive Konnotationen vorgibt. Wir nehmen also an, daß es positive und negative (als von einzelnen Menschen oder Gruppen positiv oder negativ eingeschätzte) Visionen, Fiktionen, Leitbilder und Utopien gibt. Und weiterhin dürfte klar
sein, ohne daß wir die Begriffe bislang ausreichend geklärt hätten, daß dies keine
exklusiven Unterscheidungen sind. Visionen und Fiktionen enthalten utopische
Elemente, Utopien können und werden als Leitbilder wirken und sind natürlich
immer auch visionär und enthalten häufig, zumindest in den Einschätzungen ihrer Kritiker, fiktive Elemente. Und Leitbilder, sollen sie – darin Paradigmen vergleichbar – eine Vielzahl von Personen auf gemeinsame wissenschaftliche Ziele und
Vorgehensweisen verpflichten, müssen visionäre und utopische, vielleicht weniger
fiktive Elemente enthalten.

3.1 Fiktionen

Insofern Utopien als literarische Produkte auftreten, sind sie Fiktionen der Dich-
tung und daher nicht bloß Widerspiegelung der Realität[11]. Allerdings, dies haben
die Untersuchungen von Iser ([Iser 1990], [Iser 1993]) deutlich gemacht, sind auch
Fiktionen auf seltsam schwebende Weise an die Realität zurückgebunden. Mit
Irrealisierung des Realen und gleichzeitigem *Realwerden des Imaginären* bezeichnet Iser dieses Schweben, diesen Doppelsinn der Fiktion. Wir können diese Bestimmung auf literarische utopische Fiktionen allgemein übernehmen und daraus
zunächst zweierlei folgern: Zum einen können utopische Fiktionen nicht als Realität direkt verstanden werden. Utopien können nicht wörtlich genommen werden.
Insofern ist es höchst fragwürdig, Utopien als Antizipationen späterer Realitäten
anzunehmen. Zum anderen wollen fiktive Utopien, insofern sie nicht reine Ima-
ginationen oder Schwärmereien sind, auf die Gegenwart einwirken. Es stellt sich
also für utopische Texte die gleiche hermeneutische Frage wie für alle anderen
Texte: Wie sind sie zu verstehen in meiner Gegenwart, wenn ich sie als Teil der
Möglichkeiten meiner Gestaltung der Realität ansehen will?

Fiktionen – folgen wir auch weiter Iser – sind in der schöpferischen Potenz
dem ebenfalls schöpferischen Vorgang im Traum ähnlich. Träume sind nicht nur
syntaktisches Zusammensetzen von Erinnerungen oder Wiederkehr von Verdräng-
tem, sondern sie erschaffen alternative Welten. Träume unterliegen aber nicht der
Möglichkeit der bewußten Gestaltung. Man erlebt Träume, kann sie aber nicht
forcieren, kaum beeinflussen, nur ansatzweise bewußt als solche erleben. Aber das
geht in der Literatur: "Literarisches Fingieren erwiese sich daher als eine Bewußt-

---

[11]Fiktionen treten natürlich nicht nur in der Literatur auf. Wolfgang Iser, dem es auch in
erster Linie um die Funktion der Fiktion in der Literatur geht, weist auf die Mehrfunktionalität
von Fiktion hin: "In der Erkenntnistheorie begegnen wir den Fiktionen als Setzungen; in der
Wissenschaft als Hypothesen; in den uns leitenden Weltbildern als deren Fundierungen und in
unseren Handlungen als orientierungsleitende Annahmen. In jedem dieser Fälle hat die Fiktion
etwas anderes zu leisten" [Iser 1990].

seinsmodifikation, um das verfügbar zu machen, was dem Menschen im Traum lediglich widerfährt" [Iser 1990].

Fiktion überschreitet nicht einfach Realität als Produkt von Phantasie, sondern entsteht dadurch, daß Realität in die Fiktion hereingenommen und zum Zeichen wird. Durch diese Zeichenfunktion wird die Verbindung zum Imaginären hergestellt. Imaginäres ist an sich "diffus, formlos, unfixiert und ohne Objektreferenz" [Iser 1993]. Dadurch, daß das Imaginäre in der Fiktion in dessen "Zielvorstellungen", und zwar in einer bestimmten Gestalt, eingebunden wird, verliert es seinen diffusen Charakter. Fiktionen sind demnach laufende "Grenzüberschreitungen" [Iser 1993], sowohl der Autoren, die Fiktionen schaffen, als auch der Leser, die in Kenntnis des Fiktionscharakters trotzdem davon nicht lassen wollen. Literarische Fiktionen setzen immer dort ein, wo die Grenzen des Wißbaren sind: "Was gewußt werden kann, muß nicht fingiert werden. Fingieren ist daher immer ein Zuschuß zum Unwißbaren" [Iser 1990]. Das ist der entscheidende Unterschied literarischer Fiktionen gegenüber den "Fiktionen der Lebenswelt", die wir (technische) Visionen genannt haben: "Diese geben sich als Vorgriff, als Annahme, als Hypothese, ja, im Blick auf Weltbilder als deren Grund, und sind damit immer Komplemente ..., weil sie im Sinne dessen, was erreicht werden soll, etwas zum Abschluß bringen, das seiner Anlage oder vielleicht gar seiner Natur nach offen ist" [Iser 1990].

Literarische Fiktionen überschreiten reale und in der Realität unverfügbare Realitäten durch immer neue Möglichkeiten – als Medium menschlicher Inszenierung. Fiktionen sind keine Grenzen gesetzt. Der Inszenierungscharakter der Fiktion läßt uns sie immer als mangelnde Authentizität durchschauen. Allen erdichteten (fiktiven) Möglichkeiten kommt Scheinhaftigkeit zu. Vielleicht macht das den Unterschied zwischen Fiktion und Utopie aus. Bei der Fiktion sind "die aus der Grenzüberschreitung entstehenden Möglichkeiten nicht aus den überschrittenen Realitäten ableitbar"; "in der Utopie geschieht immer die Extrapolation der Möglichkeiten aus dem, was ist" [Iser 1990]. Utopien drängen daher immer – in der Vergangenheit oft auf fatale Weise – auf Verwirklichung in der Realität hin. Sie haben direkte politische Ansprüche; Fiktionen in ihrem Inszenierungscharakter nur indirekte, d.h. auch sie können, auf vermittelte Weise, Bewußtsein mit politischen Konsequenzen beeinflussen.

Für Fiktionen, die sich mit dem Informationsbereich beschäftigen, ist in der Gegenwart natürlich in erster Linie *Science Fiction* zuständig. Schon die Verbindung der beiden Begriffe *Science* und *Fiction* zeigt, daß Wissenschaft unter dem Aspekt der Fiktion gesehen wird. Zwar sind die Ergebnisse und Tendenzen der Wissenschaft auch Realitätsquelle für die Fiktion, aber sie können diese auch überschreiten, ohne daß sie sich mit den in der Wissenschaft üblichen Verfahren legitimieren müssen. Der Leser von *Science Fiction* durchschaut die Fiktion, schiebt sie aber auch nicht als bloße Phantasie beiseite.

Science Fiction hat sich immer wieder mit dem Thema beschäftigt, wie Informationen in jeder beliebig medialen Form, beliebig tief aufbereitet und veredelt abgerufen werden können. Seit H.G. Wells *World Brain* [Wells 1938] werden immer wieder in der *Science Fiction* Entwürfe von Weltenzyklopädien[12] als verfügbare Speicher des Wissens der gesamten Menschheit vorgelegt[13]. Sie gewinnen besondere Attraktivität, wenn diese Enzyklopädien in Form von humanoiden Robotern dann auch tatsächlich sinnlich faßbar sind und man mit ihnen kommunizieren kann. Wir geben aus einem deutschen *Science-Fiction*-Roman der Gegenwart, der im Leistungsvermögen an die oben geschilderte Vision erinnert[14], ein kleines Beispiel in Form einer Dialogsequenz zwischen Peter Kirk, Hauptperson

---

[12]Wells Vorstellungen einer Weltenzyklopädie sind nicht weit von den heutigen Möglichkeiten der Internet-Mehrwertdienste und der offenen Hypertextsysteme, wie das folgende Zitat zeigt: "A World Encyclopedia no longer presents itself as a row of volumes printed and published once and for all, but as a sort of mental clearinghouse for the mind, a depot where knowledge and ideas are received, sorted, summarised, digested, clarified and compared. It would be in continual correspondence with every university, every research institution, every competent discussion, every survey, every statistical bureau in the world ... This Encyclopedia organization need not be concentrated now in one place; it might have the form of a network" [Wells 1938]. Der Zitathinweis stammt aus einer Diplomarbeit von C. Eitel: Neue Informationsdienstleistungen über elektronische Netzwerke am Beispiel von virtuellen Bibliotheken. Universität Konstanz, Informationswissenschaft 2/1994.

[13]Wir weisen hier nur darauf hin, daß der enzyklopädische Gedanke nicht zufällig zusammen mit dem utopischen in der bürgerlichen Gesellschaft des 17. und vor allem 18. Jahrhundert entstanden ist. Die Verfügung über Wissen – Programm auch von Bacons *Nova Atlantis* – wird als Bedingung der Möglichkeit dafür gesehen, daß in der Gegenwart (und nicht in einem unbestimmten Jenseits) utopische Zustände real von den Menschen selber erstellt werden können. Auf den emanzipatorischen (utopischen) Charakter von Nelsons XANADU haben wir hingewiesen. Und es ist auch kein Zufall, daß im Rahmen von Internet die Idee einer elektronischen Internet-Enzyklopädie entstanden ist. Hier das Zitat von Rick Gates, Organisator der monatlichen Internet-*Hunts*, mit dem die Diskussion begonnen wurde *(email* an PACS-L vom 25.10.93): Wow. An Internet Encyclopedia! The more I thought about this, the more I realized that such a resource, containing general, encyclopedic knowledge for the layman, would be an important tool for some types of research, and for the Net.Citizenry in general. So I thought about it some more ... What about the technology to mount an encyclopedia. Hmmm ... I've got an encyclopedia at home on one CD-ROM complete with the multimedia bells and whistles. So we're talking about no more than half a gigabyte. The search software wouldn't have to be sophisticated, especially if we kept it text-based to start. So it would appear that there is nothing technologically challenging about this hypothetical project. Even better, this becomes an inexpensive proposition! So I thought about it some more ... Ahh .. but what about contributors ... where will you find authors to write the short articles you need? Well, I'd first have to start out by finding some way of communicating with an extremely diverse set of people ... everyone from linguists, to molecular biologists, from animal rights activists to zymurgists, and from geographers to gas chromotographers ... Guess what? The Net provides just such an arena! So I thought about it some more ... Inzwischen haben sich die Arbeiten an der sogenannten *Interpedia* weiter konkretisiert. Über die speziell dafür eingerichtete Newsgruppe *comp.infosystems.interpedia* kann Information darüber abgerufen werden.

[14]Dieses Beispiel aus dem Roman Midas haben wir ebenfalls in [Kuhlen 1993b] diskutiert.

in Wolfgang Jeschkes Roman Midas, und Alice, die synthetische Auskunftsperson im Infopool. Alice ist - wenn man so will - die elektronisch personifizierte virtuelle Bibliothek oder Enzyklopädie.

"Was ist ein Rumpelstilzchen, Alice?"
"Würden Sie mir bitte das Wort buchstabieren, Mr. Kirk? - RUMPLE oder RUMPEL ..."
"Keine Ahnung. Ich hab das Wort nur gehört, nie geschrieben gesehen."
"Dann brauche ich einen etymologischen Durchlauf, Mr. Kirk. Das wird eine Weile dauern. Darf ich Ihnen inzwischen einen Film zeigen? Ich hätte für Sie eine neue NASA-Publikation: "Von SPS (Satellite Power System) zu EFOS - 1976 bis 2016: Vierzig Jahre US-Raumfahrt für den Frieden."
"Oh, danke nein, Alice!"
"Ich habe hier einen Vermerk in Ihrem Dossier, daß Sie sich für Raumfahrtaktivitäten interessieren."

[Kommentar R.K.: Hier hat der Autor von den in der Künstlichen Intelligenz verwendeten Benutzermodellen Anleihen genommen. In einem der ersten solcher Systeme, die Vorwissen über Benutzer verwenden, versorgt das Bibliothekssystem GRUNDY von Elaine Rich Anfrager mit Buchtiteln, die nach der Systemmeinung für diese geeignet sind; vgl. [Rich 1983]]

"Ja gewiß, aber das ist mein Job. Und nächste Woche bin ich wieder im Orbit, um mir selbst anzusehen, was inzwischen gebaut wurde."
"Tut mir leid, Mr. Kirk."
"Das braucht dir nicht leid zu tun. Zeig mir, was du inzwischen gefunden hast!"
RUMPLE erschien auf dem Bildschirm.
- CREASE, WRINKLE, CRUMBLE, FOLD (M) Du. ROMPEL, derive of MDu. ROMPE, MLG, RUMPE, MDu,MLG RUMPELN, ROMPELEN
"Das deutet auf einen deutschen oder niederländischen Ursprung hin. Ebenso die Endung."
Zeilen rieselten über den Bildschirm, kamen mit einem Ruck zum Halt.
RUMPLEN
- POLTERN, RASSELN, LÄRMEN
/ RUMMEL
/ RUMPEL
/ RUMPELKAMMER, RUMPELKASETN
(/ GERÜMPEL)
/ RUMPELSTILZCHEN (ndl. REPELSTEELTJE; engl. RUMPELSTILSKIN) Märchengestalt.
RUMPEL: MLG für POLTERGEIST, RUMPELNDER KOBOLD.

STILZCHEN: MLG diminutiv von (veraltet) STILZ, STILZER = HINKENDER /
STELZE / STILT / STELLEN / STOLZ
"Da haben wir's! Es ist ein deutsches Wort. Es ist gleichzeitig der Titel eines
ursprünglich deutschen Märchens."
"Du bist genial, Alice!"
Jetzt müßte sie geschmeichelt aufblicken, etwas verlegen lächeln. Sie lächelt zu
professionell. Die Softwaredesigner schaffen das noch nicht so richtig mit ihren
Spontanreaktionsprogrammen.
Auf dem Bildschirm erschien:
/ GRIMM, WILHELM & JAKOB MÄRCHEN, ed. 1812 ref. WILD, HENRIETTE
DOROTHEA, 1811 ...
"Ich kenne mich nicht so gut aus mit Märchen, Alice. Gibt es eine Aufzeichnung?"
"Es gibt eine Zeichentrick-Version der Disney Productions und eine dreidimen-
sionale Computerproduktion der Gremlins, Inc."
"Hast Du auch einen Text in englischer Übersetzung?"
"Ja."
"Dann lies vor!"
Infopool arbeitete im Kurzzeitgedächtnis noch mit lasergetasteten Bildplatten.
Das Langzeitgedächtnis, in dem alle wichtige Literatur, Kunst und andere Ba-
sisdaten der menschlichen Zivilisation gespeichert sind, arbeitete längst mit ULT
(Ultra Low Temperature) - Kristallen. Diese Speicher, die fast auf null Kelvin
gekühlt sind, haben zwar millionenfache Kapazitäten, aber entsprechend längere
Abrufzeiten. Es dauerte über zwei Minuten, bis Alice die Texte parat hatte.
"Es war einmal ein Müller, der war arm, aber er hatte eine schöne Tochter ...."

Man wird diesen Text in seinen informationsutopischen Elementen nicht weiter
interpretieren müssen. Schaut man genau hin, so sind einige der dort angesprochenen Dienstleistungen von Alice bzw. Infopool durchaus heute schon machbar
oder sogar schon Praxis. Andere Elemente, wie der natürlichsprachige Mensch-
Maschine-Dialog, der bis auf die defizitären Spontanreaktionsprogramme bei Midas schon perfekt gelingt, werden als Form der Mensch-Maschine-Kommunikation
vermutlich auch auf längere Sicht nicht zu den Leistungsmerkmalen fortgeschrit-
tener Informationssysteme gehören. Vielleicht eher die Möglichkeit des flexiblen
Reagierens auf differenzierte Benutzerwünsche durch Anwendung von individuellen und situativen Benutzermodellen.
    Die Schwierigkeit gegenwärtiger *Science Fiction* besteht darin, in der Fik-
tion mit den tatsächlichen Entwicklungen von Wissenschaft und Technik mithalten zu können, einerseits nicht Trivialitäten bzw. schon allseits Bekanntes zu
präsentieren, andererseits aber auch nicht in die rein phantastische Imagination
abzugleiten. Die Faszination eines *Science-Fiction*-Literaturprodukts und damit
das Ausmaß seiner Akzeptanz wird genau davon abhängen, inwieweit der von

Wolfgang Iser beschriebene *Schwebezustand* der Fiktion zwischen Realität und
Imaginärem hergestellt werden kann. Ist es nur Realität, also nur machbar, dann
verfehlt es den fiktionalen literarischen Charakter und ist bestenfalls eine visionäre Beschreibung der existierenden oder ableitbaren (hier: informationstechni-
schen) Lebenswelt; ist es nur Imagination, wird es als bloß wünschbar und ohne
Bezug zur Realität abgelehnt. Auch *Science Fiction* muß als Fiktion menschliche
Möglichkeiten als (reale oder imaginäre) Grenzüberschreitungen inszenieren und
ihrem Publikum ästhetisch befriedigend und wissenschaftlich-technisch plausibel,
zumindest nicht nicht-plausibel, präsentieren[15].

3.2 Leitbilder

Bei W. Dierkes [VDE/VDI 1993] vom Wissenschaftszentrum für Sozialforschung
in Berlin gibt es einige Ausführungen zur Funktion von Leitbildern, die wir etwas
ausführlicher zitieren wollen. Sie sind von Dierkes nur auf die Vorstellungen der
Künstlichen Intelligenz bezogen, sind aber für Leitbilder insgesamt verallgemei-
nerbar:

"Leitbilder entstehen dadurch, daß Wunsch- und Machbarkeitsprojektionen
in einer Vision fusionieren, die über das durch sie geleitete Forschungshandeln
bruchstückhaft in prototypischen technischen Lösungen auskristallisiert, wodurch
beide Projektionen an Stabilität gewinnen und neue Impulse bekommen, um erneut in denk- und handlungsleitenden Visionen zu verschmelzen, die wiederum
zu neuen technischen Lösungen führen. Und genau dies ist jener Kreislauf, in dem
sich die gestalterische Kraft technischer Leitbilder entfaltet. Leitbilder bündeln
die Intuitionen und das (Erfahrungs-)Wissen der Menschen darüber, was ihnen einerseits als machbar und andererseits als wünschbar erscheint. Es ist nicht zuletzt
die Synthese von Machbarkeits- und Wunschprojektion, durch die sich technische
Leitbilder auszeichnen. Insofern unterscheiden sie sich von konkreten einzelnen
Forschungs- und Entwicklungszielen durch ihren vergleichsweise hohen Wunsch-
und Phantasiegehalt, und von puren Illusionen durch ihre allgemein anerkannte –
und sei es auch nur ansatzweise – technische Machbarkeit. Aus eben dieser Synthese, in der menschliche Träume, Visionen und Hoffnungen mit allgemein akzeptierten Wissensbeständen, Kalkülen und Prognosen verschmelzen, resultiert die
Anziehungskraft und Faszination technischer Leitbilder wie auch ihr Einfluß auf
den Prozeß der Technikentwicklung. Nicht auf ihren jeweils einzelnen Komponenten – dem Machbaren und/oder Wünschbaren –, sondern auf deren spezifischer
Fusion gründet ihre Attraktivität und Stabilität. Das Machbare gilt als wünschbar
und das Wünschbare als machbar. Man verfehlt deshalb die Funktionen, Bedeutungen und Potentiale technischer Leitbilder, wenn man sie nur auf die Dimension

---

[15]Zur antizipierenden und nicht bloß ästhetisch entlastenden Funktion von *Science Fiction*
vgl. [Bachmaier 1991].

des technisch Machbaren herunterbuchstabiert. Dies um so mehr, als die orientierende, motivierende und formierende Wirkung von Leitbildern nicht zwangsläufig mit steigendem Wunsch und Phantasiegehalt abnehmen muß."

Aus dem Beispiel einer informationsmethodischen Vision in Abschnitt 3 ist vielleicht das folgende informationsmethodische Leitbild abzuleiten, das im übrigen auch für das fiktionale Beispiel aus Midas zutreffend ist: Es soll möglich sein, die Produkte unseres Wissens – Vorträge, Publikationen, Graphiken, Tabellen etc. – von Maschinen auf einem derartigen Niveau aufzunehmen und zu verarbeiten, daß dadurch dem Menschen vergleichbare Leistungen erzielt werden können. Diese könnte man das *Performanzmodell* der Informationsverarbeitung nennen, das sicherlich ein schwächeres oder bescheideneres Leitbild darstellt als das in der Künstlichen Intelligenz vorherrschende *Leitbild der Simulation*, das den Anspruch kognitiver Plausibilität erhebt. Im Simulationsmodell wird angestrebt, menschliche kognitive Prozesse zu verstehen und diese durch Simulation auf Rechnern experimentell zu verifizieren. Leitbilder, wie die der Performanz oder der Simulation, sollen und können die Forschungspraxis einer ganzen Disziplin beherrschen, wobei natürlich konkurrierende Leitbilder vorkommen können. Damit sind Leitbilder den Kuhn'schen Paradigmen vergleichbar, da deren Funktion nicht nur darin besteht, den gemeinsamen Fundus an Theorien und Methoden zu beschreiben, sondern auch die weitere Forschung auf einem Fachgebiet nach vergleichbaren Prinzipien zu steuern.

Nimmt man die Bezeichnung "Künstliche Intelligenz" beim Wort, so könnte über das Leitbild der experimentellen Simulation hinaus sogar noch ein weitergehendes Leitbild entwickelt werden, nämlich die Vorstellung, daß es Ziel der Forschung sein müsse, künstliche Intelligenzen jenseits der anthropologischen Imitation zu entwickeln, die andere und vielleicht sogar höherwertige Leistungen erzielen können, als es Menschen auf Grund ihrer biologischen und mentalen Ausstattung möglich ist. Solche visionären Leitbilder sind auch formuliert worden, z.B. in Hans Moravecs Vorschlag des Wettbewerbs zwischen künstlichen und biologischen Intelligenzen, in dem als zwangsläufiger Prozeß der Evolution die letzteren (die Menschen also) natürlich verlieren und sich aus der Geschichte verabschieden werden ([Moravec 1988], [Moravec 1993]).

3.3 Utopien

Dieses Szenario eines Marktes als Wettbewerb von künstlichen, prothetisch erweiterten natürlichen und auf die biologische Grundausstattung reduzierten humanoiden Intelligenzen nähert sich der Utopie (die meisten würden allerdings sagen der Dystopie, also der negativen Utopie). Utopisch deshalb, weil wir zum einen nicht ernsthaft annehmen, wohl auch nicht Moravec, daß ein *Downloading* des menschlichen Gehirns auf Rechner, wie es Moravec als Voraussetzung für das

Entstehen autonomer künstlicher Intelligenzen drastisch konkret beschreibt[16], und eine Übernahme der Erde durch diese künstliche Intelligenzen tatsächlich sich ereignen werden. Diese Szene ist utopisch, d.h. jenseits realen Ortes und realer Zeit, und wird damit von vielen für utopisch im Sinne von "unwahrscheinlich" und "nicht realisierbar" gehalten. Zum anderen wird das Szenario zu einer Utopie, weil damit die menschliche Gesellschaft in ihrer Gänze betroffen wäre, ohne daß dies Moravec auch nur annähernd ausgemalt hätte. Dies haben andere in vielen *Science-Fiction*-Romanen getan, in denen sich die Bandbreite zwischen den Asimov'schen Postulaten, daß Roboter nur zugunsten von Menschen handeln dürfen, und den Killer-Robotern, die sich alles Menschliche zum Ziel der Vernichtung ausgesucht haben, widerspiegelt. Auch ohne eine weitergehende theoretische Utopiediskussion können wir als eines der wesentlichen Merkmale von Utopien festhalten, daß sie, zumindest von ihrem Anspruch her, nicht periphere zukünftige Sachverhalte aus der subjektiven Perspektive und Phantasie eines individuellen Autors schildern, sondern solche Dimensionen und Möglichkeiten aufzeigen wollen, durch die Gesellschaft potentiell in all ihren Lebensbereichen betroffen sein wird oder sein könnte.

3.4 Möglichkeiten von Utopien heute

Wir halten die Diskussion darüber überflüssig, inwieweit heute überhaupt noch Utopien formuliert werden können oder sollen – die konservative Politik- und Wissenschaftstheorie verneint eindeutig den Bedarf nach weiteren (System-) Utopien in der Gegenwart bürgerlicher Gesellschaften [17] –, sondern gehen davon aus, daß uns die fortschreitende Informatisierung bzw. Telematisierung mehr als je in der Vergangenheit dazu zwingen wird, uns über Alternativen der Gestaltung zukünftiger Gesellschaftsformen Gedanken zu machen. Und soll dies nicht ein einfaches Fortschreiben der bislang geschehenen Ausprägungen sein, dann werden Visionen, Fiktionen, Leitbilder und Utopien gleichermaßen benötigt, nicht als Handlungsanweisungen zur Gestaltung von Praxis, sondern als Offenhalten von Möglichkeiten, über die man sich im Austausch der für sie einschlägigen Informationen verständigen muß. Utopien haben insofern weiterhin eine unverzichtbare regulative Funktion.

Utopien können heute nicht mehr unabhängig von der Entwicklung der Wissenschaften, nicht nur der Naturwissenschaften, sondern ebenso auch der Sozial-, Geistes- und Wirtschaftswissenschaften, formuliert werden. Ob es allerdings die

---

[16]Dazu gibt es auch eine direkte literarische fiktionale Entsprechung in dem wohl einflußreichsten *Science-Fiction*-Roman der Gegenwart, Neuromancer von William Gibson, wo der frühere Lehrer des Haupthelden Case, nämlich McCoy Pauley, nur noch in Form einer Computeraufzeichnung, als eine ROM-Diskette mit dem Namen FLATLINE, existiert, aber so weiter mit der "realen" Welt kommunizieren kann.

[17]Exemplarisch für diese konservative Kritik: [Fest 1991]; vgl. auch [Fukuyama 1992]

Wissenschaftler selber sein müssen oder sein können, die diese Formulierungsarbeit leisten, oder ob es nach wie vor die Philosophen, Politiker oder Künstler sein können, ist eine offene Frage. Vielleicht können sie es, wenn sie sich auf die nicht zuletzt durch die Informatisierung vorgegebenen, aber gestaltbaren Rahmenbedingungen einlassen können.

3.5 Visionäre und utopische Elemente von Hypertext

Verlassen wir aber zunächst für eine gewisse Zeit den utopischen Raum (auf den wir am Ende zurückkommen werden) und beschreiben kurz, wie unter den Bedingungen der heutigen Wissenschaft ein zumindest partieller "Sieg" im oben skizzierten alltäglichen Kampf um die Organisation der Wissensressourcen vielleicht erzielt werden kann. Dazu dient uns der Hypertextansatz, der unter der Möglichkeit der Repräsentation komplexer vernetzter Wissensobjekte und der Erarbeitung von Information als attraktive und realistische Perspektive gesehen werden kann. Wir haben Hypertext ausgewählt, weil zum einen dadurch das gegenwärtige Leitbild der nicht-linearen Organisation von Wissen und der Erarbeitung von Information deutlich wird und weil zum anderen, schon seit Bush, Nelson und in der Gegenwart der Internet-Mehrwertdienste und offenen Hypertextsysteme, nicht nur visionäre Momente bei Hypertext auszumachen sind, sondern durchaus auch utopische, also solche, die auf unsere Weise, Welt zu begreifen und zu gestalten, insgesamt Einfluß nehmen werden.

4 Einige Prinzipien von Hypertext

Fassen wir kurz zusammen, was wir unter Hypertext verstehen wollen (siehe [Hofmann 1991], [Kuhlen 1991b]):

1. Unter *strukturellen* Gesichtspunkten sind Hypertexte Netzwerke von informationellen Einheiten (Knoten, Objekten), die über assoziative oder etikettierte bzw. typisierte Verknüpfungen (Kanten, Relationen) verbunden sind. Diese Netzwerkstruktur ist dafür verantwortlich, daß sowohl die Organisation des Wissens als auch die Erarbeitung von Information auf nicht-lineare Weise geschehen kann.

2. Unter *operationalen* Gesichtspunkten beruht das Finden von Informationen weniger auf dem *Matching*-Prinzip der Übereinstimmung von Frageformulierung und Einträgen in Datenbasen, sondern auf der Navigationsmetapher. D.h. Benutzer von Hypertextsystemen bewegen sich unter Ausnutzung der nicht-linearen Organisationsstruktur eines Netzwerkes eher nach dem *Browsing*-Prinzip; anders formuliert: es wird nicht gezielt gesucht, sondern eine sukzessive, assoziative oder semantisch kontrollierte Annäherung an ein anfangs häufig noch sehr undeutliches Ziel versucht.

3. Unter *medialen* Gesichtspunkten sind Hypertextsysteme grundsätzlich nur als rechnergestützte Systeme zu realisieren, denen eine nach dem jeweiligen Hypertextmodell angemessene graphische Präsentationsform quasi inhärent ist. Zu Hypertext gehört unbedingt eine graphische Benutzeroberfläche, die Prinzipien der direkten Manipulation verwirklicht.

Aus der für Hypertext typischen Netzwerkstruktur bzw. Nicht-Linearität wird als wichtiger Mehrwerteffekt die kognitive Plausibilität von Hypertext behauptet: "Hypertext scheint unter der Annahme kognitiv plausibel zu sein, daß Wissen, dessen Erwerb allgemeines Ziel von Lernen ist, im menschlichen Gehirn in vernetzten topologischen, nicht-linearen Strukturen organisiert sei. Unter dieser Annahme könnte die Wissensaufnahme über eine vergleichbare Organisationsform, wie sie durch Hypertext gegeben ist, effizienter sein als eine Aufnahme, die den "Umweg" über lineare Präsentationsformen (Vorlesungen, Texte) nimmt" [Kuhlen 1991b]. Diese Hypothese wird allerdings bislang in der Literatur kontrovers diskutiert bzw. durch unterschiedliche Befunde empirisch widersprüchlich belegt ([Jonassen, Mandl 1990], [Glowalla 1992]).

Die meisten Mehrwerteffekte durch Hypertext werden über die Möglichkeit der *Flexibilisierung* von Information erzeugt ([Kuhlen 1991e], [Kuhlen 1993a]). Mit Blick auf die multimedialen Eigenschaften von Hypertext/Hypermedia sind natürlich besonders attraktiv Animationen und die Einbindung von audio-visuellen Elementen. Auch hier ist aus kognitiver Sicht der Mehrwerteffekt durch den Einsatz von multimedialen Materialien durchaus umstritten. Es führt sicherlich eine gerade Linie von der Fotografie über das Fernsehen zu multimedialen Darstellungen, während Hypertext, trotz des grundlegenden Charakters der Nicht-Linearität, eher die diskursive Darstellung von Wissen, wie wir sie traditionell aus Texten gewohnt sind, fortsetzt. Es wird also in der Zukunft darauf ankommen – darauf wies eindrücklich Jay D. Bolter in seinem Schlußvortrag auf der ACM-ECHT-Konferenz im Dezember 1992 in Mailand hin [Bolter 1991] –, die diskursive, argumentative Tradition von Hypertext mit der graphischen, ganzheitlichen Tradition von Multimedia zu verbinden. Erst diese Verbindung dürfte Mehrwerteffekte nicht nur in der Fachkommunikation, sondern auch im Freizeitbereich hervorbringen und damit einen jeden betreffen.

Das freie Navigieren in Hypertext, d.h. das semantisch weitgehend unkontrollierte Nachgehen von Assoziationsangeboten, muß durch flexible Metainformationsformen und durch leistungsstarke Strukturierung der Hypertextbasen selber unterstützt werden, die kontrollierteres Vorgehen gestatten. Dazu zählen z.B.

- dynamische Inhaltsverzeichnisse;

- flexible, mehrdimensionale Register;

- graphische, lokale oder globale Übersichten;

- Möglichkeiten der Einrichtung von Pfaden, durch die eine bestimmte Navigation vorgeschlagen wird oder mit denen erfolgreiche Navigationen wiederholt werden können;

- Einstiegsmöglichkeiten durch gezielte Suche mit Hilfe von Mechanismen, wie sie aus dem Information Retrieval bekannt sind, z.B. Boolesche Frageformulierungen, mit denen eine relevante Teilmenge von Hypertexteinheiten selektiert und in der dann frei navigiert werden kann;

- Navigationsangebote über Formen des Passagenretrieval, bei denen auf statistischer Basis Ähnlichkeiten zwischen Passagen verschiedener Hypertexteinheiten festgestellt werden;

- Organisation der Hypertextbasen nach kontrollierten Modellen, welceh die Strukturen für Nutzer leicht nachvollziehbar machen;

- Typisierung (also semantische Kontrolle) von Hypertextobjekten (Einheiten) und ihrer Verknüpfungen.

Das für den Anfang der Hypertextentwicklung typische und vorherrschende assoziative Verhalten, das *Browsing* in Hypertextbasen, wird also in Systemen der zweiten Generation durch zahlreiche Angebote an kontrollierter Orientierung und Navigation bzw. Suche und Strukturierung ergänzt. Die dritte Generation von Hypertextsystemen, an der zur Zeit im Zusammenwirken von Hypertext und Künstlicher Intelligenz gearbeitet wird, kann am besten durch das Konzept der *adaptiven Hypertextsysteme* gekennzeichnet werden. D.h. solche Systeme werden in der Lage sein, sich kooperativ in dem Sinne zu verhalten, daß sie aufgrund von Vorwissen oder durch während einer Dialogsituation erworbenes Wissen in der Lage sind, situationsspezifisch oder benutzerspezifisch zu reagieren. Nicht jeder Navigateur in einer Hypertextbasis bekommt die gleichen Einheiten und Verknüpfungsmöglichkeiten angezeigt, sondern nur die, die aufgrund der systemeigenen Analyse der Situation und des Benutzerprofils vielversprechend erscheinen. Man sieht, daß dieses flexible adaptive Verhalten wiederum aus der grundsätzlichen netzwerkartigen, nicht-linearen Struktur von Hypertext ableitbar ist, sofern das System über Wissen über die Hypertexteinheiten bzw. deren Verknüpfungen und die externen Situations- und Benutzerspezifika verfügt.

In absehbarer Zeit ist mit der Entwicklung solcher intelligenter adaptiver Hypertextsysteme nicht in großem Stil zu rechnen. Nach unserer Einschätzung werden sich in mittlerer Perspektive sogenannte *offene Hypertextsysteme* durchsetzen, deren wesentlicher Mehrwerteffekt in der Integration bislang eher getrennter Leistungen besteht. Der Anteil des Einsatzes von wissensbasierten Verfahren wird angesichts der mit offenen Hypertextsystemen verbundenen Mengenproblematik gering bleiben. Wir schätzen dies jedoch nicht als Nachteil ein, sondern sehen darin eher eine Stärke offener Hypertextsysteme, indem sie die heterogenen Fragmente von Wissen nicht in formale Wissensrepräsentationsformate zu übertragen versuchen, sondern die Verstehens- und Bewertungsleistung überwiegend beim Benutzer des Systems belassen. Das Hypertextsystem selber ist in erster Linie ein äußerst leistungsstarkes Wissensverwaltungssystem, mit dem Information erarbeitet werden kann. Wir gehen im folgenden auf diese offenen Hypertextsysteme näher ein.

5 Eigenschaften offener Hypertextsysteme

Wir stellen einige Eigenschaften offener Hypertextsysteme zusammen[18]. Dabei müssen natürlich in jeder konkreten Ausprägung eines offenen Systems nicht alle unten aufgeführten Kriterien für offene Hypertextsysteme jeweils vollständig erfüllt sein:

Offene Hypertextsysteme sind offen bezüglich des Umfangs: Sie wachsen beständig an, sowohl was die Größe (die Menge der Hypertexteinheiten) als auch was die Menge der Verknüpfungen angeht.

Offene Hypertextsysteme sind offen für verschiedene mediale Objekte: Sie sind nicht auf einen bestimmten *medialen Dokumenttyp* festgelegt, sondern orientieren sich an einer Problemstellung, der verschiedene mediale Objekte (Texte, strukturierte Information, Graphiken, ...) zugeordnet sind.

Offene Hypertextsysteme sind offen für unterschiedliche Organisationsformen der verschiedenen medialen Objekte und Hypertextanwendungen: Die verschiedenen Hypertextobjekte aus heterogenen Ressourcen können und müssen in offenen Hypertextystemen unterschiedlich organisiert werden.

Offene Hypertextsysteme sind offen für heterogene Informationsressourcen: Sie gestatten den Zugriff auf und die Integration von Informationsressourcen, z.B. *emails*, *Online*-Datenbanken und andere Software-Applikationen, die auf Host-Rechnern in der Regel vorhanden sind.

Offene Hypertextsysteme sind offen für heterogene Hypertextmodelle und deren Anwendungen: Sie verbinden verschiedene Hypertextanwendungen, die aus dem gleichen Hypertextmodell abgeleitet oder die Realisierungen unterschiedlicher Hypertextmodelle/-systeme sind.

---

[18]Diese Merkmale offener Hypertextsysteme sind zur Vorbereitung eines Workshops über offene Hypertextsysteme (5/94) im Konstanzer Projekt WITH (s. unten) zusammengestellt worden.

Offene Hypertextsysteme sind offen für den Informationsaustausch und die Einbettung in lokale Bestände: Sie sollten den *Datenaustausch* zwischen verschiedenen Hypertextsystemen und -anwendungen und damit den Aufbau lokaler Bestände, unter Nutzung externer Hypertextbestände, ermöglichen.

Offene Hypertextsysteme sind offen für die Einbindung in andere Mehrwertdienste: Sie können in andere Mehrwertdienste des internationalen Informationsmarktes eingebunden werden, z.B. in *Gopher-* oder WWW-Systeme von Internet. Damit können lokal erstellte Hypertextinformationen über die Mehrwertdienste angeboten werden.

Offene Hypertextsysteme sind offen für Nutzer mit verschiedenen Sichten: Sie können (simultan) von Nutzern mit unterschiedlichen Schreib-/Leseberechtigungen benutzt werden. Es sind somit benutzerspezifische Sichten auf das globale System möglich. Weiterhin erlauben offene Hypertextsysteme das kooperative (simultane oder sequentielle) Arbeiten von verschiedenen Teilnehmern an einer Aufgabenstellung.

6 WITH als Prototyp eines offenen Hypertextsystems

WITH ist ein Forschungsprojekt der Informationswissenschaft an der Universität Konstanz, das von der Deutschen Forschungsgemeinschaft (DFG) seit 8/92 finanziert wird. Innerhalb von WITH wird ein Hypertextsystem (KHS) entwickelt, das in der Lage ist, Informationen aus externen oder internen Ressourcen automatisch in Hypertexte zu konvertieren und dort zu verwalten[19].

Zur Konkretisierung dieser Aufgabenstellung orientieren sich die Entwicklungsarbeiten am Szenario der "Informationsarbeit" eines Wissenschaftlers in einem universitären Umfeld.

Die Arbeiten im Projekt konzentrieren sich hauptsächlich auf die Konversion, Integration und Verknüpfung, z.B. von:

- Ergebnissen von Suchen in *Online*-Datenbanken, *Online*-Katalogen (OPACs) oder Internet-Datenbanken (WAIS);

- internen und externen '*emails*' bzw. Mitteilungen aus *news groups* oder *Listservern*;

---

[19]Die experimentelle Ausprägung dieses Systems, das diese Anforderungen erfüllen soll, ist das Konstanzer Hypertextsystem (KHS), entwickelt auf UNIX-Workstations unter Verwendung der Programmierumgebung SMALLTALK-80. Über WITH und offene Hypertextsysteme aus der Sicht dieses Projektes informiert z.B. die folgende Literatur: [Kuhlen 1991a, Kuhlen 1991d, Kuhlen, Hammwöhner 1991, Hammwöhner, Kuhlen 1993, Kuhlen, Hess 1993, Hammwöhner, Rittberger 1993, Hammwöhner et.al. 1993, Aßfalg et.al. 1993, Rittberger 1994, Rittberger et.al. 1994]

- Suchergebnissen aus *browsing*-orientierten, also hypertextähnlichen Informationssystemen, z.B. Internet-Mehrwertdiensten wie *Gopher* oder WWW;

- intern gebräuchlichen Textdateien (Manuskripten, Literaturverwaltungen, Veröffentlichungen, Briefen, Projektberichten, Materialien für die Lehre, etc.);

- Terminkalendern, Adreßverwaltungen, Daten aus der Budgetverwaltung;

- Grafiken und anderen medialen Objekten.

Vergleichen wir die im ersten Szenario des alltäglichen Kampfes mit der Organisation von Wissen offen gebliebenen Probleme mit dem (angestrebten, aber in den wesentlichen Teilen schon experimentell realisierten) Leistungskatalog von KHS, so könnte dieser Prototyp eines offenen Hypertextsystems tatsächlich ein realistischer Vorschlag sein, heterogenes und ständig sich veränderndes Wissen kontrolliert zu verwalten und für vielfältige Anwendungszwecke verfügbar zu halten. Jedoch stehen die Arbeiten an solchen offenen Hypertextsystemen insgesamt noch am Anfang und größere Einsätze in der Praxis sind in der näheren Zukunft erst in Annäherung zu erwarten. Zu den dabei zu lösenden Forschungsfragen offener Hypertextsysteme zählen z.B. [20]:

- Wachsen Hypertexte ständig an, so stellt sich die Frage der Konsistenz bzw. der semantischen Kontrolle der Hypertextobjekte (Einheiten und Verknüpfungen). Speziell muß untersucht werden, ob es unterschiedliche Formen oder Grade der Konsistenz gibt, die es je nach Hypertexttyp im Kontinuum der offenen Systeme aufzustellen gilt (*strenge* vs. *offene* Konsistenz). Weiterhin muß die Aufgabe gelöst werden, wie der Vorgang der Kassation (Löschen nicht mehr als relevant angesehener Elemente) unter dem Anspruch der semantischen Konsistenz der *Restbestände* kontrolliert vollzogen werden kann.

- Wie ist bei anwachsenden und sich aus heterogenen Ressourcen speisenden Hypertexten die Aufgabe der nur noch automatisch zu bewältigenden Integration der jeweils neuen Elemente zu lösen? Hier stellt sich die Aufgabe der automatischen oder maschinengestützten Konversion neu eingehender Informationen, spezieller: der Identifikation der in die Hypertexte einzubringenden Einheiten und deren Verknüpfung.

- Wie ist das Quantitäts- bzw. das Selektionsproblem bei ständig neu eingehenden Informationen, z.B. individuellen *emails* oder Mitteilungen aus *news*

---

[20] Auch dieser Katalog wurde zur Vorbereitung des Workshops zu offenen Hypertextsystemen (5/94 in Konstanz) erarbeitet.

groups oder *Listservern*, in offenen Hypertextsystemen zu lösen? Welche automatischen Verfahren der Zuordnung von eingehenden Informationen zu Benutzerprofilen mit entsprechenden Prioritätssetzungen sind realistisch? Auch hier stellt sich die Aufgabe der Entwicklung von semantisch kontrollierten Kassationsverfahren.

- Was folgt daraus, daß zunächst lokal entwickelte Hypertextsysteme in existierende Mehrwertdienste des Marktes, z.B. über INTERNET, eingebunden und die entsprechenden Informationen öffentlich werden? Handelt es sich dann ausschließlich um Lese-Systeme, eventuell mit eingeschränkter Funktionalität, oder sind auch externe Schreib-/ Verknüpfungsberechtigungen denkbar, sinnvoll bzw. machbar?

- Welche integrierten Retrieval- bzw. Navigationsmodelle können entwickelt werden, wenn Informationen aus heterogenen Ressourcen zusammengebracht werden? Ist es sinnvoll, für Nutzer von offenen Hypertextsystemen eine einheitliche Sicht auf heterogene Ressourcen zu entwickeln und bereitzustellen (*Gateway*-Ansatz) oder sollen die individuellen *Interfaces* erhalten bleiben?

- Welche Möglichkeiten der automatischen Verknüpfung von heterogenen Ressourcen können entwickelt werden, z.B. um unterschiedliche Typen von *Online*-Datenbanken zu verbinden, die thematisch aufeinander bezogen sind? Sind solche Verknüpfungen dauerhaft und als Vorleistung zu erstellen oder sollten sie sozusagen *in query time* erarbeitet/berechnet und dann wieder aufgelöst werden?

- Welche Verfahren der Datenverwaltung sind für offene Hypertextsysteme angemessen? Welche Möglichkeiten bieten dazu objektorientierte Systeme? Welche Organisationsformen verteilter Datenbanken (lokal beschränkt oder weltweit organisiert) können entwickelt werden?

- In welcher Form können wissensbasierte Verfahren für Kontrolle und Koordination von offenen Hypertextsystemen eingesetzt werden? Dilemma: je offener Hypertextsysteme sind, desto größer ist der Bedarf nach leistungsstarker, wissensbasierter Steuerung, aber desto schwieriger ist auch deren Realisierung. Welche Wissensrepräsentationsformate sind dafür – auch angesichts der Quantitäts- und *Maintenance*-Probleme – angemessen, und wie sind sie ggf. mit statistischen Verfahren zu kombinieren?

Wozu werden solche offenen Hypertextsysteme gebraucht? Aus einer forschungsimmanenten Sicht macht man sich in der Regel darüber keine weiteren Gedanken.

Das Problem ist da, nämlich heterogenes Wissen unter immer neuen Anforderungen verwalten zu wollen, und die Hypertextmethodologie weist den Weg, den die Forschung beschreiten könnte. Stellt man die Frage nach den offenen Hypertextsystemen allerdings in den Kontext der weiteren Frage nach den Informationsutopien, so eröffnen sich neue Perspektiven. Sind solche neuen Methoden und Systeme der nicht-linearen, weltweit vernetzten Wissensorganisation weiter Bestandteil des einen Teils des Programms der Moderne, indem sie nämlich dazu beizutragen, immer neues Wissen zu erzeugen, das als dann umgesetzte Technik zur Entwicklung neuer Produkte und Dienstleistungen führt. Sind also offene Hypertextsysteme fortgeschrittene Instrumente der Funktionalisierung von Wissen und Information? Oder können sie neue Freiräume schaffen, indem sie den anderen Teil des Programms der Moderne, nämlich Aufklärung, individuelle Freiheit und gesellschaftliche Verantwortung, begünstigen?

Die gegenwärtige Diskussion um den Aus- und Umbau des umfassenden, längst nicht mehr nur in der Wissenschaft verwendeten Netzverbundes Internet, durch das einige der wesentlichen Voraussetzungen für die Entwicklung offener Hypertextsysteme geschaffen worden sind, ist für diesen Zusammenhang wichtig[21]. Internet ist in seiner Nutzungsfähigkeit zur Zeit vor allem hinsichtlich seiner Datenübertragungskapazität eingeschränkt, die sich dann als restriktiv für die reale Nutzung erweist, wenn verstärkt multimediales Material entwickelt und über die Netze angeboten wird. Entsprechend laufen in den USA die Bemühungen, ein Hochleistungsnetz (NREN) im Gigabit-Bereich aufzubauen und bereitzustellen.

Durchaus unentschieden ist, ob mit dem Umbau die Freizügigkeit und Offenheit des Angebots und der Nutzung von Internet, die in der Gegenwart als angenäherte Utopie eines freien, zuweilen chaotischen Austauschs von Wissen in der weltweiten wissenschaftlichen Gemeinschaft verstanden werden kann[22], erhalten bleibt oder ob durch das Interesse der Multimediaindustrie diese Netze in der Zukunft weitgehend dem kommerziellen Austausch von Multimediaprodukten bzw. der Erhöhung des (interaktiven) Fernsehkonsums dienen werden.

Offen ist, ob der allgemeinen wissenschaftlichen Kommunikation das gleiche passiert, was in der Fachinformationswelt mit der fast vollständigen Kommer-

---

[21]Vgl. [Oßwald, Koch 1994], [Cerf 1994] und die umfängliche (informationswissenschaftliche) Diskussion darüber in den erwähnten Listservern sowie in Zeitschriften wie *Journal of Information Networking, Information Retrieval & Library Automation* oder dem *Bulletin of the American Society for Information Science*.

[22]Für den Zusammenhang der internationalen Computernetze (Internet und dessen Ausbau) mit demokratischen Strukturen vgl. [Purgathofer, Temmer 1994]; aus einer mehr technischen und organisationstheoretischen Sicht in Richtung einer *global hypernetwork society* als Zusammenspiel der eher individualistischen Wissensarbeit im Westen und der kooperativen, kontextbasierten Arbeit des Ostens vgl. [Kumon, Aizu 1993]

zialisierung des *Online*-Marktes seit Beginn der 80er Jahre geschehen ist [23]. In dem allgemeinen Verständnis unserer Marktwirtschaft müssen Wissen und Information und Informationsprodukte und -dienstleistungen, also auch offene Hypertextsysteme, vermutlich zwangsläufig weiter funktionalisiert werden. Wir können diese skeptischen Bemerkungen hier nicht weiter ausführen, sondern wollen nur mit dem Versuch einer dazu alternativen Informationsutopie darauf hinweisen, daß auch Marktgesetze keine Naturgesetze sind, sondern von Menschen formuliert und akzeptiert werden, zu denen aber (utopische) Alternativen zumindest denkbar sind. Ob sie auch erwünscht sind oder gar annähernd verwirklicht werden können, darüber muß der gesellschaftliche Diskurs entscheiden.

Wir sehen in der Bereitstellung offener Hypertextsysteme aber zumindest die Bedingung der Möglichkeit dafür, daß auf der Grundlage von Wissen und Information Diskurse über zentrale Problembereiche gegenwärtiger Gesellschaften geführt werden können. Es dürfte unbezweifelbar richtig sein, daß aus der Kompetenz einzelner Menschen oder Gruppierungen heute keine umfassenden materialen Systemutopien mehr geschaffen werden können – zu komplex ist unsere Welt, als daß sie, wie es noch in den klassischen Utopie-Vorschlägen des Thomas Morus mit der Utopia, von Campanella mit dem Sonnenstaat oder der Nova Atlantis von Francis Bacon versucht wurde, systematisch in ein Utopiekonzept gepackt werden könnte. Und auch anderen umfassenden Systemvorschlägen, wie denen des Sozialismus, trauen wir nur noch sehr bedingt. Vielleicht kann man als heute mögliche Utopie eine Informationsgesellschaft ausmachen, in der der freie Austausch von Wissen und Information einerseits Zweck in sich ist, in der aber andererseits dieser Austausch dazu dient, im Diskurs utopische Entwürfe zu erarbeiten, die die gesellschaftliche Entwicklung weitertreiben können. Damit ist das angesprochen, was wir oben die transzendentalphilosophische Begründung von Informationsutopien genannt haben.

7 Eine Informationsutopie

Riskieren wir ein (utopisches) Szenario in einer ersten sehr unvollkommenen Version, in der als wesentliches Defizit vor allem der Entwurf der politischen und ökonomischen Realität fehlt, unter der eine solche Informationsutopie möglich sein könnte[24]:

Das Wissen der Welt ist nicht mehr wie heute Ware, Privatbesitz und Karrieregarantie, sondern ist, allgemein anerkannt, öffentliches Gut. Die Gesellschaft

---

[23]Vgl. die Kritik zu dieser Entwicklung in [Kuhlen 1987].

[24]Einige Hinweise dazu, vor allem bezüglich des Übergangs von "prestige game" in der Militärphase der Moderne, über "wealth game" in der Industrialisierungsphase bis ins 20. Jahrhundert zur "wisdom phase" in der Informationswelt des 21. Jahrhunderts, bei [Kumon, Aizu 1993].

verleiht denen Anerkennung, die bereit sind, Wissen zu produzieren und der Allgemeinheit zur Verfügung zu stellen, allerdings weniger in Form von materiellen Entgelten – materieller Besitz hat aufgehört, ein erstrebenswertes Ziel zu sein, da es für ihn im Rahmen von Kontingentierungen auf alles, was auf natürliche Ressourcen zurückgreift, ohnehin kaum noch individuelle Spielräume gibt –, sondern in Form von Prestige und sozialem Status, vielleicht auch politischem Einfluß.

Anerkennung wird allerdings auch denen gezollt, die bereit sind, sich zu bilden und ihre Handlungen in ihrer privaten und professionellen Lebenswelt auf gesellschaftlich bereitgestelltes Wissen abzustützen und dafür in ihren Umgebungen um Konsens zu werben. Nach wie vor stehen wissenschaftliche, vielleicht auch politische und ökonomische Positionen in Konkurrenz zueinander. Anreize zur Weiterentwicklung und zur Konkurrenz zur Durchsetzung der besseren Argumente und Theorien, vielleicht auch der besseren Produkte und Gesellschaftsformen im Mikro- und Makrobereich, sind weiterhin gegeben. Wissen bleibt individuell interpretationsbedürftig und kann in unterschiedlichen Kontexten von verschiedenen Personen unterschiedlich als Information genutzt werden.

Die Welt ist zu einem weiten Kommunikationsfeld geworden. Jeder kann mit jedem sich über die verfügbaren Netze beliebig in Verbindung setzen und kann die Informationen abrufen, die er meint gebrauchen zu müssen. Privilegien der Nutzung gibt es nicht. Privates Wissen gibt es natürlich weiterhin. Niemand wird gezwungen zu publizieren, wie auch niemand gezwungen wird, Wissen zu nutzen.

Das elektronische Medium hat kein exklusives Privileg und wird keineswegs unter dem Rationalisierungsgesichtspunkt gesehen, sondern allein an dem Anspruch des informationellen Mehrwertes gemessen. Dieser Mehrwert ist weder ökonomisch noch systemimmanent zu definieren, sondern entscheidet sich entsprechend dem pragmatischen Primat von Wissens- und Informationsarbeit heraus. Der individuelle und gesellschaftliche oder organisationelle Nutzungskontext und dessen Rahmenbedingungen entscheiden über den Mehrwert. Mag dieser für den einen aus einem elektronischen Mehrwertdienst erzeugt werden, so ist es für den anderen weiter das klassische Buch. Stützt der eine sich auf ein offenes Hypertextsystem mit der umfassenden Integration anderer elektronischer Informationssysteme ab, so vertraut der andere auf das informelle Netzwerk menschlicher Informanden ...

Unter Berücksichtigung der allgemeinen Ressourcenbeschränkungen steht es jedem anheim, weiter Bücher, Bilder und Filme in materiell greifbarer Form zu produzieren und zu nutzen. Da die verschiedenen Medien und die unterschiedlichen Produkte (ein "Stück Wissen" als Text, als Datenbankeintrag, als informationelle Einheit in einem Hypertext oder als Eintrag in einer Wissensbank) zwar um die Gunst ihrer potentiellen Produzenten und Nutzer werben müssen, aber dies sich nicht in materiellen Vorteilen auswirkt, kann die Multimedialität und Produktdiversifikation dauerhaft erhalten bleiben.

So viel zu einem ersten Ausmalen. Bezüglich der Realisierungsmöglichkeiten ist eines sicher: Solange in einer liberal-marktwirtschaftlichen Gesellschaftsordnung Wissen und Information in erster Linie Faktoren für Innovation, Fortschritt und Produktivitätssteigerung sind, wird ihr Wert vermehrt in ökonomischen Kategorien gemessen. Die Bereitschaft der Gesellschaft und ihrer Subbereiche, in Wissen und Information zu investieren, ist im Kontext dieser Bedingungen nur dann gegeben, wenn Wissen z.B. in der Wissenschaft Karrieregarantie bleibt, Wissen in Organisationen als strategischer Wettbewerbsvorteil angesehen wird oder die Politik durch das Setzen auf *High Tech* für das jeweilige Land internationale Marktanteile sichern will. Solange unter den Anforderungen des internationalen Wettbewerbs der Wirtschaft das Recht eingeräumt wird, Wissensprodukte nach Marktprinzipien zu erstellen oder zu erwerben, werden die klassischen Repräsentationsformen von Wissen, wie Bücher, Probleme bekommen, sich zu behaupten. In einem Wettbewerb auf dem Markt unterliegen, vergleichbar dem Sieg der künstlichen Intelligenzen über die natürlichen bei Moravec, die materialen Produkte allemal den elektronischen. Der (mögliche und sich abzeichnende) Verlust des Buchs wie auch der Verlust von Arbeitsplätzen und die vielen weiteren Restriktionen der Informatisierung sind nicht dieser naturgegeben inhärent, sondern beruhen auf unseren gesellschaftlichen Entscheidungen ihrer Organisation, ihres Einsatzes und ihrer Zielsetzung. Erforderlich ist die große Debatte über unser Verhältnis zu Wissen und Information unter den Bedingungen ihrer Informatisierung. Wem gehört Wissen, und wie soll es verwendet werden?

Was folgt aus all dem? Geschichte verläuft nicht nach göttlichen Plänen, und auch kein Weltgeist steuert uns auf irgendein utopisches Endziel hin. Das heißt aber nicht, daß, wie es die Untersuchungen von Francis Fukuyama [Fukuyama 1992], im Gefolge von Hegel bzw. der Kojèveschen Hegel-Interpretation, vorschlagen, die Geschichte mit der Ausprägung der liberal-demokratischen, marktwirtschaftlich organisierten Gesellschaft zu ihrem Ende gekommen sei. Wir vermuten eher, daß die Informatisierung aller Lebenswelten einen derartig dramatischen Einschnitt darstellt, daß das Experimentieren mit Grundbeständen von Gesellschaften – Eigentum, Umverteilung von gesellschaftlichen Reichtum, Fortschritt, Kommunikation, Institutionen, Anerkennung, ... – Ein Ende der Geschichte, in der keine Utopien mehr benötigt werden, ist überhaupt nicht in Sicht. Alternativen, Gestaltungsspielräume haben wir mehr denn je und mehr denn je nötig.

Es mag sein, daß in sehr langer Perspektive die Evolution uns dahin bringt, wo wir als Menschheit in einem Endpunkt der Geschichte überleben können oder uns, und das wäre dann ebenfalls ein Endpunkt, verabschieden müssen. Auch die Geschichte unseres Verhältnisses zu unseren Wissensprodukten und der Organisation ihrer Verteilung und Nutzung ist kein automatischer Prozeß. Es spricht alles dafür, daß unser menschliches Zusammenleben, im Mikrobereich der interpersonellen Beziehungen und im Makrobereich der gesellschaftlichen Organisationen, immer vollständiger von unserer Fähigkeit abhängt, Wissen und Information zu beherrschen. Und dabei stehen wir erst ganz am Anfang dessen, was viele schon jetzt Informationsgesellschaft nennen, und offene Hypertextsysteme sind vielleicht nur die ersten Ausprägungen von Informationssystemen, die unsere Organisation von Wissen und Information kreativ und in utopischer Absicht auf die Realisierung besserer und das sind menschlichere Gesellschaftsformen unterstützen können.

Literatur

[Apel 1985] K.-O. Apel. Ist die Ethik der idealen Kommunikationsgemeinschaft eine Utopie? In W. Vosskamp, Hrsg., *Utopieforschung. Interdisziplinäre Studien zur neuzeitlichen Utopie*, Band 1, Seite 325–355. Wilhelm Heyne Verlag: München, 1985.

[Aßfalg 1993] R. Aßfalg. Aspekte der Integration von Internetdiensten. In J. Herget, Hrsg., *Neue Dimensionen in der Informationsverarbeitung. Proceedings des 1. Konstanzer Informationswissenschaftlichen Kolloquiums (KIK'93). Konstanz 29.–30. Oktober 1993*, Heft 13 in Schriften zur Informationswissenschaft, Seite 68–80. Universitätsverlag Konstanz: Konstanz, 1993.

[Aßfalg et.al. 1993] R. Aßfalg, R. Hammwöhner, and M. Rittberger. The hypertext internet connection: E-mail, online search, gopher. In D.I. Raitt and B. Jeapes, editors, *Online Information 93. 17th International Online Information Meeting, 7.–9. December, London*, pages 453–464. Learned Information Ltd, 1993.

[Bachmaier 1991] H. Bachmaier. Weltraumbilder – die ästhetische Erfahrung der Astronauten und die Science-Fiction. In H. Bachmaier und E.P. Fischer, Hrsg., *Glanz und Elend der beiden Kulturen*, Seite 157–179. Universitätsverlag Konstanz: Konstanz, 1991.

[Bolter 1991] J.D. Bolter. *Writing space. The computer, hypertext and the history of writing.* Lawrence Erlbaum Associates: Hillsdale, New Jersey, 1991.

[Bush 1945] V. Bush. As we may think. *Atlantic Monthly*, 176(July): 101–108, 1945.

[Cerf 1994] V.G. Cerf. On national information infrastructure. *Bulletin of the American Society for Information Science*, (December/January): 24–25, 1994.

[Fest 1991] J. Fest. *Der zerstörte Traum. Vom Ende des utopischen Zeitalters.* CORSO bei Siedler: Berlin, 1991.

[Fukuyama 1992] F. Fukuyama. *Das Ende der Geschichte.* Piper: München, 1992.

[Glowalla 1992] U. Glowalla. *Hypertext und Multimedia. Neue Wege in der computerunterstützten Aus- und Weiterbildung. GI-Symposium, Schloss Rauischholzhausen, Tagungsstätte der Universität Giessen, 28.–30.4.1992.* Springer: Berlin, 1992.

[Habermas 1984] J. Habermas. *Vorstudien und Ergänzungen zur Theorie des kommunikativen Handelns.* Suhrkamp: Frankfurt, 1984.

[Habermas 1991] J. Habermas. *Erläuterungen zur Diskursethik.* Suhrkamp: Frankfurt, 1991.

[Hammwöhner, Kuhlen 1993] R. Hammwöhner and R. Kuhlen. Semantic control of open hypertext systems by typed objects. *Journal of Information Science,* 20(3): 193–202, 1993.

[Hammwöhner, Rittberger 1993] R. Hammwöhner und M. Rittberger. KHS – ein offenes Hypertext-System. In G. Knorz, J. Krause, und C. Womser-Hacker, Hrsg., *Information Retrieval '93. Von der Modellierung zur Anwendung,* Heft 12 in Schriften zur Informationswissenschaft, Seite 208–222. Universitätsverlag Konstanz, 1993. Proceedings der 1. Tagung Information Retrieval '93.

[Hammwöhner et.al. 1993] R. Hammwöhner, M. Rittberger, und V. Zink. Inhalts- und strukturspezifische Such- und Navigationsinstrumente im Konstanzer Hypertext-System (KHS). In J. Herget, Hrsg., *Neue Dimensionen in der Informationsverarbeitung. Proceedings des 1. Konstanzer Informationswissenschaftlichen Kolloquiums (KIK'93). Konstanz 29.–30. Oktober 1993,* Heft 13 in Schriften zur Informationswissenschaft, Seite 96–110. Universitätsverlag Konstanz, 1993.

[Hofmann 1991] M. Hofmann. Hypertextsysteme — Begrifflichkeit, Modelle, Problemstellungen. *Wirtschaftsinformatik,* 33(3): 177–185, 1991.

[Iser 1990] W. Iser. *Fingieren als anthropologische Dimension der Literatur.* Konstanzer Universitätsreden 175. Konstanz: Konstanzer Universitätsverlag, 1990.

[Iser 1993] W. Iser. *Das Fiktive und das Imaginäre. Perspektiven literarischer Anthropologie.* stw 1101. Suhrkamp-Verlag: Frankfurt, 1993.

[Jonassen, Mandl 1990] D.H. Jonassen and H. Mandl, editors. *Designing hypermedia for learning. Proceedings of the NATO Advanced Research Workshop on Designing Hypertext/Hypermedia for Learning, Rottenburg/Neckar, 3–8 July, 1989.* Springer-Verlag: Berlin etc., 1990.

[Krol 1992] E. Krol. *The whole Internet. User's guide and catalog.* O'Reilly and Associates: Sebastopol, CA, 1992.

[Kuhlen 1987] R. Kuhlen. Information in einer informierten Gesellschaft — politische, ökonomische und technische Rahmenbedingungen von Informations- und Dokumentationsprogrammen. *Gewerkschaftliche Monatshefte,* 38(6): 337–352, 1987.

[Kuhlen 1991a] R. Kuhlen. Aktivierung von Online-Informationsbanken aus Hypertextbasen. In S. Sorg, Hrsg., *Online '91. 14. Europäische Congressmesse für Technische Kommunikation. Congress IV. Bürokommunikation: Konzepte und Strategien zur Unterstützung der Büroarbeit,* Seite IV.01.01–IV.01.14, 1991.

[Kuhlen 1991b] R. Kuhlen. *Hypertext, ein nicht-lineares Medium zwischen Buch und Wissensbank*. Springer: Berlin, 1991.

[Kuhlen 1991c] R. Kuhlen. Information and pragmatic value-adding: Language games and information science. *Computers and the Humanities*, 25: 93–101, 1991.

[Kuhlen 1991d] R. Kuhlen. *Nicht-lineare Strukturen in Hypertext*. Joachim Haessler: Schömberg, 1991.

[Kuhlen 1991e] R. Kuhlen. Zur Theorie informationeller Mehrwerte. In *H. Killenberg; R. Kuhlen; H.-J. Manecke (eds.): Wissensbasierte Informationssysteme und Informationsmanagement. Proceedings des 2. Internationalen Symposiums für Informationswissenschaft*, Seite 26–39. Universitätsverlag Konstanz: Konstanz, 1991.

[Kuhlen 1993a] R. Kuhlen. Neue Möglichkeiten integrierter Informationsverarbeitung in der Medizin auf der Grundlage offener Hypertextsysteme. In *1. Technikfolgenkolloquium der Universiäten in Baden-Württemberg "Aspekte von Grenzen, Folgen und Kosten des Machbaren im Gesundheitswesen" (29.4.1992 Universität Ulm)*, Band 7, Seite 43–70. Ulmensien-Schriftenreihe der Universiät Ulm, 1993.

[Kuhlen 1993b] R. Kuhlen. Wie real sind virtuelle Bibliotheken und virtuelle Bücher? In J. Herget, Hrsg., *Neue Dimensionen in der Informationsverarbeitung*, Seite 41–57. Universitätsverlag Konstanz, 1993.

[Kuhlen, Hammwöhner 1991] R. Kuhlen und R. Hammwöhner. *Flexible Konversion von Fachtexten in nicht-lineare Strukturen. Ein Beitrag zur Automatisierung der Segmentierung von Hypertexteinheiten, der semantisch und pragmatisch spezifizierten Verknüpfung dieser Einheiten und des Aufbaus von benutzerangepaßten Pfadangeboten*. Fachgruppe Informationswissenschaft, Universität Konstanz: Konstanz, Mai 1991.

[Kuhlen et.al. 1989] R. Kuhlen, R. Hammwöhner, G. Sonnenberger, und U. Thiel. TWRM-TOPOGRAPHIC. ein wissensbasiertes System zur situationsgerechten Aufbereitung und Präsentation von Textinformation in graphischen Retrievaldialogen. *Informatik Forschung und Entwicklung*, (4): 89–107, 1989.

[Kuhlen, Hess 1993] R. Kuhlen und M.S. Hess. Passagen-Retrieval – auch eine Möglichkeit der automatischen Verknüpfung in Hypertexten. In G. Knorz, J. Krause, und C. Womser-Hacker, Hrsg., *Information Retrieval '93. Von der Modellierung zur Anwendung*, Heft 12 in Schriften zur Informationswissenschaft, Seite 100–115. Universitätsverlag Konstanz, 1993. Proceedings der 1. Tagung Information Retrieval '93.

[Kuhlen, Nagel 1993] R. Kuhlen und H.-J. Nagel. Fortschreibung des informationswissenschaftlichen Aufbaustudiums an der Universität Konstanz. In J. Herget, Hrsg., *Neue Dimensionen der Informationsverarbeitung. Proceedings des 1. Konstanzer Informationswissenschaftlichen Kolloquiums (KIK'93)*, Heft 13 in Schriften zur Informationswissenschaft, Seite 9–40. Universitätsverlag Konstanz, 1993.

[Kumon, Aizu 1993] S. Kumon and I. Aizu. Co-emulation: The case for a global hypernetwork society. In L.M. Harasim, editor, *Global networks. Computers and international communication*, chapter 19, pages 311–326. MIT Press: Cambridge, Mass.; London, UK, 1993.

[Moravec 1988] H. Moravec. *Mind children. The future of robot and human intelligence.* Harvard University Press: Cambridge, MA; London, UK, 1988.

[Moravec 1993] H. Moravec. Geist ohne Körper – Visionen von der reinen Intelligenz. In G. Kaiser, D. Matejovski, und J. Fedrowitz, Hrsg., *Kultur und Technik im 21. Jahrhundert*, Seite 81–90. Campus Verlag: Frankfurt-New York, 1993.

[Nelson 1980] T.H. Nelson. Replacing the printed word: a complete literary system. In *Proceedings IFIP Congress 1980*, pages 1013–1023. Amsterdam: North-Holland, 1980.

[Okerson 1991] A. Okerson. The electronic journal: What, whence, and when? *The Public-Access Computer Systems Review*, 2(1): 5–24, 1991.

[Oßwald, Koch 1994] A. Oßwald und T. Koch. Internet und Bibliotheken – Ein einführender Überblick. *Zeitschrift für Bibliothekswesen und Bibliographie*, 41: 1–31, 1994.

[Purgathofer, Temmer 1994] P. Purgathofer und D. Temmer. Internationale Netzwerke und Demokratie. *Soziale Technik*, 1: 17ff, 1994.

[Rich 1983] E. Rich. Users are individuals: Individualizing user models. *International Journal of Man-Machine Studies*, 18: 199–214, 1983.

[Rittberger 1994] M. Rittberger. Online Retrieval und Hypertext: Auf dem Weg zu verknüpften Datenbanken und offenen Hypertextsystemen. In H. Best, B. Endres-Niggemeyer, M. Herfurth, und H.P. Ohly, Hrsg., *Informations- und Wissensverarbeitung in den Sozialwissenschaften. Beiträge zur Umsetzung neuer Informationstechnologien*, Seite 321–340. Westdeutscher Verlag, 1994.

[Rittberger et.al. 1994] M. Rittberger, R. Hammwöhner, R. Aßfalg, and R. Kuhlen. A homogenous interaction platform for navigation and search in and from open hypertext systems. Technical Report 41-94 (WITH 7/94), Informationswissenschaft. Universität Konstanz, 1994.

[VDI/VDE 1993] VDI/VDE. Technikfolgenabschätzung der Informationstechnik II-3: Das Menschenbild in der Künstlichen Intelligenz. Technical report, VDI/VDE: Teltow, 1993.

[Wells 1938] H.G. Wells. *World brain*. Methuen: London, 1938.

[Wersig 1993] G. Wersig. Information science: The study of postmodern knowledge usage. *Information Processing & Management*, 29(2): 229–239, 1993.

Wissensorganisation – eine neue Wissenschaft?

Ingetraut Dahlberg

Inhalt

1 Zum Namen 'Wissensorganisation'

Als sich die Internationale Gesellschaft für Wissensorganisation e.V. (ISKO) bei ihrer Gründungssitzung am 22. Juli 1989 ihren Namen gab, stand sie damit bereits in einer Tradition, denn von einer Organisation des Wissens hatte bereits vor 60 Jahren der amerikanische Bibliothekar Henry Evelyn Bliss durch die Titel seiner beiden Bücher "The Organization of Knowledge and the System of the Sciences" und "The Organization of Knowledge in Libraries" gesprochen [Bliss 1929, Bliss 1933]. Es stand jedoch bei diesen Namensüberlegungen auch die Benennung "Wissensordnung" zur Wahl, ein Begriff, den wir bei der Gründung der Gesellschaft für Klassifikation (1977) mit 'Klassifikation' identisch gesetzt hatten (siehe auch das Emblem dieser Gesellschaft in den Jahren 1977–1989). 'Wissensorganisation' wurde jedoch zunächst deshalb bevorzugt, weil es dafür im Englischen eine eindeutige Korrespondenz gibt, nicht aber zum Wort 'Wissensordnung', da mit dem englischen 'to order' ja auch das Bestellen gemeint sein kann.

Der Begriff der 'Organisation' beinhaltet aber in unserem Sprachgebrauch noch mehr als nur Ordnung, nämlich 'planmäßiger Aufbau', 'Gliederung', 'Gestaltung' [Wahrig 1975] und erscheint daher umfassender; es gilt das jedoch nicht überall: in manchen Ländern wird 'Organisation' überhaupt nur im sozialen Zusammenhang gesehen und im Sinne von 'zweckbestimmter Zusammenschluß' gebraucht, so daß 'Organisation' dort nur auf Menschen, nicht auf Begriffe zu beziehen ist, entsprechend gab und gibt es noch in diesen Ländern Schwierigkeiten bei der Übersetzung des Namens der ISKO.

Mit unserer Zeitschrift, die von 1974 bis 1992 'International Classification' hieß und seit 1993 ihren Namen in 'Knowledge Organization' (KO) änderte, haben wir Knowledge Organization als den zusammenfassenden Begriff eingeführt für

die Objekte und Tätigkeiten der Begriffstheorie, der Klassifikation
und Indexierung und der Wissensrepräsentation,

wobei unter 'Wissensrepräsentation' nicht nur die logische Struktur begrifflicher Darstellungen verstanden wird, sondern auch alle Probleme der Begriffsformulierung durch geeignete Benennungen subsumiert werden können, also entsprechend auch die Fragen der Terminologie [Dahlberg 1993a].

2 Zum Objektbereich der Wissensorganisation

Rein von der Benennung her haben wir es bei dem Wort 'Wissensorganisation' und seinen Begriffen mit einer einfachen Begriffskombination zu tun, da hierin ein Subjekt- und Prädikatbegriff enthalten ist, nämlich 'Wissen' im Sinne von Gewußtem und 'Organisation' im Sinne der Tätigkeit, etwas planmäßig aufzubauen. Mit diesen beiden Begriffen ist entsprechend auch der Objektbereich der Wissensorganisation bestimmbar.

Nun ist jedoch 'Wissen im Sinne von Gewußtem' eine sehr vage ausgedrückte Angelegenheit. Es soll daher hier eine etwas eindeutigere Definition herangezogen werden, die allerdings völlig subjektbezogen lautet:

Wissen ist die subjektiv und objektiv zureichend begründe-
te Gewißheit vom Bestehen einer Tatsache oder eines Sach-
verhaltes. Wissen ist nicht übertragbar, es kann nur selbst
erarbeitet werden durch Nachdenken.

Demnach ist 'Wissen' immer nur Jemandes Wissen. Wie ist es übertragbar, tradierbar zu machen?

Mit der immer schon fortschreitenden Befassung des Menschen mit den "Dingen dieser Welt" hat auch die Kenntnis, das sog. Wissen (von videre, sehen, erkennen) um diese Dinge zugenommen, sowie auch die sprachliche Erfassung dieser Erkenntnisse in entsprechenden Aussagen und Beschreibungen. Somit ergibt sich, daß das tradierbare Wissen von der Sprache abhängig ist und im wesentlichen nur durch die gesprochene und geschriebene Sprache kommuniziert werden kann. Wissen benötigt daher eine Repräsentation, um "faßbar" zu werden und ist daher auch – entsprechend in verschiedenen Graden der Komplexität – darstellbar. Ähnlich dem Aufbau der Materie kann man hier – etwas vereinfachend – Atome, Moleküle und Molekülverbände unterscheiden. Wir sehen daher das Wissen dargestellt

1. durch *Wissenselemente*, die wir als Begriffsmerkmale verstehen, und die referentiell durch Aussagen über Bezugsgegenstände zustande kommen,

2. durch *Wisseneinheiten*, die wir mit Begriffen gleichsetzen und die als Synthesen der Begriffsmerkmale eines Bezugsgegenstandes, repräsentiert durch ein Zeichen (Wort, Name, Benennung, Code) angesehen werden können und

3. durch *Wissenskomplexe*, die Begriffsverknüpfungen in Aussage-Zusammenhängen sind, wie z.B. Definitionen oder Texte schlechthin.

In der Wissensorganisation geht es also darum, diese drei Momente entsprechend ihren Bezugsgegenständen der realen Welt und der menschlichen Geistesaktivitäten in den Griff zu bekommen, wie man sagt, sie also begrifflich zu erfassen und entsprechend so zu 'organisieren', also planvoll zu gruppieren, anzuordnen und verbal darzustellen, so daß der Betrachter Einsicht gewinnt, Zusammenhänge erkennen und für sich und seine Umgebung daraus nützliche Folgerungen ziehen kann. (Näheres zu den begriffstheoretischen Grundlagen der genannten Wissenselemente und Wissenseinheiten siehe [Dahlberg 1987].)

3 Zum Methodenbereich der Wissensorganisation

Beim Methodenbereich der Wissensorganisation kann man zwei Anwendungen unterscheiden, nämlich

a) den Aufbau von Begriffssystemen und

b) die Korrelation mit oder Abbildung der Einheiten dieser Begriffssysteme auf Gegenstände der Wirklichkeit.

ad a) Die Möglichkeit, das in Wissenseinheiten, also in Begriffen enthaltene Wissen zu organisieren, also in ein System zu bringen, ist in den Begriffen, bzw. ihren Begriffselementen, also den Merkmalen selbst gegeben. Man könnte hier beinahe von "Selbstorganisation" sprechen, wenn es nicht doch des menschlichen Verstandes bedürfte, aus der Erkenntnis über die Begriffsinhalte die nötigen Folgerungen zu ziehen. Auf der Basis der Merkmalsfindung und -feststellung, was, wie wir oben sahen, durch Aussagen über Bezugsgegenstände geschieht, sind alle Begriffe, die ein oder mehrere gleiche oder ähnliche oder funktional aufeinander wirkende Merkmale besitzen, miteinander verbunden. Daher lassen sich Begriffszusammenhänge aufzeigen

1. mit numerischen Methoden, durch Clusterbildung ausgehend von Matrixdarstellungen und ihren entsprechenden Ähnlichkeitsberechnungen [Bock 1974]

2. mit den Methoden der formalen Begriffsanalyse der Darmstädter Schule [Wille 1984] und schließlich

3. aufgrund der Kenntnis der verschiedenen Arten von Begriffssystemen, wie sie von Wüster eingeführt und zum Teil auch in den DIN-Normen beschrieben und wie sie weiterentwickelt und mit ihren entsprechenden Definitionsarten dargestellt wurden.

So ist es also möglich, Begriffssysteme mit Bezug auf bestimmte Gegenstände aus dem konkreten oder abstrakten Bereich aufzubauen. Begriffssysteme sind zumeist auch *Klassifikationssysteme* mit der doppelten Bedeutung, daß sie nämlich Klassen von Gegenständen und Begriffen darstellen und durch Notationen in ihren Beziehungen zueinander festlegen können, wie auch, daß diese festgelegten Notationen durch ihre begrifflichen Inhalte zur *Klassierug* von Gegenständen verwendet werden können.

ad b) Und hiermit sind wir schon in der 2. oben erwähnten Anwendung von Wissensordnungsmethoden, der Korrelation von Einheiten von Begriffssystemen auf Gegenstände der Wirklichkeit als einer Methode der inhaltlichen Erfassung von vorhandenem oder neuem Wissen. Hier unterscheiden wir nochmals zwei Arten:

a) die bereits erwähnte Klassierung mithilfe der Notationen eines Klassifikationssystems mit dem *Klassifikat* als Ergebnis [Diemer 1968] und

b) die Deskribierung mit Hilfe von Deskriptoren, die auch als *Indexierung* bezeichnet wird mit dem *Indexat* als Ergebnis [Dahlberg 1974]. Hierdurch werden also Begriffsinhalte durch solche Beschreibungselemente festgehalten, die nicht einem feststrukturierten Klassifikationssystem entstammen, sondern entweder einem Thesaurus, also einem kontrollierten Vokabular oder die frei vergeben oder einem vorliegenden, zu indexierendem Text entnommen werden. Die Gefahren und Grenzen der letzteren Methoden liegen auf der Hand und wurden erst kürzlich wieder einprägsam verdeutlicht [Fugmann 1992].

Es würde zu weit führen, im einzelnen darauf einzugehen, wie *begriffliche Wissensdarstellung* in Fachgebieten und universal in optimaler Form geschehen kann. Darüber gibt es genügend Literatur, von der hier nur wenige Autoren genannt werden sollen: Vickery, Foskett, Langridge, Soergel. Im folgenden wird dafür auch ein Beispiel gegeben. Wesentlich sollte jedoch hier festgehalten werden:

> *Der Methodenbereich der Wissensorganisation ist eng verbunden mit seinem Objektbereich. Wissenschaftliche Aussagen mit Bezug auf das Gebiet der Wissensorganisation müssen sich daher auf Begriffe beider Bereiche zurückführen lassen.*

4 Zum spezifischen Inhalt der Wissensorganisation

Wenn wir uns nun einen Überblick darüber verschaffen wollen, welche Untergebiete und Begriffe zur Wissensorganisation zählen sollen, dann können wir dies recht einfach anhand der Gliederung tun, die für die Bibliographie der Wissensorganisation in der Zeitschrift *Knowledge Organization* verwendet wird. Aus der Abb. 1 sehen wir, daß dazu folgende Gruppierungen berücksichtigt werden:

- eine *Gruppe 0* der Form, in der es nur auf die vorliegende Dokumentenart ankommt,

- eine *Gruppe 1* der allgemeinen und theoretischen Voraussetzungen der Wissensorganisation,

- eine *Gruppe 2* der Begriffs- und Klassifikationssysteme und ihre Erstellung

- eine *Gruppe 3* der Methoden der Wissensorganisation

- eine *Gruppe 4* für die universalen Systeme

- eine *Gruppe 5* für die objektbezogenen Systeme

- eine *Gruppe 6* für die sachbezogenen Systeme

- eine *Gruppe 7* für die Einflußnahmen auf das Sachgebiet "von außen" – über die Sprache

- eine *Gruppe 8* für die Anwendung der Methoden auf sachliche Inhalte und Dokumentenformen und

- eine *Gruppe 9* für das sogenannte "Umfeld" der Wissensorganisation, nämlich seine räumliche und soziale Organisation, Fragen der Ausbildung, des Rechts, der Wirtschaftlichkeit, der Benutzung, der Normung udgl.

Im einzelnen wurden diese Gruppen in einem anderen Vortrag beschrieben und liegen mit ihren beiden nächsten Untergliederungsstufen veröffentlicht vor [Dahlberg 1993b]. Auch wurde in einem anderen Zusammenhang eine Statistik für die Belegung dieser Gruppen in den letzten drei Jahren erstellt, woraus erkennbar wird, daß ein hohes Literaturaufkommen für die ersten und letzten drei Gruppen besteht, daß aber die mittleren drei wesentlich weniger häufig durch die Fachliteratur belegt sind [Dahlberg 1993c].

5 Wissensorganisation – eine neue Wissenschaft?

Wie zu sehen war, umfaßt das Gebiet der Wissensorganisation doch schon einen umfangreichen Begriffsbereich. Kann man aber schon aufgrund der Quantität eine Aussage über die Wissenschaftlichkeit eines neuen Gebietes machen?

Classification System
for Knowledge Organization Literature – Outline

0 **Form Divisions**
01 Bibliographies
02 Literature Reviews
03 Dictionaries, Terminologies
04 Classif. Systems & Thesauri
05 Periodicals and Serials
06 Conf. Reports, Proceedings
07 Textbooks (whole field)
08 Other monographs
09 Standards, guidelines
1 **Theor. Foundations & General Problems**
11 Order & Knowledge Organiz.(KO)
12 Conceptology in KO
13 Mathematics in KO
14 Systems Theory and KO
15 Psychology and KO
16 Science & Knowledge Org.
17 Problems in KO
18 Classification Research (CR)
19 History of KO
2 **Classif. Systems & Thesauri (CS&T).**
  Structure & Construction
21 General Questions of CS&T
22 Structure & Elements of CS&T
23 Construction of CS&T
24 Relationships
25 Numerical Taxonomy
26 Notation. Codes
27 Maintenance, Updating & Storage of CS&T
28 Compatibility & Concordance between
  Indexing Languages
29 Evaluation of CS&T
3 **Classing & Indexing (C&I) (Meth.)**
31 Theory of Classing & Indexing
32 Subject Analysis
33 C & I Techniques
34 Automatic C & I
35 Manual & Automatic Ordering
36 Coding
37 Reclassification
38 Index Generation and Programs
39 Evaluation of C & I
4 **On Universal Classification Systems**
  and Thesauri
41 On Universal Systems in general
42 On the Universal Decimal Classification
43 On the Dewey Decimal Classification
44 On the Library of Congress
  Classification & the LC Subject Headings
45 On the Bliss Bibliographical Classification
46 On the Colon Classification
47 On the Library Bibliographical Classification
48 On the Other Universal CS and T
49 free

5 **On Special Objects CS (Taxonomies)**
51 In the Form & Structure Area 1
52 In the Energy & Matter Area 2
53 In the Cosmo & Geo-Area 3
54 In the Bio Area 4
55 In the Human Area 5
56 In the Socio Area 6
57 In the Econom. & Technol. Area 7
58 In the Science & Inform. Area 8
59 In the Culture Area 9
6 **On Special Subjects CS & T**
61 In the Form & Structure Area 1
62 In the Energy & Matter Area 2
63 In the Cosmos & Geo Area 3
64 In the Bio Area 4
65 In the Human Area 5
66 In the Socio Area 6
67 In the Econom. & Technol. Area 7
68 In the Science & Inform. Area 8
69 In the Culture Area 9
7 **Knowledge Representation by**
  Language and Terminology
71 General Problems of Natural Language
  in Relation to KO
72 Semantics
73 Automatic Language Processing
74 Grammer Problems
75 Online Retrieval Systems and Technologies
76 Lexicon/Dictionary problems
77 Problems of Terminology
78 Subject-oriented Terminology Work (TW)
79 Problems of Multilingual Sys. and Translation
8 **Applied Classing & Indexing (C&I)**
81 General Problems, Catalogues, Guidelines,
  Rules, Indexes
82 Data Classing and Indexing
83 Title Classing and Indexing
84 Primary Literature C & I (except 85)
85 (Back of the) Book C & I
86 Secondary Literature C & I
87 C & I of Non-book Materials
88 C & I in Subjects Fields (man. and computerized)
89 C & I in Certain Languages
9 **Knowledge Organization Environment**
91 Professional & Organizational
  Problems in gen. & in Institutions
92 Persons & Institutions in KO
93 Org. of C & I on a Nat. and International level
94 free
95 Education and Training in KO
96 Legal Questions
97 Economic Aspects in KO
98 User Studies
99 Standardization in KO work

Abbildung 1: Übersicht über die Gruppierungen der Literatur zur Wissensorganisation

Fragen wir zunächst, was kennzeichnet eine Wissenschaft? Alwin Diemer hat in seinen einschlägigen Arbeiten [Diemer 1970] und [Diemer 1975] drei Wissenschaftsbegriffe unterschieden, nämlich Wissenschaft

>   als Kulturbegriff
>   als anthropologischer Begriff und
>   als propositionaler Begriff,

wobei im Sinne des *Kulturbegriffs* Wissenschaft als ein Kulturbereich neben anderen, z.B. Kunst, Wirtschaft, Technik, verstanden wird mit seinen Menschen, Institutionen, Apparaten, Publikationen, etc. Im *anthropologischen Verständnis* wird Wissenschaft als Arbeit zur Produktion von wissenschaftlichen Erkenntnissen verstanden und umfaßt somit die entsprechenden Forschungsaktivitäten. Im Sinne des *propositionalen Begriffs* umfaßt Wissenschaft das Gesamt der jeweiligen Aussagen/Sätze über einen spezifischen Bereich.

In diesem letzteren Sinne definierte er *Wissenschaft* dann auch

>   *"als ein Gesamt (System) von Aussagen (Sätzen) über einen bestimmten Bereich, die in einem inneren Begründungszusammenhang stehen und sich am Begriff (Postulat) der objektiven erkenntnistheoretischen Wahrheit orientieren." [Diemer 1975, p. 2]*

(Ergänzung: "Durch ihre Begründungs-"Nähe" zur Wahrheit ergibt sich u.a. ihre Einteilung in die Klassen der empirisch-positiven und der theoretischen Aussagen.")

Kommen wir nun zurück auf meine obige Feststellung, nämlich, daß sich alle Aussagen mit Bezug auf das Gebiet der Wissensorganisation auf die Begriffe der genannten beiden Gruppen 2 und 3 zurückführen lassen müssen, die man auch als die erwähnten Objekt- und Methodenbereiche ansehen kann, dann ist das Kriterium des "Begründungszusammenhangs" für diese Aussagen erfüllt und entsprechend deren Wissenschaftlichkeit aufgezeigt. Wo dies jedoch nicht der Fall ist, müssen Zweifel sowohl über die Zugehörigkeit der Aussagen zu diesem Gebiet als auch über den Inhalt der Aussagen entstehen. Wesentlich schärfer noch hat Rudolf Wohlgenannt 1970 ([Wohlgenannt 1970]) seine Kriterien formuliert, ebenfalls auf dem propositionalen Wissenschaftsbegriff basierend. Es gestatten aber weder Raum noch Zeit, auf diese Kriterien eingehend einzugehen. Sie müßten jedoch dann herangezogen werden, wenn man hier noch intensiver um Klarheit bemüht sein wollte (siehe [Wohlgenannt 1969]).

Wesentliche Elemente der Weiterentwicklung von Wissenschaften sind die Arbeiten zur Theorie-, Modell- und Hypothesenbildung. Hierzu ist zu sagen, daß die mehr oder weniger intuitiv erstellten universalen und speziellen Klassifikationssysteme aus den Anfängen der Menschheit bis in das letzte Jahrhundert keine theoretischen Grundlagen kannten und auch die philosophischen Bemühungen

um die Systematisierung des Wissens in den vergangenen Jahrhunderten daran
scheiterten, daß immer nur deduktiv und von existierenden Disziplinen ausgehend
vorgegangen wurde und dem Wissen, das sich in Einzelbegriffen und Aussagen
manifestiert und auf Kategorien zurückzuführen ist, nicht die nötige Bedeutung
zugemessen wurde. Von den Ansätzen her, von denen Bliss seinerzeit ausgegangen
war, hat erst [Ranganathan 1937] ein neues Paradigma der Klassifikationstheo-
rie entwickelt und damit seine Facettenklassifikation zu einem Leitbild für die
gesamte folgende Zeit gemacht.

In der letzten Zeit beginnen modellbildende Arbeiten zur Wissensorganisation,
wie z.B. von A.J.N. Judge [Judge 1984/86] und H. Löckenhoff [Löckenhoff 1994]
eine neue theoretische Fundierung einzuleiten. Hier sollte sich daher bald ein
weites Diskussionsfeld auftun!

6 Wissensorganisation im Gesamtzusammenhang der Wissensgebiete

Wenn 'Wissensorganisation' als eine neue Wissenschaft angenommen werden kann,
in welcher Nachbarschaft würde man sie ansiedeln? Sollte man sie zur Philosophie
und Erkenntnistheorie bringen? Würde sie zu den Informationswissenschaften
gehören?

In unserer *Information Coding Classification* [Dahlberg 1982] haben wir –
von den Objekten der Wirklichkeit ausgehend – neun ontische Bereiche angenommen, die im Sinne der Integrationsstufentheorie nach J.K. Feibleman und
Nicolai Hartmann aufeinander aufbauen und sich jeweils von Aspektbereichen
spezifizieren lassen.

Betrachten wir uns in Abb. 2 diese neun Bereiche, dann wird deutlich, daß
der Bereich 8 den intellektuellen Produkten des Menschen zugeordnet ist, also
dem Wissen und der Information. In der Matrixdarstellung (Abb. 3) wird erkennbar, daß unter der 1 jeweils der allgemeinste und theoretischste Aspekt eines
Objektbereiches angesprochen wird, das bedeutet hier aber unter 81 die Wis-
senschaftswissenschaft. Diese aber ist wiederum nach Aspekten zu untergliedern,
z.B. nach Wissenschaftstheorie, Wissenschaftsforschung, etc. Da im ontischen
Bereich 1, dem Form- und Strukturbereich, die Systemwissenschaften die vierte Stelle erhielten, erschien es mir sinnvoll mit Bezug auf den Systemcharakter
des Wissens – da ja alles Wissen über die Begriffsmerkmale der Wissenseinheiten
miteinander vernetzt ist, wie wir oben sahen – die Wissensorganisation an die
vierte Stelle der Untergliederung von 81 zu setzen, also bei 814 zu finden ist. Dies
soll jedoch nur als Vorschlag gewertet werden, denn auch das gesamte System der
Wissensgebiete, wie es durch diese Universalklassifikation (ICC) dargestellt wird,
ist bislang nur ein Vorschlag. Allerdings haben wir damit schon seit 20 Jahren in
den Veröffentlichungen des INDEKDS Verlages gearbeitet.

INFORMATION CODING CLASSIFICATION
Outline

0 General Form Concepts
01 Theories, Principles
02 Objects, Parts
03 Activities
04 Properties, Attributes
05 Persons
06 Institutions
07 Techn. Production
08 Applications, Determination
09 Synthesis, Distribution

1 Form and Structure Area
11 Logic
12 Mathematics
13 Statistics
14 Systemology
15 Organization Sci. & Technol.
16 Metrology
17 Cybernetics (Control, Automat.)
18 Standardization
19 Testing and checking

2 Energy and Matter Area
21 Mechanics
22 Physics and Matter
23 Gen. & Technical Physics
24 Electronics
25 Physical Chemistry
26 Pure Chemistry
27 Chemical Technology and Engg.
28 Energy Science and Technol.
29 Electrical Engineering

3 Cosmo- and Geo-Area
31 Astronomy & Astrophysics
32 Astronautics & Space Research
33 Basic Geosciences
34 Atmospher. Sci., Meteorology
35 Hydrospher. & Oceanol. Sci.
36 Geological Sciences
37 Mining
38 Materials Sci. & Metallurgy
39 Geograhpy

4 Bio-Area
41 Basic Biological Sciences
42 Microbiology and Cultivation
43 Plant Biology and Cultivation
44 Animal Biology and Breeding
45 Veterinary Science
46 Agriculture and Horticulture
47 Forestry and Wood Sci. & Technol.
48 Food Sciences and Technol.
49 Ecology and Environm. Sci. & Technol.

5 Human Area
51 Human Biology
52 Health & Theor. Medicine
53 Pathology & Spec. Medicine
54 Clinical Med. & Nature Cure
55 Psychology
56 Education
57 Profession, Labour, Leisure
58 Sports and Games
59 Household and Home Life

6 Socio-Area
61 Sociology
62 State and Politics
63 Public Administration
64 Money and Finances
65 Social Aid, Social Politics
66 Law
67 Area Planning and Urbanism
68 Military Sci. & Technol.
69 History

7 Econ. & Techn. Prod. Area
71 Gen. Economics & Natl. Economy
72 Management of Enterprises
73 Technol., Engg. in general
74 Mechanical Engg.
75 Building
76 Commodity Sci. & Technol.
77 Vehicle Sci. & Technol.
78 Transport Technol. & Serv.
79 Service Economics

8 Science and Information Area
81 Science of Science
82 Information Sciences
83 Computer Sci. & Technol.
84 Information in general
85 Communication Sci. & Technol.
86 Mass Communication
87 Printing and Publishing
88 Communication Engineering
89 Semiotics

9 Humanities & Culture Area
91 Language
92 Literature and Philology
93 Music
94 Fine Arts
95 Performing Arts, Theatre
96 Culture Science (Ethnol., etc.)
97 Philosophy
98 Non-Christ. Rel. & Secret Teaching
99 Christian Religion & Theology

Abbildung 2: Information Coding Classification (ICC), Dahlberg 1982

	1	2	3	4	5	6	7	8	9
0 Allg.Form-begriffe	01 Theorien Prinzipien	02 Gegenstand Bestandt.	03 Prozesse Methodik	04 Attribute Eigensch.	05 Personen	06 Institutionen	07 Technik Herstell.	08 Anwendung Determin.	09 Verbreitung Synthese
1 Form- u. Strukturber.	11 Logik	12 Mathematik	13 Statistik	14 Systemforschung	15 Organisation	16 Meßwesen	17 Kybernetik	18 Normung	19 Prüfungs- u.Kontrollw.
2 Materie u. Energieber.	21 Mechanik	22 Materie-physik	23 Allg.u. techn. Physik	24 Elektronik	25 Physikal. Chemie	26 Chemie d.Stoffe	27 Technische Chemie	28 Energie-wesen	29 Elektro-technik
3 Kosmo-u. Geobereich	31 Astron. u. A.-physik	32 Weltraum-forsch.u.T	33 Grundl.-geowiss.	34 Atmosphär. wiss.u.T.	35 Hydro- u. Ozeanol.	36 Spez. Geologie e.Mineral	37 Bergbau	38 Hüttenw.u Werkst.w.	39 Geographie
4 Bio-bereich	41 All.Biol.u. Grundwiss.	42 Mikrobiologie	43 Pflanzen biol u.Kult.	44 Tierbiologie u.-haltung	45 Vet.med.	46 Land-wirtschaft	47 Forstwirt-schaft	48 Lebensmit-telwiss.u.T.	49 Ökologie u. Umwelt
5 Human-bereich	51 Humanbio-logie	52 Gesundheits wesen	53 Pathologie u.Medizin	54 Operative u.ther.Med.	55 Psycholo-gie	56 Pädagogik	57 Beruf,Arb. u.Freizeit	58 Sport	59 Haushalt u. häusl.Leben
6 Sozio-bereich	61 Soziologie	62 Staat und Politik	63 Verwaltung	64 Finanz wesen	65 Sozialhil-fe/S.pol.	66 Recht	67 Raumplan.u Urbanistik	68 Wehrwesen	69 Geschichte
7 Wirtschafts- u. Prod.ber.	71 Allg.Wirt. schaftswiss.	72 Betriebsw. lehre	73 Allg.Technik u.Tech.	74 Geräte-u. Masch.bau	75 Bauwesen	76 Waren-lehre	77 Fahrzeug-wesen	78 Verkehrs-wesen	79 Versorg.u. Dienstleist.
8 Wissensch. u.Inf.-ber.	81 Wissensch. wiss.	82 Informa-tionswiss.	83 Informatik	84 Allg.Infor-mat.wesen	85 Kommuni-kationsw.	86 Publizi-stik	87 Graph.Tech u.Wirtsch.	88 Nachrich-tentechnik	89 Semiotik
9 Geisteswiss. u.Kulturber	91 Sprache	92 Literatur u Philologie	93 Musik	94 Kunst (Bildende)	95 Darstell. Kunst	96 Kultur-wiss.ieS. Ethnol.	97 Philosophie	98 Religion	99 Christl.Re-ligion u.Th.

Abbildung 3: Information Coding Classification (ICC), Dahlberg 1979/91.
Ergänzt 1991 durch die Zeile 0 der Allgemeinen Formbegriffe

7 Wissensorganisation und die Aufgaben der ISKO

Die Internationale Gesellschaft für Wissensorganisation sieht ihre Aufgaben vor allem auf dem Gebiet der theoretischen und methodischen Hilfestellung bei allen Arbeiten, die sich auf dieses Gebiet beziehen, im Bereich der Bibliotheken und Informationsstellen, in der Wissenschaftssystematik, für die Systematisierung in der Terminologie, und allen sonstigen Bereichen. Ihre erste internationale Tagung 1990 in Darmstadt zum Thema *"Tools for Knowledge Organization and the Human Interface"* war zunächst sehr praxisorientiert angelegt [Fugmann 1991]; bei der zweiten Konferenz 1992 zum Thema *"Cognitive Paradigms in Knowledge Organization"* ging es dann schon mehr um die theoretischen Aspekte [Neelameghan et al. 1992] und die dritte, zum Thema: *"Knowledge Organization and Quality Management"* [Albrechtsen, Oernagel 1994] bemühte sich um die wesentlichen Fragen, die mit der Besinnung auf Qualität in der Organisation des Wissens zusammenhängen. Es ist zu hoffen, daß damit auch eine Selbstbesinnung der Wissensorganisation und ihre Standortbestimmung im Gesamt der Wissenschaften verbunden sein wird.

In den letzten Jahren hatten wir uns auch schon damit befaßt, ein Memorandum zu erarbeiten und vorzustellen, um die Kenntnisse auf dem Gebiet der Wissensorganisation in die Universitäten hineinzutragen durch entsprechende und möglichst obligatorische Lehrveranstaltungen in den ersten Semestern [Meder 1992]. Darüber hinaus erscheint es heute wünschenswert und opportun, daß es Max-Planck-Gesellschaft oder Fraunhofer-Gesellschaft übernehmen, ihre geisteswissenschaftlichen Interessen insofern weiterzuentwickeln, als ein eigenes Institut für Wissensorganisation eingeplant werden könnte, um dann entsprechend die notwendigen begrifflichen Arbeiten forschend und alle Wissenschaften durchforstend weiterzubringen, im steten Austausch mit den Wissenschaftlern in Instituten und an Universitäten, möglichst aber auch im Austausch mit ähnlichen Einrichtungen im Ausland. Diese Arbeiten können nicht den Terminologen und Wissensorganisatoren allein überlassen bleiben, es müssen die Wissenschaftler selbst Anteil nehmen, da sie ja auch daran interessiert sein sollten, daß ihre "Produkte", d.h., das durch sie gefundene neue Wissen, in einer reproduzierbaren Ordnung wiedergefunden werden kann.

Da es heute also mehr denn je darum gehen muß, neues Wissen auf bestehendes Wissen zu beziehen durch entsprechende begriffliche Arbeiten, weil wir für unser Wissen die notwendige Ordnung schaffen, bzw. wiederherstellen wollen, ist die Arbeit an den Begriffen ein Anliegen, das unseres Erachtens höchste Aufmerksamkeit verdient (siehe hierzu auch [Dahlberg 1994]). Es geht dabei um eine Analyse bestehender und neuer Begriffe, deren reproduzierbare Zuordnung, sinnvolle Einordnung und ihre wiederauffindbare Anordnung, kurz also, um eine objekt- und methodengerechte Wissensorganisation. Möchte die Einsicht derer jetzt angesprochen worden sein, die sich als Wissende verstehen und Verantwortung für die "Umweltverschmutzung" durch unklare Begriffe zu übernehmen bereit sind und sich für die notwendigen politischen und sachlichen Entscheidungen einsetzen. Sie würden wesentlich dazu beitragen, daß sich Wissensorganisation zu einer neuen wissenschaftlichen Aktivität entwickeln kann!

Literatur

[Albrechtsen, Oernagel 1994] H. Albrechtsen, S. Oernagel (eds.). *Knowlege Organization and Quality Management*, 1994.

[Bliss 1929] H.E. Bliss. *The organization of knowledge and the system of the sciences.* New York: Holt 1929, S. 433.

[Bliss 1933] H.E. Bliss. *The organization of knowledge in libraries.* New York: H.W. Wilson 1933. 2nd edition 1939.

[Bock 1974] H.H. Bock. *Automatische Klassifikation. Theoretische und praktische Methoden zur Gruppierung und Strukturierung von Daten (Cluster-Analyse).* Göttingen: Vandenhoeck & Ruprecht 1974, S. 480.

[Dahlberg 1974] I. Dahlberg. *Grundlagen universaler Wissensordnung.* München: K.G. Saur Verlag 1974, XVIII, S. 366.

[Dahlberg 1982] I. Dahlberg. ICC – Information Coding Classification. Principles, structure and application possibilities. *International Classification* 9, 1982, No.3, S. 87–93. Auch in: *Classification Systems and Thesauri 1950–1982.* ICIB-1, Frankfurt: Indeks Verlag 1982, S. 107–132.

[Dahlberg 1987] I. Dahlberg. Die gegenstandsbezogene, analytische Begriffstheorie und ihre Definitionsarten. In: B. Ganter, R. Wille und K.E. Wolff (Hrsg.), *Beiträge zur Begriffsanalyse.* Mannheim: B.I.-Wissenschaftsverlag 1987, S. 9–22.

[Dahlberg 1993a] I. Dahlberg. Why "Knowledge Organization" ? The reasons for IC's change of name. *Knowledge Organization* 20, 1993, No.1, S. 1 (Editorial).

[Dahlberg 1993b] I. Dahlberg. Knowledge Organization: Its scope and possibilities. *Knowledge Organization* 20, 1993, No.4, S. 211–222.

[Dahlberg 1993c] I. Dahlberg. Current trends in knowledge organization. Paper presented at the *First Conference on Knowledge Organization and Documentary Systems*, Madrid, Nov. 4–5, 1993.

[Dahlberg 1994] I. Dahlberg. Knowledge organization and quality management. *Knowledge Organizaion* 21, 1994, No.1, S. 1–2.

[Diemer 1968] A. Diemer. *System und Klassifikation in Wissenschaft und Dokumentation.* Meisenheim am Glan: Verlag A.Hain 1968, S. 183

[Diemer 1970] A. Diemer. Der Wissenschaftsbegriff im historischen und systematischen Zusammenhang. In: A. Diemer (ed.), *Der Wissenschaftsbegriff. Historische und systematische Untersuchungen.* Meisenheim am Glan: Verlag A.Hain 1970, S. 3–20.

[Diemer 1975] A. Diemer. Der Wissenschaftsbegriff in den Natur- und Geisteswissenschaften. *Symposium der Leibniz-Gesellschaft*, Hannover, 23. u. 24. Nov. 1973. Studia Leibnitiana, Sonderheft 5, 1975, S. 1–13.

[DIN 2330] DIN 2330. *Begriffe und Benennungen.* Berlin: Deutsches Institut für Normung.

[Forkett 1963] D.J. Forskett. *Classification and indexing in the social sciences.* London: Butterworths 1963. 2nd ed. 1974, S. 202.

[Fugmann 1991] R. Fugmann (ed.). *Tools for Knowledge Organization and the Human Interface*, 1991.

[Fugmann 1992] R. Fugmann. *Theoretische Grundlagen der Indexierungspraxis.* Frankfurt: Indeks Verlag 1992, S. 325.

[Judge 1984/86] A.J.N. Judge. Functional Classification. I and II. *International Classification* 11, 1984, No. 2, S. 69–76, No. 3, S. 139–150. Ergänzt in: *Union of International Association: Yearbook of International Organizations.* Vol. 3: Subject Vol., Global Action Networks. Classified Directory by Subject and Region. Ed.4. München, etc.: K.G. Saur Verlag 1986, Appendix 6, S. 20.

[Langridge 1976] D.W. Langridge. *Classification and indexing in the humanities.* London: Butterworths 1976, S. 143.

[Löckenhoff 1994] H. Löckenhoff. Systems modeling for classification: The quest for self-organization. *Knowledge Organization* 21, 1994, No.1, S. 11–21.

[Meder 1992] N. Meder. Aus- und Weiterbildungsfragen im Kontext von Wissensorganisation. In: W. Gödert, P. Jaenecke, W. Schmitz-Esser (Hrsg.), *Kognitive Ansätze zum Ordnen und Darstellen von Wissen.* Frankfurt: Indeks Verlag 1992, S. 244–251.

[Neelameghan et al. 1992] Neelameghan et al.(eds.). *Cognitive Paradigms in Knowledge Organization*, 1992.

[Ranganathan 1937] S.R. Ranganathan. *Prolegomena to library classification.* Madras 1937. 3rd edition Bombay 1967. Reprint UBSPD, New Delhi 1989.

[Soergel 1985] D. Soergel. *Organizing information. Principles of database and retrieval systems.* Orlando, etc.: Academic Press, Inc 1985, S. 450.

[Vickery 1958] B.C. Vickery. *Classification and indexing in science*. London: Butterworths 1958. 3rd edition 1975, S. 228.

[Wahrig 1975] G. Wahrig. *Deutsches Wörterbuch*. Gütersloh: Bertelsmann Lexikon Verlag 1975.

[Wille 1984] R. Wille. Liniendiagramme hierarchischer Begriffssysteme. *Studien zur Klassifikation* 15, 1984, S. 32–51.

[Wohlgenannt 1969] R. Wohlgenannt. *Was ist Wissenschaft?* Braunschweig: Vieweg 1969, S. 197–199.

[Wohlgenannt 1970] R. Wohlgenannt. Über eine Untersuchung des Begriffs der Wissenschaft. In: A. Diemer (Hrsg.), *Der Wissenschaftsbegriff. Historische und systematische Untersuchungen*. Meisenheim am Glan: Verlag A.Hain 1970, S. 238–256.

[Wüster 1972] E. Wüster. Begriffs- und Themaklassifikationen. Unterschiede in ihrem Wesen und in ihrer Anwendung. *Nachrichtliche Dokumente* 22, 1971, No.3, S. 98–104, No. 4, S. 143–150.

Qualitative Auswertung sprachlicher Äußerungen
Wissensvernetzung, Wissensverarbeitung und Wissensumsetzung durch GABEK

Josef Zelger

Inhalt

Einleitung

Eine der zentralen Aufgaben der Sozial- und Geisteswissenschaften ist, Mittel und Wege aufzuzeigen, *wie komplexe Probleme unserer Gesellschaft kreativ verarbeitet werden können.* Komplexe gesellschaftliche Probleme fallen oft in das Arbeitsgebiet vieler Wissenschaften. Sie sind meistens unstrukturiert und schwer definierbar. Oft sind sie in dynamische Situationen eingebunden, von denen viele Personen oder Personengruppen betroffen sind. *Nun liegt in der Erfahrung von Betroffenen, z.B. Mitarbeitern einer Institution, ein kreatives Problemlösungspotential.* Zur methodisch-systematischen Nutzung dieses Potentials werde ich die Methode GABEK (*Ganzheitliche Bewältigung sprachlich erfaßter Komplexität*) vorschlagen. Es handelt sich um ein neues Verfahren, das sich in die Reihe der qualitativen Forschungsmethoden einreiht (vgl. [Lamnek 1988]). GABEK kann sowohl zur differenzierten Beschreibung der Problemsituation, als auch zur praxisorientierten Entwicklung von Zielen und Maßnahmen sowie zu deren Abstimmung aufeinander genutzt werden. Angestrebt wird eine Problembearbeitung, bei der die Erfahrungen und Ziele aller Mitglieder und Betroffenen mitberücksichtigt werden.

Da die Mitarbeiter und Betroffenen vorwiegend *Einzelaspekte der Problemsituation* sehen, müssen diese zunächst *vernetzt* werden, d.h. die vielen Teilaspekte müssen methodisch überprüfbar in einen sinnvollen Gesamtzusammenhang gebracht werden (Abschnitt 1).

Aus den vielen Einzelaussagen werden dann sinnvolle kohärente Textgruppen gebildet. Mehrere Sätze, die sich gegenseitig inhaltlich ergänzen, werden jeweils als neue inhaltliche Einheit aufgefaßt. Wenn eine solche Satzgruppe außerdem semantisch interpretierbar ist und wenn man glaubt, sie als Orientierungs-, Erklärungs- oder Handlungsmuster anwenden zu können, dann spreche ich von einer *sprachlichen Gestalt.* Um sprachliche Gestalten inhaltlich weiter verarbeiten zu können, werden sie anschließend zu kurzen Texten komprimiert. Diese Zusammenfassungen können wieder zu übergeordneten Textgruppen verbunden werden, die ich *Hypergestalten* nenne, usw. Es ergibt sich *eine pyramidenförmig strukturierte Übersicht über alle Einzelaspekte und deren Zusammenhänge.* Wir können diese Übersicht auch als *Relevanzpyramide* auffassen, weil ein Text an der Spitze der Pyramide in allen Fällen als Orientierungs-, Erklärungs- oder Handlungsmuster anwendbar ist, in denen ein ihm untergeordneter inhaltlich reichhaltigerer Text anwendbar ist – aber nicht umgekehrt. Das Verfahren ist intersubjektiv rekonstruierbar und kritisierbar (Abschnitt 2).

Schließlich werde ich Hinweise geben, wie die hierarchisch geordneten Texte zur praktischen Bearbeitung komplexer Probleme herangezogen werden können. Dazu müssen Ziele und realisierbare Maßnahmen sowie deren Auswirkungen identifiziert werden. Nun können komplexe Probleme im allgemeinen nicht durch einige umstürzende Einzelmaßnahmen gelöst werden. Diese könnten zur Übersteuerung und zu unvorhersehbaren und ungewollten Rückwirkungen auf das Gesamtsystem führen. Hier wird ein Vorgehen vorgeschlagen, das auf der Grundlage der Relevanzpyramide und eines daraus entwickelten Wirkungsgefüges zu einer größeren Anzahl möglicher *Ziele* führt. Dann wird gezeigt, *wie auf der Grundlage der Ziele, die von den betroffenen Personen ganz unterschiedlich gewichtet werden, an jeder Stelle der Institution, von jeder hierarchischen Entscheidungsebene aus und von allen Abteilungen sowie von allen Betroffenen weitgehend lokal verschiedene Maßnahmen gesetzt werden können.* Wesentlich ist, daß die von den einzelnen Personen und Gruppierungen angestrebten Ziele und Maßnahmen im selben Wirkungsgefüge lokalisierbar sind – so unterschiedlich sie sein mögen. Jeder Aktor soll wenigstens im Wirkungsgefüge zeigen können, daß die von ihm intendierten Maßnahmen mehr positive als negative Wirkungen erwarten lassen. Eine solche Kontrolle der Maßnahmen führt zur *Abstimmung und Integration der unterschiedlichen Aktivitäten auf die problematische Gesamtsituation* (Abschn. 3).

Um relevante authentische Informationen über das Problemumfeld zu erhalten, werden offene Fragestellungen empfohlen [Atteslander et al. 1993, S. 428ff.]. Man erhält Antworten, die sehr breit gestreut sind und die den tatsächlichen Erfahrungen der Befragten entsprechen. Da alle Fragen wegfallen, die in der Sicht der Befragten unklar oder irrelevant sind oder die sie mangels Erfahrung nicht recht zu beantworten wissen, fällt das bekannte "Rauschen" weitgehend weg. Infolgedessen müssen auch nicht so viele Personen befragt werden wie es bei geschlossenen Befragungen üblich ist. Wesentlich bleibt jedoch, daß die zu befragenden Personen sehr sorgfältig und repräsentativ ausgewählt werden. Es müssen alle Gruppierungen, die mit der Problemsituation zu tun haben, vertreten sein.

1 Die Vernetzung verbaler Daten

Zunächst zeige ich anhand eines Beispiels, wie die Meinungen der Befragten, aber auch Dokumente oder einschlägige Texte durch ein Ausdrucksnetz repräsentiert werden. Das Ausdrucksnetz dient wie ein Indexierungssystem dazu, daß man zu jeder beliebigen Fragestellung schnell alle relevanten sprachlichen Äußerungen finden und davon ausgehend den weiteren inhaltlichen Zusammenhängen nachgehen kann.

Um das Verfahren GABEK darzustellen, werde ich auf eine Befragung Südtiroler Lehrer über die italienische Grundschulreform im Schuljahr 1991/92 Bezug nehmen.[1] Den Lehrern wurde die folgende offene Frage gestellt: *"Bitte versuchen Sie, vor der Beantwortung des Fragebogens Ihre Erfahrungen mit der Reform in zwei oder drei Sätzen zusammenzufassen"*.

Die Antworten auf offene Fragen, aber auch andere Texte, Dokumente, Zitate, Notizen usw. werden zunächst in minimale Sinneinheiten (meist Sätze) zerlegt. Im hier verwendeten Beispiel wurde jede Lehrerantwort als Einheit aufgefaßt. Dann markiert man jene Ausdrücke, die man als wichtige Schlüsselbegriffe betrachtet. Dadurch werden die möglichen Knoten im Ausdrucksnetz festgelegt. Eine Sinneinheit bzw. ein Satz oder eine Antwort wird im PC-Programm WINRE-LAN [Schönegger und Zelger 1993] nicht nur als Text sondern auch als formale Relation zwischen den markierten Ausdrücken gespeichert. Der Satz *A01 (Die gemeinsame Verantwortung bringt Erleichterung für den Lehrer, mehrere Klassen, mehr Abwechslung)* wird dann durch die Verknüpfung von fünf Ausdrücken repräsentiert (Abb. 1).

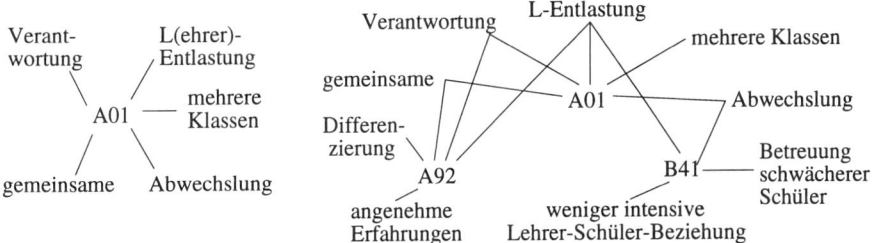

Abbildung 1: *links:* Repräsentation eines Satzes durch Verknüpfung von fünf Ausdrücken; *rechts:* Verknüpfung dreier Sätze zu einem Ausdrucksnetz

Alle Sätze werden so durch den PC zu einem sehr komplexen formalen Aus-

---

[1]Die italienische Grundschulreform brachte viel Neues: Es sind nun drei Lehrer für zwei Klassen (oder 4 Lehrer für drei Klassen) gemeinsam verantwortlich. Differenzierung des Unterrichts wird angestrebt. Teamunterricht zweier Lehrer in einer Klasse wird in gewissem Ausmaß vorgeschrieben. Die Lehrer spezialisieren sich auf einzelne Fächer wie z.B. Deutsch, Mathematik usw. bereits in der Grundschule.

drucksnetz verknüpft. Im Ausdrucksnetz kann durch PC-Unterstützung von den Satznamen (z.B. *A01*) oder von den Ausdrücken (z.B. *Verantwortung*) zu den entsprechenden Texten übergegangen werden. So wird das Ausdrucksnetz wie eine Landkarte zur Orientierung über die ganze Meinungslandschaft verwendet. Der Benutzer arbeitet interaktiv am Bildschirm, liest die Texte, die ihn interessieren, vergleicht sie und entscheidet immer wieder neu, welche Wege er im Meinungsnetz verfolgen, welche Auswertungsgesichtspunkte er anwenden, welche Inhalte er ausblenden oder hervorheben will, usw. Er erkundet die inhaltlichen Zusammenhänge wie "Reiserouten". Er muß entscheiden, was ihn in der Vielfalt der Meinungslandschaft am meisten interessiert. Ergebnisse einer Analyse oder Synthese sind immer selektiv hervorgehobene, miteinander vernetzte Aussagen, die in Form der ursprünglichen authentischen Formulierungen zusammengestellt werden können.

Es gibt im Programm WINRELAN Hilfen zur Eliminierung von Synonymen und Homonymen sowie Verfahren, die eine Übersicht über die Texte erleichtern. So können z.B. die am stärksten miteinander vernetzten Aussagen hervorgehoben werden. Diese zeigen *inhaltliche Trends* auf. Es sind die Sätze, die durch insgesamt häufig vorkommende Ausdrücke dicht miteinander zusammenhängen. Umgekehrt können auch jene Sätze automatisch ausgewählt werden, die im Netz kaum mit anderen Sätzen verbunden sind. Es sind die *schwachen Signale*, Aussagen, die gerade nicht im Trend liegen, die manchmal extravagant sind und gelegentlich Tabus ansprechen oder auf unerkannte Gefahren oder Chancen hinweisen. Ungeordnete Interviewergebnisse können auch automatisch *zu Clustern* gruppiert werden. Die Neuordnung der Sätze erfolgt in Abhängigkeit von den gemeinsamen Schlüsselbegriffen. Sätze, die dieselben markierten Ausdrücke enthalten, werden nebeneinander gereiht.

Die Ergebnisse der Clusteranalyse sollen aber nicht als Endergebnis aufgefaßt werden. Mag sein, daß etwa die Hälfte der automatisch erzeugten Textgruppen auch sinnvoll erscheint. Sie werden in GABEK jedoch nur zur Beschleunigung der persönlichen Such- und Navigationsprozesse eingesetzt. Denn man kommt schneller zu sinnvollen Textgruppen, wenn man nicht von Einzelsätzen sondern von Textgruppen ausgeht, die dann durch Löschen und Hinzufügen von Sätzen schrittweise umgestaltet werden.

2 Hierarchische Wissensverarbeitung

Wir sind von ungeordneten verbalen Daten ausgegangen. (Es könnte sich auch um Fallbeschreibungen, Zitate, Anmerkungen, Notizen handeln oder um Auszüge aus Büchern, Abhandlungen, Expertengutachten usw.) Wie können wir aus ungeordneten Texten sinnvolle Ganzheiten bilden? Und wie können diese Textgruppen wieder zu übergeordneten Gruppen von Textgruppen geordnet werden, so daß sich eine sinnvolle hierarchisch organisierte Gesamtstruktur ergibt? Ich schlage ein Verfahren vor, das auch als Lernverfahren angesehen werden kann. Zunächst möchte ich ganz allgemein die Grundoperationen angeben, die bei jeder Wissensverarbeitung eine Rolle spielen (2.1). Dann zeige ich, wie diese Grundoperationen auf unser verbales Datenmaterial angewendet werden (2.2), worauf eine hierarchisch geordnete Relevanzpyramide gebildet wird (2.3). Schließlich will ich darlegen, wie die kreative Wissensverarbeitung im kommunikativen Diskurs realisiert werden kann (2.4) und wie dabei (in komplexen Institutionen) große Datenmengen bewältigt werden können (2.5).

2.1 Allgemeine Grundoperationen der Wissensverarbeitung

Jede Form der Wissensverarbeitung ist eine Auseinandersetzung des Menschen mit der sich verändernden Umwelt. Hier betrachten wir nur sprachliche Objekte, also Begriffe, Sätze, Theorien, Texte beliebiger Art, die der Lernende in seiner kulturell geprägten Umwelt vorfindet. Außerdem beschränken wir uns auf bewußtes Lernen. Ich glaube, daß jeder lernende Mensch, der ein komplexes Problem kreativ bearbeitet, die folgenden Operationen autonom durchführen sollte. Mit "Autonomie" meine ich, daß die Schritte auch anders durchgeführt werden könnten, daß aber der Lernende selbst bestimmt, wie der Schritt spezifiziert und ausgeführt wird.

1) *Konzentration der Aufmerksamkeit auf eine Einheit.* Zunächst muß vorausgesetzt werden, daß der Lernende seine Aufmerksamkeit auf einen Begriff, eine Äußerung oder eine Satzgruppe richtet. Der Begriff muß noch nicht klar sein. Die Aussage kann unvollständig sein. Es geht bloß um die Konzentration auf einen speziellen sprachlichen Inhalt.

Neuere physiologische Ergebnisse legen es nahe, alle intentionalen Objekte als diskrete Einheiten aufzufassen, die sich gegenseitig abgrenzen lassen. Aus Gründen der begrenzten Gedächtnis- und Informationsverarbeitungsleistungen des Bewußtseins ist es außerdem notwendig, daß die "Einheiten" des Lernens nicht zu umfangreich sind. *"Consciousness must be protected against informational overflow; the input must be accomodated for its limited capacity. Only actually necessary and preselected or aggregated information must thus arrive at the area of consciousness."* [Sergin 1992, S. 887]. Sinnesreize werden als diskrete "Elementarereignisse" von ca. 30–40 Millisekunden wahrgenommen [Sergin 1992, Pöppel 1989]. Diese Elementarereignisse können nach Pöppel nur bis zu einer Gesamtzeit von ca. 3 Sekunden zu einer phänomenalen Einheit integriert werden. Auch die 3-Sekunden-Einheiten sind diskret. Sie werden als Wahrnehmungsgestalten erlebt. *"Bewußt ist"* für Pöppel *"jener Zustand, bei dem für jeweils wenige Sekunden aufgrund eines integrativen Mechanismus des Gehirns 'Mentales' repräsentiert ist, d.h. im Fokus der Aufmerksamkeit steht."* [Pöppel 1989, S. 30].

Wir werden uns im folgenden auf Bewußtseinsakte beschränken, die sich auf abstrakte sprachliche Inhalte richten.

2) *Heuristische Navigation.* Der Lernende sucht nun in der Umwelt, bzw. in der Datenbasis, weitere Einheiten, die sich an die schon fixierten Einheiten anlagern lassen. *"Eine derartige zeitliche Inselhaftigkeit ... von Erlebnissen entspricht aber nicht der subjektiven Realität. Unser Erleben zeichnet sich durch Kontinuität aus. Diese Kontinuität ist aber Illusion, die sich aus der Verknüpfung aufeinander folgender Segmente ergibt. Die Verknüpfung aufeinander folgender Segmente erfolgt über den Inhalt des jeweils Repräsentierten. Was jetzt und was jetzt gleich bewußt ist –, ist inhaltlich voneinander abhängig. Der jeweils folgende Zustand 'bewußt' ist mitdeterminiert vom vorhergehenden."* [Pöppel 1989, S. 30ff.] Die sprachliche Verknüpfung erfolgt über Begriffe, die sich in verschiedenen Sätzen wiederholen. Gemeinsame Begriffe sind die Knoten für assoziative Verbindungen.

3) *Bewertung und Selektion.* Jedes Lernen ist selektiv in bezug auf die Datenbasis. Ich setze voraus, daß die Selektion nicht rein zufällig erfolgt. Der Lernende überprüft vor allem, ob ein Inhalt der Datenbasis mit seinem persönlichen Erfahrungs- und Glaubenssystem verträglich ist. Bei kommunikativem Lernen müssen darüberhinaus intersubjektiv akzeptierbare Bewertungskriterien gefunden werden, die die Selektion steuern (siehe dazu Abschnitt 2.4).

4) *Integration zu einer komplexeren Einheit.* Lernen ist immer auch eine Integrationsleistung. So werden Zusammenhänge zwischen ähnlichen Wahrnehmungen hergestellt oder zwischen Operationsmustern, so daß zeitlich und räumlich geordnet reagiert werden kann. Im abstrakten Bereich vollzieht sich Lernen durch systematische Verbindung sprachlicher Einheiten, wobei diese Einheiten auf verschiedenen Ebenen möglich sind (Begriffe, Phrasen, Sätze, größere Texteinheiten). Jedes Lernen führt also dazu, daß etwas Neues in ein größeres Ganzes eingeordnet wird. Es werden Relationen zwischen Einheiten hergestellt. Das ist das Gemeinsame aller Prozesse des Lernens. (Strukturen werden nach Piaget zu größeren Strukturen verbunden. Siehe [Seiler 1994].)

Wir betrachten im Rahmen der hier vorgestellten Methode GABEK im besonderen die Verknüpfung sprachlicher Einheiten in der Größenordnung von Sätzen zu Satzgruppen sowie von Satzgruppen zu größeren Texteinheiten. Da die Satzgruppen sinnvolle Zusammenhänge darstellen sollen, stelle ich die folgenden Bedingungen auf [Zelger 1993, S. 158ff.]. Eine Satzgruppe, die diese Bedingungen erfüllt, nenne ich dann auch eine *"sprachliche Gestalt"*:

a) Zunächst sollen die Sätze einer sprachlichen Gestalt inhaltlich eng zusammenhängen. D.h., jeder Satz soll möglichst mehrere lexikalische Begriffe enthalten, die auch in anderen Sätzen der Textgruppe vorkommen *(Vernetzungsregel)*.

b) Jeder Satz in einer sprachlichen Gestalt soll sich von jedem anderen Satz in derselben Textgruppe hinreichend unterscheiden. Die Sätze dürfen also inhaltlich nicht zu ähnlich sein. Jeder Satz soll einen Neuigkeitswert haben und damit eine inhaltliche Ergänzung zur restlichen Textgruppe liefern. (D.h. daß kein Satz dieselben Schlüsselbegriffe haben darf wie ein anderer Satz in derselben Textgruppe. Die Menge der Schlüsselbegriffe eines Satzes soll auch nicht in der Menge der Schlüsselbegriffe eines anderen Satzes derselben Textgruppe enthalten sein. Jeder Satz einer Textgruppe soll sich vielmehr möglichst durch mehrere Schlüsselbegriffe von jedem anderen Satz in derselben Textgruppe unterscheiden. – *Differenzierungsregel*)

c) Eine sprachliche Gestalt darf nicht zu umfangreich sein, damit sie als gedankliche Einheit noch bewußt erfaßt werden kann. d.h. daß man von jedem Satz über höchstens einen anderen Satz zu jedem weiteren Satz in der Textgruppe gelangen kann, wenn man den inhaltlichen Verknüpfungen über gemeinsam vorkommende lexikalische Begriffe nachgeht (*Regel der maximalen formalen Distanz*).

In der Praxis hat sich gezeigt, daß die Regeln (a)–(c) nicht zu streng gehandhabt werden, vielmehr bloß als Richtlinien aufgefaßt werden sollen, um ein inhaltliches Auseinanderfallen der Textgruppe (a), eine allzugroße Redundanz (b) oder Unübersichtlichkeit (c) zu vermeiden. Möglichst sorgfältig zu beachten sind aber die Regeln (d) und (e):

d) Da die Gruppierung von Sätzen nur dann als sinnvoll anzusehen ist, wenn es auch Anwendungen gibt, so muß gefordert werden, daß für jede sprachliche Gestalt auch ein paradigmatisches Beispiel aufgewiesen werden kann. Damit ist ein spezielles Modell gemeint, das alle inhaltlichen Bedingungen der Textgruppe erfüllt. Vor allem beim kommunikativen Lernen wird es unerläßlich sein, immer wieder auf Modelle, Beispiele und Anwendungen in einem beliebigen Anwendungsbereich hinzuweisen (*semantische Erfüllbarkeit*).

e) Da wir eine konkrete Problembearbeitung im Auge haben, soll eine sprachliche Gestalt wenigstens für eine Person x zu einem Zeitpunkt t und in einer Situation S einen Sinn haben. Eine Textgruppe hat für eine Person x zum Zeitpunkt t und in der Situation S einen Sinn, wenn x in t und S glaubt, die entsprechenden Sätze als Erklärungs-, Orientierungs- oder Handlungsmuster anwenden zu können (*pragmatische Anwendbarkeit*).

Diese letzte Bedingung verlangt, daß beim Integrationsprozeß über Texte auch an mögliche Problemlösungen gedacht wird. Dies gilt sogar für die Grundlagenforschung. Auch dort werden Anwendungen – wenn auch bloß in Bereichen spezieller Theorien – gesucht. Vorrangig habe ich aber Anwendungen in einem komplexen gesellschaftlichen Lebensbereich im Auge.

5) *Komplexitätsreduktion durch selektive Repräsentationen.* Die Verknüpfung sprachlicher Einheiten führt zunächst zu komplexeren Einheiten. Diese können dadurch erfaßt werden, daß man die Aufmerksamkeit nacheinander auf deren einzelne Sätze richtet und indem man deren inhaltlichen Zusammenhängen nach-

	Sprachliche Gestaltbildung	Sprachliche Hyper-gestaltbildung	Sprachliche Hypergestaltbildung höherer Ordnung
1. Selektive Fokussierung der Aufmerksamkeit auf eine Einheit	Auswahl eines Satzes, der ausgewählte Schlüsselbegriffe enthält	Auswahl einer repräsentierten sprachlichen Gestalt	Auswahl einer repräsentierten sprachlichen Hypergestalt
2. Heuristische Navigation	Weitere Sätze, die mit dem ausgewählten Satz zusammenhängen, werden gesucht	Weitere repräsentierte Gestalten, die mit der ausgewählten zusammenhängen, werden gesucht	Weitere repräsentierte Hypergestalten, die mit der ausgewählten zusammenhängen, werden gesucht
3. Bewertung und Selektion	Selektion gefundener Sätze	Selektion gefundener repräsent. Gestalten	Selektion gefundener repräsent. Hypergestalten
4. Integration zu einer komplex-eren Einheit	Verknüpfung von Sätzen zu einer sinn-vollen Satzgruppe (spr. Gestalt)	Verknüpfung von repräsent. Gestalten zu einer sinnvollen spr. Hypergestalt	Verknüpfung von repräsent. Hypergestalten zu einer sinnvollen Hypergestalt höherer Ordnung
5. Selektive Repräsentation	Komplexität reduzieren-de Repräsentation der sprachlichen Gestalt	Komplexität reduzie-rende Repräsentation der spr.Hypergestalt	Komplexität reduzierende Repräsentation der spr. Hypergest. höherer Ordn.
6. Kontrolle und Begründung	Sicherung der Repr. durch authentische verbale Daten	Sicherung der Repr. durch repräsentierte sprachliche Gestalten	Sicherung der Repräsent. durch repr. sprachliche Hypergestalten
siehe Beispiel	32 sprachl. Gestalten verknüpfen durch 73 Schlüsselbegriffe 164 Sätze	6 Hypergestalten verknüpfen durch 25 Knotenbegriffe 23 repräs. Gestalten	1 Hypergestalt höherer Ordnung verknüpft durch 9 Knotenbegriffe 6 repräs. Hypergestalten

Tabelle 1: Sprachliche Hierarchiebildung: Ausgangsmaterial: 360 Sätze mit 295 markierten Schlüsselbegriffen

geht. Eine komplexe Texteinheit soll nun auf das Wesentliche komprimiert wer-den. Durch die verdichtende Repräsentation der Textgruppe wird es möglich wer-den, daß sie später – trotz der begrenzten Informationsverarbeitungsfähigkeit des Bewußtseins – bewußt weiter verarbeitet werden kann. Ich werde im nächsten Ab-schn. zeigen, wie diese verdichtende oder selektive Repräsentation erfolgen kann.

6) *Kontrolle und Begründung.* Durch die selektive Repräsentation wird die Kom-plexität der sprachlichen Gestalt reduziert. Die Textgruppe wird wieder durch einen kurzen Text oder einen einfachen Satz zusammengefaßt. Es stellt sich nun

die Frage, ob eine sprachliche Repräsentation durch weitere Sätze in der Datenbasis begründet oder widerlegt wird. Es kann ja Texte geben, die in Widerspruch stehen zur selektiven Repräsentation der sprachlichen Gestalt. Für jede selektive Repräsentation sind also die authentischen Antworten oder Texte anzugeben, die sie stützen oder widerlegen. Zur Vermeidung von Fehlern sollen selektive Repräsentationen anhand der vorgegebenen Texte kontrolliert werden.

2.2 Sprachliche Gestaltbildung

Im folgenden zeige ich, wie die Lehrerantworten durch die oben beschriebenen Operationen zu sprachlichen Gestalten zusammengefaßt und selektiv repräsentiert werden können.

1) *Auswahl eines Begriffes, eines Satzes oder eines Clusters.* Je nach Interesse oder Problemlage wird die Aufmerksamkeit zunächst auf einen Begriff, einen Satz oder ein automatisch erzeugtes Cluster gerichtet. Um die Suchzeit abzukürzen ist es günstig, von Satzgruppen auszugehen. Man läßt sich zunächst vom PC eine Übersicht über nicht zu umfangreiche Cluster ausdrucken, wählt ein Cluster, liest die Texte des Clusters und wählt einen Satz oder mehrere Sätze, die auf die Problemsituation bezogen werden können und löscht jene Sätze aus der Textgruppe, die nicht entsprechen. Wir wählen z.B. den Satz

A65 Ich würde lieber als Klassenlehrer unterrichten, weil sich so niemand ganz für die Klasse verantwortlich fühlt; weil den Kindern die richtige Bezugsperson fehlt; weil ein Konkurrenzkampf vorhanden ist und weil man nicht imstande ist genügend zu planen.

2) *Aufsuchen weiterer Sätze.* Ausgehend von dem eben gewählten Satz werden weitere Texte in der Datenbasis gesucht, die mit Ersterem inhaltlich – über gemeinsame Begriffe – zusammenhängen. Dazu kann von einzelnen Ausdrücken des gewählten Satzes (oder eines der gewählten Sätze) aus navigiert werden, z.B. indem der Ausdruck Planung gewählt wird und alle Sätze, die über Planung etwas aussagen, betrachtet werden. Es gibt im Programm WINRELAN eine Reihe unterschiedlicher Navigationsmöglichkeiten, auf die ich hier nicht eingehen kann. So kann man z.B. auch mehrere Begriffe vorgeben, die in den gesuchten Sätzen vorkommen sollen. Damit ist es auch möglich zielorientiert zu navigieren, um zeitsparend Gruppen von drei bis zehn Sätzen zusammenzustellen.

3) *Bewertung und Selektion.* Bevor eine Satzgruppe akzeptiert wird, muß überprüft werden, ob sie intern konsistent ist. Dazu werden jeweils die Sätze, die einen Begriff gemeinsam enthalten, miteinander verglichen. Es werden im allgemeinen nur Sätze akzeptiert, die mit dem eigenen Meinungssystem (system of beliefs) vereinbar sind. Nur in seltenen Fällen, wenn die eigenen Meinungen immer wieder in Frage gestellt werden, wird eine damit unverträgliche neue Sicht akzeptiert.

Bei gemeinsamen Vorgehen wird man nicht nur das eigene Erfahrungs- und Meinungsnetz als Grundlage der Selektion verwenden, sondern außerdem objektiv nachvollziehbare Bewertungskriterien, die in einer Metadiskussion ausgehandelt werden müssen (siehe Abschnitt 2.4).

4) *Integration zu einer komplexeren Einheit.* Ausgehend von unserem oben zitierten Satz *A65* wurden durch obiges Vorgehen die Sätze *A08, B66, B47, E33, E29, B64* hinzugefügt. Wir erhielten dadurch die folgende Satzgruppe:

A65 Ich würde lieber als Klassenlehrer unterrichten, weil sich so niemand ganz für die Klasse verantwortlich fühlt; weil den Kindern die richtige Bezugsperson fehlt; weil ein Konkurrenzkampf vorhanden ist und weil man nicht imstande ist genügend zu planen.

A08 Die Ernüchterung, die nach großen Erwartungen und einem Schuljahr eingetreten ist, basiert auf der Erfahrung, daß die Teamkollegen möglichst wenig Einsatz beim Unterricht und geringe Mitarbeit bei der Planung zeigten.

B66 Negative Erfahrung: Bei kleinen Klassen Tendenz, daß Kinder unselbständig werden, Lehrer schieben Verantwortung ab, Unordnung in den Klassen, mangelnde Bereitschaft, mangelnder Einsatz und Zeitaufwand einiger Lehrer, Schwierigkeit der Lehrer, Kritik zu akzeptieren.

B47 Mehr Befriedigung brächte mir der Unterricht ohne Teamunterricht, als Klassenlehrer. Die Beziehung zu den Kindern war früher tiefer. Für eine Klasse mit Disziplinschwierigkeiten ist der Unterricht eines einzigen Klassenlehrers günstiger. Vorteile der Reform: Differenzierung. Nachteile: Sie führt zu einer gewissen Unverantwortlichkeit, Gleichgültigkeit bei gewissen Lehrern.

E33 Man hat nicht mehr so sehr den Bezug zu einer Klasse, fühlt sich nicht mehr so verantwortlich und wird gleichgültiger. In großen Klassen wird die Reform sinnvoller sein, in kleinen Klassen kaum. Die Schüler sind unruhiger und müssen nach jedem Lehrerwechsel beruhigt werden. In jedem Fach werden sie voll gefordert.

E29 Die Beziehung Lehrer-Schüler geht leider verloren. Die Verantwortung ist dreigeteilt – finde ich absolut nicht gut – Die eigene Freude am Unterricht geht verloren. Für viele Lehrer nur mehr ein Job.

B64 Für Klassen mit geringer Schülerzahl nur dann geeignet, wenn ein großer Leistungsunterschied besteht, ansonsten besteht die Gefahr, daß die Schüler unselbständig werden.

Da die obigen Sätze insgesamt nicht leicht überblickbar sind, sollen sie durch Angabe eines idealen Beispiels erklärt werden. Dabei wird auf eine konkrete Schulsituation in einer konkreten Schule hingewiesen werden. Anhand des Beispiels wird Schritt für Schritt gezeigt, wie die einzelnen Sätze insgesamt erfüllt werden können.

5) *Selektive Repräsentation.* Da sprachliche Gestalten später weiterverarbeitet werden sollen, ist es erforderlich, sie knapp zusammenzufassen. Wir suchen also eine Formulierung, durch die die wesentlichen Inhalte der sprachlichen Gestalt kurz repräsentiert werden.

	5	3	3	3	2	2	1	1	1
A65	Verantw					Planung	Konkurrenzka	Bezugsper	KlLehrer
A08				LwenigEins		Planung	Ernüchterung		
B66	Verantw		klKlassen	LwenigEins	unselbst		Kritik akzept	Orndung	abschieben
B47	Verantw	LSBez		LwenigEins			Differenziеru	Disziplin	
E33	Verantw	LSBez	klKlassen				Lehrerwechsel	Unruhe	grKlassen
E29	Verantw	LSBez					Job	Freude	
B64			klKlassen		unselbst		Gefahr		

Abbildung 2: Die Schlüsselbegriffe der oben wiedergegebenen Sätze

Betrachten wir die Schlüsselausdrücke der Abb. 2: Bei der Formulierung der selektiven Repräsentation gehen wir davon aus, daß die Inhalte der sprachlichen Gestalt durch die mehrfach in der Textgruppe vorkommenden Begriffe wesentlich mitbestimmt sind. Daher formulieren wir eine Zusammenfassung, indem wir im wesentlichen die in der Abb. 2 mehrfach vorkommenden Begriffe verwenden. Die selektive Repräsentation muß außerdem die Bedingung erfüllen: Wenn alle Sätze der Satzgruppe wahr sind, dann muß auch die selektive Repräsentation wahr sein. Es muß also eine logische Ableitung aus der Satzgruppe sein.

Wir repräsentieren dementsprechend die obigen Sätze *A65, A08, B66, B47, E33, E29, B64* (Abb. 2) durch die folgende Zusammenfassung (selektive Repräsentation *A8*):

> *A8 Die Verantwortung wird leichter abgeschoben. Einige Lehrer zeigen wenig Einsatz bei der Planung. Die Lehrer-Schüler-Beziehung wird schwächer. In kleinen Klassen werden die Schüler eher unselbständig.*

Trotz der Plausibiliät des Vorgehens kann eingewendet werden, daß die Gefahr einer unzulässigen Verallgemeinerung naheliegt: Die Sätze der sprachlichen Gestalt bezogen sich ja ursprünglich auf sehr spezielle, unterschiedliche Situationen. Umso wichtiger ist es daher, daß es dem Benutzer bewußt bleibt, daß die selektive Repräsentation zunächst nur auf das vorhin im Schritt 4 angegebene paradigmatische Beispiel in einem abgrenzbaren Anwendungsbereich und auf ähnliche Fälle bezogen werden darf.

6) *Kontrolle und Begründung.* Es können also Zweifel entstehen über mögliche Anwendungsbereiche einer sprachlichen Gestalt, so daß es unsicher bleibt, unter

welchen Bedingungen eine sprachliche Gestalt als Handlungs-, Orientierungs- oder Erklärungsschema akzeptiert werden soll. Die sprachliche Gestalt wurde ja nicht auf der Basis aller Sätze, die zum gegebenen Thema im vorgegebenen Kontext vorhanden sind, formuliert. Es wurden vielmehr nur einige Sätze ausgewählt.

Wir können aber die in der sprachlichen Gestalt behaupteten Zusammenhänge begründen oder kritisieren, indem wir alle Sätze auflisten, die im gegebenen Kontext zu den Zusammenhängen etwas aussagen. Das Programm WINRELAN bietet dazu einfach handhabbare Hilfen. Es wird untersucht, ob eine selektive Repräsentation einer sprachlichen Gestalt mit dem übrigen Kontext verträglich ist (externe Konsistenzüberprüfung). Wenn dies nicht der Fall ist, wird man den Widerspruch deutlich herausarbeiten, indem man für beide unverträgliche Meinungskomplexe eigene sprachliche Gestalten bildet. Dadurch kann auf Konflikte hingewiesen werden, die einer Weiterbearbeitung bedürfen.

2.3 Die Relevanzpyramide

1) *Von sprachlichen Gestalten zur Hypergestalt.* Durch die in 2.2 beschriebene Vorgangsweise wurden in unserem Beispiel 32 selektive Repräsentationen sprachlicher Gestalten gebildet. Wir können jetzt beginnen, die nun vorliegenden Texte zu sprachlichen Hypergestalten weiter zu verarbeiten. Das Verfahren ist genau gleich wie oben beschrieben und braucht nicht weiter erläutert zu werden. Ich präsentiere nur ein Beispiel:

Die selektiven Repräsentationen der sprachlichen Gestalten *A3, A7, A8, C7, D5* werden zur Hypergestalt *AE* zusammengefaßt:

A3 *Die Lehrer-Schüler-Beziehung ist oberflächlicher, weniger familiär geworden. Vor allem in kleinen Klassen führt der Lehrerwechsel zu Unruhe, zu größerer Schüler–Belastung und zur Verminderung der Selbständigkeit der Schüler. Einzelne Lehrer fühlen sich weniger verantwortlich. Positiv sind die Differenzierungsmöglichkeiten.*

A7 *Die Freiheit und Spontaneität des Lehrers wird eingeschränkt. Sein Verantwortungsgefühl wird geschwächt. Es bleibt wenig Freiraum für Gespräche, Feste, Feiern.*

A8 *Die Verantwortung wird durch Aufteilung auf mehrere Lehrer leichter abgeschoben. Einige Lehrer zeigen wenig Einsatz bei der Planung. Die Lehrer-Schüler-Beziehung wird schwächer. In kleinen Klassen werden die Schüler eher unselbständig.*

C7 *Durch Fächeraufteilung kann der Unterricht besser vorbereitet werden. Jedoch wird durch die Fächeraufteilung die Verantwortung leichter abgewälzt, die Schüler werden eher überfordert, es entsteht Zeitdruck, der Unterricht wird zersplittert, die Lehrer-Schüler-Beziehung wird schlechter.*

D5 *In kleinen Klassen ist die Kopräsenz überflüssig. Man fühlt sich nicht mehr so verantwortlich. Die Lehrer-Schüler-Beziehung wird oberflächlicher. In großen Klassen ist die Reform sinnvoll.*

Die Schlüsselbegriffe der Hypergestalt AE lauten:

	5	4	3	2	1	1	1	1	1
A3	Verantw	LS-Bez	klKlassen	S-Belastu	familiär	oberflächlich	Differenzieru	selbständig	Unruhe
A7	Verantw				Spontaneit	einengend	Freiheit		
A8	Verantw	LS-Bez	klKlassen		Planung	LwenigEins			
C7	Verantw	LS-Bez		S-Belastu	Zeitdruck	Zersplitterung	Vorbereitung	Fächerauft	
D5	Verantw	LS-Bez	klKlassen		unnötig	Kopräsenz	grKlassen		

Abbildung 3: Die Schlüsselbegriffe der sprachlichen Hypergestalt *AE*

Die obigen Texte werden folgenderweise selektiv repräsentiert:

AE *Von einzelnen Lehrern wird die Verantwortung abgewälzt. Die Lehrer-Schüler-Beziehung ist vor allem in kleinen Klassen oberflächlicher geworden. Vor allem in kleinen Klassen werden die Schüler überfordert (belastet).*

Insgesamt wurden bei unserem Beispiel aus den 32 selektiven Repräsentationen sprachlicher Gestalten neben AE noch die fünf weiteren selektiven Repräsentationen von Hypergestalten formuliert:

AA *Sorgfältige Planung und Absprachen über Erziehungsziele sind Voraussetzung für einen guten Teamunterricht. Die Festlegung von Erziehungszielen muß unbedingt gemeinsam erfolgen. Sonst können Unruhe und Disziplinprobleme entstehen.*

AB *Lehrer und Schüler sind größeren Belastungen ausgesetzt. Vor allem in kleinen Klassen führt der Teamunterricht und die Kopräsenz zur Schülerbelastung und zu Unruhe. Weiterbildung über Teamunterricht und Kopräsenz wären nötig.*

AC *Schülerbelastung, Zeitdruck und Unruhe in den unteren Klassen entstehen vor allem durch den Lehrerwechsel. Die Fächeraufteilung erlaubt eine bessere Vorbereitung, führt aber auch zur Abwälzung von Verantwortung. Eine feste Bezugsperson wäre da sehr wichtig, weil sich niemand ganz für die Klasse verantwortlich fühlt.*

AD *Durch Differenzierung können leistungsschwache und leistungsstarke Schüler individuell gefördert werden. Dies verlangt eine eingehende Planung. Überspitzte Differenzierung kann aber durch den Lehrerwechsel auch zur Überforderung der Schüler führen.*

AF In unteren Klassen werden die Schüler überfordert durch den Lehrerwechsel und den Stundenplan. Eine feste Bezugsperson wäre wichtig.

2) *Eine sprachliche Hypergestalt höherer Ordnung.* Schließlich werden die obigen sechs selektiven Repräsentationen von Hypergestalten zu einer einzigen Hypergestalt höherer Ordnung zusammengefaßt (siehe Abb. 4).

	5	3	3	2	2	2	2	2	2
AC	S-Belastung	Unruhe	Lehrerwechsel				Bezugspers	Verantw	untKlassen
AF	S-Belastung		Lehrerwechsel				Bezugspers		untKlassen
AD	S-Belastung		Lehrerwechsel			Planung			
AE	S-Belastung				klKlassen			Verantw	
AB	S-Belastung	Unruhe		Teamunterri	klKlassen				
AA		Unruhe		Teamunterri		Planung			

Abbildung 4: Die Schlüsselbegriffe einer Hypergestalt höherer Ordnung

Die selektive Repräsentation der Hypergestalt höherer Ordnung ist das Ergebnis, das man jemandem über die Lehrererfahrungen zur Schulreform mitteilen würde, wenn man in einem kurzen Gespräch nur wenig Zeit hat:

> *Der Lehrerwechsel führt vor allem in unteren Klassen und in kleinen Klassen zu Schülerbelastung bzw. Schülerüberforderung und zu Unruhe. In den unteren Klassen wäre eine feste Bezugsperson sehr wichtig. Eine sorgfältige Planung des Unterrichts ist notwendig. Von manchen Lehrern wird jedoch die Verantwortung abgewälzt.*

Damit haben wir die vorgegebenen Inhalte immer mehr komprimierend als Relevanzpyramide organisiert. Ein übergeordneter Text ist deswegen mehr relevant als ein darunterliegender, weil es für ihn mehr beispielhafte Anwendungen gibt als für einen in der Pyramide tiefer liegenden. Für den höher liegenden Text sind alle Anwendungen, die für die ihm untergeordneten Texte angegeben werden, auch mögliche Anwendungen. Aus diesem Grund sind die komprimierten Texte höherer Ebenen zur überblicksmäßigen Information für Führungskräfte besonders geeignet.

3) *Ist die Relevanzpyramide konsistent?* Wir gehen davon aus, daß die gegebenen Texte Widersprüche enthalten. Wenn wir daraus eine sprachliche Gestalt bilden, vermeiden wir es natürlich, widersprüchliche Sätze zu verknüpfen. D.h. wir bilden Textgruppen, die intern widerspruchsfrei sind. Dabei gehen wir durchaus vergleichbar vor wie bei der Wahrnehmung: Wir beziehen nur Inhalte in unsere Überlegungen ein, die zu den schon überlegten passen. Im Bereich der Wahrnehmung wird durch unsere Erwartungen wesentlich mitbestimmt, welche sensorischen Daten beachtet und zueinander in Beziehung gesetzt werden. Im Falle eines Mißverhältnisses zwischen dem, was wir erwarten, und dem, was geschieht, sind wir aber in der Lage, die vorher übersehenen Sinnesdaten, die noch gespeichert sind, neu zu betrachten und so unsere Wahrnehmungen zu korrigieren.

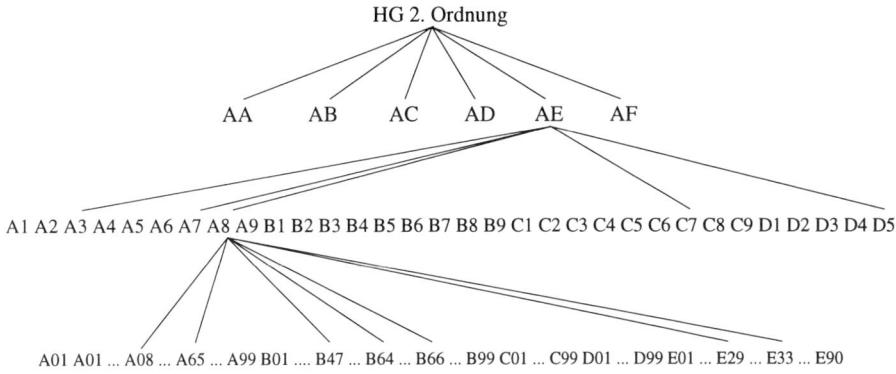

Abbildung 5: Von unten nach oben: Authentische Texte, sprachliche Gestalten, sprachliche Hypergestalten, eine Hypergestalt höherer Ordnung. Die Linien zwischen den Ebenen beziehen sich auf das oben dargestellte Beispiel. Jede Ebene stellt ein linguistisches Netz dar – von unten nach oben mit abnehmender Komplexität.

Dies ist bei der Textbearbeitung durch GABEK auch der Fall. Wenn eine sprachliche Gestalt nicht problemadäquat erscheint, wird neuerlich versucht durch Einbeziehung anderer Texte eine veränderte sprachliche Gestalt zu bilden. So ist es auch möglich, daß wir zwei sprachliche Gestalten hintereinander bilden, die sich widersprechen. Widerspruchsfreiheit kann nur innerhalb einer sprachlichen Einheit garantiert werden.

Wenn wir jedoch sprachliche Gestalten zu einer Hypergestalt *H1* zusammenfassen, so vermeiden wir es wieder, unverträgliche Textgruppen miteinander zu verknüpfen. Prinzipiell wäre es wohl möglich, auch hier wieder eine Hypergestalt *H2* zu bilden, die mit *H1* unverträglich ist. Da wir aber dazu neigen, nur solche sprachliche Gestalten zu bilden, die mit unserem persönlichen Erfahrungs- und Glaubenssystem verträglich sind, werden nicht viele sprachliche Gestalten vorliegen, die zur Hypergestalt *H1* im Widerspruch stehen. Die Verarbeitung ungeordneter authentischer Äußerungen zu einer Relevanzpyramide ist eben ein selektives Verfahren, das darauf beruht, daß von unten nach oben sinnvolle Texteinheiten gebildet werden, die wenigstens der Intention nach anwendbar sind. Wenn sich Widersprüche noch bis zur Ebene der Hypergestalten finden, so ist dies ein Hinweis darauf, daß reale Konflikte vorliegen und daß nach spezifischen Bedingungen gesucht werden soll, unter denen *H1* oder unter denen *H2* zutrifft.

In unserem Beispielfall gibt es nur zwei Paare widersprüchlicher sprachlicher Gestalten. Dies liegt aber daran, daß das authentische Textmaterial vorselektiert worden ist. Um zu testen, wie eine einzelne Person am Erfahrungsmaterial aller befragten Lehrer lernen kann, habe ich eine Lehrerin gebeten, zunächst alle

Texte zu streichen, die ihrer Meinung nach auf ihre spezielle Schulsituation im 3. Jahr der Schulreform nicht zutreffen. Sie hat ungefähr 1/5 der Texte gelöscht. Unser Beispiel bezieht sich nur auf die verbliebenen 4/5 der Texte. Daher ist die hier besprochene Relevanzpyramide viel konsistenter, als man es normalerweise erwarten darf. Man könnte nun auch die gelöschten Texte, von denen sich die Lehrerin distanzierte, als eine getrennte Relevanzpyramide darstellen.

2.4 Kommunikative Wissensverarbeitung

Als transparentes Ergebnis ist die obige hierarchische Darstellung zwischen unterschiedlichen Personen oder Personengruppen rational diskutierbar. Wenn z.B. der Schulamtsleiter nach einer *Erklärung* für die Äußerung *HG* 2. Ordnung fragt, so können die sechs Sätze *AA,...,AF* angegeben werden, aus denen die *HG* 2. Ordnung folgt. Ebenso kann für jeden weiteren Satz auf einer der höheren Ebenen eine Erklärung durch die jeweils untergeordneten Sätze gegeben werden.

Wenn nach einer *Begründung* irgendeines Teilzusammenhanges zwischen zwei "Variablen" gefragt wird, können genau alle authentischen Texte angegeben werden, die diese zwei "Variablen" enthalten. Sind darunter auch Sätze, die im Widerspruch zum behaupteten Teilzusammenhang stehen, so wird die Behauptung *kritisiert*. Widersprüche und Konflikte werden damit offenkundig.

Schließlich kann noch gefragt werden, wie ein Text auf irgendeiner Ebene zu *verstehen* sei. Die Antwort darauf besteht darin, daß das Netz der Texte, das um den fraglichen Text herum angeordnet ist, expliziert wird. Man versteht einen Text, indem man ihn in in einen größeren Zusammenhang einordnet. Auf diese Frage wird man also in der Waagrechten navigieren. Jede Ebene der Abb. 5 stellt ein eigenständiges Netz von Aussagen dar. Nur für die oberste Aussage *HG* 2. Ordnung gibt es kein umfassendes Aussagennetz. Man könnte diese Aussage aber verständlich machen, indem man sie in einen größeren Kontext einordnet.

Sprachliche Gestalten können aber nicht nur interaktiv überprüft und rational diskutiert werden. Sie können auch im Gespräch kommunikativ entwickelt werden. Gemeinsame Gestaltbildung fasse ich als kommunikatives Lernen auf. Ich behandle diesen Prozeß nur kurz, da schon vieles gesagt wurde.

1) *Einigung auf ein Thema.* Zunächst müssen sich wenigstens zwei Personen auf einen Begriff, einen Satz oder eine Satzgruppe einigen, die als Ausgangspunkt ihres Diskurses dienen. Wie sich aus empirischen Versuchen in verschiedenen Gesprächssituationen ergeben hat, kann sich das Gespräch vom anfänglichen Thema sehr schnell auf ein neues Thema zubewegen, so daß ein ungünstiger Ausgangspunkt meistens schnell verlassen wird [Zelger 1990].

2) *Abwechselnde Vorschläge.* Das Gespräch ist die Normalform des Lernens. Sind zwei Personen beteiligt, so werden dabei bereits drei "Datenbasen" verwendet. Einmal vollzieht sich das Gespräch über die externen verbalen Daten, auf die

die Gesprächsteilnehmer individuell zugreifen und die sie neu strukturieren und ordnen. Darüberhinaus hat jeder Gesprächsteilnehmer Zugang zu seinem persönlichen Vorwissen. Dadurch bieten die Gesprächspartner eine Erweiterung der Wissensbasis an, über die navigiert werden kann. Lernen ist immer nur in einer erfahrbaren Umwelt oder in einer weiteren Umwelt des Wissens möglich.

3) *Gemeinsame Bewertung und Selektion.* Wenn die Gesprächsteilnehmer über die Selektion von Inhalten der Datenbasis nicht übereinstimmen, werden sie vorübergehend von der Objektebene des Gesprächs auf die Metaebene übergehen. Selektionskriterien können in einem Metagespräch vereinbart werden, etwa Normen, Werturteile darüber, wohin das Objektgespräch führen soll. Es genügt also nicht, Inhalte der sprachlichen Objektebene zu bearbeiten. Das Gespräch muß sich gleichzeitig auch auf Werturteile beziehen, die die Auswahl von Inhalten in der sprachlichen Objektebene steuern. Sonst wäre das Lernen blind oder zufällig. In besonderen Fällen kann das zentrale Anliegen des Gesprächs ganz auf die Metaebene übergehen. Bemühungen zur Wissensorganisation nur auf der objektsprachlichen Ebene sind nicht zielführend.

4) *Verknüpfung zu einer komplexen Einheit.* Lernen vollzieht sich im Gespräch durch systematische Verbindung sprachlicher Einheiten. Dies geschieht dadurch, daß abwechselnd durch Fragen und Antworten, bzw. Vorschläge und Gegenvorschläge, immer wieder auf Begriffe und Inhalte, die im Gespräch schon verwendet worden sind, zurückgegriffen wird. Im Gespräch werden dadurch Aussagen verknüpft. Es läßt sich deswegen durch ein Ausdrucksnetz repräsentieren.

Bei Anwendung des PC-Programms WINRELAN können von den Gesprächsteilnehmern – wie im Spiel – abwechselnd Sätze zur Textgruppe hinzugefügt oder gelöscht werden. Wenn man über die externe Datenbasis hinaus Neuformulierungen zulassen will, so können Texte auch abwechselnd redigiert oder neu verfaßt werden. Der PC bietet zu jeder Zeit für beide Gesprächsteilnehmer eine klare Übersicht über den Stand des Diskurses. Die Metadiskussion wird normalerweise bloß mündlich erfolgen.

Kommunikatives Lernen kann zum Konsens führen oder bewußt machen, daß die Gesprächspartner in bestimmten Bereichen nicht übereinstimmen. Ein Konsens wird so lange angestrebt, bis die gemeinsam konstruierten und von den Gesprächspartnern akzeptierten sprachlichen Gestalten ausreichen, das notwendige gemeinsame Handeln zu organisieren. Meistens wird eine Interpretation nötig sein, die durch Hinweise auf Anwendungsmöglichkeiten erfolgt.

5) *Eine übersichtliche Zusammenfassung.* Das Ergebnis eines Gesprächs – im Idealfall eine sprachliche Gestalt – soll intersubjektiv rekonstruierbar und mitteilbar sein. Das Ergebnis von Gesprächen soll deswegen kurz zusammengefaßt werden, um dessen Ergebnisse zu sichern.

6) *Kritik und Begründung.* Um zu überprüfen, ob die Gesprächspartner überein-

stimmen oder nicht, werden sie versuchen, ideale Anwendungsbeispiele in einem konkreten Handlungsbereich zu suchen. Sie können ein Beispiel vorschlagen, das die Erfüllbarkeit der abstrakten sprachlichen Zusammenhänge belegt. Oder sie können ein Gegenbeispiel aus dem intendierten Anwendungsbereich aufweisen, das die sprachliche Gestalt widerlegt.

Wenn auf Beispiele nicht bloß hingewiesen wird, kann die Interaktion auf die Ebene kooperativen Handelns übergehen. Die Partner führen gemeinsam oder abwechselnd Handlungen aus, durch die in einem materiellen Modelliermedium [Pask 1976] eine Anwendung realisiert wird, die die Bedingungen des sprachlichen Konstrukts erfüllt. Weil Lernen ein bewertender, selektiver Prozeß ist, muß sich also auch der interaktive Lernprozeß wenigstens auf zwei Ebenen abspielen. Entweder auf der objektsprachlichen und metasprachlichen Ebene oder auf der objektsprachlichen und praktischen Anwendungsebene oder idealerweise auf allen dreien.

2.5 Wissensverarbeitung in komplexen Institutionen

Es stellt sich hier die Frage, wie die Erfahrungen und das Wissen von sehr vielen Menschen in großen Gesellschaften oder in komplexen Institutionen verarbeitet werden kann. Auf keinen Fall wäre es vernünftig, Meinungen von vielen tausend Mitarbeitern eines Konzerns, die in unterschiedlichen Unternehmen arbeiten, auf gleicher Ebene zu bearbeiten. Nun ist aber jede Gesellschaft und jede Institution strukturiert. Wenn wir über die Art der Strukturierung etwas wissen, dann kann das Verfahren GABEK auch zur Untersuchung ganzer Gesellschaften eingesetzt werden. Ich deute dies nur an:

In komplexen Institutionen sollte man zunächst die Meinungen jeder Interessengruppe oder jeder Abteilung für sich analysieren und hierarchisch darstellen – wie oben dargelegt wurde. Erst in einem weiteren Schritt sollte man dann die Relevanzpyramiden der Interessengruppen oder Abteilungen miteinander vernetzen.

Dazu wählt man eine mittlere Ebene jeder Relevanzpyramide aus, auf der erstens das Textmaterial bereits so weit selektiert worden ist, daß man eine Weiterverarbeitung zeitlich und kostenmäßig rechtfertigen kann. Zweitens muß die Ebene jeder Relevanzpyramide derart gewählt werden, daß die Aussagen mit den Aussagen der anderen Relevanzpyramiden noch hinreichend vernetzt werden können. Denn wenn man eine zu hohe Ebene wählt, wird die Ausdrucksliste so eingeschränkt, daß verschiedene Relevanzpyramiden nicht mehr über gemeinsame Schlüsselbegriffe verknüpft werden können.

In bezug auf unser Beispiel könnte man z.B. getrennte Relevanzpyramiden, die sich aus Befragungsergebnissen von Lehrern, Eltern, Schülern und Direktoren ergeben, verknüpfen (siehe Abb. 6). Desweiteren könnte man Erziehungswissenschaftler befragen. Und man könnte auch die Erwartungen verschiedener Berufsgruppen an die Schule erheben. Die selektiven Repräsentationen auf der 2. (sprachliche Gestalten) oder 3. Ebene (Hypergestalten) werden jeweils als Datenbasis für die nächsthöhere Relevanzpyramide verwendet. Die Ergebnisse könnte man dann laut Abb. 6 miteinander in Zusammenhang bringen.

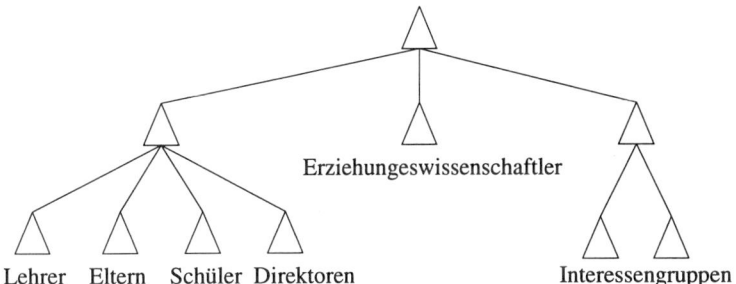

Abbildung 6: Beispiel einer Verknüpfung von Befragungsergebnissen in komplexen Institutionen

Es gibt viele Möglichkeiten, auf eine solche Art die Wissensverarbeitung zu strukturieren. In jedem Fall soll die Grundstruktur der Analyse sorgfältig gerechtfertigt werden. Sie soll sich an der Organisationsstruktur der Institution ausrichten.

Im allgemeinen wird es vernünftig sein, eine mehr ganzheitliche Analyse auf einer breiteren Grundlage anzustreben und dafür aus den einzelnen Gruppierungen, Abteilungen usw. weniger Personen zu befragen, als umgekehrt. Denn die Problemsituation soll von möglichst vielen Perspektiven gesehen und entsprechend an unterschiedlichen Stellen der Institution über viele unterschiedliche Maßnahmen bearbeitet werden. Damit kommen wir bereits zur Frage, wie hierarchisch rekonstruierte Texte – auf die sich die Gesprächsteilnehmer einigen konnten – zur praktischen Problembearbeitung verwendet werden können.

3 Kreative Wissensumsetzung

Es gibt unterschiedliche Weisen, die hierarchisch geordneten Texte zur praktischen Problembewältigung zu verwenden. Normalsprachliche Texte enthalten meistens bunt vermischt theoretisches Wissen, Beschreibungen der physischen Umwelt, Bewertungen, Gefühlsäußerungen, Meinungen zur Weltanschauung, Ziele, Phantasien usw. Im folgenden zeige ich, wie bereits das Herausfiltern der theoretischen Meinungen der Befragten ein großes Problemlösungspotential eröffnet.

Wir verwenden dazu nur Texte, die Meinungen über kausale Zusammenhänge zwischen Variablen zum Ausdruck bringen. Um einen raschen Überblick zu gewinnen, könnten wir von der Ebene der Hypergestalten ausgehen und dann schrittweise die Analyse vertiefen, indem wir die Texte der sprachlichen Gestaltebene analysieren, um schließlich zur Ebene aller authentischen Texte überzugehen. Aus Platzgründen analysiere ich hier nur die mittlere Ebene der sprachlichen Gestalten. Man kann also die Komplexität dieser Analyse reduzieren, indem man auf die höhere Ebene der Hypergestalten übergeht oder erhöhen, indem man nach unten zu den Originalantworten überwechselt. Dabei kann man die Variablen, die auf den höheren Ebenen auftauchen, als zentrale Variablen auffassen, da sie in mehr intendierten Anwendungen eine Rolle spielen.

Wir gehen folgenderweise vor: Wir lassen uns vom PC für jeden Schlüsselbegriff, der auf der Ebene der sprachlichen Gestalten vorkommt, alle Texte vorlegen, die den entsprechenden Schlüsselbegriff enthalten. Wenn ein solcher Text eine Kausalbehauptung enthält, dann zeichnen wir sie in Form eines Pfeiles auf. Ein Pfeil zwischen den zwei Variablen *A* und *B* zeigt an, daß in einer selektiv repräsentierten sprachlichen Gestalt von der Variablen *A* eine Kausalwirkung auf die Variable *B* angenommen worden ist. Wenn bei *B* ein "minus" eingetragen ist, so wird dadurch angedeutet, daß eine Reduzierung, Schwächung oder Verminderung der Variablen *B* vermutet wird. In Ermangelung schärferer Informationen fasse ich diese Aussagen als qualitative und nicht als quantitative Aussagen auf. Wir erhalten so z.B. für die Variable *Teamunterricht* – auf der Ebene der sprachlichen Gestalten – die folgenden Kausalmeinungen (Abb. 7):

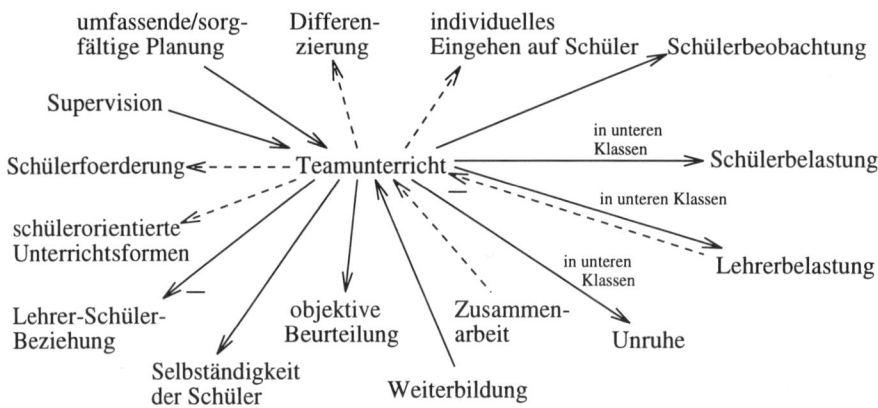

Abbildung 7: Kausalbeziehungen der Variablen *Teamunterricht* auf der mittleren Komplexitätsebene der sprachlichen Gestalten. Auf der untersten Ebene der authentischen Aussagen wäre das Geflecht der Kausalannahmen viel dichter.

Erkenntnistheoretisch setze ich hier voraus, daß Kausalhypothesen auf der Grundlage normaler Lebenserfahrungen aufgestellt und in normalen Gesprächen auch vermittelt werden. Wir gehen davon aus, daß Lehrer wie Meßfühler an verschiedenen Punkten des Problemgebietes Angaben über die Problemsituation machen

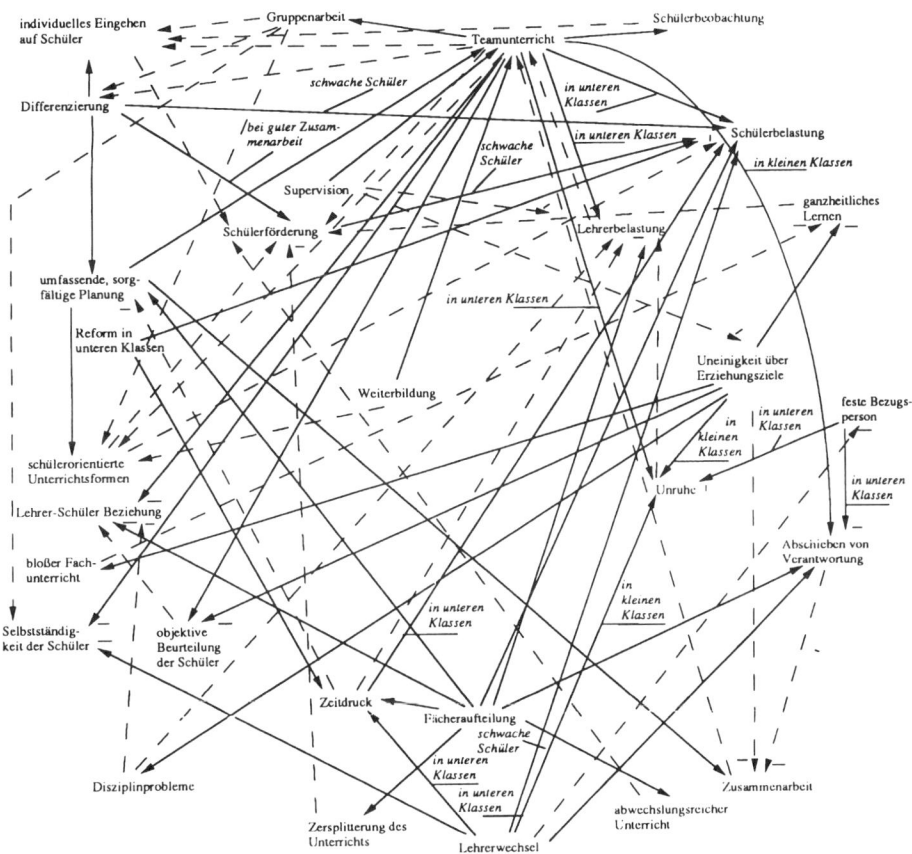

Abbildung 8: Wirkungsgefüge auf der mittleren Komplexitätsebene der sprachlichen Gestalten. Auf der untersten Ebene würde das Wirkungsgefüge Kausalannahmen zwischen ca. 100 Variablen enthalten.

können. Die fast vollständige Widerspruchsfreiheit des Wirkungsgefüges spricht dafür, daß solche Kausalannahmen auch vernünftig vertreten werden können. Jedoch bleibt das Wirkungsgefüge unvollständig. Es gibt auf jeden Fall noch weitere Wirkungsbeziehungen, an die nicht gedacht worden ist. Daher sollte das Gesamtnetz nun weiter diskutiert und ergänzt werden. Erst hier erhalten Experten ihre Aufgabe: Sie sollten weitere kausale Hypothesen in das Netz eintragen und das Ergebnis mit den verantwortlichen Führungskräften diskutieren. Die gestrichelten Kausalannahmen wurden in Abb. 8 von einem Experten hinzugefügt. Für alle Variablen der Ebene der sprachlichen Gestalten ergibt sich auf der mittleren Komplexitätsebene der Graph in Abbildung 8.

3.1 Ziele und Maßnahmen

Einige Variablen im Wirkungsgefüge (Abb. 8) können als Ziele bestimmt werden:
So z.B. *Entlastung der Schüler* (diese Variable kommt im Wirkungsgefüge nur
negativ als "Schülerbelastung" vor), *Selbständigkeit der Schüler, Schülerförde-
rung, eine gute Lehrer-Schüler-Beziehung* und *eine geringere Lehrerbelastung.* Es
ist wichtig, daß immer wieder über die zentralen Ziele reflektiert wird. Schon
deswegen, weil sich sonst leicht Mittel verselbständigen und zum Selbstzweck
werden, d.h. als Ziele aufgefaßt werden, obwohl sie nur sinnvoll sind, wenn sie
die Realisierung von Zielen fördern. Man sollte also durch wiederholten Diskurs
zwischen Mitarbeitern und Betroffenen immer wieder klären, welche Variablen als
Ziele und welche als Mittel aufgefaßt werden [Moravcsik 1994]. Die Unterscheidung zwischen Mitteln und Zielen ist aber flexibel. *Teamunterricht* ist z.B. ein
Mittel, kann aber im Rahmen didaktischer Forschung auch ein Ziel sein. Es muß
auch nicht eine vollständige Übereinstimmung über Ziele erreicht werden. Wenn
z.B. *Entlastung der Schüler* von der Schulbehörde als Ziel aufgefaßt wird, so
könnte doch ein Lehrer in einer speziellen Klassensituation mit lockerer Arbeit-
satmosphäre dies seinerseits nicht als Ziel setzen. Es sind vielmehr sehr differenzierte, situationsangepaßte Entscheidungen über Ziele sinnvoll.

Ich kann hier nicht alle Verfahren beschreiben, die eine vernünftige Auswahl
von Zielen unterstützen [Zelger 1986]. Entscheidungsträger sollten zumindest die
Bewertungen berücksichtigen, die in der Textbasis zum Ausdruck kommen. So
wurde z.B. von ca. einem Achtel der Lehrer die Meinung vertreten, daß sich mit
der Schulreform die Lehrer-Schüler-Beziehung verschlechtert habe – obwohl in der
offenen Frage nicht danach gefragt worden war. Und niemand hat das Gegenteil
vertreten. Dies weist darauf hin, daß die Variable *Lehrer-Schüler-Beziehung* den
Lehrern sehr wichtig ist und daher auf jeden Fall als Ziel gewählt werden sollte.
(Zur Erarbeitung eines Bewertungsprofils, das auf der Grundlage der analysierten Texte Argumente zur Gewichtung aller Variablen liefert, siehe [Zelger 1993,
S. 154ff.]).

Neben der Zielgewichtung muß auch noch überprüft werden, welche mittel-
und langfristigen Folgen bei Realisierung der Ziele erwartet werden. Man wird
also in Abb. 8 – den Pfeilen folgend – die Auswirkungen der Ziele erkunden und
wird fragen: *"Welche Veränderungen können durch Realisierung der Ziele noch
bewirkt werden, die durch die analysierten Texte nicht belegt sind?"* Zusätzliche
Vermutungen kann man gestrichelt in das Wirkungsgefüge eintragen.

Wenn die Ziele klar sind, wird man nach Mitteln zu deren Realisierung suchen. Die Steuerung eines komplexen Systems erfordert immer auch komplexe
Maßnahmen. Man muß also nachschauen, bei welchen Variablen überhaupt ein
Eingriff möglich ist und wird eine parallel durchgeführte Beeinflussung durch
mehrere Maßnahmen anstreben. Es geht um die Frage, an welchen Knoten im

Wirkungsgefüge (Abb. 8) sozusagen "gedreht" werden kann. Für Eingriffe eignen sich vor allem *aktive Variablen*. Das sind solche, von denen viele Pfeile ausgehen. In Frage kommen aber auch *kritische Variablen*, von denen viele Pfeile ausgehen und zu denen viele Pfeile hinweisen [Vester 1986]. *Aktive und kritische Variablen, die sich für Maßnahmen eignen*, sind in unserer reduzierten Übersicht (Abb. 8): *Lehrerwechsel (vor allem in unteren und kleinen Klassen), Weiterbildung, Supervision, Gespräche über Erziehungsziele* (in der Übersicht bloß negativ als "Uneinigkeit über Erziehungsziele" enthalten), *Fächeraufteilung (vor allem in unteren Klassen), sorgfältige Planung (und Stundenplan), Teamunterricht (vor allem in unteren und kleinen Klassen), ganzheitliches Lernen, handlungs- und schülerorientierte Arbeitsformen, Gruppenarbeit, Differenzierung.*

Da viele Variablen kaum direkt verändert werden können, wird es notwendig sein, sich auf Ursachen dieser Variablen zu konzentrieren. Gelegentlich muß man weiter zurückgehen und versuchen, die Ursachen von Ursachen einer Ursache der gewünschten Veränderung zu beeinflussen.

3.2 Maßnahmen am Beispiel der Lehrer-Schüler-Beziehung

Ich möchte nun wenigstens für ein Ziel zeigen, wie anhand des Wirkungsgefüges Mittel bzw. Maßnahmen zur Verbesserung der Situation gefunden werden können. Da sowohl Entscheidungsträger, leitende Beamte wie auch Lehrer mit dem Problem befaßt sind, zeige ich, daß diese in ihren verschiedenen Rollen sehr unterschiedlich und differenziert Maßnahmen setzen können, ohne daß die Integration des Problemlösungsprozesses gestört wird.

Zunächst einmal möchte man annehmen, daß der Gesetzgeber nichts zur Verbesserung der *Lehrer-Schüler-Beziehung* beitragen könnte. Sehen wir uns jedoch das Wirkungsgefüge (Abb. 8) genauer an. Die Lehrer-Schüler-Beziehung verschlechtert sich durch den *Teamunterricht* und die *Fächeraufteilung*, die beide in der Reform als Maßnahmen eingeführt worden waren. Außerdem werden als mögliche Ursache (gestrichelt) *Disziplinprobleme* angegeben. Eine positive Beeinflussung kann über die durch die Reform verbesserte *objektive Schülerbeurteilung* erwartet werden.

Wir sehen hier, daß diese Grobstruktur – die auf der mittleren Komplexitätsebene erreicht wird – noch nicht hinreicht, um Maßnahmen zu planen. Betrachten wir also die Zusammenhänge rund um die Lehrer-Schüler-Beziehung auf der komplexesten Ebene der authentischen Aussagen. Das entsprechende sehr komplexe Wirkungsgefüge mit ca. 100 Variablen kann hier aus Platzgründen nicht wiedergegeben werden. Als unmittelbare Ursachen für die Verschlechterung der Lehrer-Schüler-Beziehung werden dort angegeben [Baur und Zelger 1993]: *Lehrerwechsel, Zeitdruck, Lehrer unter sich beschäftigt, zu wenig Zeit in der Klasse, zu viele Lehrer, Reform in kleinen Klassen, Bezugsperson fehlt oder zu viele Be-*

zugspersonen, zu wenig Zeit für Gespräche mit den Kindern sowie für Feiern, Feste, Lehrausgänge, erzwungenes Abbrechen der Stunde. Wie man sieht, tauchen hier wesentlich mehr kausal relevante Variablen auf. Bei der Planung von Maßnahmen sollten wir sie alle berücksichtigen. Sollte über die Bedeutung dieser Variablen Unklarheit bestehen, wird man die entsprechenden Texte lesen.

Der Gesetzgeber könnte durch *Revision der Reform in kleinen Klassen und in den unteren Klassen,* sowie durch Abschaffung der *Fächeraufteilung in den unteren Klassen* gegensteuern. Diese Maßnahmen können anhand des vollständigen Wirkungsgefüges begründet werden. Verkürzt lesen sich die Argumente wie folgt:

Die *Reform in kleinen Klassen* führt laut Erfahrung von Lehrern zu einer *oberflächlicheren Lehrer-Schüler-Beziehung* und hat auch andere negative Wirkungen: Der *Teamunterricht belastet den Lehrer* mehr in *kleinen und/oder in unteren Klassen.* Dort führt die Reform auch zu größerer *Schülerbelastung.* Die *Selbständigkeit der Schüler* nimmt durch *Teamunterricht vor allem in kleinen Klassen* ab. Der Unterricht ist durch die *Reform in kleinen Klassen* auch *weniger ganzheitlich.* Schließlich führt die *Reform in unteren Klassen* dazu, daß die Schüler mit der *Bezugsperson* Schwierigkeiten haben. Dies aber verschlechtert auch das *Lehrer-Schüler-Verhältnis.*

Einen negativen Einfluß auf das *Lehrer-Schüler-Verhältnis* und auf viele weitere Variablen haben *Lehrerwechsel* und *Zeitdruck,* so daß man hier unbedingt eingreifen muß. Man könnte sie durch Rücknahme der *Fächeraufteilung* positiv beeinflussen. Die *Fächeraufteilung* hat nämlich einen größeren *Zeitdruck, Streß* sowie *Schülerbelastung* zur Folge, reduziert über *Fachlehrer* den *ganzheitlichen Unterricht* und wirkt in Richtung eines bloßen *Fachunterrichts,* der sich wieder negativ auf das *Lehrer-Schüler-Verhältnis* auswirkt. Auf der anderen Seite hat aber die *Fächeraufteilung* positive Folgen für den Lehrer. Sie führt zur *Lehrerentlastung, besseren Vorbereitung, Abwechslung.* Aufgrund dieser sowohl positiven als auch negativen Wirkungen muß in bezug auf *Fächeraufteilung* eine vorsichtige Strategie empfohlen werden. Man wird wohl keine großen Fehler machen, wenn man die *Fächeraufteilung* in den unteren Klassen zurücknimmt, sie aber für die oberen Klassen beibehält.

Die Lehrer und Teams werden ihrerseits gefordert, mit den Zeitproblemen fertig zu werden *(Lehrerwechsel, Zeitdruck, weniger Zeit in der Klasse, Abbrechen der Stunde* verschlechtern nämlich laut Lehrermeinung die *Lehrer-Schüler-Beziehung).* Dies ist durch den *Stundenplan* möglich. Laut Lehrererfahrung erfordert der *Stundenplan* aufwendige *Mehrarbeit* infolge der notwendigen *gemeinsamen Planung.* Dies ist aber eine Variable, die ansonsten fast nur positive Folgen hat, wenn man von der dadurch reduzierten *Spontaneität* und der erforderlichen *Mehrarbeit* absieht. Auf *gemeinsame Planung* ist daher größte Sorgfalt zu legen.

Die Lehrpersonen könnten auch versuchen, durch *Gespräche mit den Kindern, Feiern, Feste, Lehrausgänge* auf das *Klassenklima* einzuwirken. Vielleicht finden sie einen Weg, die Probleme im Team *(Lehrer unter sich beschäftigt)* so zu behandeln *(Probleme besprechen)*, daß die *Lehrer-Schüler-Beziehung* verbessert wird. Sie könnten sich auch überlegen, wie in *unteren Klassen* das Problem der *Bezugsperson* gelöst werden kann. Es wird dazu aber keine einheitlichen Lösungen geben.

Das Team könnte ferner mit Zielrichtung der *gemeinsamen Planung Supervisionsmöglichkeiten* anstreben und entsprechende *Fortbildungsangebote* aufsuchen. *Supervision* und *Fortbildung* werden auch die *Teamarbeit* verbessern und infolgedessen indirekt auf fast alle Variablen positiv einwirken, wenn sie speziell auf *Teamarbeit* und *gemeinsame Planung* ausgerichtet sind.

Es mag überraschen, daß wir mit unserem Anliegen der Verbesserung der *Lehrer-Schüler-Beziehung* u.a. bei Maßnahmen zur Verbesserung der gemeinsamen *Planung* angelangt sind. Tatsächlich gibt es viele Variablen, die nur über weite Umwege beeinflußt werden können. So kann *Fortbildung* die *gemeinsame Planung* verbessern durch Einübung in Planungsverfahren und durch Diskussion von Prioritäten und Prinzipien. *Fortbildung* kann laut Lehrermeinung auch die *Diskussions- und Kooperationsbereitschaft* verbessern, sie kann dem *Fachlehrertum* entgegenwirken und kann Mittel und Wege zur Verbesserung der *Teamarbeit* anbieten. *Fortbildung* verbessert auch das *schülerorientierte Arbeiten* und kann über Vermehrung von *handlungs- und schülerorientierten Arbeitsformen* auch die *Selbständigkeit der Schüler* und dadurch den *Unterrichtserfolg* verbessern. Dies würde aber bedeuten, daß *das Schulamt und die Pädagogischen Institute* als Maßnahme anstelle von fachspezifischen Seminaren speziell *Fortbildungsveranstaltungen* und *Supervisionsmöglichkeiten* anbieten müßten, die spezifisch ausgerichtet sind auf *handlungs- und schülerorientierte Arbeitsformen*, auf *fächerübergreifenden Unterricht, gemeinsame Planung, Kommunikationsweisen, Formen der Teamarbeit, Gefühls- und Persönlichkeitserziehung*. Da das bloße Angebot zu wenig ist, müßten spezielle Werbemaßnahmen gesetzt werden, durch die die Lehrer für solche Fortbildungsveranstaltungen motiviert werden.

3.3 Integration der Maßnahmen

Wir haben bislang bloß die Suche nach Maßnahmen zur Verbesserung der *Lehrer-Schüler-Beziehung* dargestellt. Entsprechend müßte man für jedes Ziel im Wirkungsgefüge ein Arsenal sinnvoller Maßnahmen festlegen. Anhand des Wirkungsgefüges sollte jeder am Schulgeschehen Beteiligte für sich persönlich Maßnahmen gegen alle eindeutig negativen Entwicklungen suchen. Man wird dabei *Maßnahmen finden, die synergetisch viele positive Konsequenzen erwarten lassen.* Im allgemeinen wird es genügen, nur solche Maßnahmen zu realisieren, die gleichzeitig zur Verwirklichung mehrerer Ziele beitragen. So führt das Wirkungsgefüge auch dazu, daß man auf Maßnahmen verzichten kann, die nur auf ein Ziel ausgerichtet sind oder die gleichzeitig negative Nebenwirkungen erwarten lassen. Das Wirkungsgefüge kann auch dazu verwendet werden, weniger effektive *Maßnahmen einzusparen.*

Da das Wirkungsgefüge einen holistischen Überblick über Ursachen, Wirkungen und Nebenwirkungen erlaubt, kommt man bei der Planung von Maßnahmen – auch wenn man nacheinander unterschiedliche Ziele ins Auge faßt – immer wieder zu denselben günstigen Maßnahmen. Um synergetisch zusammenwirkende Maßnahmen zu finden, scheint es zu genügen, die Problemsituation immer wieder als systemisch zusammenhängende Ganzheit zu betrachten. So kommt man auch bei unserem Beispiel, bei dem etwa hundert relevante Variablen vorkommen, immer wieder zu denselben Mitteln – wenn man nach Maßnahmen zur Verwirklichung verschiedener Ziele sucht. Da eine der wichtigsten Maßnahmen die Rücknahme des *Teamunterrichts* und der *Fächeraufteilung in den unteren und kleinen Klassen* ist, würde dies auch zu großen Einsparungen führen. Für je zwei untere oder kleine Klassen wären nur mehr zwei anstatt drei Lehrer nötig. Dadurch würden Mittel frei für die Bildung kleinerer Klassen oder für Fortbildung und Supervision.

Schluß

Mit dem Verfahren GABEK wurde vorgeschlagen, komplexe gesellschaftliche Probleme in einem möglichst weiten Kontext zu betrachten. Man sollte dazu die Problemsicht möglichst vieler betroffener Personen einbeziehen. Durch Vernetzung ihrer Ansichten sowie durch deren hierarchische Rekonstruktion wird eine ganzheitliche Übersicht über die Problemsituation ermöglicht. Der große Nutzen liegt nicht nur in der tieferen Sicht der Situation und der realistischeren Folgenabschätzung, sondern vor allem darin, daß nicht mehr an den Betroffenen vorbeigeplant wird. Die Freiheit zur Einbringung authentischer Meinungen wird damit ernst genommen. Gerechtfertigt wird ein Plan nun durch authentische Zitate von Mitarbeitern und Betroffenen. Viele Personen können sich in so entwickelten Plänen wiederfinden und sind daher bereit, sich bei der Umsetzung stärker zu engagieren.

Literatur

[Atteslander et al. 1993] P. Atteslander, U.v. Fürstenau und A. Maurer: Verlust der Repräsentativität durch mangelnde Zentralität: Ein Instrumentenexperiment. *Zeitschrift für sozialwissenschaftliche Forschung und Praxis* 44, 1993, S. 420–439.

[Baur und Zelger 1993] S. Baur und J. Zelger. Die Erfahrungen von 400 Südtiroler Lehrer/Innen im 1. Jahr der Grundschulreform. In: Pädagogisches Institut Bozen (Hrsg.), *Die Grundschulreform im Blickfeld*, PI für die deutsche Sprachgruppe, Bozen 1993, S. 33–54.

[Lamnek 1988] S. Lamnek. *Qualitative Sozialforschung. Band 1 Methodologie.* Psychologie Verlags Union, München & Weinheim 1988.

[Moravcsik 1994] J. Moravcsik. *Individual Ideals and Ideal Communities*, Stanford, in Vorbereitung.

[Pask 1976] G. Pask. *Conversation Theory*, Elsevier, Amsterdam 1976.

[Pöppel 1989] E. Pöppel. Eine neuropsychologische Definition des Zustands "bewußt". In: E. Pöppel (Hrsg.), *Gehirn und Bewußtsein*, VCII Verlagsgesellschaft, Weinheim 1989, S. 17–32.

[Schönegger und Zelger 1993] J. Schönegger und J. Zelger. *WINRELAN 2.75. PC-Programm für GABEK*. Institut für Philosophie der Universität Innsbruck 1993.

[Seiler 1994] Th.B. Seiler. *Ist Jean Piagets strukturgenetische Erklärung des Denkens eine konstruktivistische Theorie?* Delfin 1994, in print.

[Sergin 1992] V.Ya. Sergin. A Global Model of Human Mentality. In: R. Trappl (Hrsg.), *Cybernetics and Systems Research* Vol. 1, World Scientific, Singapore–New Jersey-London-HongKong 1992, S. 883–890.

[Vester 1986] F. Vester. *Neuland des Denkens: vom technokratischen zum kybernetischen Zeitalter*, DTV, München 1986, 4.Aufl.

[Zelger 1986] J. Zelger. *Konflikte und Ziele*, Wilfer, Spardorf 1986.

[Zelger 1990] J. Zelger. *Rekursive Interaktionen in Netzwerken. Philosophie und Verfahren kreativer Selbstorganisation*. Projektbericht Nr. 9a, Institut für Philosophie der Universität Innsbruck 1990.

[Zelger 1993] J. Zelger. GABEK – A new Method for Qualitative Evaluation of Interviews and Model Construction with PC-Support. In: E. Stuhler und M.Ó. Sùilleabháin (Hrsg.), *Enhancing Human Capacity to Solve Ecological and Socioeconomic Problems*, Rainer Hampp Verl., München-Mering 1993, S. 128–172.

TOSCANA – ein Werkzeug zur begrifflichen Analyse und Erkundung von Daten

Wolfgang Kollewe, Martin Skorsky,
Frank Vogt, Rudolf Wille

Inhalt

1 Probleme der Datenanalyse und -erkundung

Die zunehmende Komplexität in unserer Welt findet ihren Niederschlag in immer mehr Daten, die es zu erkunden und zu analysieren gilt. Deshalb werden in großem Umfang Methoden und Instrumente der Datenanalyse und -erkundung entwickelt und eingesetzt. Die Fülle der dabei zu bewältigenden Probleme und der vorherrschende Drang nach Automation bringt immer wieder mit sich, daß die entwickelten Systeme die in den Daten kodierten Informationen unangemessen verkürzen und manipulieren. Gebraucht werden problem- und menschengerechte Werkzeuge der Daten- und Wissensverarbeitung, die komplexe Zusammenhänge auf angemessene Weise transparent und verstehbar machen können. Das Programm TOSCANA, das in diesem Artikel vorgestellt werden soll, ist als ein solches Werkzeug entwickelt worden.

Was sind nun die zu bewältigenden Probleme der Datenanalyse und -erkundung? Antworten hierauf sollen zunächst an zwei Beispielen diskutiert werden. Als erstes wählen wir ein Beispiel aus der medizinischen Datenanalyse: die *Auswertung von Repertory Grid Befragungen eßgestörter Patientinnen* (s. [Spangenberg 1990]). Die Daten, die Ergebnis einer derartigen Befragung sind, liegen in der Regel in Form einer Zahlentabelle vor. Die Zahlen in einer Tabellenzeile geben für ein Gegensatzpaar von Adjektiven an, wie die Patientin Personen ihrer engeren sozialen Umgebung bezüglich dieses Gegensatzpaares bewertet. Ziel der Analyse solcher Daten ist, die sozialen Konflikte bewußt zu machen, die die Patientin psychisch belasten. Da die Datentabellen durchaus mehr als 200 Zahlen enthalten können, ist eine formale Auswertung nötig, um die mit den Daten erfaßten Zusammenhänge offenzulegen und eine stimmige Interpretation zu ermöglichen. Damit wird eines der zentralen Probleme der Datenanalyse angesprochen, und zwar die Frage: *Wie kann man vorliegende Daten formal so auswerten, daß die Dateninterpretation in Hinblick auf den gesetzten Zweck möglichst weitgehend unterstützt, jedoch nicht negativ beeinflußt wird?* Für die Auswertung von Repertory Grid Befragungen werden überwiegend Methoden der *Multivariaten Stastistik* angewandt, mit denen die Zahlentabellen verrechnet werden, um eine geometrische Darstellung der Zusammenhänge zu erhalten; dabei werden nur zu oft die in den Daten kodierten Informationen unzulässig verkürzt und nicht selten Artefakte produziert (vgl. [Spangenberg, Wolff 1991]). Will man derartige Probleme vermeiden, muß darauf geachtet werden, daß Begriffe und Beziehungen, an die die Daten im Rahmen der Zwecksetzung gebunden sind, auch nach der formalen Auswertung noch rekonstruiert werden können. Das ist auch deshalb wichtig, weil eine solche inhaltliche Rekonstruktion das Feststellen und Korrigieren von Fehlern in den Ausgangsdaten erleichtert; so kann bei der Diskussion einer unverkürzten Darstellung der Zusammenhänge die betroffene Patientin als fehlerhaft eingeschätzte Bewertungen immer noch erkennen und abändern. Ein Grund für die Unbrauchbarkeit von Auswertungen liegt häufig in der Mißachtung des sogenannten *„Meßniveaus"* der Daten, das die Zulässigkeit von Auswertungsverfahren einschränkt; da die Patientinnen bei den Repertory Grid Befragungen Bewertungen auf ordinalem Niveau angeben, lassen sich die Methoden der Linearen Algebra, wie sie die Multivariate Statistik verwendet, nicht rechtfertigen. Hier wird das allgemeine Problem sichtbar, daß stets zu reflektieren ist: *Wieweit und in welcher Art liegen qualitative bzw. quantitative Daten vor und welche Auswertungsverfahren dürfen angewandt werden?* Zur Diskussion dieses und verwandter Probleme soll hier stellvertretend auf [Orth 1974], [Lamnek 1988] und [Henning 1994] verwiesen werden.

Als zweites Beispiel soll die *Literaturrecherche in einer Bibliothek* diskutiert werden. Traditionell liefern dafür die Bibliothekskataloge die Daten, die überwiegend nach Autoren oder nach Such- bzw. Schlagworten angeordnet sind. Zunehmend werden bibliographische und die zugehörigen kategorialen Daten mit Retrievalprogrammen zugänglich gemacht, die eine automatische Suche in Autoren- und Schlagwortindex sowie Freitextsuche gestatten, wobei auch logische Kombinationen der Suchbegriffe gebildet werden können (vgl. [Gödert 1988]). Das zentrale Problem ist natürlich: *Wie kann eine Rechercheaufgabe mit bestmöglichem Erfolg gelöst werden?* Eine der Hauptschwierigkeiten bei der Recherche ist die Umsetzung der semantischen Vorstellungen zu einem Thema in die syntaktische Suche nach Zeichenketten. Ist diese Umsetzung zu eng gewählt, erhält man zu wenig Information; ist sie zu weit, wird eine zu hohe Trefferquote erzielt. Trefferzahlen werden häufig noch dadurch gesteigert, daß auch Teilabschnitte der eingegebenen Zeichenfolge zur Dokumentsuche herangezogen werden und Suchworte verschiedene Bedeutungen haben können. Alles in allem ist es nicht leicht, eine angemessene Menge an Information zu bekommen, die dem vorgegebenen Thema gerecht wird und sich brauchbar differenzieren läßt. Schwierigkeiten bereitet ferner, daß bei der Fülle der erfaßten Texte und Dokumente die gespeicherten Daten auch bei sorgfältiger Verschlagwortung nur unvollkommen das Inhaltliche wiedergeben, auf das viele Recherchen zielen. Noch grundsätzlicher ist das Problem, daß viele Bibliotheksbenutzer nur ungenau sagen können, was sie suchen. Erst im Prozeß der Erkundung lernen sie zunehmend das zu präzisieren, was sie wollen. Dieser Lernprozeß wird in der Regel durch einzelne Suchworte zu wenig unterstützt. Erst reichhaltige *Begriffsnetze*, die vielfältige Zusammenhänge sichtbar machen, können die wünschenswerte Orientierung im notwendigen Umfang liefern (vgl. [Vester 1988]).

An den zwei Beispielen ist schon ein großes Spektrum an Problemen der Analyse und Erkundung von Daten deutlich geworden, das sich noch auf vielfältige Weise erweitern und vertiefen ließe. Bei fast allen diesen Problemen wird die Frage berührt: *Wie kann die notwendige formale Behandlung reichhaltiger Daten mit dem inhaltlichen Denken der betroffenen Menschen angemessen verbunden werden?* Antworten auf diese Frage werden immer dringlicher angesichts des starken Informations- und Wissenszuwachses in einer komplexer werdenden Welt, in der die Datenmengen in Umfang und Unüberschaubarkeit weiter zunehmen (Beleg hiefür ist die jüngste Ausschreibung der NASA, Projekte für die Aufbereitung und Behandlung ihrer riesigen Datenmengen vorzuschlagen). Die Lösung in einer weiteren Computerisierung zu sehen, ist zweischneidig, da sie den Trend einer fortschreitenden Mechanisierung des Denkens fördert, was die Gefahr eines Abbaus menschlicher Selbstbestimmung und Verantwortung in sich birgt. Daher gilt es, menschengerechte Methoden begrifflicher Datenanalyse und -erkundung zu entwickeln und einzusetzen, bei denen der Computer nur in der Rolle des beherrschbaren Werkzeugs verwendet wird. Derartige Methoden sind im Forschungsgebiet der *Formalen Begriffsanalyse* entstanden und in den letzten Jahren durch das Programm TOSCANA für ein breites Anwendungsspektrum verfügbar gemacht worden.

2 Analyse von Zusammenhängen: ein TOSCANA-Beispiel

In diesem und dem nächsten Abschnitt soll das Programm TOSCANA mit je einem Anwendungsbeispiel vorgestellt werden, um danach substantieller über die allgemeine Konzeption von TOSCANA informieren zu können. Als erstes wird über eine Analyse von *Produktdaten von PCs* berichtet, die zu Demonstrationszwecken für die CeBIT'94 erstellt wurde. Die Daten stammen aus der Zeitschrift [PC Magazine 1993] und beschreiben 74 PCs (mit 486/66 Prozessor) durch Eigenschaften wie Preis, Festplattengröße, Leistungsfähigkeit bei verschiedenen Tests, Gehäuseformen, Bustyp sowie Art und Anzahl der Schnittstellen. Die angegebenen Ausprägungen der Eigenschaften sind entweder Anzahlen, Meßwerte,

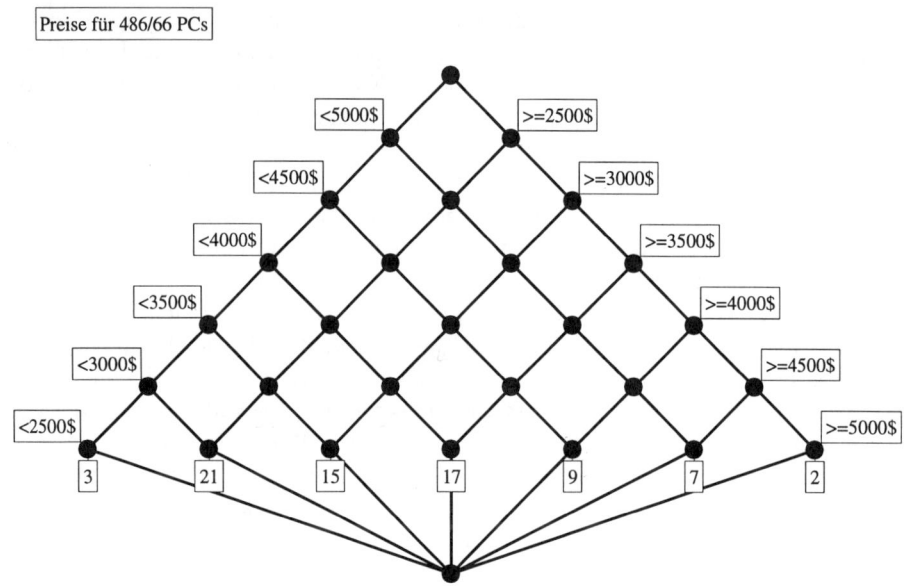

Abbildung 1: Preisklassen bei 486/66-PCs dargestellt durch ein Liniendiagramm mit Kontingentszahlen

Ja/Nein-Urteile oder Benennungen (z. B. hat die Eigenschaft 'Gehäuseform' die
Ausprägungen 'Desktop', 'Tower', 'Minitower'). *Aufgabe und Zweck der Analyse* ist die Unterstützung von Produktauswahl und Kaufentscheidung. Angemerkt
werden soll, daß derartige Analysen auch mit Vorteil bei der Plazierung von Produkten im Markt genutzt werden können; dazu hat man die marktrelevanten
Eigenschaften herauszuarbeiten, durch welche sich das eigene Produkt von anderen Produkten abhebt.

Um die Arbeit mit TOSCANA im Grundansatz demonstrieren zu können,
genügt es, sich auf einen Ausschnitt der vorliegenden Daten zu beschränken. Im
folgenden sollen deshalb nur die Eigenschaften 'Preis' und 'Bustyp' behandelt
werden. Zunächst werden graphische Darstellungen für die einzelnen Eigenschaften diskutiert, woraus dann die Zusammenschau beider Eigenschaften gewonnen
wird. Grundlegend sind dabei die graphischen Darstellungen durch *Liniendiagramme*, die seit vielen Jahren in der Formalen Begriffsanalyse erfolgreich eingesetzt werden (vgl. [Wille 1984], [Wille 1989]). Es ist eine der Hauptleistungen
von TOSCANA, aufgrund gespeicherter Daten informative Liniendiagramme zu
produzieren und damit Begriffshierarchien zu veranschaulichen.

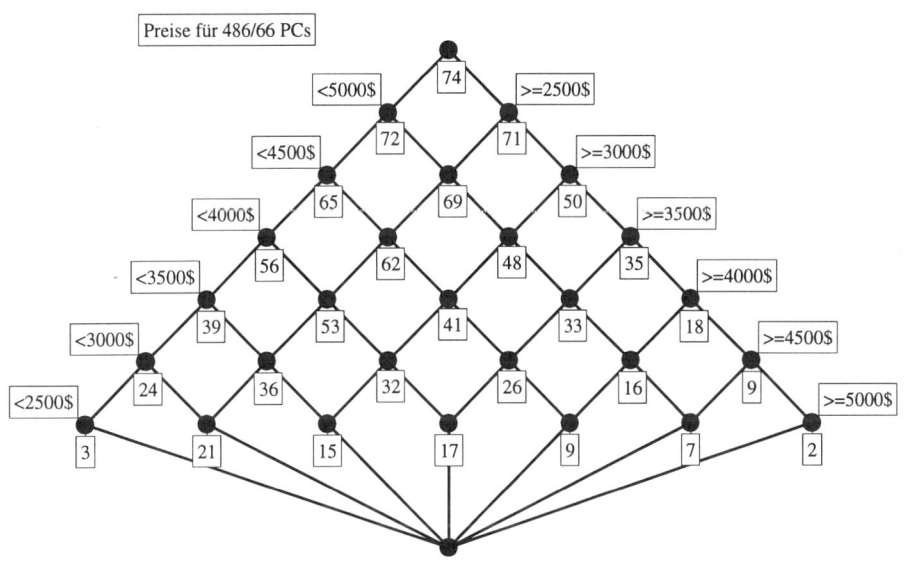

Abbildung 2: Preisklassen bei 486/66-PCs dargestellt durch ein Liniendiagramm mit Umfangszahlen

Abbildung 1 zeigt ein Liniendiagramm für die Eigenschaft 'Preis' in einem
Originalausdruck von TOSCANA. An dem Diagramm kann man die Verteilung
der 74 PCs auf verschiedene Preisklassen ablesen: 3 PCs haben einen Dollar-Preis
kleiner als 2500, 21 zwischen 2500 und 3000, 15 zwischen 3000 und 3500, 17 zwischen 3500 und 4000, 9 zwischen 4000 und 4500, 7 zwischen 4500 und 5000 sowie 2
von 5000 und mehr. Damit sind aber nur die Preisintervalle genannt, die durch die
schwarzen Kreise dargestellt werden, an denen Anzahlen der PCs stehen. Auch
die übrigen Kreise (außer dem untersten) stellen Preisintervalle dar. Die obere
Grenze des zu einem Kreis gehörigen Preisintervalls ist der niedrigste Preis, den
man von dem Kreis durch einen aufsteigenden Streckenzug auf der linken Seite
des Diagramms erreicht; die untere Grenze ist entsprechend der höchste Preis
erreichbar auf der rechten Seite. So erhält man beispielsweise für den Kreis in
der Mitte zwischen oberstem und unterstem Kreis das Preisintervall von 3000$
bis 4500$. Die Anzahl der PCs, die in ein solches Preisintervall fallen, ist gera-
de die Summe der Anzahlen, die man von dem Kreis durch einen absteigenden
Streckenzug erreicht; im Fall unseres Beispielkreises erhält man so die Anzahl 41.
Auch wenn die Anzahlsummen in einem derart übersichtlichen Liniendiagramm

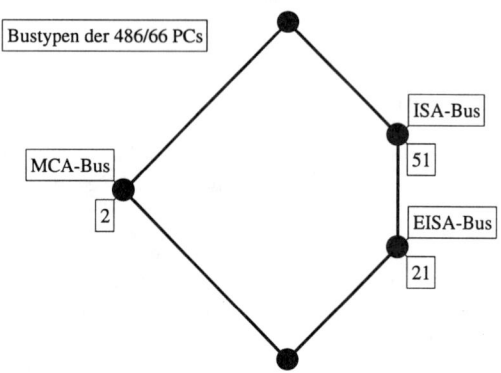

Abbildung 3: Bustypen bei 486/66-PCs

einfach zu bilden sind, ist es für manche Zwecke doch vorteilhaft, wenn diese Zahlen wie in Abbildung 2 (ebenfalls Originalausdruck von TOSCANA) schon im Liniendiagramm eingetragen sind. In der Terminologie der Formalen Begriffsanalyse werden Anzahlen wie in Abbildung 1, wo jeder PC in genau eine der Anzahlen eingeht, *Kontingentszahlen* genannt; die Anzahlen wie in Abbildung 2, wo jeder PC entsprechend seiner Zugehörigkeit in eine oder mehrere Anzahlen eingeht, werden *Umfangszahlen* genannt.

In Abbildung 3 wird ein Liniendiagramm für die Eigenschaft 'Bustyp' gezeigt, die in den vorliegenden Produktdaten drei Ausprägungen hat: ISA (Industry Standard Architecture), EISA (Extended Industry Standard Architecture) und MCA (Micro Channel Architecture). Die für das Diagramm gewählte Begriffshierarchie drückt aus, daß ein EISA-Bus alle Leistungsmerkmale eines ISA-Bus besitzt und dazu noch mehr leistet; der MCA-Bus ist dagegen mit den beiden anderen Typen inkompatibel. Da in Abbildung 3 die Kontingentszahlen angezeigt werden, läßt sich am Liniendiagramm direkt ablesen, wieviele PCs welchen Bustyp haben. Da ISA-Steckkarten in einen PC mit EISA-Bus eingebaut werden können, zeigen die Umfangszahlen direkt, wieviele Rechner für die Ausrüstung mit ISA-, EISA- oder MCA-Steckkarten geeignet sind. Zieht man anstelle der Bustypen die Anzahlen der Steckplätze vom jeweiligen Typ heran, so ist eine differenziertere Analyse von Anzahl und Art der jeweils passenden Steckkarten möglich, die jedoch den Rahmen dieser Ausführungen sprengen würde.

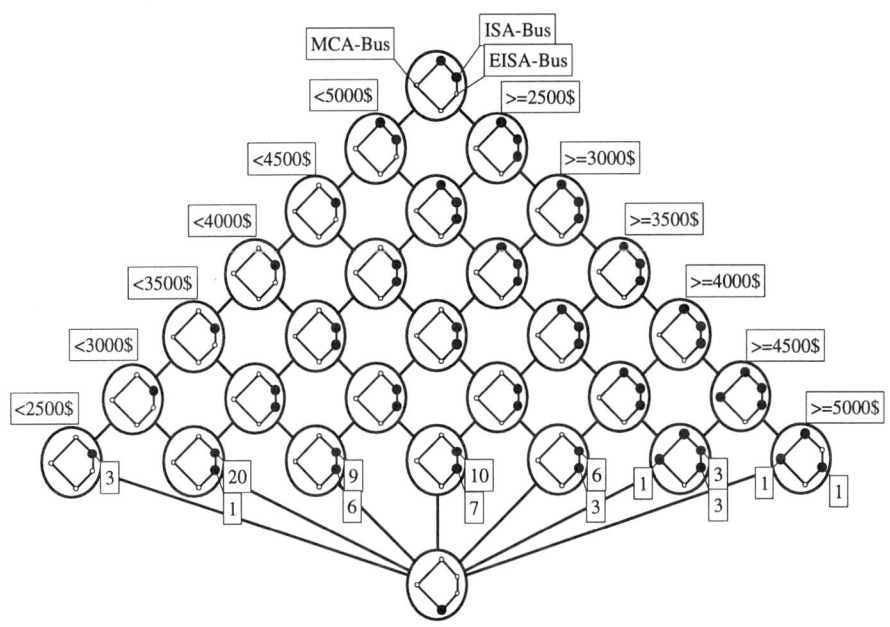

Abbildung 4: Zusammenhang von Preis und Bustyp bei 486/66-PCs

Die bisher gezeigten Liniendiagramme stellen sehr einfach strukturierte Begriffshierarchien dar, so daß man vielleicht nicht einsieht, wozu überhaupt solche Darstellungen nützlich sind. Dazu ist einerseits zu sagen, daß Begriffshierarchien in der Regel komplexer ausfallen und die einfachen Strukturen hier nur zum Zweck der Einführung gewählt worden sind. Zum anderen werden die Diagramme sofort reichhaltiger, wenn man Zusammenhänge zwischen mehreren Eigenschaften veranschaulichen will. Demonstriert werden soll das an der Frage: Wie hängt der Bustyp vom Preis ab? Für die Beantwortung derartiger Fragen haben sich zwei- und mehrstufige Liniendiagramme bewährt, in denen die Einzeldiagramme kombiniert werden. Mit TOSCANA können solche Kombinationen von Diagrammen mit großer Flexibilität durchgeführt werden. In Abbildung 4 wird ein zweigestuftes Liniendiagramm in einem Originalausdruck von TOSCANA wiedergegeben. In diesem Diagramm bildet offenbar das Liniendiagramm der Eigenschaft 'Preis' die *Grobstruktur*, während das Liniendiagramm zum 'Bustyp' jeweils die *Feinstruktur* liefert. Die Begriffshierarchie wird dabei nur durch die schwarzen Kreise dargestellt; die übrigen kleinen Kreise zeigen an, für welche Kombinationen von Ausprägungen es keine PCs gibt. Unschwer liest man am Diagramm ab, wieviele PCs in den einzelnen Preisklassen welchen Bustyp haben. Hier bestätigt sich der plausible Zusammenhang zwischen Preis und Leistungsfähigkeit eines Bustyps; so trifft der weniger leistungsfähige ISA-Bus bei den niedrigeren Preisklassen häufiger auf. Ebenso ist ablesbar, daß der MCA-Bus, der eine Exotenrolle einnimmt, nur bei den hohen Preisklassen vorkommt.

Allgemein kann man mit TOSCANA durch Kombination geeigneter Eigenschaften die für den gesetzten Zweck wichtigen Zusammenhänge herausfinden, was durch eine auf Interaktion angelegte Benutzeroberfläche auf vielfältige Weise unterstützt wird. TOSCANA gestattet auch, in allen Diagrammen die Namen der PCs einzublenden. Damit kann auf jedes der untersuchten Einzelobjekte zugegriffen werden, wie es bei der Verwendung dieses *Begrifflichen Datensystems* zur Unterstützung von Produktauswahl und Kaufentscheidung notwendig ist. Im Fall der Produktauswahl besteht für den Benutzer eine Strategie darin, die für ihn relevanten Eigenschaften in der Reihenfolge ihrer Wichtigkeit anzuordnen und dann die Eigenschaften von der wichtigsten zur unwichtigsten abzuarbeiten. Für jede Eigenschaft wird im zugehörigen Liniendiagramm die gewünschte Kombination von Ausprägungen durch Auswahl eines (Begriffs-)Kreises fixiert. Durch eine derartige Auswahl selektiert TOSCANA alle PCs mit der damit gewählten Kombination von Ausprägungen und geht zum Liniendiagramm der nächsten Eigenschaft über. Auf diese Weise wird die Menge der noch möglichen Objekte sukzessiv verringert bis zur endgültigen Wahl.

3 Erkunden von Dokumenten: ein TOSCANA-Beispiel

Das zweite TOSCANA-Beispiel stammt aus dem Bereich des Bauwesens und zeigt exemplarisch auf, wie ein Bestand von Dokumenten begrifflich erkundet werden kann.

Für die Beurteilung eines Bauvorhabens wie auch für die Weiterentwicklung der gesetzlichen Regelungen ist es von grundsätzlicher Bedeutung, das Zusammenspiel der einzelnen rechtlichen Bestimmungen zu kennen. Die Vielfalt der baurechtlich relevanten Gesetze, Verordnungen und Erlasse wie auch der baubezogenen DIN-Normen ist mittlerweile so groß, daß es selbst für Experten vielfach sehr schwierig und zeitaufwendig ist, alle rechtlichen Zusammenhänge und ihr Zusammenwirken zu berücksichtigen. Aufgrund der aus inhaltlichen Belangen notwendigen Spezialisierung der einzelnen Experten sind die gesamten Zusammenhänge in der Regel nur unvollständig bekannt, so daß präzise Abfragen – wie sie in den Abfragesprachen der gängigen Datenbankverwaltungssysteme gefordert werden – nur in den selteneren Fällen möglich sind. Vielmehr ist ein Navigieren, durch das die interessierenden begrifflichen Zusammenhänge offengelegt werden, in der Wissenslandschaft des Baurechts und der Bautechnik unumgänglich. Das Programm TOSCANA unterstützt dieses Navigieren durch die Bereitstellung geeigneter Fragekomplexe, die jeweils inhaltlich abgegrenzte Teilgebiete in ihren begrifflichen Zusammenhängen als Liniendiagramme visualisieren. Der Bearbeiter bzw. der Auswerter gelangt mit Hilfe der bereitgestellten Fragekomplexe zu dem Wissensausschnitt, der für seine aktuelle Fragestellung von Bedeutung ist.

Mit dem Ministerium für Bauen und Wohnen des Landes Nordrhein-Westfalen wurde in einem Forschungsprojekt ein Prototyp eines Begrifflichen Datensystems aufgebaut, der das Navigieren in der Gesetzeslandschaft des Baurechts und der Bautechnik erlaubt (vgl. [Kollewe et al. 1994]). Da die Bestimmungen und gesetzlichen Regelungen des Baurechts wie auch der Bautechnik ein über Jahrzehnte gewachsenes System sind, das auch sprachlich nicht immer in sich konsistent ist, war es für den zu entwickelnden Prototyp notwendig, ein einheitliches Sprachsystem der entsprechenden Grobheitsstufe, die der Aufgabenstellung angemessen ist, zu entwerfen. In einem diskursiven Prozeß wurden die einzelnen gesetzlichen Regelungen analysiert und entsprechend ihren Inhalten den entsprechenden Kategorien zugeteilt. Hierbei waren vielfach tieferliegende Zusammenhänge zu erkennen und zu berücksichtigen, die bei einer einfachen Auswertung nach Schlüsselworten niemals zutage getreten wären. So entstand eine Kreuztabelle, deren Vorspalte von den einzelnen gesetzlichen Regelungen gebildet wird und deren Kopfzeile aus den Kategorien der neu geschaffenen Metasprache besteht. Die Tabelle bildete die Grundlage, auf der die Fragekomplexe entwickelt wurden. Merkmale, die inhaltlich in einem engen Zusammenhang stehen, wurden zu Fragekomplexen zusammengefügt. Insgesamt wurden über 30 Fragekomplexe für den Wohnhausbau und den Krankenhausbau erarbeitet, mit denen eine inhaltlich detailierte Erkundung des baurechtlichen Dokumentenbestandes durch TOSCANA möglich ist.

Am Anfang eines Erkundungsvorgangs mit TOSCANA sucht der Bearbeiter entsprechend seinen Erkundungszielen, die ihm hierfür geeignet erscheinenden Fragekomplexe aus. Sollte sich während des Erkundungsvorgangs zeigen, daß ein Teil der ausgewählten Fragekomplexe für das Erkundungsziel nicht geeignet war, so lassen sich bei TOSCANA interaktiv die entsprechenden Fragekomplexe entfernen und neue auswählen. Mit den neu ausgewählten kann dann der begonnene Erkundungsvorgang fortgesetzt werden. Im Rahmen dieser Arbeit kann nur exemplarisch ein kurzer Erkundungsvorgang vorgestellt werden, der daher nur eingeschränkt die vielfältigen Möglichkeiten des Programms TOSCANA verdeutlichen kann. Hat ein Architekt oder Bauingenieur zur Aufgabe, eine Station im Krankenhaus zu planen, so wird er sich neben vielen anderen baurechtlichen Bestimmungen notwendigerweise auch mit der Brandsicherheit der Funktionsräume beschäftigen müssen. Der hierfür notwendige Erkundungsvorgang könnte folgendermaßen aussehen:

Der Planer wählt die Fragekomplexe 'Funktionsräume' und 'Betriebs- und Brandsicherheit' aus, von denen er sich zuerst nur den Fragekomplex 'Funktionsräume' von TOSCANA anzeigen läßt. Der Fragekomplex 'Funktionsräume' (Abb.

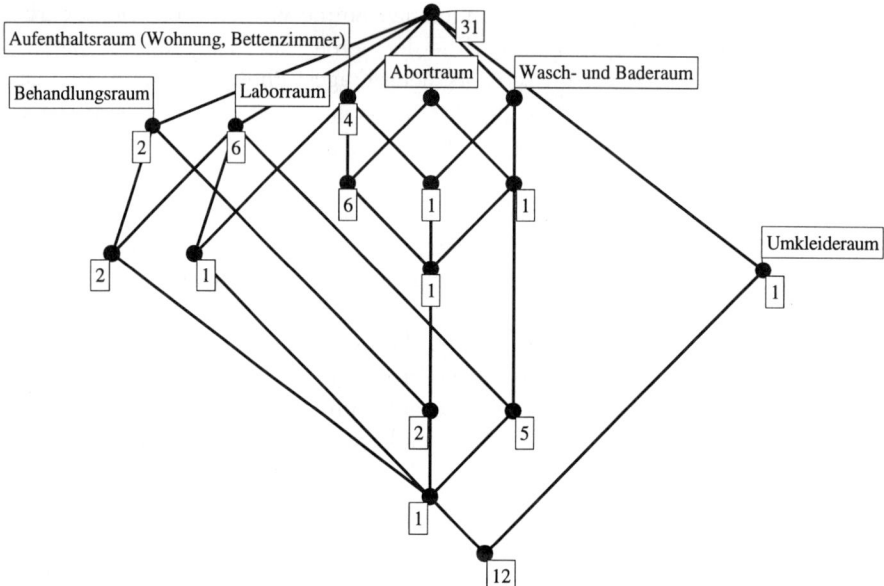

Abbildung 5: Baurechtliche Dokumente zu Funktionsräumen im Krankenhaus
angezeigt durch Kontingentszahlen

5) im Krankenhaus umfaßt die Merkmale 'Aufenthaltsraum', 'Behandlungsraum',
'Laborraum', 'Abortraum', 'Wasch- und Baderaum' sowie 'Umkleideraum'. Er
zeigt die Vernetzung der in das Begriffliche Datensystem einbezogenen rechtlichen Regelungen. Schon bei einem ersten Blick auf diesen Fragekomplex wird
deutlich, daß der Umkleideraum eine Sonderrolle gegenüber den anderen Funktionsräumen spielt. Die Anzahlen, die im Liniendiagramm angezeigt werden, geben
Auskunft darüber, wieviele gesetzliche Bestimmungen auf die einzelnen Begriffe
(Kombinationen von Merkmalen) zutreffen. Beispielsweise gibt es vier baurechtlich relevante Bestimmungen in der Datenbasis, die sich ausschließlich mit dem
'Aufenthaltsraum' befassen. Hingegen gibt es keine Bestimmung die sich ausschi-
eßlich mit dem 'Abortraum' beschäftigt. Alle baurechtlichen Gesetze, Verordnungen und Normen, die auf den 'Abortraum' zutreffen, haben auch Bezug zu
anderen Funktionsräumen. Insgesamt sind im Dokumentenbestand 12 baurechtliche und bautechnische Regelungen, die für alle Funktionsräume von Bedeutung
sind.

Da es für einen Erkundungsvorgang in der Wissenslandschaft des Baurechts
und der Bautechnik unbefriedigend wäre, nur über die Anzahlen der relevanten
Bestimmungen informiert zu werden, ist es programmtechnisch in TOSCANA
vorgesehen, sich die Titel der entsprechenden Bestimmungen anzeigen zu lassen.

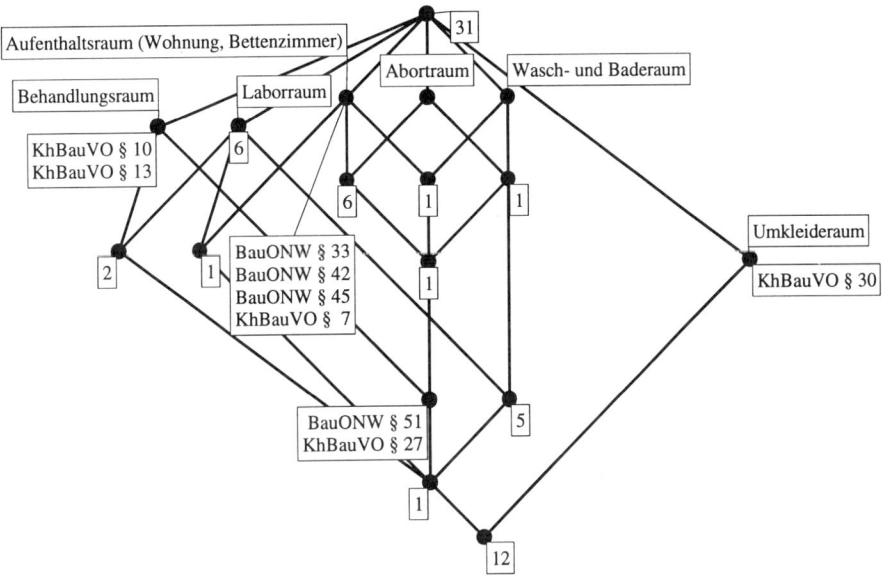

Abbildung 6: Baurechtliche Dokumente zu Funktionsräumen im Krankenhaus (teilweise) angezeigt durch ihre Titel

In Abbildung 6 sind für einen Teil der baurechtlichen Bestimmungen die entsprechenden Titel aufgeblättert. Nunmehr lassen sich die baurechtlichen Bestimmungen, die ausschließlich auf den Aufenthaltsraum zutreffen, durch ihre Titel identifizieren. Es sind die Paragraphen 33, 42 und 45 der Bauordnung Nordrhein-Westfalens sowie der Paragraph 7 der Krankenhausbauverordnung.

Der Architekt oder Bauingenieur hat nunmehr zwei Möglichkeiten, in TOSCANA den Fragekomplex 'Funktionsräume' durch den Fragekomplex 'Betriebs- und Brandsicherheit' begrifflich zu verfeinern. Interessiert ihn nur für einen speziellen Begriff die begriffliche Struktur der Brandsicherheit, so kann er sich durch Hineinzoomen für diesen das entsprechende Liniendiagramm anzeigen lassen. In Abbildung 7, einem Originalausdruck von TOSCANA, wurde der unterste Begriff des Liniendiagramms unter der obigen Fragestellung verfeinert. Von den zwölf baurechtlichen Bestimmungen, die für alle Funktionsräume des Krankenhauses relevant sind, befassen sich zwei Bestimmungen mit dem 'Brandschutz', während ein baurechtlich relevanter Text die 'Brandbekämpfung' regelt. Hingegen sind neun der zwölf Gesetze und Verordnungen unter diesem Gesichtspunkt ohne Bedeutung.

Möchte hingegen der Architekt bzw. Bauingenieur für alle Begriffe des Fragekomplexes 'Funktionsräume' die begriffliche Verfeinerung durch den Fragekom-

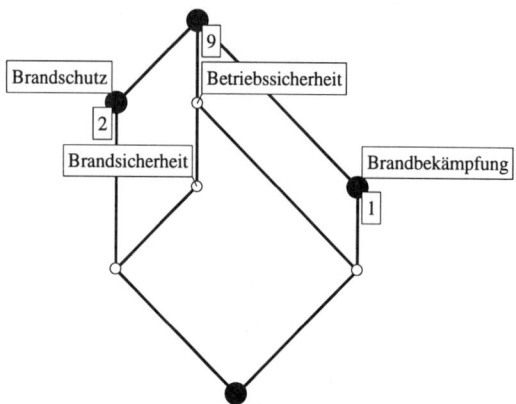

Abbildung 7: Baurechtliche Dokumente zur Betriebs- und Brandsicherheit

plex 'Brand- und Betriebssicherheit' aufgezeigt bekommen, so stellt ihm das Programm TOSCANA die Möglichkeit zur Verfügung, ein zweigestuftes Liniendiagramm anzeigen zu lassen. Abbildung 8 – wie alle übrigen Liniendiagramme ein Originalausdruck von TOSCANA – zeigt diese programmtechnische Möglichkeit. Schaut man sich die unterste Ellipse des äußeren Liniendiagramms an, so findet man das Liniendiagramm in ihr wieder, was man auch durch den obigen Prozeß des Hineinzoomens erhalten hatte. Die schwarzen Kreise geben die Begriffshierarchie der Dokumente wieder. Die übrigen Kreise zeigen an, für welche Kombinationen es keine baurechtlichen und bautechnischen Dokumente gibt. Grundsätzlich lassen sich mit TOSCANA bis zu vier Fragekomplexe gleichzeitig auf dem Bildschirm darstellen. In vielen Erkundungsvorgängen hat sich das zweigestufte Liniendiagramm als guter Kompromiß zwischen Komplexität und Übersichtlichkeit bewährt.

Wie schon am dargestellten kleinen Erkundungsbeispiel ersichtlich wird, stellen die vielfältigen Funktionen von TOSCANA zusammen mit Fragekomplexen ein mächtiges Werkzeug dar, mit dem zielsicher und schnell ein großer Dokumentenbestand erkundet werden kann. Hierbei ist es nicht notwendig, alle Frageterme der Datenbank schon im voraus zu kennen, sondern vielfach reicht schon eine ungefähre Kenntnis des Erkundungszieles aus, um dennoch zu inhaltlich präzisen Ergebnissen zu gelangen.

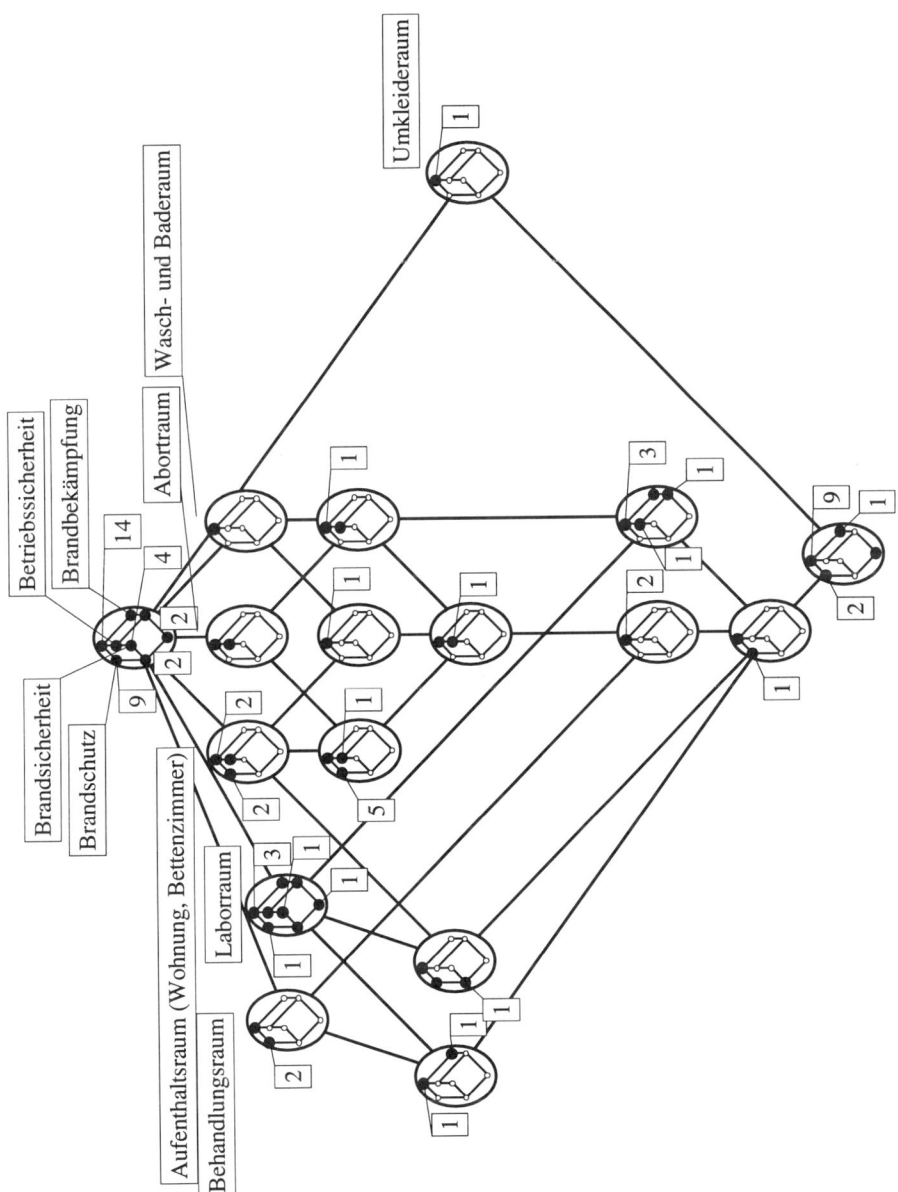

Abbildung 8: Gestuftes Liniendiagramm zu den Fragekomplexen 'Funktionsräume' und 'Betriebs- und Brandsicherheit'

4 Begriffliche Datensysteme: die Konzeption von TOSCANA

Wie in den beiden vorangehenden Abschnitten anhand von Anwendungsbeispielen erläutert worden ist, kann man mit TOSCANA Daten auf flexible Weise durch Liniendiagramme informativer Begriffsnetze veranschaulichen. TOSCANA fungiert dabei als ein allgemeines Verwaltungssystem, mit dem für konkrete Aufgaben Begriffliche Datensysteme erstellt werden können. Unter einem *Begrifflichen Datensystem* wird ein Programmsystem verstanden, das bezogen auf eine Datenbasis eine interaktive Analyse und Erkundung der gespeicherten Daten mit Hilfe sogenannter *Begriffsverbände* ermöglicht (s. [Scheich et al. 1993], [Wille 1992b]). Das im dritten Abschnitt beschriebene Erkundungssystem kann als ein Prototyp eines Begrifflichen Datensystems angesehen werden. Die in diesem Abschnitt zu erläuternde Konzeption von TOSCANA ist entsprechend ihrer Funktion untrennbar mit dem Konzept Begrifflicher Datensysteme verbunden, das deshalb zunächst ausführlicher diskutiert werden soll.

Die grundlegende Vorstellung von einem Begrifflichen Datensystem ist, daß es auf einer vorliegenden Datenbasis aufsetzt und ein begrifflich strukturiertes Abfragen von gespeichertem Wissen ermöglicht. Das Herzstück Begrifflicher Datensysteme besteht aus den *begrifflichen Abfragestrukturen*, mit denen Expertenwissen für die Datenanalyse und -erkundung aktiviert wird. Für das Beispiel des zweiten Abschnitts wurden die PC-Eigenschaften mit ihren Ausprägungen als begriffliche Abfragestrukturen aufbereitet, während im Beispiel des dritten Abschnitts die ausgearbeiteten Fragekomplexe das Wissen von Bauexperten für die Abfrage strukturieren. Nach der Terminologie der Formalen Begriffsanalyse fallen die begrifflichen Abfragestrukturen unter die „*begrifflichen Skalen*" (auch kurz „*Skalen*" genannt), mit denen die begrifflichen Beziehungen zwischen vorgegebenen *Gegenständen* und *Merkmalen* festgelegt werden. Begriffliche Skalen, deren begriffliche Struktur jeweils durch einen Begriffsverband gegeben ist, werden durch Liniendiagramme veranschaulicht (vgl. [Ganter, Wille 1989]). Um die Skalen möglichst flexibel verfügbar zu haben, arbeitet ein Begriffliches Datensystem mit drei Arten von Skalen: abstrakte, konkrete und realisierte Skalen. Eine *abstrakte Skala* stellt einen Begriffsverband mit zugehörigem Liniendiagramm bereit, wobei die aufgeführten Gegenstände und Merkmale abstrakt, d. h. ohne inhaltliche Bedeutung sind. Eine *konkrete Skala* entsteht aus einer abstrakten Skala, indem man die abstrakten Merkmale durch Merkmale mit inhaltlicher Bedeutung ersetzt und den abstrakten Gegenständen jeweils Abfrageterme zuordnet, mit denen *Objekte* aus der Datenbasis abrufbar sind (vgl. Abbildung 9); dabei soll ein abrufbarer Objekt genau diejenigen der eingebrachten inhaltlichen Merkmale haben, die ihm aufgrund der abstrakten Skala zukommen. Eine *realisierte* Skala entsteht aus einer konkreten Skala, indem man jeden abstrakten Gegen-

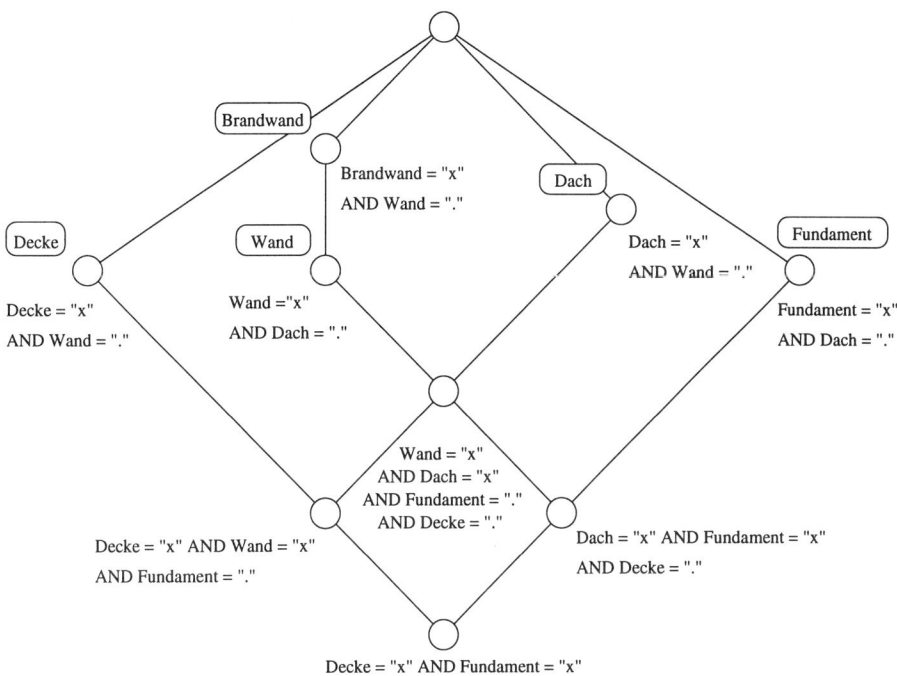

Abbildung 9: Beispiel einer konkreten Skala (z. B. bedeutet der Abfrageterm 'Brandwand = "x" AND Wand = "."': Suche alle Dokumente, die Brandwand betreffen und nicht Wand.)

stand durch alle die Objekte der Datenbasis ersetzt, die mit dem Abfrageterm des abstrakten Gegenstandes aus der Datenbasis abgerufen werden können.

Für abstrakte Skalen steht derzeit schon ein umfangreiches Repertoire an Begriffsverbänden und Liniendiagrammen zur Verfügung, das laufend erweitert wird. Auch für ein spontanes Einbringen neuer abstrakter Skalen in ein Begriffliches Datensystem liegen Verfahren vor. Mit den konkreten Skalen werden die relevanten Inhalte eines Anwendungsbereiches in Hinblick auf eine gegebene Aufgabestellung begrifflich strukturiert, womit das notwendige Theorie- und Erfahrungswissen für die Erkundung bzw. Analyse der vorliegenden Daten eingebracht wird. Den konkreten Skalen kommt deshalb bei der Erstellung Begrifflicher Datensysteme zentrale Bedeutung zu. Durch die Aufteilung in konkrete und realisierte Skalen werden Begriffliche Datensysteme relativ unabhängig von der Datenbasis; so bleiben die konkreten Skalen von Änderungen des Datenbestandes unberührt, sofern die Änderungen das kodierte Theoriewissen respektieren, und die realisierten Skalen können jeweils ohne Schwierigkeit aktualisiert werden. In einem

Begrifflichen Datensystem bilden die konkreten und realisierten Skalen zusammengenommen die *Begriffliche Datei*, die die entscheidenden Informationen für die interaktive Systemnutzung liefert.

Wie wird nun ein Begriffliches Datensystem interaktiv genutzt? Zunächst wählt der Benutzer entsprechend seines Interesses aus dem angebotenen *Menü* von realisierten Skalen eine Folge von Skalen aus, wobei er zusätzlich festlegt, wieviele der Skalen jeweils gleichzeitig gezeigt werden sollen. Das System präsentiert dann das n-gestufte Liniendiagramm der ersten n Skalen der ausgewählten Folge, wobei n die festgelegte Skalenanzahl ist. Im gestuften Liniendiagramm wird die erste Skala der Folge durch das gröbste Liniendiagramm dargestellt, die zweite durch das nächst feinere usw.; dabei wird der inhaltliche Bezug durch entsprechende Beschriftung auf der jeweils zugehörigen Stufe sichtbar. Will der Benutzer an gewissen Stellen des gestuften Liniendiagramms durch weitere Skalen der Ausgangsfolge feinere Einblicke nehmen, kann er solche Stellen anwählen und erhält dann wieder ein n-stufiges Liniendiagramm, bei dem die $n + 1$-ste Skala der Folge die feinste Stufe bildet und dafür die erste Skala wegfällt. Auf diese Weise kann der Benutzer auf immer feinere Stufen des Informationsbestandes hineinzoomen, bis er die für ihn relevanten Antworten findet. Natürlich darf er vor jedem Schritt die gewählte Folge auch abändern, was aufgrund der schon gewonnenen Informationen als durchaus wünschenswert erscheinen mag. Manchmal ist es auch hilfreich, die in einem gestuften Liniendiagramm dargestellte Skalenfolge zu permutieren, da an dem neu entstehenden Diagramm manche Sachverhalte und Zusammenhänge leichter abgelesen werden können. Da die darzustellenden Objekte der Datenbasis in vielen Fällen sehr zahlreich sind, erlaubt ein Begriffliches Datensystem die Anzahlen solcher Objekte anzugeben, um dann erst auf feineren Stufen mit hinreichend kleinen Anzahlen die einzelnen Benennungen der zugehörigen Objekte einzublenden. Eine Reihe weiterer Funktionen von TOSCANA unterstützen die Systemnutzung, auf die hier jedoch nicht weiter eingegangen werden soll.

Wie schon erwähnt, ist TOSCANA ein allgemeines Werkzeug, mit dem das Konzept Begrifflicher Datensysteme im konkreten Fall realisiert werden kann. TOSCANA ist objektorientiert in C++ programmiert und benutzt die *Structured Query Language* (SQL) zur Abfrage von Datenbanken. Eine verfügbare Version von TOSCANA läuft unter MS-Windows™ (s. Oberfläche in Abbildung 10) und arbeitet mit dem relationalen Datenbankmanagementsystem MS-Access™ zusammen. Sind die zu bearbeitenden Daten in einer relationalen Datenbank vorhanden, braucht man nur noch die konkreten Skalen mit der dafür entwickelten Skriptsprache CONSCRIPT einzugeben, um ein funktionsfähiges Begriffliches Datensystem zu erhalten. Die realisierten Skalen werden aktuell für das Anzeigen der Liniendiagramme aus der Datenbank abgefragt.

Das Menü (s. Abb. 10) von TOSCANA bietet unter den vier Menütiteln

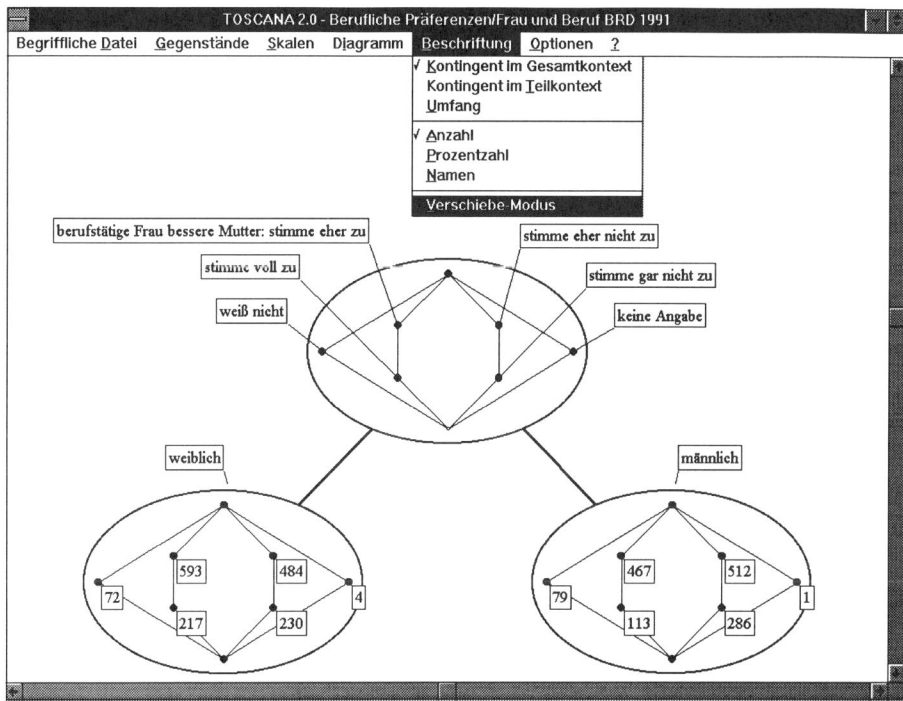

Abbildung 10: Oberfläche von TOSCANA mit dem Menü zur Auswahl der Beschriftung. Dem Begriffsverband liegt die Frage zugrunde: „Ist eine berufstätige Frau eine bessere Mutter?" (vgl. [Allbus 1991])

'Begriffliche Datei', 'Gegenstände', 'Skalen', 'Diagramm' die Funktionsgruppen zum Arbeiten in Begrifflichen Datensystemen. Mit den Funktionen zur 'Begrifflichen Datei' werden Begriffliche Dateien ausgewählt und damit verschiedene Begriffliche Datensysteme aktiviert. Der Menütitel 'Gegenstände' ermöglicht das Auswählen einer Gruppe von Objekten aus der Gesamtmenge der Objekte in der Datenbank. Nach dem Aktivieren des Begrifflichen Datensystems wählt der Benutzer unter dem Menütitel 'Skalen' die realisierten Skalen aus, die im Liniendiagramm dargestellt werden sollen. Außerdem beinhaltet der Menütitel das Protokoll der bisher durchlaufenen Skalen. Das Anzeigen des Liniendiagramms nach den ausgewählten Skalen und den eingestellten Parametern (unter den Menütiteln 'Beschriftung' und 'Optionen') wird unter dem Menütitel 'Diagramm' aktiviert. Außerdem finden sich unter diesem Menütitel Funktionen zum Zurückspringen innerhalb der dargestellten Skalen und zum Vertauschen von dargestellten Skalen sowie zum Drucken des Diagramms.

5 Begriffliche Wissensverarbeitung: der pragmatische Ort von TOSCANA

TOSCANA ist im Rahmen der *Forschungsgruppe Begriffsanalyse* an der Technischen Hochschule Darmstadt entwickelt worden. Voraussetzung dafür waren mehr als zehn Jahre theoretischer und praktischer Erfahrungen mit der um 1980 in Darmstadt entstandenen *Formalen Begriffsanalyse* (s.[Wille 1982], [Wille 1992a]). Anstoß für die Entwicklung des Werkzeugs TOSCANA gaben Schwierigkeiten bei der Behandlung größerer Datensätze, die mit den verfügbaren Programmen zur Formalen Begriffsanalyse nur mit großem Aufwand befriedigend analysiert werden konnten. Diese Schwierigkeiten rührten vor allem daher, daß nach dem Grundverständnis der Formalen Begriffsanalyse bei der Datenbehandlung und -auswertung die Verbindung zu den Originaldaten stets transparent zu halten ist, um eine stimmige Interpretation der Daten zu ermöglichen. Den entscheidenden Schritt zur Entwicklung des neuen Werkzeugs brachte anhand konkreter Projekte die Einsicht, daß in Hinblick auf inhaltliche Fragen zum Untersuchungsgegenstand in der Regel nur begrenzte Teile der Gesamtdaten zugänglich zu machen sind. Mit der *Begrifflichen Skalierung* lag schon eine Methode vor, wie solche Teildaten im Sinne des inhaltlichen Verständnisses vom Untersuchungsgegenstand begriffanalytisch aufbereitet werden können (s. [Ganter, Wille 1989]). Auch für die begriffsanalytische Verbindung und graphische Darstellung der aufbereiteten Teildaten bot sich mit den *gestuften Liniendiagrammen* eine schon vielfach bewährte Methode an (s. [Wille 1984], [Wille 1989]). So entstand die Konzeption der *Begrifflichen Datei* (s. [Vogt et al. 1991]), die für das Werkzeug TOSCANA grundlegend ist: In bezug auf die vorliegenden Daten repräsentiert sie inhaltliches Wissen in begrifflichen Skalen und deren Begriffsverbänden, für die Liniendiagramme zur graphischen Darstellung bereitgehalten werden. Ist schon die Konzeption der Begrifflichen Datei anhand von Anwendungsprojekten entwickelt worden, so ist ihr weiterer Ausbau zum Konzept des *Begrifflichen Datensystems* ebenfalls in Zusammenhang mit konkreten Projekten erfolgt (s. [Wachter, Wille 1992], [Scheich et al. 1993]). Für diese Projekte war es natürlich zwangsläufig, ein geeignetes Programm für die Rechnerbehandlung der erarbeiteten Datensysteme verfügbar zu machen. Als dieses Programm ist TOSCANA entstanden.

Von ihren Anfängen an ist für die Formale Begriffsanalyse die Auffassung grundlegend gewesen, daß Sinn und Bedeutung ihrer Methoden und Verfahren im angemessenen Bezug zur Wirklichkeit zu sehen sind; dabei gilt es Zwecke und Ergebnisse im rationalen Diskurs kritisch zu bestimmen. Hinter dieser Auffassung steht die von Ch. S. Peirce begründete *pragmatische Philosophie* (s. [Peirce 1991]), die ihre aktuelle Fortsetzung in der Diskursphilosophie von K.-O. Apel und J. Habermas findet (s. [Apel 1976], [Habermas 1981]). Nach der pragmatischen Philosophie ist Grundbedingung für den Umgang mit Daten, daß stets von einem lebensweltlichen Vorverständnis ausgegangen wird, von dem auch die formale Behandlung kodierten Wissens nicht abschneiden darf. Deshalb wird in der Formalen Begriffsanalyse so großen Wert daraufgelegt, daß die Verbindung zu den Ausgangsdaten erhalten bleibt und der inhaltliche Kontext bei der Dateninterpretation rekonstruiert werden kann. Gewißheits- und Gültigkeitsansprüche von Interpretationen können nach K.-O. Apel nur durch rationale Argumentation im Rahmen der intersubjektiven Kommunikationsgemeinschaft gesichert werden. Das hierbei postulierte *Apriori der Kommunikationsgemeinschaft als der sinnkritischen Bedingung der Möglichkeit und Gültigkeit aller Argumentation* betrifft die Argumentierenden auf doppelte Weise: *Wer nämlich argumentiert, der setzt immer schon zwei Dinge voraus: Erstens eine 'reale Kommunikationsgemeinschaft', deren Mitglied er selbst durch einen Sozialisationsprozeß geworden ist, und zweitens eine 'ideale Kommunikationsgemeinschaft', die prinzipiell imstande sein würde, den Sinn seiner Argumente adäquat zu verstehen und ihre Wahrheit definitiv zu beurteilen.* [Apel 1976, Bd. 2, S. 429] Da Interpretationen letztendlich inhaltlichen Charakter haben, bringt die beschriebene Verankerung in der menschlichen Kommunikations- und Argumentationsgemeinschaft wiederum mit sich, daß der inhaltliche Kontext und damit auch der Wirklichkeitsbezug bei der formalen Datenbehandlung nicht verloren gehen darf.

Bei umfangreichen Daten- und Wissenssystemen, die auf maschinellen Rechnern implementiert sind und somit ausschließlich formal arbeiten, ist die Gefahr der inhaltlichen Verkürzung und der Beschränkung von argumentativer Kommunikation besonders groß. Deshalb werden Werkzeuge begrifflicher Wissensverarbeitung benötigt, die die rationale Kommunikation und Interaktion auch bei großen Datenmengen ermöglichen. TOSCANA ist als ein solches Werkzeug entworfen und in ersten Anwendungen erprobt. Die zu diskutierende Frage ist, wieweit das Werkzeug TOSCANA dem in [Wille 1994] umrissenen Verständnis *Begrifflicher Wissensverarbeitung* entspricht. Dieses Verständnis sieht den denkenden und argumentierenden Menschen als konstitutiv für die Begriffliche Wissensverarbeitung, was auch für die Formale Begriffsanalyse zutrifft, zu deren Werkzeugen TOSCANA gehört. Grundforderung an die Begriffliche Wissensverarbeitung ist, daß bei ihr reichhaltige Verbindungen zwischen den thematisierten Inhalten und den formalen Hilfsmitteln bestehen, wobei die Schnittstellen zwischen Inhaltlichem und Formalem transparent modelliert sein sollen. Daß das bei TOSCANA in angemessener Weise der Fall ist, soll kurz skizziert werden: Die mit TOSCANA erfaßten *konkreten Skalen*, in denen inhaltliche Vorstellungen und Zusammenhänge des zu behandelnden Wissensbereich repräsentiert werden, sind die wichtigsten Schnittstellen in Hinblick auf die Eingabe von inhaltlichem Wissen in das formale System. Die elementare Ebene der Datenrepräsentation, auf die TOSCANA bezogen ist, stellt natürlich ebenfalls eine derartige Schnittstelle dar. Die *gestuften Liniendiagramme* zeigen als Schnittstellen der Ausgabe unverkürzt die mit den Skalen eingegebenen Inhalte in Verbindung mit den zugehörigen Daten. Durch die Möglichkeit der beliebigen Kombination von Skalen und der Navigation durch unterschiedliche Stufungen von Liniendiagrammen können die Schnittstellen flexibel aktiviert und damit auf vielfältige Weise inhaltliche Zusammenhänge aufgedeckt werden. Die einzige Beschränkung liegt darin, daß wegen ihrer großen Zahl gar nicht alle Kombinationen durchgespielt werden können. Das macht klar, daß eine erfolgreiche Nutzung natürlich einen kompetenten Benutzer voraussetzt, der in Hinblick auf das Inhaltliche lernend zu fragen versteht.

Begriffliche Wissensverarbeitung bezieht sich auf *(anspruchsvolles) Wissen*, das seine Bestimmung erst durch die intersubjektive Kommunikations- und Argumentationsgemeinschaft erhält (vgl. [Wille 1992b]). Daß sich auch auf dieser intersubjektiven Ebene mit TOSCANA menschliches Denken und Urteilen sowie rationale Kommunikation (im Sinne von [Habermas 1981]) aktivieren läßt, darauf weisen die reichhaltigen Erfahrungen mit Liniendiagrammen von Begriffsverbänden als wirksames Instrument der Wissenskommunikation hin. Schon bei der gemeinsamen Spezifikation und Erhebung von Daten und Wissen sowie deren Kontrolle haben sich die begrifflichen Liniendiagramme vielfach bewährt, so daß man beispielsweise damit begonnen hat, Begriffsverbände im Software Engineering einzusetzen (vgl. [Krone, Snelting 1993]). Mit TOSCANA steht nun ein variables und flexibles Werkzeug zur Verfügung, mit dem der zwischenmenschliche Verständigungsprozeß in Hinblick auf gemeinsame Interpretationen komplexer Zusammenhänge gefördert werden kann. Da solche Interpretationen stets zweckorientiert sind, sollten sie auf intersubjektiver Ebene abgestimmt und argumentativ ausgehandelt werden, wozu bei zunehmender Komplexität Werkzeuge wie TOSCANA immer hilfreicher werden. Hierbei kommt dem hinter TOSCANA stehenden Paradigma der Wissenslandschaft besondere Bedeutung zu, da es dem Offenen, Prozeßhaften und Diskursivem der Wissensfindung besser Rechnung trägt als das Paradigma vom Fakten- und Regelwissen. Es ist durchaus statthaft, bei TOSCANA (*Tools of Concept Analysis*) an die toskanische Landschaft zu denken, von der es in [Zimmermann 1980] heißt: „*Die von Natur stark strukturierte Landschaft wurde vom Menschen im Laufe der Jahrhunderte zu einem Kulturland gestaltet. (...) in diesem Land kamen sich Schönheitsempfinden und Verstand, Kunst und Wissenschaften näher als irgendwo anders*".

Literatur

[Allbus 1991] Zentralarchiv/Zuma: Allbus Basisumfrage 1991 in Gesamtdeutschland. Codebook ZA-Nr. 1990. Zentralarchiv für empirische Sozialforschung, Köln 1992.

[Apel 1976] K.-O. Apel: *Transformation der Philosophie. Band 1: Sprachanalytik, Semiotik, Hermeneutik. Band 2: Das Apriori der Kommunikationsgemeinschaft.* Suhrkamp–Taschenbuch Wissenschaft Band 164/165, Frankfurt 1976.

[Ganter, Wille 1989] B. Ganter, R. Wille: Conceptual scaling. In: F. Roberts (ed.): *Applications of combinatorics and graph theory to the biological and social sciences.* Springer-Verlag, New York 1989, S. 139–167.

[Gödert 1988] W. Gödert: Online-Katalog und bibliothekarische Inhaltserschließung. *Zeitschrift für Bibliothekswesen und Bibliographie*, Sonderheft 46 (1988), S. 280–302.

[Habermas 1981] J. Habermas: *Theorie kommunikativen Handelns. 2 Bände.* Suhrkamp, Frankfurt 1981.

[Henning 1994] H. J. Henning: Zur kontextualistischen Sichtweise und methodologischen Entwicklung in der psychologischen Datenanalyse. In diesem Band.

[Kollewe et al. 1994] W. Kollewe, M. Skorsky, R. Wille: Abschlußbericht des Projektes „Begriffliche Wissensverarbeitung auf dem Gebiet des Baurechts und der Bautechnik", Phase I (in Zusammenarbeit mit dem Ministerium für Bauen und Wohnen des Landes Nordrhein-Westfalen). Darmstadt und Düsseldorf 1994.

[Krone, Snelting 1993] M. Krone, G. Snelting: On the inference of configuration structures from source code. *Informatik-Berichte 93-06*, Technische Universität Braunschweig, Braunschweig 1993.

[Lamnek 1988] S. Lamnek: *Qualitative Sozialforschung. Band 1: Methodologie.* Psychologie Verlags Union, München, Weinheim 1988.

[Orth 1974] B. Orth: *Einführung in die Theorie des Messens.* Kohlhammer, Stuttgart 1974.

[PC Magazine 1993] PC Magazine, Band 12, Nummer 2. Ziff-Davis Publishing Company, Boulder 1993, S. 110–247.

[Peirce 1991] C. S. Peirce: *Schriften zum Pragmatismus und Pragmatizismus.* Suhrkamp–Taschenbuch Wissenschaft Band 945, herausgegeben von K.-O. Apel. Suhrkamp, Frankfurt 1991.

[Scheich et al. 1993] P. Scheich, M. Skorsky, F. Vogt, C. Wachter, R. Wille: Conceptual data systems. In: O. Opitz, B. Lausen, R. Klar (eds.): *Information and classification.* Springer-Verlag, Heidelberg 1993, S. 72–84.

288   *Wolfgang Kollewe, Martin Skorsky, Frank Vogt, Rudolf Wille*

[Spangenberg 1990] N. Spangenberg: Familienkonflikte eßgestörter Patientinnen. Eine empirische Untersuchung mit der Repertory Grid Technik. Habilitationsschrift, Universität Gießen 1990; erscheint 1994 im Westdeutschen Verlag.

[Spangenberg, Wolff 1991] N. Spangenberg, K.-E. Wolff: Comparison between biplot analysis and formal concept analysis of repertory grids. In: H. H. Bock, P. Ihm (eds.): *Classification, data analysis, and knowledge organization.* Springer-Verlag, Berlin, Heidelberg 1991, S. 104–112.

[Vester 1988] F. Vester: *Leitmotiv Vernetztes Denken. Für einen besseren Umgang mit der Welt.* Heyne Verlag, München 1988.

[Vogt et al. 1991] F. Vogt, C. Wachter, R. Wille: Data analysis based on a conceptual file. In: H.-H. Bock, P. Ihm (eds.): *Classification, data analysis, and knowledge organization,* Springer-Verlag, Berlin, Heidelberg 1991, S. 131–140.

[Wachter, Wille 1992] C. Wachter, R. Wille: Formale Begriffsanalyse von Literaturdaten. In: DGD (Hrsg.): *Deutscher Dokumentartag 1991 – Information und Dokumentation in den 90er Jahren: Neue Herausforderung, neue Technologien,* Frankfurt 1992, S. 203–224.

[Wille 1982] R. Wille: Restructuring lattice theory: an approach based on hierarchies of concepts. In: I. Rival (ed.): *Ordered sets,* Reidel, Dordrecht–Boston 1982, S. 445–470.

[Wille 1984] R. Wille: Liniendiagramme hierarchischer Begriffssysteme. In: H.-H. Bock (Hrsg.): *Anwendungen der Klassifikation: Datenanalyse und numerische Klassifikation,* Indeks-Verlag, Frankfurt 1984, S. 32–51; engl. Übersetzung: Line diagrams of hierarchical concept systems. *Int. Classif.* 11 (1984), S. 77–86.

[Wille 1989] R. Wille: Lattices in data analysis: how to draw them with a computer. In: I. Rival (ed.): *Algorithms and order.* Kluwer, Dordrecht–Boston 1989, S. 33–58.

[Wille 1992a] R. Wille: Concept lattices and conceptual knowledge systems. *Computers & Mathematics with Applications,* 23 (1992), S. 493–515.

[Wille 1992b] R. Wille: Begriffliche Datensysteme als Werkzeug der Wissenskommunikation. In: H. H. Zimmermann, H.-D. Luckhardt, A. Schulz (Hrsg.): *Mensch und Maschine – Informationelle Schnittstellen der Kommunikation,* Universitätsverlag Konstanz, Konstanz, 1992. S. 63–73.

[Wille 1994] R. Wille: Plädoyer für eine philosophische Grundlegung der Begrifflichen Wissensverarbeitung. In diesem Band.

[Zimmermann 1980] K. Zimmermann: *Toscana.* DuMont Buchverlag, Köln, 3. Auflage, 1980.

Computermediierte Kommunikation und Entscheidungsfindung

Bruno Rüttinger, Barbara Letter und Simone Schramme

Inhalt

1 Einleitung

In Organisationen wurden Personal-Computer lange Zeit nur als sog. Stand-Alone-Systeme zur Erfüllung von Individualaufgaben wie z.B. Kalkulation, Textverarbeitung und Grafik benutzt. Mit der zunehmenden Vernetzung der Computersysteme wurde die Voraussetzung dafür geschaffen, daß diese Systeme in Organisationen auch als Kommunikationsmedium für Gruppenaktivitäten eingesetzt werden können. Für diese neue Anwendung hat sich der Ausdruck "computergestützte Zusammenarbeit" (CSCW, Computer Supported Cooperative Work) eingebürgert. Ein wichtiges Anwendungsgebiet von CSCW ist die Computerkonferenz, d.h. die Koordination räumlich distanter Personen in Problemlöse- und Entscheidungskonferenzen. Solche Konferenzen wurden bislang vor allem asynchron durchgeführt und als "Schwarze Bretter" (Bulletin Boards) bezeichnet. Dabei können die Konferenzteilnehmer Nachrichten unabhängig davon senden und empfangen, ob andere Teilnehmer zur gleichen Zeit das System benutzen oder nicht.

Auf diesen Bulletin Boards bauen die synchronen Konferenz-Systeme auf, bei denen alle Gruppenmitglieder gleichzeitig, aber räumlich getrennt, an ihrem Computer sitzen und gemeinsam ein Problem lösen oder eine Entscheidung treffen. Diesen Konferenzen, auch on-line-Konferenzen genannt, kommt wegen des Wegfalls von Reiseaufwand und der Zunahme von Teleheimarbeit eine immer größere Bedeutung zu. Untersuchungen zu den Effekten von Computerkonferenzen (vgl. [Sproull & Kiesler, 1986]) zeigen im Vergleich zu Face-to-Face-Konferenzen:

- eine ausgeglichenere Partizipationsrate;

- eine höhere Beitragshäufigkeit von sozial schwächeren Gruppenmitgliedern;

- einen größeren Einfluß von peripheren Gruppenmitgliedern, z.B. von Außen-dienstmitarbeitern.

Diese Wirkungen werden im allgemeinen mit dem depersonalisierenden Effekt von computermediierter Kommunikation begründet. Damit ist gemeint, daß in dieser Situation die sozialen und nonverbalen Kontextinformationen sowie die unmittelbare und personorientierte Abstimmung und Sequenzierung der Beiträge entfallen. Dadurch werden die Diskussionsteilnehmer nicht mehr durch unmittelbare nonverbale Reaktionen oder durch Status-Unterschiede gehemmt. Sie können ihre Meinung freier und umfassender mitteilen sowie stärker auf der von ihnen als richtig angesehenen Position bestehen. Gleichzeitig können sich redefreudige oder dominante Personen weniger durchsetzen, da alle Teilnehmer gleichzeitig und unabhängig voneinander Beiträge formulieren und versenden können.

Die bei Gruppenentscheidungsprozessen in Computerkonferenzen auftretenden Phänomene wurden bislang keiner umfassenden systematischen Analyse unterzogen. Deswegen ist das Ziel der vorliegenden Arbeit, sowohl das Kommunikationsverhalten wie auch das Problemlöse- und Entscheidungsverhalten zu beschreiben, zu klassifizieren und im Zusammenhang mit der Qualität, der Effizienz und der Akzeptanz der Entschlüsse und Problemlösungen zu analysieren. Die Grundlage der Analyse ist eine vergleichende experimentelle Untersuchung von Computerkonferenzen und Face-to-Face-Konferenzen.

2 Untersuchung: Versuchsaufbau und -durchführung

Der Versuchsplan ist ein Meßwiederholungsdesign. 24 Gruppen mit jeweils fünf studentischen Teilnehmern hatten nacheinander an unterschiedlichen Tagen zwei Entscheidungsfälle zu lösen, die in ihrer Struktur dem bekannten NASA-Planspiel entsprechen. Im ersten Fall geht es um einen Schiffbruch im Atlantik, im zweiten Fall um einen Expeditionsunfall in der Antarktis. In beiden Fällen kann die verunglückte Gruppe von mehreren geretteten Gegenständen nur eine bestimmte Anzahl mitnehmen. Das Überleben der Gruppe hängt davon ab, daß die richtigen Gegenstände ausgewählt werden. In den Entscheidungssitzungen müssen deswegen die vorgegebenen Gegenstände nach ihrer Wichtigkeit in eine Reihenfolge gebracht werden. Um die Variable "Entscheidungsfall" auszubalancieren, lösten 12 Gruppen zuerst Fall 1 und dann Fall 2, die übrigen Gruppen gingen in umgekehrter Reihenfolge vor.

Die unabhängige Variable des Experiments ist das "Kommunikationsmedium" (Computerkonferenz vs. Face-to-Face- Konferenz). Hier wurde ebenfalls die Reihenfolge ausbalanciert, indem 12 Gruppen zuerst an einer persönlichen Sitzung und anschließend an einer Computerkonferenz teilnahmen. Bei den anderen 12 Gruppen war die Reihenfolge umgekehrt. Als abhängige Variablen wurden untersucht: Die Qualität, die Effizienz und die Akzeptanz der Entscheidung, die

Partizipationsrate, die verschiedenen Kommunikationsprozesse, die Phasen des Entscheidungsprozesses sowie kritische Ereignisse, die für die Qualität und Akzeptanz besonders fördernd bzw. behindernd waren.

Zur Durchführung der Computerkonferenzen wurde unter UNIX/X-WINDOWS ein Konferenzsystem entwickelt. Die Benutzeroberfläche des Systems ist in drei Fenster aufgeteilt: eins, in das die eigenen Beiträge geschrieben und abgesendet werden, ein zweites, im dem die Beiträge der anderen Mitglieder erscheinen und ein drittes, in dem vorausgegangene Beiträge nochmals aufgerufen und gelesen werden können. Die Versuchspersonen wurden vor dem Experiment in das System eingewiesen und saßen während der Computerkonferenz alleine in einem Raum an einem Terminal.

Die Face-to-Face-Konferenzen wurden mit Video aufgenommen. Alle Mitteilungen der Computerkonferenzen wurden vom System protokolliert und anschließend ausgedruckt.

3 Ergebnisse

Qualität:

Die Qualität der Gruppenlösung ergibt sich aus einem Vergleich mit einer Expertenlösung. Für alle Gegenstände wurden die Differenzen zwischen den von der Gruppe erarbeiteten und den von Experten vorgeschlagenen Rangplätzen quadriert und anschließend aufsummiert.

Die Lösungen der Computerkonferenzen liegen zwar näher bei der Expertenlösung (76,4 vs. 78,8), doch ist dieser Unterschied nicht überzufällig. Computerkonferenzen und Face-to-Face-Konferenzen unterscheiden sich also nicht in der Qualität ihrer Entscheidungen.

Effizienz:

Die Effizienz der Konferenzen wurde durch die Zeitdauer der Sitzungen bestimmt. Es zeigte sich, daß die Dauer der Computer- Konferenzen bedeutend länger ist als die der Face-to-Face- Sitzungen (55 vs. 33 Minuten). In Computerkonferenzen verläuft die Diskussion in Relation zur natürlichen, sprachlichen Kommunikation zähflüssiger, da die Beiträge geschrieben und gelesen werden müssen. Weiterhin bestehen weniger Möglichkeiten, sich spontan zu koordinieren und Konsens über die Vorgehensweise herzustellen.

Zufriedenheit:

Die Zufriedenheit mit dem Verlauf der Konferenz sowie mit der erzielten Gruppenlösung wurde am Ende des Experiments mittels eines Fragebogens erhoben.

Die Teilnehmer der Face-to-Face-Konferenzen waren mit der getroffenen Entscheidung zufriedener als die Teilnehmer der Computerkonferenzen. Betrachtet man die Zufriedenheit mit dem Entscheidungsverlauf, so zeigt sich ein uneinheitliches Bild. Die Teilnehmer der Face-to-Face-Konferenzen empfanden die Zusammenarbeit in der Gruppe und die Sachlichkeit der Gruppendiskussion positiver als die Teilnehmer der Computerkonferenzen. Gleichzeitig fühlten sie sich aber weniger entspannt und stuften die Konferenzdauer als zu lange ein.

Die geringere Zufriedenheit mit dem Verlauf der Konferenz und mit der getroffenen Entscheidung bei Computerkonferenzteilnehmern könnten darauf zurückgeführt werden, daß die Beiträge nicht unmittelbar inhaltlich aufeinander abgestimmt sind wie etwa beim Sprechen, sondern in der Reihenfolge auf dem Bildschirm erscheinen, in der sie von den Schreibern abgeschickt werden. Dadurch beziehen sich viele Beiträge nicht auf die aktuellen Nachrichten, sondern auf zurückliegende Bemerkungen oder behandeln nacheinander unterschiedliche Fragestellungen. Weiterhin müssen sich die Teilnehmer der Computerkonferenzen immer wieder über das Vorgehen verständigen und sind dadurch viel weniger flexibel als natürliche Entscheidungsgruppen.

Partizipationsrate

Die Partizipationsrate wurde durch die Häufigkeit sowie durch die Dauer der Beiträge der einzelnen Teilnehmer berechnet. Da bei völlig ausgeglichener Partizipationsrate auf jedes der fünf Gruppenmitglieder ein relativer Anteil von 20 Prozent entfällt, wurde für jedes Mitglied die Abweichung von diesem Anteil berechnet. Die Abweichungen der fünf Mitglieder wurden für jede Gruppe zu einem Gruppenwert aufsummiert. Im Gegensatz zu anderen Untersuchungen (vgl. [Kiesler et. al. 1980]) zeigte sich bei den Face-to-Face-Gruppen eine relativ gleichverteilte Diskussionsbeteiligung der Gruppenmitglieder. Die Partizipationsrate war zwar bei den Computerkonferenzen noch ausgeglichener, doch erwies sich der Unterschied als statistisch nicht signifikant.

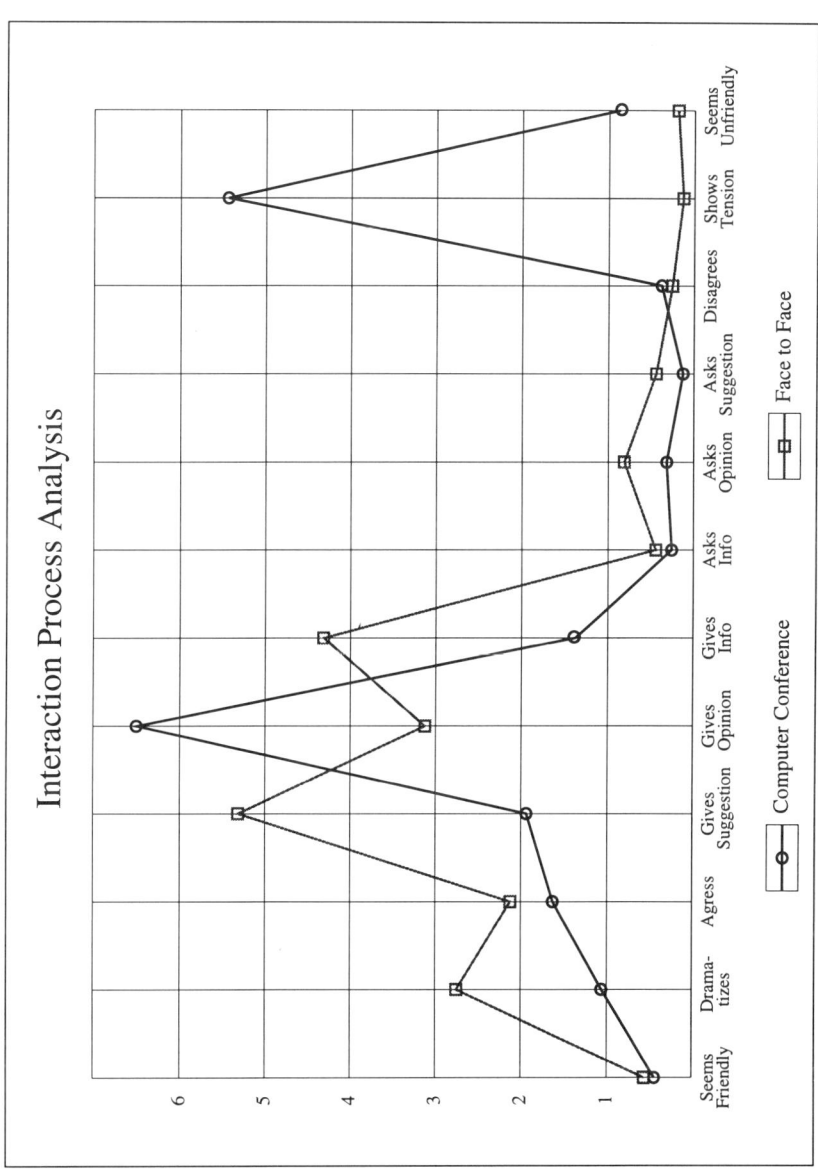

Abbildung 1: Auswertung der Interaktionsprozeßanalyse

Kommunikationsprozesse

Die Kommunikationsprozesse wurden nach der Interaktionsprozeßanalyse von [Bales 1950] ausgewertet. Die Interaktionsprozeßanalyse wurde speziell zur Analyse der Prozesse in Problemlöse- und Entscheidungsgruppen entwickelt. Bales geht davon aus, daß in diesen Gruppen zwei allgemeine Probleme gelöst werden müssen. Einerseits muß eine sachliche Aufgabe gelöst werden, d.h. eine Problemlösung oder Entscheidung durchgeführt werden. Dies kann aber nur gelingen, wenn andererseits die Mitglieder sozio-emotional in die Gruppe integriert sind. Bei der Interaktionsprozeßanalyse wird deshalb zwischen Aufgabenorientierung und sozial-emotionaler Orientierung differenziert. Im Aufgabenbereich werden drei Kategorien unterschieden, welche Teilprozesse umschreiben, die bei der Problemlösung oder Entscheidung vorgenommen werden müssen:

- die Strukturierung des Vorgehens;

- die Orientierung, d.h. der Austausch von Sachinformationen;

- die Bewertung der Informationen und Vorschläge.

Diese drei Kategorien werden nochmals unterteilt in Vorschläge oder Antworten und in Fragen (z.B. "gibt Strukturierungsvorschläge" und "fragt nach Strukturierungsvorschlägen").

Der sozial-emotionale Bereich umfaßt ebenfalls drei Teilprozesse, die jeweils nach ihrer positiven oder negativen Ausprägung weiter unterschieden werden:

- Prozesse, die unmittelbar mit der Entscheidung oder Problemlösung zusammenhängen: Zustimmung bzw. Ablehnung zu den Vorschlägen und Informationen;

- Spannungsbewältigung: Entspannung bzw. Spannung;

- Integration im engeren Sinne: Freundlichkeit bzw. Unfreundlichkeit im Umgang miteinander.

Die Analyse der Konferenzen nach der Interaktionsprozeßanalyse (vgl. Schaubild 1) zeigt sowohl in der Aufgabenorientierung als auch in der sozial-emotionalen Orientierung deutliche Unterschiede zwischen Computerkonferenzen und Face-to-Face-Konferenzen:

- Das Gruppenklima ist in Computerkonferenzen besser als in Face-to-Face-Gruppen, d.h. es gibt bedeutend mehr sozial-emotional positive und weniger negative Reaktionen.

- Im Aufgabenbereich ist die Computerkonferenz stärker geprägt durch Faktenorientierung ("gibt Information") und Verfahrensvorschläge ("gibt Strukturierung"), während die meisten Beiträge der Face-to-Face-Gruppen der Kategorie "gibt Meinung" (Meinungen, Bewertungen, Wünsche) zuzuordnen sind.

Eine nähere Betrachtung der Computerkonferenzprotokolle zeigt, daß unfreundliche Bemerkungen wenig Reaktanz bei den Betroffenen hervorrufen. Dies könnte daran liegen, daß sich Personen in der isolierten Situation der Computerkonferenzen weniger persönlich angesprochen bzw. attackiert fühlen.

Die Ergebnisse der Interaktionsprozeßanalyse zeigen auch, daß sich die Teilnehmer einer Computerkonferenz eher auf sachliche als auf persönliche Kommunikationsinhalte konzentrieren. Insbesondere knappe Beiträge – im Telegrammstil – und informative Beiträge haben bei der Vielzahl eingehender Nachrichten eine höhere Chance, die Aufmerksamkeit auf sich zu ziehen als persönliche Stellungnahmen und Bewertungen.

Da in Computerkonferenzen mehrere neue Beiträge unmittelbar hintereinander am Bildschirm erscheinen, ergibt sich ein größerer Koordinationsaufwand, um effektiv diskutieren zu können. Das Vorgehen in Computerkonferenzen muß öfter explizit geplant und strukturiert werden als in Face-to-Face-Konferenzen. Dies erklärt auch den relativ hohen Anteil an Strukturierungsvorschlägen, der sich bei einem Vergleich zwischen Computerkonferenzen und Face-to-Face-Konferenzen zeigt.

Entscheidungsphasen:

Modelltheoretisch können die Phasen eines Problemlöseprozesses wie folgt eingeteilt werden:

1. Planung des Vorgehens
2. Ist-Analyse
3. Ziel-Analyse
4. Alternativengenerierung
5. Bewertungskriteriengenerierung
6. Bewertung
7. Beschlußfassung.

In aller Regel orientieren sich Entscheidungsgruppen nicht an einer solchen, heuristischen Phasenabfolge, d.h. es wird nicht Schritt für Schritt vorgegangen, sondern zwischen den Phasen beliebig gewechselt. Betrachtet man jedoch die Zeit, welche die einzelnen Phasen innerhalb des gesamten Entscheidungsprozesses in Anspruch nehmen, lassen sich daraus Anhaltspunkte über mögliche Ursachen von guten bzw. schlechten Entscheidungen ableiten. Wird beispielsweise keine genaue

Zielanalyse durchgeführt, so kann dies negative Auswirkungen auf den weiteren Verlauf und auf das Ergebnis des Entscheidungsprozesses haben.

Aus diesem Grund wurde die Länge bzw. Dauer der einzelnen Problemlösephasen bestimmt. Hierzu wurden zunächst alle Diskussionsbeiträge den einzelnen modelltheoretischen Entscheidungsphasen zugeordnet und anschließend deren Gesamtdauer in Prozent bestimmt. Wie die Ergebnisse zeigen, dauerten in Face-to-Face-Konferenzen die Bewertungskriteriengenerierung (3,95 vs. 0,61%), die Bewertungs-Phase (48,93 vs. 31,77%) und die Zielanalyse (3,61 vs. 2,68%) länger als in den Computerkonferenzen. Die Ist-Analyse (13,39 vs. 16,05%), die Alternativengenerierung (6,61 vs. 15,32%) und die Beschlußfassung (9,94 vs. 20,86%) hingegen dauerten in Computerkonferenzen länger. Besonders auffällig war die längere Dauer der Beschlußfassung in den Computerkonferenzen. Dies kann darauf zurückgeführt werden, daß in Computerkonferenzen sehr formalisiert vorgegangen wird. In aller Regel wird über jeden einzelnen Gegenstand der Rangreihe abgestimmt. Hierzu wird die Meinung eines jeden Teilnehmers eingeholt und berücksichtigt.

Kritische Ereignisse

Zur Ermittlung kritischer Ereignisse, welche die Qualität und Effizienz der Gruppenentscheidungen möglicherweise beeinflussen, wurden die Computer- und Face-to-Face-Konferenzen mit den besten und den schlechtesten Gruppenlösungen in einer qualitativen Analyse verglichen. Dabei zeigen sich die im folgenden beschriebenen Unterschiede: Bei Face-to-Face-Konferenzen mit guten Gruppenlösungen setzen sich die Teilnehmer ausführlich und konstruktiv mit abweichenden Meinungen auseinander und versuchen, argumentativ einen Konsens herzustellen. Computerkonferenzen mit guten Gruppenlösungen zeichnen sich vor allem dadurch aus, daß sie ihr Vorgehen stärker planen und strukturieren, so daß die Beiträge inhaltlich stärker aufeinander abgestimmt sind.

Berücksichtigt man den anfänglichen Kenntnisstand der Gruppenmitglieder, so läßt sich ein weiterer Effekt von Computerkonferenzen nachweisen. Zu Beginn jeder Konferenz hatten die Gruppenmitglieder zunächst eine inidividuelle Rangreihe der Gegenstände zu erstellen. Die Abweichungen dieser individuellen Lösungen sind ein Indikator für den Kenntnisstand einer Gruppe vor der Entscheidungsfindung. Bei den Computerkonferenzen zeigte sich, daß Gruppen mit guten Individuallösungen eine Gruppenlösung erarbeiteten, die besser war als die individuellen Lösungen. Im Gegensatz dazu verschlechterten sich die Gruppen mit schlechten Individuallösungen. Die zuvor genannte geringere Strukturierung des Vorgehens, führt bei den schon anfänglich schlechten Gruppen in stärkerem Maße dazu, daß gute Beiträge und wichtige Argumente übersehen und die Entscheidungen eher ausgehandelt als argumentativ herbeigeführt werden.

4 Diskussion

Wie die Ergebnisse belegen, sind Computerkonferenzen nicht allgemein besser oder schlechter als Face-to-Face-Konferenzen. Beide Konferenzarten unterscheiden sich aber in vielfältiger Weise. Diese Unterschiede betreffen vor allem die Beteiligung der Gruppenmitglieder an der Entscheidungsfindung, die sozial-emotionalen und die aufgabenorientierten Kommunikationsprozesse.

Die Untersuchung bestätigt zunächst – wenn auch nur tendenziell – den bisherigen Befund, daß Computerkonferenzen in geringerem Ausmaß von einigen wenigen Teilnehmern dominiert werden als persönliche Konferenzen (vgl. [Sproull & Kiesler 1986]).Die ausgeglichenere Partizipationsrate läßt sich folgendermaßen erklären:

- Die Teilnehmer schreiben unabhängig voneinander ihre Beiträge, die nacheinander auf dem Bildschirm erscheinen, so daß sich "Vielredner" nicht mehr gegen andere durchsetzen können.

- Die Teilnehmer können auch unabhängig voneinander entscheiden, auf welche Beiträge sie eingehen und dadurch Vielredner aus der Diskussion drängen.

- Weiterhin tendieren die Teilnehmer wegen des relativ langsamen Schreibens zu kürzeren Beiträgen. Diese Kürze ergibt sich auch aus der Konkurrenz der vielen Beiträge, die am Bildschirm erscheinen. Man kann nur mit kurzen und prägnanten Nachrichten die Aufmerksamkeit der anderen gewinnen und den Anschluß an die aktuell diskutierten Fragestellungen halten. Die Teilnehmer der Computerkonferenzen lernen im Laufe der Diskussion immer besser, mit dieser Situation umzugehen, was die deutliche Zunahme von Beiträgen im Telegrammstil gegen Ende der Sitzung belegt.

- Schließlich werden die eher unsicheren Teilnehmer nicht mehr durch unmittelbare verbale oder nonverbale Reaktionen verunsichert. Sie sind deswegen eher bereit, an der Diskussion teilzunehmen.

Die Versachlichung der Diskussion und die starke Aufgabenorientierung bei Computerkonferenzen hängt teilweise mit den genannten Befunden zusammen. Ein weiterer Grund ist, daß die primäre Aufmerksamkeit der Teilnehmer auf konkrete Mitteilungen und nicht auf Personen ausgerichtet ist. Die Vielzahl der eingehenden Nachrichten und der teilweise fehlende Zusammenhang zwischen den Nachrichten fordert die gesamte Aufmerksamkeit des Teilnehmers und stellt hohe Anforderungen an die kognitive Informationsverarbeitungskapazität. Darüber hinaus werden der soziale Kontext und vor allem die nonverbalen Reaktionen durch das Medium Computer weitgehend ausgefiltert. Die einzelnen Beiträge werden dadurch stärker nach sachlichen Aspekten analysiert als bei persönlichen Diskussionen.

Wegen der räumlichen Distanz zu den anderen Teilnehmern können Gefühle grundsätzlich freier ausgedrückt und Unzufriedenheit eher formuliert werden. Allerdings ist die Formulierung von Stimmungen und Gefühlen häufig schwieriger als ihre nonverbale Ausdrucksweise und zudem weniger spontan. Aus diesem Grund werden negative Äußerungen in Computerkonferenzen eher unterlassen.

Neben dem veränderten Kommunikationsverhalten sind Computerkonferenzen schließlich vor allem durch ein hohes Maß an Strukturiertheit gekennzeichnet. Dies zeigt sich insbesondere in der Phase der Beschlußfassung. Im Gegensatz zu "natürlichen" Gruppen kann man bei "elektronischen" Gruppen eine sehr formalisierte Beschlußfassung beobachten. Häufig wird Schritt für Schritt über jeden Rangplatz der einzelnen Gegenstände entschieden. Die Teilnehmer diskutieren über die Wichtigkeit eines bestimmten Gegenstands so lange, bis ein expliziter Konsens in der Gruppe erreicht ist. Es zeigt sich hier, ähnlich wie in der Partizipationsrate, folgendes Phänomen: Die unmittelbare Einflußnahme einzelner Teilnehmer auf die Beschlußfassung ist relativ ausgeglichen, d.h. es sind nicht einzelne Wortführer, welche eine Entscheidung herbeiführen und maßgeblich beeinflussen, sondern alle Teilnehmer beteiligen sich aktiv. Mehrheits- oder Pluralitätsentscheidungen sind in Computerkonferenzen schwierig durchzusetzen. Das Ziel besteht vor allem darin, eine konsensuale Entscheidung herbeizuführen. Jeder Teilnehmer wird explizit befragt und muß seine Meinung schriftlich kundtun. Der Vorteil dieses Vorgehens besteht darin, daß systematisch und unter Berücksichtigung aller Teilnehmer entschieden wird. Gleichzeitig muß allerdings bedacht werden, daß spätere Revisionen von Zwischenentscheidungen schwer durchzusetzen sind. Dieser Nachteil gewinnt dadurch an Gewicht, daß Computerkonferenzen durch eine mangelnde Ziel-Analyse gekennzeichnet sind, d.h. den für die Lösung wichtigen Aspekten der Ausgangslage zu wenig Aufmerksamkeit geschenkt wird.

Die bisherigen Ausführungen verdeutlichen, warum Computerkonferenzen länger dauern als Face-to-Face-Sitzungen. Es ist zum einen der verlangsamte Informationsaustausch durch das Schreiben und Lesen der Beiträge. Zum anderen trägt die hohe Beteiligung aller Gruppenmitglieder dazu bei, daß Computerkonferenzen mehr Zeit in Anspruch nehmen. Wie die Ergebnisse zeigen, kommt die hohe Partizipationsrate u.a. durch die formalisierte und konsensuale Entscheidungsfindung innerhalb der Gruppe zustande, welche eine ausdrückliche Stellungnahme aller Teilnehmer zu allen Teilfragen erfordert.

Betrachtet man die Qualität der Lösungen, so bestehen zwischen den beiden Konferenzarten nur tendenzielle Unterschiede. Die Analyse der kritischen Ereignisse weist auf, daß große Fehler – insbesondere bei Gruppen mit schlechten Individuallösungen – vor allem deswegen gemacht wurden, weil wichtige Beiträge nicht angemessen in der Diskussion aufgenommen wurden. Durch die mangelhafte

Strukturierung des Vorgehens gehen wichtige synergetische Effekte von Gruppenentscheidungen verloren. Die Entwicklung sogenannter "Group-Decision-Support-
Systeme" (GDSS) hat zum Ziel, dieses Problem der Strukturierung zu lösen.

5 Groupware

GDSS gehören zur Kategorie sogenannter "Groupware-Produkte". Diese Systeme haben zum Ziel, verschiedene Arbeitsprozesse innerhalb von Arbeitsgruppen
softwareseitig zu unterstützen. Im Unterschied zu dem beschriebenen Computer-
konferenzsystem, stellen Groupware-Produkte nicht nur eine Kommunikationsin-
frastruktur zur Verfügung, sondern machen auch Vorschläge oder Vorschriften,
wie diese Infrastruktur genutzt werden soll. Ziel ist es, den Gruppenkommuni-
kationsprozeß vor dem Hintergund zu bewältigender Aufgaben zu unterstützen,
indem z.B. festgelegt wird, wer was in welcher Form und zu welchem Zeitpunkt
zu dem Thema beitragen darf.

Die GDSS geben einer Gruppe beispielsweise eine bestimmte Problemlösungs-
struktur in Form einer Phasenabfolge vor. So schreibt z.B. eine solche Software den Gruppenmitgliedern vor, ein 10-minütiges Brainstorming am Computer
durchzuführen. Dabei "beobachtet" die Software die Teilnehmer und greift gegebenenfalls disziplinierend ein. Sie verhindert z.B., daß in einer als "Brainstorming"
gekennzeichneten Sitzung oder Sitzungsphase ein Teilnehmer eine als "Idee" ge-
kennzeichnete Äußerung bearbeitet (verändert, kommentiert, löscht etc.). Dies
entspricht der bekannten Regel, wonach beim Brainstorming nur Ideen generiert
werden sollen, diese jedoch nicht von den anderen Teilnehmern kommentiert oder
bewertet werden dürfen.

Die Programme erzwingen quasi das Einhalten einer definierten Phasenabfolge und bestimmter Regeln im Entscheidungsprozeß. Bei der Beschlußfassung
kann z.B. nach der Regel der Pluralität, der Majorität, der Einstimmigkeit (des
Konsenses), des arithmetischen Mittels etc. vorgegangen werden. GDSS-Produkte
werden in den USA schon kommerziell vertrieben (z.B. "The Meeting Room" der
Firma Eden-Systems).

In Anlehnung an die Metaplantechnik, einer Moderationsmethode, die bei
Gruppenentscheidungsprozessen häufig zum Einsatz kommt, wurde in unserer
Arbeitsgruppe ein GDSS-Prototyp entwickelt (vgl. [Letter et. al. 1994]). Das System sieht vor, daß die Teilnehmer einer computerunterstützten Entscheidungs-
konferenz vier verschiedene Entscheidungsphasen (Brainstorming, Kriteriengene-
rierung, Kriterienbewertung und Beschlußfassung) durchlaufen, in denen nach
bestimmten Informationen, Ideen oder Präferenzen gefragt wird.

Werden solche Groupware-Produkte in Organisationen eingeführt, wird gleichzeitig teilweise festgelegt, in welcher Weise kommuniziert wird, wie Entscheidungen getroffen und wie Probleme gelöst werden. Es ist davon auszugehen, daß

das Arbeiten mit solchen Systemen auch das übrige Entscheidungsverhalten –
im Sinne eines Trainings – beeinflußt. Durch die normative Modellierung des
Entscheidungsprozesses mit Hilfe von Groupware-Produkten werden also gleichzeitig zentrale Merkmale der Organisationskultur festgeschrieben. Es ist deswegen
sehr wichtig, daß man sich bei der Entwicklung von Groupware-Produkten nicht
am technisch Machbaren, sondern an den Bedürfnissen der Organisationsmitglie-
der orientiert. Die Produkte müssen so flexibel sein, daß aus mehreren Optionen
(Entscheidungsmodulen), je nach Bedürfnis der Entscheidungsträger, ausgewählt
werden kann. Weiterhin können sie nur in Zusammenarbeit mit den Organisa-
tionsmitgliedern entwickelt werden. Will man den Bedürfnissen der zukünftigen
Benutzer von Groupware völlig Rechnung tragen, so führt "kein Weg daran vorbei, daß letztendlich die Mitarbeiter in den Organisationseinheiten ihre eigenen
Groupwareprodukte progammieren müssen" ([Sourisseaux & Rüttinger 1990]).

Literatur

[Bales 1950] R. F. Bales: *Interaction process analysis: a method for the study of small groups*. Reading, Mass.: Addison-Wesley, 1950.

[Kiesler et. al. 1980] S. Kiesler, J. Siegel, T. McGuire: Social Psychological Aspects of Computer-Mediated Communication. In: J. Greif (Hrsg.), *Computer Supposed Cooperative Work*. San Mateo: Morgan Kaufmann, 1980.

[Letter et. al. 1994] B. Letter, B. Rüttinger, S. Schramme: *Group Decision Support Systeme. Eine explorative Studie*. Institut für Psychologie. TH Darmstadt, 1994.

[Sourisseaux & Rüttinger 1990] A. Sourisseaux, B. Rüttinger. Kultur aus dem Computer: Neue Wege der Entscheidungsfindung in Organisationen. In H. Methner & A. Gebert (Hrsg.), *Psychologen gestalten die Zukunft*. Bonn: Deutscher Psychologie Verlag, 1990, S. 396–404.

[Sproull & Kiesler, 1986] L. Sproull, S. Kiesler: Reducing Social Context Cues: The Case of Electronic Mail. *Management Science* **32**, 1986, S. 1492–1512.

Zur kontextualistischen Sichtweise und methodologischen Entwicklung in der psychologischen Datenanalyse

H. Jörg Henning

Inhalt

1 Zur Restrukturierung der Wissenschaften

Die Prinzipen und Begriffe der "Wahrscheinlichkeitstheorie" und "Statistik" haben unsere Sichtweisen über verhaltenswissenschaftliche Fragestellungen (z.B. kognitive Prozesse) deutlich verändert. Dies trifft für die Physik und die Biologie, aber besonders nachhaltig für die Psychologie zu. Im Gegensatz zu den anderen Disziplinen, betreffen diese veränderten Sichtweisen in der Psychologie vorwiegend die Anwendung und den Einsatz ihrer statistischen Methoden, verursacht durch eine zum Teil einseitig normative und damit problematische Wissenschaftsauffassung. Obwohl sich in der Wahrscheinlichkeitstheorie seit Pascal und Laplace viel geändert hat, scheint sich ein Argumentationsmuster in der Psychologie hartnäckig und unverändert zu halten: Die Identifikation der statistisch gewonnenen Zahlen mit "Objektivität" und "Realität".

Hinter diesem scheinbar objektiven Standpunkt verbirgt sich viel der Autorität der Wissenschaften. Allerdings ist diese Position durchaus illusionär. "Statistik" ist ein starker Mechanismus, mit dessen Hilfe sich "objektives" Wissen und Erkennen gewinnen läßt und große Teile der wissenschaftlichen Psychologie benutzen diesen Mechanismus relativ unreflektiert, um die substantiellen Eigenarten von psychologisch inhaltlich zu definierenden Entscheidungen und Analysen, wenn auch nicht unbedingt explizit, zu umgehen. Die Souveränität statistischer Gesetze darf nicht bloßgelegt werden durch die eigenmächtigen und kapriziösen Entscheidungen ihrer Verwalter. Darin liegt der dominante Zwang der statistischen Methoden, so [Gigerenzer, Swijtink, Porter, Daston, Beatty, Krüger 1989].

Die Wahrscheinlichkeitstheorie nahm ihren Anfang im Glücksspiel vor etwa 300 Jahren. Inzwischen hat sie sich in allen Gebieten der Natur- und Sozialwis-

senschaften "breit" gemacht. Rechtswissenschaften, Medizin, Industrie und Öko-
nomie gehen selbstverständlich mit "Statistik" um. Sogar unser Alltagsleben wird
von Statistik berührt – zumindest in der einfachen deskriptiven Form: vom Wet-
terbericht zur Autoversicherung. Die bloße Existenz einer mathematischen Technik, der mathematischen Statistik und Wahrscheinlichkeitstheorie, kann nicht der
alleinige Grund für die außerordentliche Bereitschaft sein, dieser Technik einen
so dominierenden Platz zu verschaffen. Fragwürdige Interpretationen und Ana-
logieschlüsse, z.B. das direkte Übertragen mathematischer Regeln auf psychische
und kognitive Prozesse, haben dazu geführt, das Imperium der Statistik noch zu
vergrößern. Das Prinzip des Drängens nach wissenschaftlicher "Sicherheit" ist der
Motor dieser Entwicklung, gleichgültig welche Wahrscheinlichkeitsauffassung sich
gerade in den Vordergrund geschoben hat: – als Grad der Sicherheit, – als relative Häufigkeit, – als subjektive Wahrscheinlichkeit. Nach [Gigerenzer et al. 1989,
Seite 271ff.] weitet sich diese Dominanz in drei Phasen aus:

1. Techniken und Interpretationen werden unter den Disziplinen ausgeliehen
   und verfestigen sich über Quasi-Analogien.

2. Wenn diese Techniken in dieser Analogieform von zunehmend vielen verschiedenen Wissenschaften angewandt werden, dann werden sie dadurch
   wirklich formal(-listisch), indem ihre ersten Interpretationen, die für die
   Anwendung von Bedeutung waren, unterschlagen oder vergessen werden.

3. Als Ergebnis dieser Formalisierung und Expansion werden die Wahrscheinlichkeitstheorie und Statistik bezüglich ihrer Bedeutung und ihres Anwen-
   dungspluralismus quasi ökumenisch.

Die philosophischen Diskussionen um diese Begriffe sind leicht vergessen, man
diskutiert nur noch den relativen Nutzen der frequentistischen oder personali-
stischen Interpretationen und die Anwendungspraxis ist eklektisch. Dazu führen
[Gigerenzer et al. 1989] einige Beispiele an:

> Psychologen analysieren das Ausmaß, mit dem ihre Versuchspersonen
> "vernünftig" denken, mit Hilfe des BAYES-Theorems unter Verwen-
> dung einer Kombination der Fisherschen und Neyman-Pearsonschen
> Methoden [Tanner, Swets 1954, Edwards 1968, Kahneman, Tversky
> 1972].

> Ein weiteres Beispiel ist in der "Wanderung" des Gebrauchs der Nor-
> malverteilungskurve zu sehen: aus der Astronomie (zur Beschreibung
> der Beobachtungsfehler) in die Soziologie (Quetelet und seine Sozial-
> Statistik) und von dort in die Physik (Maxwell und Boltzmann zur
> Dichteverteilung von Molekülen in idealen Gasen) bis hin zur Psycho-
> logie (Galtonsche Regression zur Mitte und biologische Vererbung,

Spearman und die Faktorenanalyse in Verbindung mit der Theorie
der generellen Intelligenz).

In diesen frühen Phasen der interdisziplinären Übernahme und Migration sind
aber nicht nur die reinen Techniken importiert worden. [Gigerenzer et al. 1989,
Seite 273] vergleichen diese Techniken mit einem trojanischem Pferd, gepackt
mit den impliziten und expliziten Annahmen über Inhalte, Gegenstandsbereiche
und Interpretationen – gleichgültig, ob sie auf die neuen Kontexte und Anwen-
dungsfelder paßten oder nicht und sie hielten damit Einzug in die jeweilige Disziplin. Während die Intelligenztheorien und die Faktorenanalyse als ein schon
klassisches Beispiel dieses Imports "via Analogie" bezeichnet werden können,
läßt sich als derzeit prominentes Beispiel die Psychologie der kognitiven Urteile anführen: "Statistische Humunculi kontrollieren in unseren Köpfen die verschiedenen Funktionen" und je nach Autor sind sie einer bestimmten statistischen oder wahrscheinlichkeitstheoretischen Interpretation verpflichtet (vgl. auch
[Herzog 1984, Bunge, Ardila 1987]).

Die fortschreitende Spezialisierung der Wissenschaft hat durchaus beunruhi-
gende Momente [Wille 1988] und läßt verstärkt nach Sinn und Bedeutung von
Wissenschaft fragen. Neben der Mathematik, insbesondere der Wahrscheinlichkeitstheorie und Statistik, ist es auch die Psychologie und das aus ihr entstehen-
de "Psychologisieren", die sowohl die Wissenschaft, aber auch das Alltagsleben
nachhaltig beeinflußt und verändert haben (vgl. hierzu besonders: [Gigerenzer
et al. 1989]). Hartmut von Hentig hat dieser Spezialisierung die Forderung nach
der "Restrukturierung der Wissenschaften" entgegengesetzt. "Die Wissenschaften
müssen ihre unbewußten Zwecke aufdecken und ihre bewußten Zwecke deklarieren
und danach ihre Mittel und Methoden auswählen ... ihre möglichen Folgen öffentlich und verständlich darlegen und dazu ihren Erkenntnisweg und ihre Ergebnisse
über die Gemeinsprache zugänglich machen" [von Hentig 1974].

Dieses Prinzip der Restrukturierung soll z.B. die philosophischen Grundlagen
und Theorien einer Disziplin nicht nur besser mitteilbar, lernbarer und verfügbarer, sondern auch kritisierbarer gestalten. Dies bedeutet auch die Rückführung
der theoretischen Erkenntnisse und empirischen Ergebnisse in die Anschauung
– in die Alltagssprache. [Wille 1988] faßt die Entwicklung der Methode der Formalen Begriffsanalyse als ein Ergebnis derartiger Bemühungen auf. Mit Hilfe der
mathematischen Ordnungs- und Verbandstheorie lassen sich Wissens- und Infor-
mationsfelder restrukturieren. So gewinnt z.B. die Ordnungstheorie an Inhalt,
wenn man sie als Mathematisierung begrifflicher Beziehungen versteht und ein-
setzt. Mit der Abstraktionsbeziehung "Unterbegriff-Oberbegriff" kann man für
jeden Datenkontext, in dem Gegenstände mit Merkmalen verbunden sind, eine
Begriffshierachie ableiten. Auch für viele Bereiche der Psychologie ist die Suche nach derartigen Begriffshierarchien von erkenntnistheoretischer Bedeutung
(vgl. dazu weiter u.: Informations-Prozeß-Modell für Einstellungen von Ostrom).

Entscheidend für die Methode der Formalen Begriffsanalyse ist, daß in der abgeleiteten Begriffsordnung die Ausgangsdaten immer präsent bleiben. Diese Möglichkeit besteht bei anderen Verfahren der mathematischen Datenanalyse nicht. Die Hauptkomponentenanalyse ist eines der üblichen Verfahren für die Bearbeitung psychologischer Daten (insbesondere auch von Repertory Grid Daten, vgl. weiter unten). Dieser in der psychologischen Forschung dominierende statistische Algorithmus führt durch bestimmte, i.d.R. unüberprüfbare Annahmen und durch abstraktes Verrechnen und Reduzieren von Datenmatrizen auf der Basis von Residual-Varianz-Kovarianz-Matrizen zu Datenreduktionen, die in ihrer überzogenen Interpretation dann oftmals zu methodischen Artefakten werden, die keinen direkten Bezug zu den Ausgangsinformationen mehr herstellen lassen. Die Formale Begriffsanalyse, aber auch die DEL-Vorhersagenanalyse und in gewisser Weise die nonparametrische Skalenanalyse von Mokken (vgl. [Rudinger et al. 1985]), wirken diesen Tendenzen entgegen und sind wichtige Schritte für eine notwendige Restrukturierung bestimmter Wissenschaftsbereiche in der Psychologie.

Die Gewinnung von psychologischen Daten durch die Beantwortung bipolarer Fragebogenitems, z.B. Ablehnung vs. Befürwortung, ist von [Ostrom 1989] unter einer informationstheoretischen Perspektive bearbeitet worden. So argumentieren einige Theoretiker, daß Menschen in bipolaren Begriffen, Merkmalen oder Eigenschaften denken und urteilen. [Osgood et al. 1957] oder [Kelly 1955] gehen von dieser Annahme aus. [Ostrom 1989] stellt in der Diskussion seines Ansatzes zwei Konzepte gegenüber, die erklären sollen, wie die Beantwortung bipolarer Fragen (Items) erfolgt: "Wie kommt man vom Kopf zur Hand?" Das erste Konzept ist durch den traditionellen Ansatz der "dimensionalen Repräsentation" geprägt. Das zweite Konzept geht von einem "informationsverarbeitenden" Prozeß aus. Der dimensionale Ansatz beruht auf der Annahme eines Reiz-Reaktions- oder latenten Urteilskontinuums, im allgemeinen verstanden als eindimensionales psychologisches Konstrukt. Beispiele dazu finden sich in der subjektiven Stimulus-Repräsentation zu entsprechenden objektiven physikalischen oder psychophysischen Größen und Merkmalen. Dieser gedankliche Ansatz ist relativ schnell und unreflektiert auf die Analyse psychologischer und sozialer Variablen übernommen und dort adaptiert worden (z.B. "Einstellungen" durch [Thurstone 1928]). Folgerichtig sind in diesem Zusammenhang die traditionellen Skalierungsmethoden der Einstellungsmessung einzuordnen [Torgerson 1958, Coombs 1964, u.v.a.m.]. Der dimensionale Ansatz befaßt sich daher auch nur mit der Festlegung von Einstellungsausprägungen auf dem "Response-Kontinuum" und ihrer Bestimmung von Skalenwerten oder Skalengewichten (vgl. [Fishbein, Ajzen 1975, Anderson 1981]). Der dimensionale Ansatz impliziert, daß eine permanente und latente Verknüpfung zwischen dem "Response-Kontinuum" und dem beobachtbaren Antwortverhalten, gemessen als relative Häufigkeit, vorhanden ist, und daß diese Funktion

über weitere statistische Modellannahmen in Form von Skalengewichten "meß-
bar" wird. Die begriffliche Struktur des interessierenden Einstellungsgegenstands
oder Verhaltensbereichs und die Interrelationen zwischen möglichen Einstellungs-
ebenen sind im dimensionalen Ansatz nur von untergeordnetem Interesse.

Im Gegensatz dazu konzentriert sich der Informations-Prozeß-Ansatz auf
die strukturellen Zusammenhänge von Einstellungsmustern. Schwerpunktmäßig
sind unter diesem Ansatz die qualitativ unterschiedlichen Strukturen untersucht
worden, die angenommen werden, wenn Personen ihre Meinungen und Einstellungen über bestimmte Gegenstände oder andere Personen kognitiv organisieren und konstruieren. Hierarchische Strukturen, lineare Ordnungen oder tem-
poräre Scripts sind Ergebnisse dieser personalen Explorationen. Der Informations-
Prozeß-Ansatz geht im allgemeinen von einem "Alles-oder-Nichts" Prinzip aus.
Dies bedeutet, daß eine Kognition entweder aktiviert wird oder nicht. Hauptziel
dieses Ansatzes ist es daher auch, herauszuarbeiten, welche kognitiven Repräsentationen zu identifizieren sind, und durch welche bestimmten Einstellungsobjekte
oder -fragen sie aktiviert werden. Es ist davon auszugehen, daß sich die Methoden
der Begrifflichen Skalierung und Meßtheorie besonders eigenen, diese qualitativ
unterschiedlichen Strukturen "sichtbar" zu machen und zu analysieren, daher
kann die Formale Begriffsanalyse in dieser psychologischen Disziplin einen wesentlichen Beitrag leisten.

2 Zum Kontextualismus

Im allgemeinen gestalten und benutzen die Menschen ihr Umfeld und ihre Lebenswelt so, daß sie ihren persönlichen Entwicklungszielen, Vorstellungen und
Handlungen optimal und auf angemessene Art und Weise entspricht. Es gibt drei
philosophisch-theoretische Positionen, die dieser Grundannahme weitestgehend
folgen und die in der Psychologie unter den umweltzentrierten Theorieansätzen
diskutiert werden. Es sind neben der Soziobiologischen Evolutionstheorie (nach
Charles Darwin) und dem "Behavior-Setting-Ansatz" von Kurt Lewin die Positionen aus der Sicht des Kontextualismus nach [McGuire 1983, Gergen 1985,
Harré, Secord 1972] und [Jaeger, Rosnow 1988]. Der Kontextualismus hat zum
Inhalt das Verstehen, daß alle psychischen Funktionen und Aktivitäten des Menschen kontextspezifisch sind. Diese Kontexte bestimmen unsere Entwicklung und
Intentionen, die Strukturen von Umweltkontexten sind Grundlage unseres Handelns. Der Kontextualismus betont die aktive und intentionale Natur menschlicher Handlungen und sieht das Individuum als wirksam engagierte Person im
Konstruktionsprozeß des sozialen Wissen und ihrer Wirklichkeit. Der Wissenschaftler wird als aktiver Teilnehmer und nicht als externer Beobachter im zwischenmenschlichen Informationsprozeß gesehen. Im Kontextualismus wird nachdrücklich der Gebrauch von Methoden gefordert, die in der Lage sind, die diachro-

nische Struktur und intentionale Natur der sozialen und psychischen Phänomene aufzudecken und zu klären. Diese Phänomene werden als Teile eines größeren sozio-historischen Kontext behandelt (vgl. [Jaeger, Rosnow 1988, S. 64]).

Der Kontextualismus gehört zu einer der grundlegenden Weltanschauungen und philosophischen Hauptströmungen, der durch die Pragmatiker Charles S. Pierce, William James, John Dewey und George Herbert Mead begründet wurde. Der in Europa bisher wenig rezipierte "interne Realismus" des Amerikaners Hilary Putnam (vgl. z.B. [Gähde 1992]) scheint eine Synthese der Denkrichtungen dieser Philosophen darzustellen, wenn er sich für eine pluralistische Einstellung zu den Wissenschaften vom Menschen ausspricht. Putnam fordert neben den mathematisch-statistischen Methoden in den Verhaltenswissenschaften, die ohnehin zahlreiche Fürsprecher haben, ein methodologisches Gleichgewicht, das aus "dem ungeheuren Schatz an nicht formalisiertem und nicht formalisierbarem Wissen, ohne welches diese Wissenschaften nicht bestehen könnten und auf welches wir alle in unserem außerwissenschaftlichen Alltag ständig angewiesen sind und angewiesen bleiben werden" [Stegmüller 1986, Bd.II, S. 465], stammt.

In der Psychologie bauen nur wenige Forscher auf diesem Ansatz auf: Es sind in der Sozialpsychologie [Farr, Moscovici 1984, Israel, Tajfel 1972, McGuire 1983] und [Secord 1986] und in bestimmten Bereichen auch [Eckes 1991, S. 181ff.]. Für die kognitive Psychologie sind [Jenkins 1980] und [Hoffman, Nead 1983] zu nennen. [Farr 1987] und [Rosnow, Georgoudi 1986] haben zu bestimmten Bereichen der angewandten Sozial- und Umweltpsychologie gearbeitet.

Die Intentionalität des Menschen wird innerhalb eines Kontextes wahrgenommen, der sich durch ein historisches, kulturelles und soziales Milieu als in einer dynamischen Übergangssituation befindlich charakterisieren läßt. Die elementaren Analyseeinheiten sind Ereignisse, die sich in diesem Sinne als prozeßhaft und aktiv beschreiben lassen. Ein Ereignis ist eine konkrete individuelle (Alltags-) Handlung von bestimmter "natürlicher" Zeitdauer und einem Konglomerat von Faktoren, Beziehungen und Aktivitäten in einem Ausschnitt eines fortwährenden Prozesses. Menschliche Handlungen sind in einen Kontext aus Zeit, Raum, Kultur und lokalen, versteckten Regeln eingebettet, die diese Handlungen leiten und steuern.

Welche Implikationen hat dieser Ansatz für die Methodologie der Psychologie? Die Realität wird nicht als eine invariante Ordnung mit deterministischem Charakter verstanden, sondern als Prozeß aktiver sich verändernder Ereignisse. Veränderung kann nicht als eine Erscheinungsform dargestellt werden, die sich durch das Aufdecken eindeutig organisierter Strukturen erklären läßt. "Turbulenzen" und "Veränderungen" sind Beobachtungseinheiten und damit selbst kategoriale Formen im Kontextualismus, die bestimmte relative Ordnungen und Strukturen dieser Kategorien aber nicht ausschließen.

Es ist deutlich, daß kaum eine theoretische oder methodologische Perspektive völlig adäquat die Komplexität der prozeßhaft-dynamischen menschlichen Handlungen erfassen kann. Zwar läßt sich sehr einfach ein Pluralismus an Ideen und Methoden fordern. Die adäquate Umsetzung in Forschungspraxis dagegen ist nur schwer zu vollziehen, wenn berücksichtig werden muß, daß das "Ereignis" selbst die Analyseeinheit darstellt und nicht etwa die Zerlegung dieser Ereignisse in isolierte Einzelvariablen. Unter dieser Einschränkung sind folgende methodologische Ansätze diskutierbar:

- Das Experimentieren in eingeschränkter Funktion zur Beschreibung relationaler Muster und Strukturen oder zur Identifizierung kausaler Eigenschaften

- Hermeneutische Ansätze [Gauld, Shotter 1977, Packer 1985], ethogenetische Ansätze [Harré 1979, Harré, Secord 1972] und dialektische Ansätze [Buss 1979, Georgoudi 1983], alle in ihrer durch das Werkzeug "Sprache" begrenzten Möglichkeit des Verstehens und Erkennens

- "Tacit Knowledge" [Polanyi 1966]. Wissen, das sich durch direkte Erfahrungen oder Handlungen manifestiert und verbal kaum kommuniziert werden kann: z.B. Wissen, wie man ein Auto fährt

Wissenschaftler sind keine desinteressierten Beobachter, die die "Fakten" der Handlungen von Personen nur registrieren, sondern aktive Teilnehmer im jeweiligen Forschungsprozeß, der ein besonderes Alltagsereignis für alle Personen darstellt, die akzeptiert haben auf diese Weise am Forschungsprozeß zu partizipieren. Sogar die Methodik und Technik der Umfragen- und Meinungsforschung wird sich kultivieren können, wenn es ihr gelingt, die Fragebogenkonstruktion in kontextualistischer Sicht fortschreiben zu können. Erste Arbeiten in dieser Richtung liegen von [Labaw 1986] und [Sudman, Bradburn 1982] vor.

Nach [Jaeger, Rosnow 1988] ist ein "Context" (hier im philosophisch-erkenntnistheoretischen Sinn) nicht irgendeine externe Beschreibungskategorie zur Regulation oder zum Steuern unseres Verhaltens, auch ist es kein Synonym für "Umweltstimuli" oder Situationsvariablen. Der "Context" ist ein integrierter Bestandteil der zu untersuchenden Phänomene selbst. Zum Beispiel gilt dieses für den "Context" eines Veränderungsprozesses, wie er durch die Psychologie der kognitiven Entwicklung untersucht werden kann. Es gibt keine endgültig abschließenden Analysen über einen Gegenstand oder ein Phänomen, und wir müssen akzeptieren, daß unser angesammeltes Wissen nur relativ ist und unvollständig bleibt. Es gibt keine absoluten Prinzipen oder Gesetze über unser Verhalten, und wir haben als Wissenschaftler auch zu lernen, daß unvollständiges Wissen keine Tragödie ist. Zwar betont der Kontextualismus die "Fuzzy"-haftigkeit und die Veränderbarkeit in unserem Verhalten, dennoch werden Ordnungsstrukturen nicht ausgeschlossen. Die kontextualistische Sichtweise leugnet keineswegs Bereiche, in denen Regularität, Hierarchien und Ordnungen bestimmend sind, aber diese Strukturen werden immer als Bereiche angesehen, die in einem "Meer von komplexen Phänomenen" [Hoffman, Nead 1983] auftreten.

3 Zur Qualität psychologischer Daten

Informationen und Wissen mit "ordinalem" Charakter, also Aussagen über wissenschaftliche und alltagspsychologische Phänomene, die bestenfalls ein "mehr oder weniger" implizieren, entsprechen im allgemeinen dem Gehalt psychologischer Untersuchungen besser, als die häufig verwendeten und statistisch aufbereiteten Erhebungsmethoden, Techniken oder Skalen. Natürlich lassen sich die Vorhersagen vieler mathematischer Modelle oftmals nur mit metrischen Daten prüfen. Aber die Vielzahl verhaltenswissenschaftlicher und psychologischer Modelle und Theorien sind nicht mathematisch fundiert und sie lassen nur ordinale Annahmen und Vorhersagen [Rudinger et al. 1985, Henning 1993] zu. Darüberhinaus lassen sich zwischen den meisten Indikatoren und Messungen, d.h. zwischen den pragmatischen Operationalisierungen von bestimmten psychologischen Phänomenen und dem theoretisch angenommenen Phänomenen selbst, auch nur ordinale Beziehungen postulieren – ja oftmals nur vage sprachliche Kategorien oder Begriffe (vgl. [Pawlowski 1980]). "Stress, Motivation, Aggression, Lernen, Schmerz, Einstellung, Identität, Selbstbewußtsein" sind Beispiele solcher Phänomene. Die wissenschaftliche Psychologie hat sich dem Problem zu stellen, daß i.d.R. nur ordinale Daten auftreten, aber theoretisch begründete Methoden, um diese Daten zu bearbeiten, nur unzureichend entwickelt sind. Von [Dörner 1983, Seite 16] ist der Versuch unternommen worden, Eigenschaften der Untersuchungsgegenstände der Psychologie neu zu beschreiben. Er kennzeichnet die psychologische Forschung durch vier Merkmale. "Wie untersucht man intransparente, nicht stationäre, selbstreflexive Gebilde mit Systemcharakter?" Die Psychologie hat kaum mehr getan, als Rechenschaft über die Komplexität der von ihr zu untersuchenden Phänomene abzulegen und durch das systematische Variieren einzelner Faktoren isolierte Systemeigenschaften benannt.

So finden sich beispielsweise in der psychologischen Risikoforschung fast 20 "isolierte" Risikofaktoren zur Beschreibung menschlicher Verhaltens- und Handlungsweisen (vgl. z.B. [Ruff 1993, Seite 334]). Ein integrierender Untersuchungsansatz, der die Ganzheitlichkeit und Komplexität von alltäglichem Entscheidungsverhalten in Rechnung stellt, und der eine datentheoretische Analyse an den Anfang der Betrachtungen stellt, fehlt offensichtlich bisher.

Erklärungen mit Hilfe quantitativer Methoden und metrischer Variablen abzugeben, ist zwar ein Charakteristikum empirischer Psychologie, garantiert aber nicht notwendigerweise Erkenntnisgewinn oder empirisch bedeutsame Resultate. Die Bedeutung der verwendeten Begriffe, ihrer Kontexte und Relationen bleibt oft vage. Der konstruktive Gehalt sozialer und psychischer "Realitäten" wird oft übergangen. Es werden Theoriefragmente gebilligt, in "denen quantitative Beziehungen behauptet werden, die aber in Wirklichkeit sinnlos sind" [Pawlowski 1980, Seite 121]. Für die psychologische Forschung werden daher Methoden benötigt, mit denen heterogene, multivariate Datenmengen explorativ und strukturanalytisch bewertet werden können. Ziel dieser methodologischen Vorgehensweise ist es, komplexe Phänomene besser beschreiben zu können und relativ unverzerrt personen- und situationsbezogene Informationen zu empirisch sinnvollen Daten oder Aussagen rekonstruieren zu können. Einige der methodologischen Voraussetzungen zur Erfassung komplexer und ganzheitlicher Phänomene sind die Akzeptanz der Methode des freien Antwortverhaltens (vgl. [Boivin 1986]) und die subjektbezogene Beschreibung von Alltagsprozessen durch kontingente Basiskategorien, wie es z.B. durch Ergebnisse der Attributionsforschung ermöglicht werden kann (vgl. [Böhm 1993, Seite 78ff.]).

Am Beispiel alltagspsychologischer Beobachtungen, u.a. der Einzelfallanalyse als einem Prototyp für qualitative Forschungsmethodik, lassen sich die hier skizzierten Forderungen verdeutlichen. So werden einzelfallanalytische Daten in der Fachliteratur vorwiegend mit quantitativen Methoden bearbeitet [Krauth 1986, Kratochwill 1986, Schmitz 1987]. Daher sind neue und eigenständige Vorgehensweisen für die Analyse derartiger Beobachtungen zu entwickeln, die sich weder an der Psychometrie noch an der psychoanalytisch-orientierten Textanalyse orientieren. Personen sind nicht als Lieferanten isolierter Daten zu begreifen, sondern die Einbettung personenzentrierter Daten in den jeweiligen Kontext ihrer Alltagsphänomene ist anzustreben. Neue Erhebungsverfahren (u.a. [Lohaus 1983, Petermann 1989] und [Miles, Huberman 1994]) sind zu unterstützen, weiterzuentwickeln und mit geeigneten Metatheorien und angemessenen Analysemethoden zu verbinden. Nur wenige Datenerhebungs- und Auswertungsmethoden der Psychologie sind bewußt "alltagspsychologisch" und "subjektorientiert" konzipiert, indem "in möglichst unrestringierten Umgebungen" [Dörner 1983, Seite 85] die befragten Personen sich in ihrer eigenen Terminologie und Sprache ausdrücken können. Tagebuchaufzeichnungen, Verhaltensbeobachtungen oder Repertory Grid Techniken sind weit vom "wissenschaftlichen" Image entfernt, das den Tests und Fragebögen ohne ausreichende erkenntnistheoretische Reflexion zugestanden wird. Die wissenschaftliche Kunst, Informationen und Beobachtungen aller Art nach kommunizierbaren Regeln zu sensiblen Daten zu gestalten, ist m.E. noch zu entwickeln, damit sie die immer noch, als "Folklore der Sozialforschung" (Festinger und Katz 1953, zitiert nach [Friedrichs 1973, Seite 376]) praktizierten Formen der Datencodierung, ersetzt.

Die in der Psychologie breit akzeptierte Datentheorie von [Coombs 1964, Roskan 1983] stellt zwar eine Möglichkeit dar, vorliegende Beobachtungen und Informationen über psychische Phänomene umzuformen und den daraus resultierenden Daten bestimmte Eigenschaften und Strukturen wie Dominanz, Präferenz,

Nähe oder Ähnlichkeit zuzuschreiben, für eine eindeutige und allgemeinverbind-
liche Abbildung von Beobachtungen in Daten sind damit jedoch nur technische
Richtlinien geliefert. Nur zögernd entwickelt sich in der empirischen Psychologie
eine Problematisierung bezüglich der Natur und Qualität verhaltenswissenschaftlicher Daten. Und noch zögerlicher werden konstruktive Alternativen entwickelt,
die die impliziten Modellannahmen und das versteckte Hintergrundwissen der
untersuchten Phänomene offenlegen und sowohl für die Hypothesenbildung, die
Datentheorie, als auch die Methodenwahl begründete Konsequenzen ziehen. Ex-
emplarische Schritte, wenn auch keine Lösungen, in methodologischer Richtung
finden sich bei [Rudinger et al. 1985, Miles, Huberman 1994, Mönnich 1994, Seite 24ff.] und für die Psychologie des Gedächtnis und der Informationsverarbeitung
bei [Muthig 1994, Perrig et al. 1993, Seite 27ff.].

Im Bereich der Auswertungsmethoden sind deutlichere Fortschritte zu ver-
zeichnen. Mit der Formalen Begriffsanalyse (FBA) steht ein Instrumentarium zur
Verfügung, das in der Datenaufbereitung unverfälschte und unverzerrte Ergebnisse liefert und komplexe Strukturen und ordinale Zusammenhänge aufdecken
kann. Die Anwendung der dynamischen Image Verbandanalyse (DIVA) auf der
Grundlage der FBA in einer Untersuchung mit Tagebuchaufzeichnungen [Sche-
pers et al. 1991] kann als Beispiel für die Zielrichtung, neue Wege in der Datenge-
staltung zu gehen, herangezogen werden. Der besondere Vorteil der "begrifflichen
Skalierung" (FBA) liegt in der Transparenz der mathematischen Grundlagen und
Voraussetzungen, dem explorativen, heuristischen und hypothesengenerierenden
Charakter und der kommunikationsfördernden Darstellung durch Liniendiagram-
me. Die begriffliche Skalierung ist vor dem Hintergrund der erkenntnisstützenden
Vorteile dieser Methodik in der Psychologie und den Verhaltenswissenschaften
bisher zu wenig beachtet worden.

4 Zum Verhältnis von Metatheorie, Theorie und Methode am Beispiel der personalen Konstrukte

Mit Metatheorien sind Erkenntnistheorien, wie der oben skizzierte Kontextualismus oder der die Psychologie dominierende Behaviorismus, gemeint. Mit Theorien
sind psychologische Erklärungsansätze gemeint, wie sie z.B. im strukturalistischen
Forschungsprogramm von [Westmeyer 1992, Seite 9] zusammengestellt wurden.
Mit Methoden sind die üblichen Erhebungs- und Auswertungstechniken gemeint,
wie sie z.B. in den Bänden "Forschungsmethoden" der Enzyklopädie der Psychologie von Bredenkamp und Feger (vgl. Hinweis [Roskam 1983]) herausgegeben
wurden.

Die Theorie der personalen Konstrukte ist seit vierzig Jahren bekannt [Kelly 1955]. Zu dieser Theorie ist eine eigene und adäquate Form der Datenerhebung entwickelt worden: das "Repertory Grid", das bereits Gegenstand der Methoden der Formalen Begriffsanalyse ist (vgl. u.a. [Spangenberg, Wolff 1993, Kollewe 1993]). Bei den Grid-Techniken handelt es sich um ein idiographisch-qualitatives Verfahren. Es basiert auf einem demokratischen, positiven Menschenbild und geht von der grundsätzlichen Parallelität zwischen dem Laien (in seiner Rolle als Alltagspsychologe) und dem Experten (in seiner Rolle als Wissenschaftler) aus und steht im klaren Gegensatz zur objektiven Hermeneutik, die "unter Rückgriff auf die Psychoanalyse, ein negatives oder zumindest pessimistisches Menschenbild" zeichnet [Groeben 1986, Seite 161ff.]. Ohne Berücksichtigung dieses impliziten Menschenbildes von Kelly haben sich die Datenanalysen für Grid-Daten in der Vergangenheit ausnahmslos psychometrischer Techniken, also faktorenanalytischer Verfahren, bedient (vgl. [Raeithel 1993]). Die "scientific community" hat sich der dominierenden Metatheorie des Empirismus und Behaviorismus verpflichtet gefühlt, bzw. angepaßt. Die mathematisch-statistischen multivariaten Verfahren haben die wissenschaftlichen Erkenntnisse der Psychologie geprägt. Die Forschenden waren an der Grid-Technik bestenfalls als einer anderen technischen Form der Datenerhebung interessiert. Der Hintergrund und der Kontext der psychologischen Theorie waren vergessen. Erst in den vergangenen zehn Jahren wurde durch die Anwendung der Formalen Begriffsanalyse auf Repertory Grid Daten das m.E. richtige Analysewerkzeug gefunden. Hand in Hand gehen damit auch die voneinander getrennt entwickelten und Jahrzehnte auseinanderliegenden erkenntnistheoretischen Intentionen, einerseits die des Humanisten: George A. Kelly, und andererseits die des Begründers der Formalen Begriffsanalyse: Rudolf Wille. Die psychologische Forschung sollte dieses Zusammentreffen als Chance begreifen und von beiden Ansätzen profitieren. Eine Strukturierung (im Sinne Westmeyers), eine Restrukturierung (im Sinne v. Hentigs) oder vorsichtiger ausgedrückt, eine Harmonisierung der Schnittstellen psychologischer Forschung sollte erarbeitet werden, die relevante Phänomene in einem aufeinander abgestimmten Erkenntnis- und Methodologierahmen untersucht. Das Ziel dieses Vorgehens muß zu wissenschaftlichen Ergebnissen führen, die aus methodisch-technischer Sicht ballastfrei, aus erkenntnistheoretischer Sicht ohne Überschußbedeutung und klar und verständlich kommunizierbar sind, ohne trivial oder vereinfachend zu sein. Dieser Methodologierahmen kann aus dem Kontextualismus, der Theorie der Personalen Konstrukte, der Repertory Grid-Technik und der Formalen Begriffsanalyse bestehen (siehe Abbildung 1). Alle Teile dieses Rahmens sind für sich betrachtet ausreichend elaboriert und hinlänglich bekannt. So erhebt dieser Beitrag nur noch den Anspruch, die Initialisierung eines "menschenbezogeneren" Blickwinkels bestimmter Forschungsparadigmen zu verstärken und zur interdisziplinären Kooperation zu ermutigen.

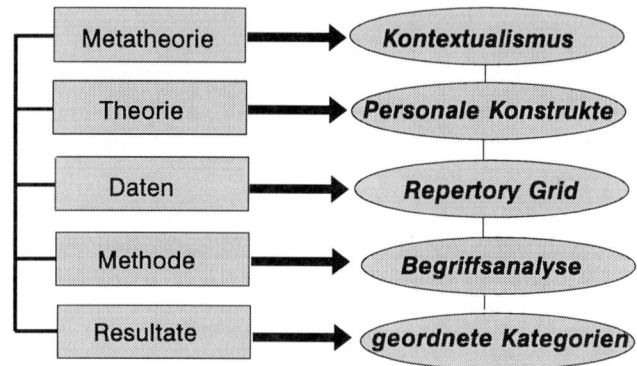

Abbildung 1: Beispiel zur Harmonisierung der Forschungsmethodologie

Am Beispiel der Theorie der Personalen Konstrukte läßt sich dieser "Initiali-
sierungprozeß" konkretisieren. Trotz des häufigen Auftretens von Repertory Grid
Daten in der Forschungsliteratur gibt es keine allgemein akzeptierte Definition
eines Repertory Grids. Von [Bell 1987a] wird ein Grid-Datum definiert als:

> Repräsentation der Relation zwischen den Elementen (Dingen), die
> eine Person konstruiert und den Konstrukten, also der Art und Weise
> oder den Eigenschaften mit denen eine Person konstruiert.

Die Registrierung dieser Relation erfolgt durch Markieren, Rangordnen, Beurteilen oder sonstige, nicht unmittelbar festgelegte Formen der Kommunikation. Es
wurden etliche Techniken entwickelt, diese Grid-Daten zu analysieren. Die Mehrzahl dieser Techniken, gemeint sind die faktorenanalytisch orientierten Verfahren, wurden von [Beail 1985] so charakterisiert: "Grid Method is a Frankenstein's
monster which has rushed away on a statistical and experimental rampage of its
own, leaving construct theory neglected, stranded high and dry, far behind."
Für die Analyse von Grid-Daten stehen eine Vielzahl von Auswertungsmethoden zur Verfügung, die den Benutzer vor eine erhebliche Entscheidungsproblema-
tik stellen. Eine Auswahl der Verfahren ist hier aufgelistet:

> Grid-Daten sind durch zwei unterschiedliche Formen der Repräsen-
> tation mit den dazu gehörigen Methoden in der Forschungsliteratur
> tur präsent. Zu den traditionellen Repräsentationen von Grid Daten
> gehören Verfahren wie:
>
> • Räumliche Repräsentation (INGRID von [Slater 1964]; FLEXI-
>   GRID von [Tschudi 1985]; Vektor-Balance-Modell von [Raeithel
>   1993]; Rep-Grid-Test von [Riemann 1991])

- Baumdiagramm Repräsentation (Cluster-Analysen von [Leach 1981, Van Langenhove, de Soete 1985])

Zu den hierarchischen Repräsentationen von Grid Daten gehören Ansätze wie:

- Implikations Grids [Hinkle 1970]
- Multiple Korrelationsanalysen [Fransella, Bannister 1977]
- Landfield-Maße [Landfield 1977, Landfield et al. 1985]
- Direkte Ordinale Maße (Fuzzy-Ansätze von [Gaines, Shaw 1981]; Semantik von Implikationsoperatoren und Fuzzy-Produkte durch [Bandler, Kohout 1981, Smithson 1988])
- Hierarchienbildung durch mengentheoretisch orientierte Ansätze (Diamant-Gitter von [Shye 1978]; G-Pack von [Bell 1987b])

Mit Hilfe der Formalen Begriffsanalyse [Ganter, Wille 1989, Wille 1987] lassen sich mit der Repräsentation durch Liniendiagramme netzwerkähnliche Strukturen erfassen.

Die entscheidende Frage an der Schnittstelle zwischen Grid-Datum und der Theorie der Personalen Konstrukte besteht darin, durch welche der Auswertungsmethoden die Beziehung zwischen Daten und Theorie adäquat reflektiert wird. Die Theorie von Kelly ist durch ein Grundpostulat und elf Hilfssätze zusammenfassend beschrieben worden (vgl. z.B. [Scheer, Catina 1993]). Exemplarisch sind hier das Grundpostulat und drei der zentralen Hilfssätze aufgeführt:

Grundpostulat: Der Mensch selbst findet sich in einem Prozeß, mit dem er sich und seine Beziehungen zur Umwelt konstruiert. Die psychologische Entwicklung dieses Prozesses geschieht durch die Art und Weise mit der das Individuum sich selbst und die es umgebende Realität antizipiert. Antizipieren ist im Sinne eines Vorentwurfs zukünftiger Ereignisse zu verstehen.

Konstruktions-Satz: Ein Individuum antizipiert Ereignisse, indem es eine Kopie von ihnen entwirft.

Dichotomie-Satz: Das Konstruktsystem einer Person besteht aus einer endlichen Zahl dichotomer Konstrukte. Durch seine wiederholte Anwendung auf Ereignisse läßt sich eine differenzierte Ansammlung derartiger Konstrukte erstellen [Kelly 1966].

Organisations-Satz: Die einzelnen Konstrukte bilden ein Konstruktsystem – über ein Implikationsnetz miteinander verknüpft. Die Konstrukte bilden in dem System eine Ordnungsstruktur unterschiedlicher Wichtigkeit. Neben Kernstrukturen befinden sich periphere Elemente.

Eine systematische Durchsicht [Bell 1987a] der o.a. Methoden zur Repräsentation der Grid-Daten kommt zu dem Ergebnis, daß die traditionellen, i.d.R. korrelationsstatistischen Methoden keinen der Theoriesätze erfassen und die hierarchischen Methoden zwar in einer gewissen Beziehung zum Grundpostulat und Konstruktionssatz stehen, der Dichotomie- und Organisationssatz jedoch durch keinerlei Bezug erfaßt sind. Bell stellt fest, daß zwar eine Reihe interessanter technischer Ansätze für Grid-ähnliche Daten, d.h. Binärdatenmatrizen, entwickelt wurden, daß sich aber kein Verfahren explizit auf die zentralen theoretischen Aussagen der Kelly Theorie beziehen läßt. Vor allem fehlt eine Methodologie, die Konstrukte verschiedener Personen aufeinander zu beziehen. In mehreren Arbeiten (u.a. [Spangenberg, Wolff 1993]) mit der Formalen Begriffsanalyse konnte inzwischen gezeigt werden, daß sich dieses voraussetzungsarme Verfahren vor allem auch aufgrund seines philosophischen Anspruchs besser zur Repräsentation von echten Grid-Daten eignet, als die übrigen Verfahren.

Ein weitere wichtige Schnittstelle ist diejenige zwischen der Theorie der personalen Konstrukte und einer geeigneten Erkenntnis- oder Metatheorie, die gleichzeitig in ihrem weltanschaulichen Hintergrund auch mit der Methodik harmonisieren soll. Die kontextualistische Sichtweise erfüllt diese Anforderungen weitestgehend. So diskutiert [Howard 1987] die Kellysche Theorie vor dem Hintergrund der Interpretation menschlicher Handlungen (Human action), deren Annahmen sich mühelos in die Metatheorie des oben skizzierten Kontextualismus einbinden lassen. Danach ist Kellys Theorie keine Vertreterin innerhalb der Richtung der zeitgenössischen kognitiven Psychologie, sondern am Modell "Human Action" orientiert, eine Richtung, die idiographische Analysen bevorzugt und den Menschen als mental aktive Person mit stark zweckgerichteten Verhaltensmustern begreift. Abbildung 2 (nach [Howard 1987]) illustriert die Komplexität dieser Auffassung. Die Abbildung soll einen Querschnitt der Einflußbereiche menschlicher Handlungen widerspiegeln, die zu jedem der möglichen Handlungszeitpunkte präsent sein können.

Das Rechteck stellt das Handlungsfeld einer Person dar. Die Kreise und Ovale repräsentieren Einflußfaktoren, die eine Person dazu führen in bestimmter Art und Weise zu handeln. Das Konstrukt in dieser Abbildung ist das "Selbst". Dieses Konstrukt soll die wollenden, aktiven und zielorientiert-handelnden Charakteristika als Zentrum der Handlungsweisen des Menschen umfassen. Wie die Abbildung zeigt, können biologische-, soziale-, situative- und psychdynamische Faktoren unabhängig von personalen Einwirkungen ihre Einflüsse ausüben. Dieser Umstand ist durch die dunkel schattierten Flächen markiert. Jedoch erzielen diese "potentiellen" Einflußfaktoren ihren tatsächlichen Effekt im Handlungsfeld erst durch personale Einwirkungen (d.h. das Selbst), markiert durch die schräg-schraffierten Flächen. Dazu skizziert [Howard 1987] folgendes Beispiel:

Angenommen, es gibt eine enge Beziehung zwischen der Menge Kaffee,

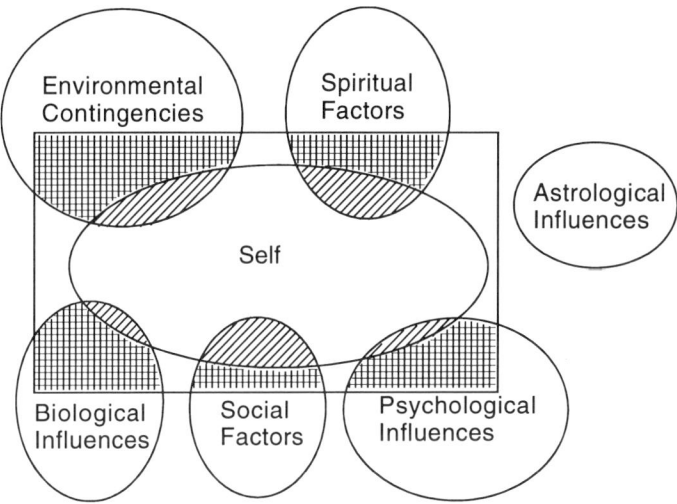

Abbildung 2: Das Selbst und seine Einflußfaktoren

die man während der Arbeit trinkt, und dem Umfang an Seiten für einen wissenschaftlichen Beitrag. Jeder biologisch orientierte Psychologe würde unmittelbar erklären, wie das stimulierende Koffein den Aktivitätslevel erhöht und wie dieses wiederum das Schreibverhalten beeinflußt (kariert-schraffierte Fläche). Der Umgebungseinfluß, erzielt durch eine vor den Kollegen geschlossene Bürotür, würde den Output weiter erhöhen. Jeder Experimentalpsychologe würde begeistert erklären, daß das Schreibvolumen eine Folge der Wirkung der Umgebungsbedingungen (kariert-schraffierte Fläche) sei. Dies sind jedoch nicht die bedeutsamen Vorgänge in diesem Beispiel. Wenn man sich entscheidet zu schreiben, dann trinkt man auch häufig eine bestimmte Menge Kaffee und man ändert damit (bewußt) die eigene Umgebung, um sein Ziel (schräg-schraffierte Fläche) besser zu erreichen. Dieses Potential personaler Einwirkungsmöglichkeiten für das Zustandekommen von Handlungen ist nicht zu unterschätzen, selbst wenn alle traditionellen Ursachen und Wirkungen für menschliche Verhaltensformen kontrolliert scheinen.

Die kontextualistische Position ist nicht unbedingt neuartig. Arbeiten von [McGuire 1983, Gergen 1985 u.v.a.m.] berufen sich auf diese Sichtweise. Schon [Allport 1937] und besonders [Murray 1938] formulierten theoretische Positionen von breiter Komplexität auf der Basis idiosynkratischer Muster. Bei diesen Mustern handelt es sich um Bereitschaftszustände der Person ("Needs", z.B. Geselligkeit) und Umweltvariablen ("Press", z.B. Bindung, Freunde haben), die durch ihre permanente Interaktion die Komplexität unserers Verhaltens bedingen. Diese Muster von "Need-Press" Interaktionen erklären "Persönlichkeit", ihr Verhalten und ihre Handlungsweisen. Mit dem Thematischen Apperzeptionstest (TAT) ist von Murray auch eine entsprechende Methodik entwickelt worden. Die Analyse psychologischer Prozesse mit dem "Selbst" als agierender Kontrollinstanz für menschliche Handlungsweisen scheint eine Renaissance zu erleben. Personale Konstrukte, Subjektive- und Implizite Theorien, Personale Projekte [Little 1983] und andere "Selbst"-Beobachtungsverfahren werden wichtige Werkzeuge sein, menschliches Handeln und Verhalten zu verstehen.

Literatur

[Allport 1937] G.W. Allport. *Personality. A psychological interpretation*. New York: Holt, 1937.

[Anderson 1981] N.N. Anderson. *Foundations of Information Integration Theory*. New York: Academic Press, 1981.

[Bandler, Kohout 1981] W. Bandler & L.J. Kohout. Semantics of implication operators and fuzzy relational products. In: E.H. Mamdani & B. Gaines (eds.), *Fuzzy reasoning and its applications*. London: Academic Press, 1981.

[Beail 1985] N. Beail (ed.). *Repertory Grid technique and personal constructs: Applications in clinical and educational settings*. London: Croom-Helm, 1985.

[Bell 1987a] R.C. Bell. Analysis of Repertory Grid data. *Paper at 7.th International Congress on Personal Construct Psychology*, Memphis State University, Memphis, Tennessee, 4th–9th August, 1987.

[Bell 1987b] R.C. Bell. *G-Pack. A computer program for the elicitation and analysis of repertory grids*. Dep. of Psychology, University of Melbourne, 1987.

[Böhm 1993] G. Böhm. *Die kognitive Struktur kausaler Alltagserklärungen*. Dissertation. Berlin: TU Berlin, 1993.

[Boivin 1986] Y. Boivin. A ree response approach to the measurement of brand perceptions. *International Journal of Marketing* 3, 1986, 11–17.

[Bunge, Ardila 1987] M. Bunge & R. Ardila. *Philosophy of Psychology*. New York: Springer, 1987.

[Buss 1979] A.R. Buss. *A Dialectical Psychology*. New York: Halsted, 1979.

[Coombs 1964] C.H. Coombs. *A theory of data*. New York: Wiley, 1964.

[Dörner 1983] D. Dörner. Empirische Psychologie und Alltagsrelevanz. In: G. Jütte-mann (Hrsg.), *Psychologie in der Veränderung*. Weinheim: Beltz, 1983, 13–29.

[Eckes 1991] T. Eckes. *Psychologie der Begriffe*. Göttingen: Hogrefe, 1991.

[Edwards 1968] W. Edwards. Conservatism in Human Information Processing. In: B. Kleinmuntz (Hrsg.), *Formal Representation of Human Judgement*. New York: Wiley, 1968, 17–52.

[Farr 1987] R.M. Farr. The science of mental life: A social psychological perspective. *Bulletin of the British Psychological Society* 40, 1987, 2–17.

[Farr, Moscovici 1984] R.M. Farr & S. Moscovici. *Social Representations*. Cambridge: Cambridge University Press, 1984.

[Fishbein, Ajzen 1975] M. Fishbein, I. Ajzen. *Belief, Attitude, Intention, and Behavior: an introduction to theory and research*. Reading, Mass.: Addison-Wesley 1975.

[Fransella, Bannister 1977] F. Fransella & D. Bannister. *A manual for the repertory grid technique*. London: Academic Press, 1977.

[Friedrichs 1973] J. Friedrichs. *Methoden empirischen Sozialforschung*. Opladen: West-deutscher Verlag, 1973.

[Gähde 1992] U. Gähde. On Innertheoretical Conditions for Theoretical Terms. In: H. Westmeyer (ed.), *The Structuralist Program in Psychology*. Seattle: Hogrefe & Huber Publishers, 1992, 27–39.

[Gaines, Shaw 1981] B.R. Gaines & M.L.G. Shaw. New directions in the analysis and interactive elicitation of personal construct systems. In: M.L.G. Shaw (ed.), *Recent advances in Personal Construct technology*. London: Academic Press, 1981.

[Ganter, Wille 1989] B. Ganter & R. Wille. Conceptual Scaling. In: F. Roberts (ed.), *Applications of combinatorics and graph theory to the biological and social sciences*. New York: Springer, 1989, 139–167.

[Gauld, Shotter 1977] A. Gauld & J. Shotter. *Human Action and its Psychological In-vestigation*. London: Routledge & Kegan Paul, 1977.

[Georgoudi 1983] M. Georgoudi. Modern dialectics in social psychology: A reappraisel. *European Journal of Social Psychology*, 1983.

[Gergen 1985] K.J. Gergen. The social constructionist movement in modern psycholo-gy. *American Psychologist* 40, 1985, 266–275.

[Gigerenzer et al. 1989] G. Gigerenzer, Z. Swijtink, T. Porter, L. Daston, J. Beatty & L. Krüger. *The Empire of Chance*. Cambridge: Cambridge University Press, 1989.

[Groeben 1986] N. Groeben. *Handeln, Tun, Verhalten als Einheiten einer verstehend-erklärenden Psychologie*. Tübingen: Francke Verlag, 1986.

[Harré 1979] R. Harré. *Social Being. A Theory for Social Psychology*. Oxford: Black-well, 1979.

[Harré, Secord 1972] R. Harré, P.F. Secord. *The Explanation of Behavior*. Oxford: Blackwell, 1972.

[Henning 1993] H.J. Henning. Skalierung qualitativer Daten und latenter Strukturen. In: E. Roth (Hrsg.), *Sozialwissenschaftliche Methoden*. München: Wien, 1993, 479–522.

[Herzog 1984] W. Herzog. *Modell und Theorie in der Psychologie*. Göttingen: Hogrefe, 1984.

[Hinkle 1970] D.N. Hinkle. The game of personal constructs. In: D. Bannister (ed.), *Perspectives in personal construct theory*. London: Academic Press, 1970, 91–110.

[Hoffman, Nead 1983] R.R. Hoffman & J.M. Nead. General Contextualism, ecological sciences and cognitive research. *Journal of Mind and Behavior* 4, 1983, 507–560.

[Howard 1987] G.S. Howard. Kelly's Thought at Age thirty-two. *Paper at 7.th International Congress on Personal Construct Psychology*, Memphis, Tennessee, 4th–9th August, 1987.

[Israel, Tajfel 1972] J. Israeal & H. Tajfel. *The Context of Social Psychology*. London: Academic Press, 1972.

[Jaeger, Rosnow 1988] M.R. Jaeger & R.L. Rosnow. Contextualism and its implications for psychological inquiry. *British Journal of Psychology* 79, 1988, 63–75.

[Jenkins 1980] J.J. Jenkins. Can we have a fruitful cognitive psychology? In: H.E. Howe (ed.), *Nebraska Symposium on Motivation*, Vol. 28. Lincoln: University of Nebraska Press, 1980.

[Kahneman, Tversky 1972] D. Kahneman & A. Tversky. Subjective Probability: A Judgement of Representativeness. *Cognitive Psychology* 3, 1972, 430–454.

[Kelly 1955] G.A. Kelly. *The psychology of personal constructs*, Vol. 1 and Vol. 2 New York: Norton, 1955.

[Kelly 1966] G.A. Kelly. A brief introduction to Personal Construct Theory. In: D. Bannister (ed.), *Perspectives in Personal Construct Theory*. London: Academic Press, 1970.

[Kollewe 1993] W. Kollewe. Representation of Data by Pseudoline Arrangements. In: O. Opitz, B. Lausen & R. Klar (eds.), *Information and Classification: Concepts, Methods and Applications*. Berlin: Springer, 1993, 113–122.

[Kratochwill 1986] T.R. Kratochwill. *Time-series research*. New York: Academic Press, 1986.

[Krauth 1986] J. Krauth. Probleme bei der Auswertung von Einzelfallstudien. *Diagnostica* 32, 1986, 17–29.

[Labaw 1986] P. Labaw. *Advanced Questionnaire Design*, Cambridge, MA: Abt Books, 1986.

[Landfield 1977] A.W. Landfield. Interpretive man: the enlarged selfimage. In: A.W. Landfield (ed.), *The Nebraska Symposium on Motivation 1976. Personal construct Psychology*. Lincoln: University of Nebraska Press, 1977.

[Landfield et al. 1985]] A.W. Landfield, L.M. Leitner & R.E. Klion. Reflections on hierarchical organization linking the Rep test to an implication for change grid. *Paper at 6.th International Congress on Personal Construct Psychology*, Churchill College, Cambridge, 5th–9th August, 1985.

[Leach 1981] C. Leach. Direct analysis of a repertory grid. In: M.L.G. Shaw (ed.), *Recent advances in Personal Construct technology*. London: Academic Press, 1981.

[Little 1983] B.R. Little. Personal Projects: A rationale and method for investigation. *Enviroment and Behavior* 15, 1983, 273–309.

[Lohaus 1983] A. Lohaus. *Möglichkeiten individuumzentrierter Datenerhebung*. Münster: Aschendorff, 1983.

[McGuire 1983] W.J. McGuire. A Contextualist Theory of Knowledge: Its implications for innovation and reform in psychological reserach. In: L. Berkowitz (ed), *Advances in Experimental Social Psychology*, Vol. 16. Orlando: Academic Press, 1983, 1–47.

[Miles, Huberman 1994] M.B. Miles & A.M. Huberman. *Qualitative Data Analysis*. Thousand Oaks: Sage, 1994.

[Mönnich 1994] I. Mönnich. *Verlaufsmuster von der Schule in den Beruf. Methodologische und forschungspraktische Aspekte der Analyse kategorialer Prozeßdaten in der Übergangsforschung*. Dissertation. Bremen: Universität Bremen, 1994.

[Murray 1938] H.A. Murray. *Explorations in Personality*. New York: Oxford, 1938.

[Muthig 1994] K.P. Muthig. *"Gedächtnis" und extrapersonal vermitteltes Behalten und Erinnern*. Habilitationsschrift. Bremen. Universität Bremen, 1994.

[Osgood et al. 1957] C.E. Osgood, G.J. Succi & P.H. Tannenbaum. *The Measurement of Meaning*. Urbana: University of Illinois Press, 1957.

[Ostrom 1989] T.M. Ostrom. *Interdependence of attitude theory and measurement*. Hillsdale, NJ: Lawrence Erlbaum Associates, 1989.

[Packer 1985] M.J. Packer. Hermeneutic inquiry in the study of human conduct. *American Psychologist* 40, 1985, 1081–1093.

[Pawlowski 1980] T. Pawlowski.*Begriffsbildung und Definition*. Berlin: Walter de Gruyter, Göschen, 1980, 2213.

[Perrig et al. 1993] W.J. Perrig, W. Wippich & P. Perrig-Chiello. *Unbewußte Informationsverarbeitung*. Bern: Huber, 1993.

[Petermann 1989] F. Petermann. *Einzelfallanalyse*. München: Oldenbourg, 1989.

[Polanyi 1966] M. Polanyi. *The Tacit Dimension*. New York: Doubleday, Anchor, 1966.

[Raeithel 1993] A. Raeithel. Auswertungsmethoden für Repertory Grids. In: J.W. Scheer & A. Catina (Hrsg.), *Einführung in die Repertory Grid-Technik*, Band 1. Bern: Huber, 1993, 41–67.

[Riemann 1991] R. Riemann. *Repertory Grid Technik. Handanweisung*. Göttingen: Hogrefe, 1991.

[Roskam 1983] E.E. Roskam. Allgemeine Datentheorie. In: H. Feger & J. Bredenkamp (Hrsg.), *Messen und Testen. Enzyklopädie der Psychologie, Themenbereich B: Methodologie und Methoden*, Band 3, 1983.

[Rosnow, Georgoudi 1986] R.L. Rosnow & M. Georgoudi. *Contextualism and Understanding in Behavioral Science: Implication for Research and Theory*. New York: Praeger, 1986.

[Rudinger et al. 1985] G. Rudinger, F. Chaselon, E. Zimmermann & H.J. Henning. *Qualitative Daten – Neue Wege sozialwissenschaftlicher Methodik*. München: Urban & Schwarzenberg (PVU Psychologische Verlags Union), 1985.

[Ruff 1993] F.M. Ruff. Risikokommunikation als Aufgabe für die Umweltmedizin. In: K. Aurand, B.P. Hazard & F. Tretter (Hrsg.), *Umweltbelastungen und Ängste*. Opladen: Westdeutscher Verlag, 1993, 327–364.

[Scheer, Catina 1993] J.W. Scheer & A. Catina (Hrsg.). *Einführung in die Repertory Grid-Technik*, Band 1 und 2. Bern: Huber, 1993.

[Schepers et al. 1991] E.M. Schepers, I. Mönnich, H.J. Henning & G. Gniech. Dynamische Image Verbandsanalyse (DIVA) einer Tagebuchuntersuchung. In: E.H. Witte (Hrsg.), *Angewandte Sozialpsychologie: Das Verhältnis von Theorie und Praxis*. Braunschweiger Studien zur Erziehungs- und Sozialarbeitswissenschaft, Band 29. Braunschweig, 1991.

[Schmitz 1987] B. Schmitz. *Zeitreihenanalyse in der Psychologie*. Weinheim: Deutscher Studien Verlag, 1987.

[Secord 1986] P.F. Secord. Social Psychology as a science. In: J. Margolis, P.T. Manicas, R. Harré & P.F. Secord (eds.), *Psychology. Designing the Discipline*. Oxford: Blackwell, 1986.

[Shye 1978] S. Shye (ed.). *Theory construction and data analysis in the social sciences*. San Francisco: Jossey-Bass, 1978.

[Slater 1964] P. Slater. *The principal components of a repertory grid*. London: Vincent Andrew, 1964.

[Smithson 1988] M. Smithson. Possibility theory, fuzzy logic, and psychological explanation. In: T. Zetenyi (ed.), *Fuzzy sets in psychology. Advances in psychology* 56. Amsterdam: North-Holland, 1988, 1–50.

[Spangenberg, Wolff 1993] N. Spangenberg, K.E. Wolff. Datenreduktion durch die Formale Begriffsanalyse von Repertory Grids. In: J.W. Scheer & A. Catina (Hrsg.), *Einführung in die Repertory Grid-Technik*, Band 2. Bern: Huber, 1993, 38–54.

[Stegmüller 1986] W. Stegmüller. *Hauptströmungen der Gegenwartsphilosophie*, Band II. Stuttgart: Kröner, 1986.

[Sudman, Bradburn 1982] S. Sudman & N.M. Bradburn. *Asking Questions: A practical Guide to Questionnaire Design*. San Francisco: Jossey-Bass, 1982.

[Tanner, Swets 1954] W.P.Jr. Tanner & J.A. Swets. A Decision-Making Theory of Visual Detection. *Psychological Review* 61, 1954, 401–409.

[Thurstone 1928] L.L. Thurstone. Attitudes can be measured. *American Journal of Sociology* 33, 1928, 529–554.

[Torgerson 1958] W.S. Torgerson. *Theory and Methods of Scaling*. New York: Wiley, 1958.

[Tschudi 1985] F. Tschudi. *Flexigrid version 3.01. Supplement to operating manual*. University of Oslo, 1985.

[Van Langenhove, de Soete 1985] L. Van Langenhove & G. de Soete. Tree representation of Repgrid data. *Paper at 6.th International Congress on Personal Construct Psychology*, Churchill College, Cambridge, 5th–9th August, 1985.

[von Hentig 1974] H. von Hentig. *Magier oder Magister? Über die Einheit der Wissenschaft im Verständigungsprozeß*. Frankfurt: Suhrkamp st 207, 1974.

[Westmeyer 1992] H. Westmeyer. *The Structuralist Program in Psychology*. Seattle: Hogrefe & Huber Publishers, 1992.

[Wille 1987] R. Wille. Bedeutungen von Begriffsverbänden. In: B. Ganter, R. Wille & E. Wolff (Hrsg.), *Beiträge zur Begriffsanalyse*. Mannheim: B.I.-Wissenschaftsverlag, 1987, 161–211.

[Wille 1988] R. Wille. Allgemeine Wissenschaft als Wissenschaft für die Allgemeinheit. In: H. Böhme & H.J. Gamm (Hrsg.), *Verantwortung in der Wissenschaft*. TH Darmstadt, 1988, 159–176. Nachdruck in *Concepta – Zeitschrift für Philosophie* 60, 1989, 117–128.

Autoren

Dipl. Wirtsch.-Inf. Urs Andelfinger
Zentrum für intedisziplinäre Technikforschung (ZIT),
Technische Hochschule Darmstadt, Hochschulstraße 1, D-64289 Darmstadt.
e-Mail: urs@hrz1.hrz.th-darmstadt.de

Dr. Ingetraut Dahlberg
International Society for Knowledge Organization (ISKO),
Woogstraße 36a, D-60431 Frankfurt am Main.

Prof. Dr. H. Jörg Henning
SG Psychologie, Universität Bremen, Postfach 330440, 28334 Bremen.

Dr. Wolfgang Kollewe
Forschungsgruppe Begriffsanalyse, FB Mathematik, AG1,
Technische Hochschule Darmstadt, Schloßgartenstarße 7, D-64289 Darmstadt.

Prof. Dr. Rainer Kuhlen
FG Informationswissenschaft, Universität Konstanz, Postfach 5560, D-78464 Konstanz. e-Mail: kuhlen@inf-wiss.uni-knostanz.de

Dipl. Psych. Barbara Letter
Institut für Psychologie, Technische Hochschule Darmstadt, Hochschulstraße 1,
D-64289 Darmstadt.

Dr. Alfred Lothar Luft
Ehlersstraße 23, D-91301 Forchheim (Ofr.).

Prof. Dr. Norbert Meder
Fakultät für Pädagogik, AG9, Informatik in Bildungs- u. Sozialwesen
Universität Bielefeld, Universitätsstraße 25, D-33615 Bielefeld.
e-Mail: nmeder@argo-nov.hrz.uni-bielefeld.de

Prof. Dr. Klaus Mudersbach
Hochschule für Verwaltungswissenschaften,
Freiherr-von-Stein-Str. 2, D-67346 Speyer.

Prof. Dr. Dr. Franz-Josef Radermacher
Forschungsinstitut für anwendungsorientierte Wissensverarbeitung (FAW),
Universität Ulm, Helmholzstr. 16, D-89081 Ulm.
e-Mail: radermac@faw.uni-ulm.de

Prof. Dr. Bruno Rüttinger
Institut für Psychologie, Technische Hochschule Darmstadt, Hochschulstraße 1,
D-64289 Darmstadt.

Dr. Jürgen Schäfer
Computer-Lernzentrum, Hoechst AG, Brüningstraße 50, D-65929 Frankfurt a.M.

Dipl.-Psych. Simone Schramme
Institut für Psychologie, Technische Hochschule Darmstadt, Hochschulstraße 1,
D-64289 Darmstadt.

Prof. Dr. Thomas Berhard Seiler
Institut für Psychologie, Technische Hochschule Darmstadt, Hochschulstraße 1,
D-64289 Darmstadt.

Dr. Martin Skorsky
Forschungsgruppe Begriffsanalyse, FB Mathematik, AG1,
Technische Hochschule Darmstadt, Schloßgartenstarße 7, D-64289 Darmstadt.
e-Mail: skorsky@mathematik.th-darmstadt.de

Dr. Frank Vogt
Forschungsgruppe Begriffsanalyse, FB Mathematik, AG1,
Technische Hochschule Darmstadt, Schloßgartenstarße 7, D-64289 Darmstadt.
e-Mail: vogt@mathematik.th-darmstadt.de

Prof. Dr. Rudolf Wille
Forschungsgruppe Begriffsanalyse, FB Mathematik, AG1,
Technische Hochschule Darmstadt, Schloßgartenstarße 7, D-64289 Darmstadt.
e-Mail: wille@mathematik.th-darmstadt.de

Prof. Dr. Josef Zelger
Institut für Philosophie, Universität Innsbruck, Innrain 52, A-6020 Innsbruck.

Dr. Monika Zickwolff
Forschungsgruppe Begriffsanalyse, FB Mathematik, AG1,
Technische Hochschule Darmstadt, Schloßgartenstarße 7, D-64289 Darmstadt.
e-Mail: zickwolff@mathematik.th-darmstadt.de

Zum Thema
Physik
im B.I.-Wissenschaftsverlag

Zum Thema Philosophie
im B. I.-Wissenschaftsverlag